HARRY WU

DONNER DER NACHT

Mein Leben in chinesischen Straflagern

HARRY WU

DONNER DER NACHT

MEIN LEBEN IN CHINESISCHEN STRAFLAGERN

Sankt Ulrich Verlag

Übersetzt aus dem Englischen von Katrin Krips-Schmidt

Bibliographische Information der Deutschen Bibliothek

Die Deutsche Bibliothek verzeichnet diese Publikation in der Deutschen Nationalbibliographie; detaillierte bibliographische Daten sind im Internet über http://dnb.ddb.de abrufbar.

Umschlagbild: fotolia
Umschlaggestaltung: uv media werbeagentur
Mediengruppe Sankt Ulrich Verlag, Augsburg
Druck und Bindung: CPI – Ebner & Spiegel, Ulm
Printed in Germany
ISBN 978-3-86744-109-4
www.sankt-ulrich-verlag.de

INHALT

VORWORT

Die Epoche, die ich durchlebte, war geprägt von der Zerstörung der Kultur und dem Verschwinden der Menschlichkeit. Es war eine Zeit, in der Lügen zur Gewohnheit wurden, und Gerechtigkeit ein Unding war.

Ich stammte aus einer unpolitischen Familie, verbrachte mein Leben jedoch im Auf und Ab der Strudel politischer Ereignisse.

Bis zum heutigen Tag begreife ich noch immer nicht, wie ich diese fünfzig Jahre überstanden habe. Ich habe in meinem Leben so viele Alpträume erlebt.

Ich bin kein Held; die Helden hat man in den Laogai-Lagern alle demoralisiert.

Ich bin nur ein ganz gewöhnlicher Mensch, einer, der überlebt hat. Bevor ich mein Lebensende erreiche, möchte ich meine Geschichte für unsere Kinder und deren Kinder niederschreiben.

Alles, was in diesen Jahrzehnten passierte, hatte nicht nur mit den vielen Machthabern zu tun – seien sie groß oder klein – die in die Ereignisse verstrickt waren, sondern auch mit allen anderen, darunter auch die, die von ersteren verletzt und erniedrigt wurden. Jeder Einzelne – und vor allem der Gebildete – sollte sich selbst einmal die Frage stellen: „Welche Rolle habe *ich* dabei gespielt?"

Um all das zu analysieren, was in dieser Phase geschah, sollte der Ausgangspunkt bei der Suche nach Ursachen und Antworten nicht allein auf historische, politische und kulturelle Perspektiven beschränkt sein; man sollte sich lieber auf das Menschliche und die humanitäre Gesinnung konzentrieren.

Harry Wu

EINLEITUNG VON YU YINGHSI

Harry Wus *One Man, Two Stories* ist in zwei Bände aufgeteilt. Band 1, „Thunderstorm in the Night" („Donner der Nacht"), ist eine „noch nicht abgeschlossene Geschichte". Band 2, den der Autor gegenwärtig zu Papier bringt, wird eine „untold story", eine „unsägliche Geschichte", werden. Da ich erst Band 1 gelesen habe, bezieht sich diese kurze Einleitung auch nur auf dieses erste Buch.

„Donner der Nacht" ist eigentlich Harry Wus Autobiographie; sie enthält in erster Linie seine persönlichen Erfahrungen seit 1957, als er zum „konterrevolutionären Rechtsabweichler" erklärt wurde, bis hin zu seiner Freilassung aus den Laogai-Lagern im Jahre 1979. Er wurde im April oder Mai 1960 offiziell verhaftet und in ein Laogai-Lager geschickt, sodass sein Laogai-Aufenthalt insgesamt volle neunzehn Jahre umfasste. Mit anderen Worten: von dreiundzwanzig bis zum Alter von zweiundvierzig Jahren – die kreativste Zeit im Leben eines jeden Menschen – vergeudete er sein gesamtes Leben in der „Hölle auf Erden".

Während seines Aufenthalts im Laogai-System verbrachte Harry seine Zeit in ganz verschiedenen Laogai-Lagern, darunter befand sich eine Chemiefabrik, ein Stahlwerk, eine Farm, ein Bergwerk usw. Doch die Qinghe-Farm in der Nähe von Peking und das Wangzhuang Bergwerk in Shanxi waren die beiden Stationen, an denen er am längsten gelitten hatte. Das ist auch der Grund, weshalb er über diese beiden Orte besonders viel schreibt. Sein Bericht ist indes nicht auf seine eigene tragische Misere beschränkt; er berücksichtigt auch viele seiner Leidensgenossen.

Im Kapitel mit der Überschrift „Hunger" berichtet er davon, wie fünf oder sechs seiner Gefährten zu Tode kamen, so auch über drei Suizidfälle durch Erhängen, durch Ertrinken und durch den Sprung von einer Klippe, und er schildert den Fall eines Gefangenen, der – nachdem er „gestorben“ und wieder ins Leben zurückgekehrt war – erneut starb, als seine Eingeweide barsten, nachdem er eine „goldene Pagode“ (ein Maisbrötchen) wie ein Wilder heruntergeschlungen hatte. Jede dieser Geschichten ist unvorstellbar tragisch und herzzerreißend zu lesen. Auch Harry kämpfte in diesen neunzehn Jahren oftmals an der Grenze zwischen Leben und Tod. Im Oktober 1961, als er durch das viele Hungern seine Arbeitsfähigkeit eingebüßt hatte, wurde er in der Qinghe-Farm von Abteilung 583 in Abteilung 585 verlegt – in ein „Rekonvaleszenz“-Lager, das neben dem Bereich 586 lag, dem Friedhof für die Toten. Aber ein starker Lebenswille sorgte schließlich dafür, dass er überlebte. Doch obwohl er mit einer solch unerschütterlichen Lebenskraft ausgestattet war, gab es doch Zeiten, in denen er sich nach dem Tod sehnte, doch der Tod wollte nicht einkehren. So geschehen 1965, als man ihn in „Einzelhaft“ sperrte. Er versuchte, seinem Leben durch Fasten ein Ende zu bereiten, doch zum Glück war sogar die Freiheit zu sterben unter einem totalitären Regime schwer zu verwirklichen, und nur diesem Umstand ist es zu verdanken, dass er noch nicht Yama, dem König der Unterwelt, überantwortet wurde. Als nächstes kam er in das Laogai im Shanxi-Bergwerk, das – in seinen eigenen Worten – „fast zehn Jahre die Hölle auf Erden“ war.

Die Fakten belegen, dass „Donner der Nacht“ ein Tatsachenbericht dieser blutigen Hölle auf Erden ist. Jedes Wort, jeder Satz darin lassen dem Leser die Haare zu Berge stehen. Ähnliche Werke – ob nun das „Diyu Bianxiang Tu“ („Das wechselnde Antlitz der Hölle“) von Yan Liben aus der Tang-Zeit oder George Orwells „1984“ – müssen bei einem Vergleich verblassen, weil die künstlerische Kreation einfach keiner Gegenüberstellung mit der historischen Realität standhält. Letztere besteht nämlich aus dem realen Leben von Zigtausenden von Menschen.

Als ein einzigartiges verbrecherisches System tritt das Laogai nicht nur die Menschenrechte mit Füßen, sondern es vernichtet auch die Menschlichkeit. Das versteht sich von selbst. Nichtsdestoweniger ist das Laogai kein isoliertes System: Es ist ein untrennbarer Bestandteil des modernen totalitären Regimes. Heute heißt es ja oft, das totalitäre System Chinas im 20. Jahrhundert sei eine Erweiterung und Weiterentwicklung der traditionellen Kaiserherrschaft in China. Diese Theorie trifft jedoch, obwohl scheinbar wahr, nicht zu und ist unzureichend, um unsere Fragestellung zufriedenstellend zu beantworten. Die traditionelle Alleinherrschaft des Kaisers in China erreichte während der Ming- und der Quing-Dynastie ihren Höhepunkt. Dies wird von den Historikern allgemein anerkannt. Und Ming Taizu spielt in dieser historischen Entwicklung eine Schlüsselrolle. Im Jahre 13 der Hongwu-Ära (1380) schaffte er den Posten des Kanzlers ab, der seit 2000 Jahren existierte, und beanspruchte die gesamte Macht für sich allein, was dazu führte, dass die traditionelle Machtstruktur ihre eingewurzelte Ausgeglichenheit vollständig verlor. Aus diesem Grund sagte Huang Zongxi aus der späten Ming-Zeit: „Das Fehlen einer guten Staatsführung machte sich dann bemerkbar, als Kaiser Gao den Kanzler entließ." Auch in historischer Hinsicht war Ming Taizu derjenige Kaiser, der „Gelehrte" mit höchster Verachtung betrachtete. Im Folgenden gebe ich einen Abschnitt aus einem Bericht wieder, der im Jahr 9 der Hongwu-Ära von einem örtlichen Erziehungsbeamten verfasst wurde, weil er nicht nur demonstrieren kann, wie Ming Taizu die Gelehrten mit Füßen trat, sondern weil es auch ein wertvolles geschichtliches Dokument in Bezug auf die „Reform durch Arbeit" ist.

Die jetzt Gelehrte sind, haben Glück, wenn man nichts über ihren Aufenthaltsort weiß und wenn man nichts von ihnen hört; sie können sich glücklich schätzen, wenn sie nicht wegen irgendeines Makels oder einer Schmach in den Akten verzeichnet sind. [Anderenfalls] würde ihnen als Strafe sicher Zwangsarbeit in der Landwirtschaft sowie die routinemäßige Erniedrigung durch

Auspeitschen und Schlagen auferlegt werden. Zu Beginn ergriff der kaiserliche Hof sämtliche Gelehrte unter dem Himmel. Sie wurden gefasst und versammelt; keiner wurde zurückgelassen. Beamte zwangen sie auf die Straße, als ob sie Schwerverbrecher fingen. Als sie in der Hauptstadt eintrafen, um für ein Amt berufen zu werden, wurden die Bewerber für die Mehrheit der Stellen nach ihrem äußeren Erscheinungsbild ausgewählt. Das, was sie studiert hatten, war dann oft nicht das, wofür man sie einsetzte, und das, wofür man sie einsetzte, war oftmals nicht das, was sie studiert hatten. Wenn sie dann erst einmal offizielle Posten übernehmen, brauchen sie nur einen einzigen Fehler zu begehen und, auch wenn sie gerade noch der Hinrichtung entkommen, so werden sie doch zur Arbeit in der Landwirtschaft verurteilt. Dies geschieht häufig, und viele sind zu bedauern. (Ming Dynastic History, Buch 139, Xiabo Yanzhuan)

Diese Passage belegt, dass die meisten der Gelehrten in der frühen Ming-Zeit nicht willens waren, Beamte zu werden, dass Taizu sie jedoch zwang, sich dem neuen kaiserlichen Hof zu unterwerfen, indem er sie aus den verschiedenen Ortschaften der Reihe nach wie Gefangene in die Hauptstadt schleppen ließ. Doch nachdem sie ihre Posten übernommen hatten, sollte schon das leiseste Versehen zur Exekution oder zur Verurteilung zu Zwangsarbeit in der Landwirtschaft führen. Doch was bedeutet eigentlich „Arbeit in der Landwirtschaft"? Beim militärischen Landwirtschaftssystem der Ming-Ära wurde von den Soldaten gefordert, dass sie in Friedenszeiten die Felder bestellten; das war das Pendant zu den staatseigenen Farmen der chinesischen Kommunisten. Mit „Arbeit" bezeichnete man alle Spielarten der Arbeit, und dies entsprach auch den unterschiedlichen Fabriktypen, die Harry am eigenen Leibe kennengelernt hat, wie das Kohlenbergwerk usw. Seit der Zeit der Qin- und der Han-Dynastie wurde diese Bestrafung auf Kriminelle angewendet, doch Ming Taizu setzte sie gegen seine verhassten

Gelehrten ein, so wie Mao Tse-tung alle intellektuellen „Rechtsabweichler“ in die Laogai-Lager schickte. Darüber hinaus kann Mao nur mit zwei Kaisern der chinesischen Geschichte auf die gleiche Ebene gestellt werden. Der erste war Qin Shihuang, der „die Bücher verbrannt und die Gelehrten lebendig begraben hat“, und alle wissen das; der zweite war ebendieser Ming Taizu. Von einer solchen Perspektive aus betrachtet, müssen wir wohl einräumen, dass Mao Tse-tung tatsächlich der geistige Erbe dieser beiden tyrannischen Kaiser war. Doch nach einer umfassenden Betrachtung stellen wir fest, dass Chinas totalitäre Herrschaft der Fünfzigerjahre ganz eindeutig von der Sowjetunion übernommen ist und im Wesentlichen eine Nachbildung des stalinistischen Systems war, einschließlich des „Reform durch Arbeit“-Systems. Die Qinghe-Farm wurde unter der direkten Leitung sowjetischer Experten aufgebaut (siehe Kapitel 4 in diesem Buch). Außerdem war die absolute Macht Maos ebenso beschaffen wie die Stalins und weit entfernt von den Befugnissen, die Qin Shihuang und Ming Taizu in Händen hielten. Letztlich lässt sich also sagen, dass dies ein stalinistisches System mit chinesischen Besonderheiten war.

Um wieder auf das Laogai-System zurückzukommen: seine unmittelbare Inspirationsquelle war natürlich Stalins Gulag. Obwohl diese „Arbeitsreformlager“ sehr wohl auch gewöhnliche Kriminelle aufgenommen hatten, waren ihre Hauptzielgruppen doch politische Gefangene und intellektuelle Dissidenten. Die kommunistischen Laogai-Lager Chinas basierten ganz und gar auf diesem Modell; es ist unmöglich, dass dies eine inhärente Weiterentwicklung „landwirtschaftlicher Zwangsarbeit“ der Ming-Zeit sein soll, weil es gar keine detaillierten Berichte und genauen Angaben über den Ablauf des damaligen Geschehens gibt. Falls Mao die oben angeführte Textpassage des Zitats aus der Chronik der Ming-Dynastie wirklich gekannt haben sollte, hätte dies seinen Entschluss, das Laogai-System zu etablieren, lediglich bestärkt.

Das sowjetische Gulag-System wurde 1930 errichtet und fand 1955 seinen Abschluss, bestand also insgesamt 25 Jahre. Das bedeutet, dass diese blutige Einrichtung mit dem Tode Stalins aufgegeben wurde. Ein Jahr später (1956) berichtete die Kommunistische Partei der Sowjetunion auf dem 20. Parteikongress von den zahlreichen Verbrechen des Diktators.

Das Laogai-System existiert heute noch in China, und das war auch Harrys Hauptmotivation, als er „Donner der Nacht" schrieb: Er wollte die ganze Welt darüber informieren, wie diese Hölle auf Erden das chinesische Volk – und insbesondere die Intellektuellen – seit über 50 Jahren körperlich und seelisch zugrunde richtet. Die Zahl der durch dieses System über die Jahre verschlungenen Menschen ist einfach unermesslich.

Harry hat nun seit seinem Exil das wahre Antlitz dieser Hölle auf Erden mit wahrhaft religiöser Leidenschaft aufgedeckt. Jetzt legt er mit „Donner der Nacht" seinen individuellen Präzedenzfall vor, indem er unter Auswertung seiner eigenen Erlebnisse die tatsächlichen Lebensbedingungen in der „Hölle" vor den Augen des Lesers lebendig vergegenwärtigt. Harrys Bemühungen sind nicht vergeblich. Der Begriff „Gulag" konnte sich durch die englische Übersetzung des „Archipel Gulag" von Alexander Solschenizyn in der ganzen westlichen Welt verbreiten und damit letztlich auch Eingang beispielsweise in sämtliche englischen Wörterbücher finden. In dieser Hinsicht ist Harrys Beitrag und seine Leistung durchaus mit denen Solschenizyns zu vergleichen. Nunmehr haben sowohl die 10. Auflage des „Concise Oxford English Dictionary" als auch das „Oxford Dictionary of Phrase and Fable" beide die Begriffe „ Gulag" als auch „Laogai" aufgenommen. Im letztgenannten Wörterbuch weisen die Herausgeber besonders darauf hin, dass sich „Gulag" aufgrund von Solschenizyns berühmten Roman überall auf der ganzen Welt eingebürgert hat, während sie unter dem Eintrag „Laogai" die 1996 von Harry Wu gesprochenen Worte zitieren: „Ich möchte, dass der Terminus ‚Laogai' in jedem Wörterbuch der Welt in jeder Sprache auftaucht. Und noch mehr möchte das Ende des Laogai erleben."

Natürlich müssen wir uns nicht nur beharrlich darum bemühen, die Laogai-Lager in die Annalen der Geschichte zu verbannen; wir müssen ferner unsere gesamte Energie darauf verwenden, um zu verhindern, dass jedwede Form von „Hölle" sich je wieder auf Erden etabliere.

Teil 1

ANGST

Im Laufe seines Lebens hat ein jeder, ob arm oder reich, den gleichen Wunsch. Es ist der Wunsch nach Ruhe. Ein langes Leben in Ruhe und Frieden führen zu können, ist in der Tat ein großer Segen. Doch gibt es im Leben eines Menschen oftmals viele verstörende Begleitumstände, denen man nicht entkommen kann. Einer davon ist Angst. Etliche Dinge im Leben sind beängstigend: Erdbeben, Taifune, Krankheiten wie AIDS und Krebs, aber auch Konkurse, Autounfälle, Raubüberfälle, Morde und noch vieles mehr. Große und kleine, vermeidbare und unvermeidbare, natürliche und künstlich herbeigeführte Ängste tauchen beständig im Laufe unseres Lebens auf. Werden Ängste zielbewusst hervorgerufen und gefördert, führt das in die Katastrophe, und der dabei entstehende Schaden ist groß, sei er nun psychisch oder physisch.

Denn es gibt eine ganz besondere Angst, die einzig und allein durch Menschen verursacht wird: die gesellschaftspolitische Angst. Diese spezielle Angst kann auf religiösen Differenzen beruhen, auf rassistisch motivierten Auseinandersetzungen oder auf unterschiedlichen gesellschaftlichen Zielsetzungen; sie betrifft die Interessen einer bestimmten Gruppe oder einer bestimmten Person: Eine solche politische Angst wird in ganz erheblichem Umfang künstlich erzeugt. In der menschlichen Geschichte kommt das gar nicht einmal so selten vor. Die politische Angst unter Hitler, Stalin und Mao sind Beispiele dafür.

In Festlandchina war die maoistische politische Angst mehr als ein halbes Jahrhundert lang weit verbreitet. Mit Maos Tod im Jahre 1976 war sie noch nicht überstanden. Das Image von

Mao Tse-tung ist ein Symbol für diese Angst. Solange das Mao-Porträt noch immer am Tor des Himmlischen Friedens vorhanden ist, muss auch die im ganzen Land herrschende politische Angst kommunistischer Prägung weiter existieren.

Es ist nicht sehr wahrscheinlich, dass die gegenwärtig verbreiteten Berichte oder Akten einiger der betreffenden Parteien sowie die Untersuchungen und Forschungen von einer Handvoll Wissenschaftlern den Umfang dieser Angst unter Mao ermessen können, auch nicht das Ausmaß des Terrors und die Narben und Auswirkungen, die dieser Terror in der chinesischen Geschichte zurückgelassen hat. Weitere fünfzig Jahre werden vielleicht verstreichen müssen, bevor die Menschen ein klareres, ein tieferes und umfassenderes Verständnis darüber erlangen können.

Kapitel 1

VON ANGST INFIZIERT

Im Jahre 1937, als ich geboren wurde, trug sich der Zwischenfall an der Marco-Polo-Brücke zu, und die chinesische Regierung erklärte Japan den Krieg. Nachdem ich herangewachsen war, erfuhr ich, dass die Japaner bereits nach dem Auslösen des Mukden-Zwischenfalls am 18. September 1931 die Mandschurei annektiert hatten, wodurch ihre Ambition, China immer weiter zu verschlingen, deutlich geworden war. Für mich erhob sich dadurch zwangsläufig die Frage: Weshalb wurde der Krieg erst sechs Jahre nach dem eigentlichen Anlass erklärt? Daran lässt sich klar erkennen, wie leidgeprüft mein Heimatland damals war. Meine Familie lebte zu dieser Zeit in einer Wohnung in der französischen Konzession in Shanghai (1). Nebenan befand sich eine japanische Militärkommandantur, deren arrogantes Gebaren einen tiefen Eindruck bei dem kleinen Jungen, der ich war, hinterließ. Als die amerikanischen Flugzeuge die Japaner in Shanghai bombardierten, ging ich daher mit den Erwachsenen zusammen aufs Dach, um Zeuge des Schauspiels zu werden, und in meinem Herzen stieg plötzlich ein unterschwelliger Patriotismus auf; ich war sehr glücklich.

1948 zog meine Familie in den westlichen Bezirk Shanghais, in ein dreistöckiges Haus nach westlichem Vorbild, das mit fünfzehn anderen Häusern ein Wohngebiet bildete: das „Mingyue New Village" (2). Davor befand sich ein Park, der für die Kinder des New Village eine ganze Welt an Aktivitäten bereithielt. Da gab es Stechpalmen, einen Rasen, und eine weitere Baumart, deren Namen ich nicht kenne, die aber Früchte trägt, die den Pappelpflaumen im Sommer ähneln. Wir verfütterten diese Beeren immer an die Junikäfer, die wir einfingen, und denen wir dann Mutters Zwirn um den Nakken banden; es machte viel Spaß, sie anschließend beim Herumfliegen zu beobachten.

1945 hatte zwar mit der japanischen Kapitulation der Krieg geendet, aber der chinesische Bürgerkrieg (seit 1927) hielt an und belastete das Land noch bis 1949. Da das Umfeld, in dem meine Familie lebte, relativ wohlsituiert war, erlebte ich nie, wie die einfachen Leute vor Katastrophen flohen, und ich sah auch nie die Leichen der Verhungerten. Ich entsinne mich, dass meine Schwester irgendwann ein verlassenes Baby, das am Straßenrand erfroren war, entdeckte, als sie von der Schule nachhause kam. Sie war zu Tränen gerührt. Meine Eltern trösteten sie und redeten ihr gut zu, und wir durften nie mehr darüber sprechen. Im Herbst 1948 erinnere ich mich, wie mein Vater mich mitnahm, um einen Baseball-Handschuh zu kaufen. Wir fuhren in einer privaten Fahrrad-Rikscha, und als wir durch die Nanjing Road kamen, sahen wir unglaublich viele Menschen, die sich da versammelt hatten, und die – mit Silbermünzen in ihrer geballten Faust – brüllten: „Große Leute, kleine Leute, kaufen und verkaufen!"

Ich fragte meinen Vater, was sie denn da taten. Er aber machte nur ein langes Gesicht und sagte: „Das geht dich nichts an. Frag nicht; kümmer dich lieber um deine Schule." In jenen Tagen hatte ich etwas darüber in der amerikanischen Zeitschrift „Time" gelesen. Die Abonnements meines Vaters für die amerikanischen Zeitschriften „Life" und „Time" hatten mich sehr interessiert, weil in ihnen eine vollkommen andere Welt dargestellt wurde.

Vater war ein sehr ernster Mensch; ich wusste nur sehr wenig über ihn, und traute mich auch nicht, weiter zu fragen. Meinen Großvater habe ich nie gesehen; er mag ein kleiner Grundeigentümer im Kreis Wuxi in der Provinz Jiangsu gewesen sein. Vater war sein zweiter Sohn, und als Heranwachsender verließ er sein Zuhause mit einem kleinen Koffer, um in Suzhou zu studieren. Später wurde er dann an der Wirtschafts-Fakultät der St. John's-University in Shanghai zugelassen. Er war bei der dortigen Studentenverbindung einige Zeit als Sekretär für die chinesische Sprache tätig. Nach seinem Abschluss arbeitete er bei der Young Brothers Bank, die Geschäftsleuten aus Sichuan gehörte, und wurde schließlich zum stellvertretenden Direktor befördert. Mir war so, als ob Vater auch eine Strickgarnfabrik besessen hätte, weil es in unserem Haus eine ungeheure Menge an Garn vom Fabrikat „Honeybee" gab. Mutter war eine perfekte Strickerin, sodass die gesamte gestrickte Kleidung ihrer Kinder das Produkt ihrer Nadeln war. Ich erfuhr nie, wie hoch die Einkünfte meines Vaters waren oder wie viel Vermögen er besaß. In unserem Haus lebten viele Personen: Neben meinen Eltern und acht Brüdern und Schwestern gab es da noch einen Fahrer und drei weibliche Bedienstete – die eine war für den Einkauf von Lebensmitteln und das Kochen zuständig, eine war für uns Kinder verantwortlich, und die dritte war meiner Stiefmutter behilflich.

Die Einrichtung in unserem Wohnzimmer spiegelte die enge Verbindung chinesischer und westlicher Kultur in unserer Familie wider. Da gab es Sofas, einen Teppich und ein Klavier, das extra für Vaters heißgeliebte älteste Tochter gekauft wurde. Doch rundherum standen auch noch aus chinesischem Rosenholz gefertigte Tische und Stühle. Die Wände wurden von chinesischen Gemälden geschmückt, darunter Krabben von Qi Baishi, Pferde und menschliche Modelle von Pu Xinshe sowie Landschaften von Zhang Daqian. Es gab auch einen Tiger, der von Zhang Shanzi gemalt war, und einen Reim in Kalligraphie von Yu Youren. Ein Bild, das ich ganz besonders gerne ansah, war „Zhong Kui, der Bezwinger der Teufel": Zhong Kui, mit einem mächtigen lockigen Bart, trug ein rotes Gewand und ein scharfes Schwert in einer Hand, das er vorzugsweise dazu benutzte, um den Dämonen die Köpfe abzuhacken; die spitzen Fingernägel seiner anderen Hand zeigten nach vorne. Es wurde erzählt, sie wurden dazu verwendet, um den Teufeln die Augäpfel auszustechen. Im Esszimmer befand sich ein mächtiger Esstisch, der groß genug war, damit wir alle zehn gleichzeitig an ihm speisen konnten. Die Anrichte enthielt Weinkrüge aus Porzellan und Flaschen mit Champagner und Brandy, aber auch mit Shaoxing-Wein. Im Schlafzimmer meiner Eltern stand eine englische Messing-Garnitur. Einmal war eine entfernte Verwandte vom Land zu Besuch und ließ sich auf Mutters großes Bett fallen; da es so weich war, purzelte sie herunter, und als sie dabei lachte und versuchte, sich umzudrehen, um wieder aufzustehen, sagte sie: „Wenn ihr nachts schlaft, drängt ihr euch dann nicht beide so zusammen wie Nudeln in einer Schüssel?!" Außerdem hing im Schlafzimmer meiner Eltern auch noch ein von Zhang Daqian gemaltes lebensgroßes Gemälde von Yang Guifei, wie sie gerade dem Bad entsteigt.

Vaters Hobby war die Jagd und er hatte zuhause zwei englische Jagdhunde. Er besaß wohl fünf ein- und doppelläufige Schrotflinten. Diese Gewehre bereiteten ihm Ärger, als die Kommunisten kamen. Obwohl er sie bis zur Kulturrevolution im Jahre 1966 ablieferte, behauptete man weiterhin, er hätte „Waffen" versteckt. In erster Linie jagte Vater Wildenten und Fasane am Stadtrand von Shanghai. Einige seiner Jagdgefährten waren Ausländer. Er trug grundsätzlich Anzüge und Lederschuhe, doch dreimal jährlich hatte er garantiert ein traditionell-chinesisches langes Gewand und eine Mandarinjacke an: zu Mutters Geburtstag, zu Mutters Todestag und zum chinesischen Totengedenkfest. Ich weiß, dass Vater keiner Religion anhing; er ging weder zur Kirche, noch verehrte er Buddha. Manchmal stellte unsere Stiefmutter einen Küchengott auf und brachte ihm Opfer dar. Vater runzelte dann zwar seine Stirn, mischte sich aber nicht weiter ein.

Meine leibliche Mutter starb, als ich fünf Jahre alt war, und hinterließ fünf Kinder. Meine älteste Schwester war 20, und die jüngste gerade ein Jahr alt. Ich dachte immer, dass Mutter an einer akuten Krankheit gestorben sei. Doch viele Jahre später, vermutlich erst, als ich auf der Universität war, erzählte mir ein entfernter Verwandter, Mutter habe nach einer heftigen Auseinandersetzung mit Vater Selbstmord begangen, indem sie Opium schluckte. Ich fragte ihn: „Hat Mutter denn Opium geraucht?“ Er antwortete: „Nein, dieses Opium wurde für deine Großmutter mütterlicherseits bereitgestellt. Deine Mama hat das Opium dann vor lauter Zorn gegessen, weil sie deinen Papa erschrecken wollte, doch die Vergiftung war so massiv, dass man sie nicht mehr wiederbeleben konnte. Bevor sie starb, wachte sie noch einmal auf und drückte ihr Bedauern aus, sodass dies deinem Vater noch heute Schmerzen bereitet.“ Vater sprach kein einziges Mal über diese Angelegenheit, und ich wagte auch nicht, ihn darauf anzusprechen. Sehr lange Zeit glaubte ich, der Familienname meiner Mutter sei Zhong und ihr Vorname laute Ying, weil auf der Gedenktafel bei ihrer Beerdigung „Guo Zhong Ying“ stand und ich dachte, das Schriftzeichen „guo“ bedeutete „verstorben“; daher hielt ich Zhong für Mutters Nachnamen.

Erst später erfuhr ich, dass Guo Zhongying ihr vollständiger Name war. Guo ist ein Familienname, der ausschließlich im Kreis Wuxi vorkommt.

Etwa ein Jahr, nachdem Mutter gestorben war, heiratete Vater erneut. Meine Stiefmutter kam aus dem Bezirk Xiaoshan in der Provinz Zhejiang. Zu ihren Vorfahren gehörten eine Reihe von Gelehrten und örtlichen Beamten, sodass man die Familie als Beamtenadel bezeichnen könnte. Als die Japaner später ihre Felder und Häuser besetzten, zog sie nach Shanghai. Der Wechsel der Umgebung oder aber das Unvermögen, einen vergleichbaren gesellschaftlichen Status zu erlangen, führte wohl dazu, dass meine Stiefmutter bereits 29 Jahre alt war, als sie meinen Vater heiratete. In jenen Tagen war es etwas Furchtbares, wenn eine Frau aus eigener Schuld erst im Alter von 29 Jahren heiratete. Die Hochzeit fand auf fremdländische Art in einem der berühmtesten internationalen Hotels in Shanghai statt. Es waren ungeheuer viele Gäste zugegen – vermutlich, da beide Brautleute aus einflussreichen Familienverhältnissen stammten; außerdem besuchten zahlreiche führende Persönlichkeiten das Fest in Shanghai Waitan.

Das tägliche Abendessen bei uns zuhause verlief stets sehr förmlich. Nachdem die Diener die Schüsseln mit den Speisen und dem Reis, die Schalen, Teller und Stäbchen dem Brauch folgend angeordnet hatten, durften Mutter und die Kinder nacheinander ihre Plätze einnehmen, woraufhin ein Diener nach oben ging und an Vaters Tür klopfte, um ihn zum Essen zu bitten. Wir behielten unsere Hände unter dem Tisch und warteten leise, bis Vater seinen Platz eingenommen hatte. Wir durften erst dann unsere Essstäbchen anrühren, wenn Vater seine aufgenommen hatte, und beide Hände mussten dann auf dem Tisch liegen bleiben. Die Diener, die um den Tisch herumstanden, füllten in unsere Schalen Reis nach, und keines der Kinder – ausgenommen unser ältester Bruder und unsere älteste Schwester – durfte sich von den übrigen Speisen selbst bedienen. Mutter musste etwas davon auf die vor uns stehenden Teller verteilen. Gespräche waren während des Essens nicht erlaubt; nur wenn Vater eine Frage stellte, durften wir darauf antworten.

Die Kinder brannten alle darauf, dass Vater endlich die Tafel verließ. Wenn er erst einmal weg war, dann waren wir frei. Wir konnten uns selbst mit dem Essen bedienen, laut reden und sogar zanken oder Lieder singen. Die Diener füllten sich dann selbst ihre Reisschüsseln voll und setzten sich zum Essen zu uns. Nach dem Mahl gingen wir Kinder alle in das Schlafzimmer unserer Eltern. Zunächst kontrollierte Vater unsere Hausaufgaben, anschließend fingen wir an, uns zu unterhalten. Zu dieser Zeit konnte man Vaters entspannte Seite erleben. Es war dies der schönste Augenblick des Tages, außer wenn es Enttäuschungen gab, falls unsere Hausarbeiten nicht ordentlich erledigt wurden oder unsere Zeugnisse alles andere als ideal waren.

Im Frühling 1949 hatte der Bürgerkrieg zu einem Aufruhr im Land geführt und schob sich immer näher an Shanghai heran. Nachdem die chinesische Volksbefreiungsarmee Peking und Tianjin eingenommen hatte, flohen viele bedeutende Regierungsbeamte und Geschäftsleute aus Shanghai nach Hongkong, mit Edelmetallen und Schmuck im Schlepptau. Vor uns Kindern redete Vater nie über Politik. Hin und wieder hörte ich, wie unsere Eltern über den Kampf zwischen Kommunisten und Nationalisten diskutierten, über Revolution, die kapitalistische Klasse und so weiter; wenn das Gespräch auf die wirtschaftliche Situation und die körperliche Sicherheit der Familie kam, sagte Vater immer: „Es kommt nicht auf die Partei, die Regierung oder die jeweilige Philosophenschule an; ich meine, das sollte alles kein Problem sein, solange einer würdevoll und rechtschaffen ist und sich nicht unterkriegen lässt, wenn er seine Geschäfte unter Einsatz seines Wissens und seiner Begabungen abwickelt." Vater glaubte – vermutlich unter dem Einfluss der Lehren von Konfuzius und Mencius – stark an die Vorstellung, dass eine „Kultivierung des moralischen Charakters, die Regelung familiärer Angelegenheiten und das integre Regieren des Landes der Welt Frieden bringen würden." Nach seiner Meinung ginge es in Gesellschaft und Politik zwangsläufig friedvoll und gerecht zu, wenn jeder seine eigenen moralischen Eigenschaften förderte. Ich weiß noch, wie Vater sagte, ein guter Freund aus britischen Geschäftskreisen habe ihm vorgeschlagen, er sei bereit – wenn Vater selbst nicht Shanghai verlassen wollte – die Verantwortung auf sich zu nehmen, meinen ältesten Bruder und mich nach Hongkong oder England zu schicken, um eine durchaus mögliche Familientragödie infolge eines

Klassenkampfes nach dem Einmarsch der Kommunisten in Shanghai zu vermeiden. Vater lehnte dies ab; er meinte, dass die Familie zusammenbleiben und nicht auseinandergerissen werden sollte, seien die Zeiten nun glücklich oder unheilvoll. Er glaubte, nicht in Partisanen- oder politische Kämpfe verwickelt zu werden, und solange er seine Kinder dazu anhielt, fleißig zu lernen und ehrlich zu sein, wären sie auch imstande, in jedweder Gesellschaft ein aufrechtes Leben zu führen. Außerdem war dies seine Heimat.

Mitte April 1949 fingen wir an, Vater dabei zu beobachteten, wie er allabendlich in der Dämmerung mit einem Knüppel und einer Taschenlampe das Haus verließ, um mit unseren Nachbarn über abwechselnde Nachtpatrouillen, Wachdienste und gegenseitige Hilfe zu sprechen. Da die Kuomintang gerade die Flucht ergriff, fürchtete man, diese gewöhnlichen Soldaten würden anfangen zu plündern und Brände zu legen. Nachdem wir am 24. Mai zu Abend gegessen hatten, kontrollierte Vater – ganz entgegen seiner sonstigen Gewohnheit – diesmal nicht unsere Hausaufgaben, sondern schickte uns Kinder früh zu Bett. Das Zimmer, das ich mit meinem ältesten Bruder teilte, lag im dritten Stockwerk und besaß einen Balkon, der zur Straße ging. Mitten in der Nacht platzte Vater mit vier Männern aus der Nachbarschaft plötzlich in unser Zimmer herein und, ohne das Licht anzuschalten, stürmten sie auf den Balkon, rissen die karminroten Vorhänge auf und sahen auf die dunkle Straße hinaus. Auf meiner Decke kauend, behielt ich sie ängstlich im Auge. Auf einmal flüsterte jemand: „Sie sind hier! Sie sind hier! Sie kommen!" Ich sprang aus dem Bett und stellte mich neben Vater. Unter dem schummrigen Licht der Straßenlaterne sah ich eine Gruppe von Kuomintang-Soldaten, die ungeordnet auf beiden Straßenseiten wegliefen. Mit leiser Stimme sagte Vater: „Mach unter gar keinen Umständen das Licht an; sobald es an ist, eröffnen sie das Feuer!" Noch nicht einmal einen Augenblick später fuhr ein weiterer Schwung Soldaten in Jeeps vorbei.

Wir warteten etwa eine halbe Stunde lang in der dunklen Stille, als uns ein Trupp Soldaten der Volksbefreiungsarmee in Zweierreihen entgegenmarschierte. Vater und die Nachbarn sahen sich gegenseitig an, schalteten dann eine Tischlampe an und atmeten erleichtert auf. Die Katastrophe, die sie erwartet hatten, war also doch ausgeblieben.

Am nächsten Morgen meldeten die Radiosender, dass die Kommunisten Shanghai befreit hatten. Fabriken und Schulen waren an jenem Tag zwar geschlossen, aber Vater entschied, nun doch einmal bei der Bank vorbeizuschauen. Als er zurückkehrte, berichtete er Mutter, dort sei alles in Ordnung und das Treiben auf den Straßen dasselbe wie immer. Die Menschen waren voll Optimismus und Vertrauen und sahen der neuen Ära mit Freude entgegen. Noch hatte ich nicht das Ende meiner goldenen Kinderjahre erreicht.

Die ersten Jahre nach dem Einmarsch der Kommunisten (1949) blieb mein Familien- und Schulleben weitestgehend unverändert. Ich erinnere mich nur daran, dass Vater während der *Kampagne zur Beseitigung von Konterrevolutionären*, die 1950 ihren Anfang nahm, alle seine Jagdwaffen und seine Munition beim Büro für Öffentliche Sicherheit abgab. Außerdem mahnte uns unsere Stiefmutter, höflich zu den *Tanten* vom *Bezirkskomitee* zu sein, die jetzt häufig direkt zu uns nachhause kamen. Ein Nachbar erzählte Vater: „Vor einigen Tagen klopfte ein Soldat der Volksbefreiungsarmee mit einem Eimer an meine Tür und bat um etwas Wasser. Zu Tode erschrocken, ließ ich ihn auf die Toilette, damit er sich selbst Wasser holen konnte, und dabei sah ich, wie er sich in der Klosettspülung das Gesicht wusch. Wie konnte er nur so etwas tun?!“ Vater sagte: „Sie kommen vom Land und haben noch nie eine Toilettenspülung gesehen. Das zeigt, dass diese Volksbefreiungssoldaten rein und einfach sind; außerdem stehlen sie nichts vom Volk, sehen Sie also nicht auf sie herab."

1950 fing es damit an – in der Schule, auf den Straßen und auch in den Zeitungen – dass die Kommunistische Partei die Parole verbreitete, der „amerikanische Imperialismus" sei unser Feind Nummer Eins und die Sowjetunion unser „älterer Bruder". Zu dieser Zeit galt Vaters vorrangige Sorge der Ausbildung seiner Kinder. Meine ältere Schwester wurde auf die St. Mary's High School für Mädchen, eine erstklassige christliche Schule, geschickt. Mein älterer Bruder und ich gingen auf die katholische St. Francis High School. Die meisten der dort tätigen Lehrer waren katholische Mönche, und die Schüler trugen als Schuluniform marineblaue Jacken mit dem Schulwappen auf der linken Brusttasche und das ganze Jahr hindurch kurze Hosen. Dort erhielt ich auch meinen englischen Namen Harry.

In meiner Familie war ich das dritte von acht Kindern. Schon von frühester Kindheit an litt ich an Bronchitis; obwohl ich klein und dünn war, ließ ich mich nicht so leicht unterkriegen. Schon früh hatte ich Gefallen an neuen und fremden Dingen gefunden. Mathematik mochte ich nicht, aber Chemie, Erdkunde und Naturwissenschaften machten mir Spaß. Als ich einmal vor dem Laboratorium stand und durch die Tür beobachtete, wie Schüler aus der Oberstufe ein Experiment durchführten, legte sich plötzlich ein Paar starker Hände fest und warm auf meinen Kopf. Ich schaute auf und erblickte den italienischen Mönch, der das Labor betreute, Bruder Capolito. Er stieß die Tür auf und ließ mich in das Labor hinein. Bruder Capolito war etwa 1,65 cm groß, sein Körper war leicht nach vorne gebeugt. Er hatte eine lange, gebogene Nase und silberweiße Haare mit einer kahlen Stelle in der Mitte. Zunächst ließ er mich die Insekten-Musterkästen anschauen, die an den Wänden hingen und in Vitrinen ausgestellt waren. Ich war fasziniert. So viele Käfer, Schmetterlinge und Kakerlaken! Später nahm er mich jeden Sonntag nach der Frühmesse mit vor die Stadt, um Insekten zu fangen, und zeigte mir, wie man Präparate herstellt. Jedes Mal, wenn wir die Stadt verließen, folgte einer dem anderen, jeder auf seinem eigenen Fahrrad. Seines hatte einen Bambuskorb, in dem er Milch, Butter, Schinken und kleine Früchte transportierte, die ich so gerne aß. Nachdem Bruder Capolito China verlassen hatte, ging ich – entweder alleine oder mit meiner jüngeren Schwester – noch oft in den Park oder in die Außenbezirke, um Insekten zu fangen und verarbeitete sie zu Präparaten. 1952 bat meine Stiefmutter einen Bekannten darum, zwei große Glaskästen anzufertigen, um meine Käfer- und Schmetterlingspräparate darin aufzubewahren, und sie gab dann mit ihnen an, wenn Freunde und Verwandte zu Besuch kamen.

Bruder Capolitos Laboratorium nahm mich voll und ganz in Anspruch; sonntags ging ich mit dem Mönch zur Messe, besuchte den Katechismusunterricht und war ganz versunken in der Liebe und Wärme des katholischen Glaubens. Offiziell katholisch wurde ich dann 1950 bei meiner Taufe.

Eines Tages zur Mittagszeit führte mich Bruder Capolito ins Labor. Stets ein stiller Mann der wenigen Worte, ging er mit mir in den Raum mit den Präparaten und nahm zwei besonders schöne Holzkästen, jeder 60 cm lang und 30 cm breit, aus einem Schrank. Sie enthielten eine breite Vielfalt bunt schillernder Schmetterlinge und repräsentierten zahlreiche Jahre seines mühseligen Sammelns. Ich war ganz neidisch und hatte immer gehofft, ich würde eines Tages ebenfalls so viele Präparate solcher Qualität besitzen. Er überreichte mir die Kästen und, als er mir wie gewöhnlich seine großen Hände auf meinen Kopf drückte, sagte er: „Die sind für dich!" Wie vom Donner gerührt, sagte ich erst mal gar nichts, drehte mich dann um, wobei ich die Kästen fest umarmte, und wollte schon nachhause laufen, als er mich rief, anzuhalten und mir zuwinkte, noch einmal zurückzukommen. Er sah mich mit Stielaugen an und sagte: „Versprich mir, dass du gut auf sie aufpassen wirst!“ Ich nickte eifrig.

Einige Tage später konnte ich Bruder Capolito nicht mehr finden, sodass ich einen chinesischen Mönch, Bruder Xu, ansprach, der seinen Platz als Laborleiter eingenommen hatte.

„Ist Bruder Capolito hier?“

Bruder Xu sagte: „Er ist schon alt und braucht eine Pause. Er ist nachhause gefahren.“

Geraume Zeit später erfuhr ich: Viele der ausländischen Priester waren in aller Stille abgereist. Bruder Capolito sollte nie mehr zurückkehren.

Als ich mit der High School fertig war und mein Elternhaus verließ, um die Universität in Peking zu besuchen, gab ich die beiden Kästen mit den Insektenpräparaten meiner Stiefmutter zur Aufbewahrung. Sie wusste, dass dies meine Schätze waren, und passte immer sehr gut auf sie auf. Nachdem sie 1960 all ihre Hoffnung verloren und Selbstmord begangen hatte, blieben die Kästen in der Dachkammer im vierten Stock. Leider wurden sie schließlich zerstört, als man das Haus während der Kulturrevolution plünderte.

Auf unserer Schule führte man zwei neue Unterrichtsfächer ein: die Darwinistische Evolutionslehre und die Marxistische Theorie der Gesellschaftsentwicklung. Die Schule hatte jetzt einen Lehrer für Politik, Herrn Yang, der – wie es hieß – Kader in der Neuen Vierten Armee gewesen war. Er erzählte uns Geschichten über die Tapferkeit der freiwilligen Truppen auf dem Schlachtfeld in Korea, erklärte, wie die Kommunistische Partei Land an die armen Bauern verteilt und Rowdytum und Prostitution in den Städten ausgerottet hatte und warum eine ungezügelte Inflation keine Angelegenheit der Vergangenheit war. Dies alles ließ in mir das Gefühl hochsteigen, das Ausbeutungssystem der alten Gesellschaft sei ziemlich abstoßend, und so fing ich langsam an zu glauben, die Kommunisten hätten dem Land eine neue Zukunft geschenkt. Zu diesem Zeitpunkt war der Koreakrieg bereits ausgebrochen; wenn ich schon fünfzehn gewesen wäre, hätte ich mich bestimmt bei der Militärkaderschule angemeldet. Als ich so die Oberstufenschüler aus meiner Schule beobachtete, wie sie ihre Militäruniformen mit ihren hellroten Orden anzogen und bei der Armee unter Trommelklängen mitmarschierten, war ich sehr neidisch. Damals sang ich am liebsten dieses Lied:

„Wir sind die Jugend von China und stehen an vorderster Front unseres Mutterlandes;

Um die mörderischen Räuber zu vernichten, schließen wir uns zusammen und preschen voran!"

Im Frühling 1952 wurde für alle Lehrer und Schüler der Unterricht eingestellt, und man bildete Gruppen, die eine Ausstellung besuchten, in der dem Imperialismus vorgeworfen wurde, die Religion zu Übergriffen auf das chinesische Volk zu missbrauchen. Man zeigte viele Fotos und Dokumente, aber auch einige reale Gegenstände. Die Ausstellung schokkierte mich, und manche der Schaukästen hinterließen einen tiefen Eindruck bei mir. In der Ausstellung wurde behauptet, die ausländischen Priester einer bestimmten Kirche seien in Wirklichkeit imperialistische Spione und man habe dafür viele objektive Beweise aufgedeckt, einschließlich Funksender, Pistolen, Maschinengewehre, Messer und sogar Bomben. Es wurde ein Foto gezeigt mit einer dicken amerikanischen Nonne, die sich von einer Tafel voller Delikatessen bediente, während sie von einer Gruppe hungernder, spindeldürrer chinesischer Waisenkinder umringt war. Ein anderer Schaukasten erzählte von dem Friedhof eines chinesischen Waisenhauses und dessen Kindern, die bis an die Schwelle des Todes gefoltert worden waren, und man stellte auch Abbildungen aus, um die Zahl der chinesischen Waisenkinder zu belegen, die in all den Jahren angeblich zu Tode gequält wurden, womit man die Nonnen wie blutsaugende Teufel erscheinen ließ.

Außerdem zeigte man Fotos, die darauf hinwiesen, dass viele ausländische Priester der Lust nachgaben und chinesische Frauen manipulierten und so weiter. Die Schlussfolgerung war dann, dass diese Leute „Wölfe in Schafspelzen" seien.

Schließlich änderte man den Namen der St. Francis High School um zur „Times High School". Ein chinesischer Bruder, Bai Yuheng, übernahm die Leitung als Verwalter, wurde jedoch kurz darauf verhaftet. Es hieß, er sei ein *Konterrevolutionär* gewesen. Man schickte ihn auf die Baihu Farm in Anhui in ein Laogai-Lager. Die chinesischen Priester und Brüder verschwanden einer nach dem anderen. Die zurückgebliebenen Brüder hörten auf, in der Schule ihre schwarzen Soutanen zu tragen, und sie legten auch die Kruzifixe auf ihrer Brust ab. Ich weiß nicht, ob dies deshalb geschah, weil sie ins säkulare Leben zurückgekehrt waren oder den Anweisungen der Regierung folgten. Alle Schüler wurden verpflichtet, sozialistische Schulungskurse zu besuchen.

Im dritten Jahr, nachdem die Kommunistische Partei die Macht übernommen hatte, war nicht nur die politische Struktur der Kuomintang vernichtet worden, man hatte auch gründlich vielfältige lokale politische Einflüsse gekappt. Nach außen kämpfte China im Koreakrieg. Im Inneren konfiszierte die Partei Land von Grundbesitzern und wohlhabenden Bauern und verteilte es unter den Landwirten. Dann zwang man die Bauern, sich an landwirtschaftlichen Genossenschaften zu beteiligen, und forderte sie dazu auf, ihre Ländereien und ihre landwirtschaftlichen Geräte abzugeben, sodass sie nichts mehr besaßen und so in eine neue Form der Leibeigenschaft fielen. 1952 wandte die Kommunistische Partei ihre Aufmerksamkeit der *Bourgeoisie* zu.

Eines Abends im Frühling des Jahres 1952 kam Vater nicht zur gewohnten Zeit nach Hause. Sein Platz an der Abendtafel blieb leer, und wir konnten es unserer Stiefmutter ansehen, dass sie nur so tat, als ob alles in Ordnung wäre. Die Kinder hingegen spielten weiter so wie immer und dachten, Vater sei wohl irgendwo zu Besuch. Beim Mittagessen am folgenden Tag blieb Vaters Platz noch immer leer, und unsere Stiefmutter bedeutete allen mit einem Nicken, dass wir mit dem Essen anfangen konnten; sie selbst aß und trank nichts, sondern saß zusammengesunken in ihrem Stuhl, Sorgenfalten gruben sich tief in ihre Stirn. Nach der Mahlzeit gingen wir alle wie gewöhnlich in das Zimmer unserer Eltern, sprachen jedoch mit leiser Stimme, und es schien, als hofften wir, dass Lachen die dunkle Stimmung ein wenig heben konnte. Wie es unsere Gepflogenheit war, keine Fragen über die Angelegenheiten der Erwachsenen zu stellen, so fragte auch keiner weiter nach, und unsere Stiefmutter sagte ebenfalls nichts. Danach lösten sich die Regeln des Wartens beim Abendessen auf Vater, bis man seine Stäbchen anheben und nach dem Mahl dann ins Schlafzimmer der Eltern gehen durfte, unmerklich in Luft auf.

Nach über einem Monat kehrte Vater eines Abends schließlich zurück. Ohne zu sprechen, sah er jedes seiner Kinder an, wies uns alle an, früh zu Bett zu gehen und blieb mit unserer Stiefmutter still in seinem Schlafzimmer.

1952 fing die Kommunistische Partei damit an, die *nationale Bourgeoisie* zu vernichten. Aus Sicht der Kommunistischen Partei besaß die *nationale Bourgeoisie* keine Verbindung zu Ausländern oder zum Kuomintang-Regime; wenn die Bourgeoisie eine solche hatte, dann bezeichnete man sie als *Comprador-Bourgeoisie* oder *Bürokraten-Bourgeoisie*. Diese beiden Klassen wurden zu *Zielscheiben der Revolution* der Kommunistischen Partei; man konfiszierte ihr Eigentum, und ihre Mitglieder wurden „getötet, weggesperrt oder sonstwie gemaßregelt". Die nationale Bourgeoisie wurde zeitweise des Landes verwiesen, damit sie zu Objekten der *patriotischen Ausbau- und Reformpolitik* wurde, und damit sie sich „freiwillig" in Richtung einer *sozialistischen Transformation* zubewege. Man beschlagnahmte ihr Eigentum, und diese Transformation sollte aus ihnen neue sozialistische Bürger machen, die ihre Mitmenschen nicht mehr ausbeuteten. Doch dieser „freiwillige“ Prozess dauerte nur etwa drei Jahre lang. 1955 führte das ganze Land mit großem Tamtam eine *sozialistische Gesellschaftsordnung* ein. Die *nationale Bourgeoisie* war als Klasse vollständig vernichtet worden. Um dieses revolutionäre Ziel einer *sozialistischen Transformation* durchzusetzen, initiierte die Regierung die ersten politischen Bewegungen, die *Drei Antis* und die *Fünf Antis*. An der Oberfläche handelte es sich dabei um gesellschaftliche Sanierungsmaßnahmen zur Beseitigung von Verschwendung, Korruption und Bestechung, und so wurden auch tatsächlich mehrere kommunistische Parteibeamte aus recht hohen Positionen hingerichtet, doch eigentlich stellten diese Maßnahmen einen brutalen Angriff auf die Bourgeoisie dar.

Unsere Stiefmutter hatte ihr Lachen und ihre Ausstrahlung bereits verloren. Eines Tages erzählte sie mir, Vater sei über einen Monat lang in einem Büro in seiner Bank festgesetzt und ausgefragt worden. Sie sagten, er sei ein Agent der Bankinhaber und damit ein kapitalistischer Lakai. Später erhielt der Eigentümer der Bank, ein Herr Yang, eine fünfjährige Gefängnisstrafe und wurde nach Nord-Jiangsu in ein Laogai-Lager transportiert. Vater wurde beruflich degradiert und sein Gehalt herabgestuft: Er bekam von nun an das niedrigste Gehalt der Bank. Später bat er um Erlaubnis, in einer Mittelschule Englisch zu unterrichten, und gab seinen Arbeitsplatz in der Bank auf, den er über zwanzig Jahre lang innehatte, um nun *Volkslehrer* zu werden. Als ich all das hörte, waren meine Augen und mein Kiefer starr von Schreck. Ich verstand nicht, was geschehen war.

Einige Jahre zuvor hatte Vater jeden Tag in den Winter- und Sommerferien meinen älteren Bruder und mich dazu gezwungen, Kalligraphie zu üben. Er verlangte von uns, zwei Seiten mit großen Schriftzeichen und sechs Zeilen mit kleinen

Schriftzeichen zu schreiben und zusätzlich einen Text aus dem „Guwen Guanzhi“, ein Gedicht aus der Tang- oder Song-Dynastie zu lesen, wie auch einen Abschnitt auf Englisch. Nun wurde dieses Fach komplett aufgegeben, und er erkundigte sich auch nicht mehr nach unseren Hausaufgaben. Früher war Vater immer sehr streng gewesen und hatte uns häufig mit einem Lineal auf die Handflächen geschlagen. Ich war derjenige, den es am meisten getroffen hatte. Jetzt war Vater wie ausgewechselt; er hatte seine Erhabenheit verloren und war mürrischer geworden. Manchmal konnte man erkennen, wie kurzzeitig etwas von der in seinem Inneren ständig anwesenden Ängstlichkeit in seinen verstellten Gesichtszügen aufflackerte.

1953 befand ich mich im dritten Jahr der Mittelschule. Am 5. März ging ich wie gewohnt zur Schule. Als ich dort angekommen war, sagte der für meine Klasse zuständige Lehrer allen Schülern:

„Heute fällt der Unterricht aus. Alle gehen nachhause.“ Dann fügte er hinzu: „Es ist heute keine Schule, weil Genosse Stalin, der große Führer der Sowjetunion und der große Freund des chinesischen Volkes verstorben ist.“

Natürlich fand ich das ganz toll, denn keinen Unterricht zu haben bedeutete ja, dass ich stattdessen spielen konnte. Als ich nachhause kam, spielte ich auf dem Platz vor unserem Haus alleine Basketball. Da kam plötzlich ein Mann auf mich zu. Es war der Vorsitzende des Straßenanwohnerkomitees, das für unser Gebiet zuständig war. Früher hatte er sich seinen Lebensunterhalt mit dem Einsammeln von Abfall verdient; ich weiß noch, dass er damals, als er in unser Haus kam, um den Unrat abzuholen, ein Schaf an einer Leine führte, das ihm beim Abtransport der Sojasoßenflaschen half. Natürlich fand das alles noch vor der *Befreiung* statt, das heißt, vor der Machtübernahme durch die Kommunistische Partei im Jahre 1949. Jetzt also hatte er seine einstigen Unterdrücker abgeworfen und sich selbst schlagartig und auf magische Weise in eine Person transformiert, die an der Basis der Gesellschaft über die Macht der Kommunistischen Partei verfügte.

Er ging auf mich zu und schrie mich an: „Was tust du da?"

Ich hielt mich am Ball fest und antwortete: „Warum fragen Sie?"

Er riss den Ball an sich und sagte: „Welcher Tag ist denn heute? Und doch vergnügst du dich hier mit dem Ball! Du spielst wohl mit deinem Leben!"

„Wovon reden Sie eigentlich? Was geht Sie denn das an?"

Da unser Haus direkt an dem kleinen Platz lag, an dem ich gerade gespielt hatte, sah meine Mutter – noch während ich mit dem Mann sprach – aus dem Fenster der zweiten Etage, was geschehen war. Sofort öffnete sie das Fenster und rief:

„A-san, a-san", („Nummer Drei", mein Kosename), „Komm hoch! Komm ganz schnell hoch!"

Ich wusste überhaupt nicht, was passiert war. Mutter lief im Eiltempo die Treppen hinunter, verbeugte sich ergeben und sagte: „Verzeihung! Verzeihung! Verzeihung! Das Kind versteht das noch nicht! Entschuldigung! Tut mir wirklich leid!"

Zu dieser Zeit war ich aufsässig; ich schnappte mir meinen Ball, der Mann stürzte sich auf mich und packte mich. Meine Mutter senkte hastig ihren Kopf, verneigte sich und sagte noch einmal: „Verzeihung! Es tut mir leid! Das Kind versteht das doch noch nicht!"

Als ich sah, wie meine Mutter reagierte, wagte ich es nicht mehr, noch irgendeinen Laut von mir zu geben. Aber trotzdem verstand ich nicht, warum sie sich gegenüber diesem Menschen so dermaßen demütigen konnte, und so fühlte ich mich äußerst unglücklich. Mutter zog mich an sich, und ich legte meinen Arm um ihre Taille; ich spürte, wie sie am ganzen Körper zitterte. Ich sagte: „Lass uns nachhause gehen", und so drehten wir uns schnell um und gingen ins Haus zurück.

Mutter warnte mich: „Geh in den kommenden Tagen nicht mehr nach draußen. Weißt du, welche Tage das jetzt sind?"

Ich antwortete: „Das weiß ich nicht!"

Sie sagte: „Du hast keine Schule und weißt nicht, warum?"

„Ah, doch, ich hab gehört, dass es deshalb ist, weil dieser Stalin in der Sowjetunion gestorben ist!"

„Genau! Wie kannst du dann rausgehen und spielen!"

Ich sagte: „Mich betrifft das doch aber gar nicht!"

„Sag das nicht noch einmal!" Sie lief zu mir hinüber, streichelte mit ihrer Hand sanft über meine Wange und sagte: „Hör einfach auf Mama und frag nicht, warum. Benimm dich einfach anständig für Mama, ja?"

Noch nie habe ich so etwas wie diese Angst gesehen, die nunmehr Mutters Augen erfüllte.

Mit der Bodenreform von 1949/50 wurden die Grundbesitzer abgeschafft. 1950 schaffte man die Staatsbeamten der Kuomintang-Regierung ab. Und weil Vater sich angeblich als Kapitalist zu erkennen gab, hatte er 1952 unter der *Drei Antis – Fünf Antis*-Bewegung zu büßen.

Die gesellschaftspolitische Angst begann sich nun also auszubreiten.

Ab 1952 gab es in Shanghai auch keine katholische Kirche mehr, in der eine Messe gelesen werden konnte. Mehrere meiner Klassenkameraden wurden als *Konterrevolutionäre* abgeführt, weil sie der Legion Mariens angehörten. Als sie erst einmal aus der Schule entfernt waren, gab es keine Nachrichten mehr von ihnen, und keiner traute sich nachzufragen oder irgendwelche Vermutungen anzustellen. Die ganze Gesellschaft war damals auf den Beinen: Rote Flaggen flatterten, man sang revolutionäre Lieder und tanzte den Yangko-Tanz, man hieß sowjetische Experten willkommen, der sowjetische Film „Kuban-Kosaken" (Originaltitel „Kubanskjie Kasaki") wurde hochgelobt, und überall fanden Arbeitswettkämpfe statt. Alle Arten von Demonstrationen waren jetzt üblich, ob es nun darum ging, irgendeinen Feiertag zu begehen oder sich gegen den amerikanischen Imperialismus oder gegen Reaktionäre aus anderen Ländern einzusetzen. Die rasanten Umbrüche in der politischen Melodie trommelten meine politischen Ängste heraus.

Ich war ja ein Kind, das in einer unpolitischen häuslichen Umgebung aufgewachsen war, in der alle körperlichen Tätigkeiten für gering erachtet wurden und nur die Gelehrsamkeit als etwas Erhabenes galt. Wenn es um Politik ging, war ich schwerfällig; selbst als ich das Recht verlor, an eine Religion zu glauben, war mir dabei nicht unwohl zumute. Es gab da ja noch diese kleine Insel auf dem stürmischen Meer – mein Zuhause – die mir ein Gefühl von Frieden und Liebe verlieh.

Doch jetzt schlugen Wind und Wellen über diesem Refugium zusammen!

Kapitel 2

GEFANGEN

Ende August 1955 verließ ich mein Elternhaus in Shanghai, um mein Studium am geologischen Institut in Peking aufzunehmen. Da die Universitäten in ganz China von der Kommunistischen Partei gelenkt wurden, um „Menschen auszubilden, die für die sozialistische Entwicklung der Partei begabt sind", war die Aufnahmequote für Kinder aus der Ausbeuterklasse sehr niedrig. Die Parteiuniversitäten behandelten natürlich solche angehenden Studenten mit Vorrang, die Kinder von revolutionären Kadern, Arbeitern oder Bauern waren. Daher war meine Aufnahme nicht nur eine Ehre für meine Familie, sondern auch für die Nachbarn in meiner Straße war es eine grandiose Leistung, und Mutter und Vater freuten sich eine Zeitlang wirklich sehr darüber.

Yao Manhua begleitete mich am 23. August 1955, einem Tag, an dem es ständig nieselte, zum Bahnhof. Ich zögerte das Besteigen des Zuges bis zum letztmöglichen Augenblick hinaus. Abschiednehmen ist für jemanden, der zum ersten Mal verliebt ist, immer unendlich schwer; wie die Tropfen des Nieselregens draußen am Zugfenster wollten auch meine Tränen kein Ende nehmen.

Wir kannten uns schon seit etlichen Jahren. Sie war die Klassenkameradin meiner älteren Schwester, und wir spielten oft miteinander, die Gruppe der High School-Mädchen, die mit mir, dem einzigen Jungen, herumrannte, als ob ich ihr Mannschaftskapitän wäre. Damals war es bei ihnen gerade Mode, schwarze Lederschuhe mit roten Socken zu tragen; es war eine Zeit der Naivität, der Unschuld und der Hochstimmung. Auslöser für meine Beziehung zu Yao Manhua war unser gemeinsames Interesse an Büchern – um es genauer zu sagen, wir lernten uns über die Romanlektüre kennen. Ihre Zensuren waren nämlich nicht besonders gut; als sie von der Mittelschule abging, nahm man sie in der High School nicht an, und ihre Studien daheim kamen nur etappenweise voran. Aus der Bibliothek lieh sie sich einige Bücher zu ihrem Vergnügen aus, zu denen „Little Women", „Les Misérables", „Jean-Christophe", „Der stille Don" und so weiter gehörten. Sie las sehr schnell und wenn sie fertig war, diskutierten wir über das Gelesene, inspirierten uns gegenseitig und erlangten dabei vieles an Erkenntnis und Sympathie füreinander. Es kam dann wie von selbst, dass sich auch unsere Zuneigung füreinander verstärkte.

Für die gigantischen Nationalfeiertags-Paraden, die am 1. Oktober 1955 stattfanden, wurde ich als Fackelträger ausgesucht. Unter dem Blick von Zehntausenden Augenpaaren war meine weiße Uniform einfach umwerfend. Am Ende der Route sammelte sich eine Gruppe von Studentinnen, um mit mir zusammenzutreffen, und so schlossen wir uns den Massen an, um gemeinsam dem Feuerwerk und dem ausgelassenen Treiben zuzuschauen. Ich weiß nicht, ob es mit oder ohne Absicht geschah, jedenfalls löste sich die Gruppe auf, und zurück blieben nur Yao Manhua und ich. Nachdem ich sie irgendwann nach 4 Uhr morgens nachhause begleitet hatte, saßen wir unter der Dachrinne ihres Hauses und es widerstrebte uns, jetzt auseinanderzugehen. Als die Sonne langsam anfing aufzugehen, hatte der Tau unsere Kleider feucht gemacht, aber wir hatten das gar nicht gemerkt, obwohl uns schon ein wenig kalt geworden war. Ich sagte: „Komm ein bisschen näher! Es wird dann etwas wärmer!"

Im Nu tauschten wir unseren ersten unvergesslichen Kuss, der äußerst kurz ausfiel; schlagartig trennte uns sein Feuer, das allein durch diese intime Berührung aufgeflammt war. Dieser Kuss wurde unser Versprechen an den anderen, und er sollte uns den Rest unseres Lebens begleiten.

Die Atmosphäre am Pekinger Bahnhof war aufgeheizt; jede Universität hatte jemanden entsendet, um die neuen Studenten in Empfang zu nehmen, und so schlugen sie die Trommel und benutzten Lautsprecher. Wir Studenten im Zug hatten das Glück, dass wir in unsere Hauptstadt kamen, um dort die Universität zu besuchen. „Die Welt lag uns zu Füßen"; was um alles in der Welt hätte es also geben können, worum wir uns hätten Sorgen machen sollen?

Am 1. September fing der Unterricht wie geplant an. An diesem Tag wurden wir, nachdem wir Neuen in der Hochschule angetreten waren, in Abteilungen und Klassen eingeteilt. Anschließend kündigte das Parteikomitee an, es beabsichtige, eine einwöchige Kampagne zur *Wahrhaftigkeit und Ehrlichkeit* für die neuen Studenten durchzuführen. Ich weiß nicht, was die anderen dabei empfanden, ich jedenfalls war völlig ratlos; ich hatte überhaupt keine Ahnung, was mit *Wahrhaftigkeit und Ehrlichkeit* gemeint war. Jeder von uns sollte einen Stapel Fragebögen ausfüllen, wobei kein einziger Punkt ausgelassen werden durfte. Väterliche Abstammung, mütterliche Abstammung, Familie und Freunde, drei Generationen an Vorfahren – nicht eine einzige Linie durfte unausgefüllt bleiben.

Dann kam eine Kommilitonin, Genossin Ma Jingxin, ein Parteimitglied und die für unsere Klasse verantwortliche Führerin des Jugendverbandes, auf mich zu. Ich war solche Dinge nicht gewohnt und fühlte mich unbehaglich; als mir klar wurde, dass ihr Verhältnis zu mir dem einer Leiterin zu ihrem Untergebenen entsprach, bemerkte ich auch ihren unfreundlichen Tonfall. Sie sagte: „Da gibt es etwas, was du nicht deutlich genug berichtet hast; es wird erwartet, dass du diese *Wahrhaftigkeit und Ehrlichkeit-Kampagne* dazu nutzt, um deine Last niederzulegen und dein Herz der Partei zu öffnen."

Ich erwiderte: „Ich kann mich an keine Probleme erinnern. Ich habe nichts zu verbergen."

Sie behauptete aber: „Da ist etwas in deiner Personalakte. Die Partei kennt dich gut. Es ist keine große Sache. Wenn du es selbst gestehst, beweist du damit, dass du es erkannt hast, und damit wird die Angelegenheit erledigt sein. Es hängt alles von deiner Einstellung gegenüber deinen Fehlern ab." Ständig wiederholte sie das, um die Politik der Partei zu erklären. Je mehr ich davon hörte, umso wütender wurde ich.

„Ich verlange, meine Akte selbst durchzusehen. Gib mir meine Akte, und wir werden sehen, was sie genau enthält!" Meine Haltung brachte sie ziemlich aus der Fassung.

Später kam ein anderes Parteimitglied auf mich zu und fragte: „Hast du mal in deinem zweiten Jahr auf der High School einen Basketball von der Schule mitgenommen?" Als er das sagte, war ich sprachlos. Denn das war tatsächlich passiert: In diesem zweiten Schuljahr stellte ich einen Schuldschein für einen entliehenen Basketball an meinen Klassenkameraden Xu aus, damit er ihn wieder zurückgebe. Möglicherweise gab er den Ball zurück, der Schein wurde aber nicht entwertet. Ich bin mir da nicht sicher. Jedenfalls war es mir vollkommen fremd, dass ein so unwichtiges Detail in meine Akte eingetragen wurde. Ich erläuterte also den Sachverhalt und bestand eindringlich darauf, mir die Akte vorzulegen. Ich wollte einen Blick hineinwerfen, um zu sehen, welche anderen Informationen darin enthalten waren. Doch dadurch wurde alles nur noch schlimmer. Es war nun nicht mehr nur ein Streifall um einen Basketball; jetzt ging es plötzlich darum, dass ich der Partei angeblich nicht mehr vertraute und darauf aus war, die „Wahrhaftigkeit und Ehrlichkeit"-Kampagne zu behindern. Später kritisierte man mich dafür, und die Angelegenheit wurde als abgeschlossen betrachtet. Aber dies war kein gutes Omen.

1955 bis 1956. Obwohl es in dieser Zeit zwei politische Bewegungen gab (die eine, um *Konterrevolutionäre* zu beseitigen, die andere, um die vermeintlichen Verbrechen von Christen im ganzen Land aufzudecken und zu kritisieren), die bis heute zu der Verfolgung von einer bis anderthalb Millionen Menschen führten, erklären Anhänger der Kommunistischen Partei, diese beiden Jahre seien die besten während der ersten dreißig Jahre gewesen, nachdem die Kommunisten die Macht ergriffen hatten. Und die *Anti-Rechts-Kampagne* setzte tatsächlich erst 1957 ein, gefolgt vom *Großen Sprung" nach vorn, der „Politik der Drei Roten Banner,* der großen Hungersnot und schließlich der in der Geschichte beispiellosen Kulturrevolution, durch die die Menschen im ganzen Land in Leid und Elend getrieben wurden. Und selbst unter jenen, die das behaupteten, befanden sich welche, die selbst scheiterten und ein tragisches Ende fanden. Vor 1955 wurden die Landreform, der Kampf gegen die *Drei Übel* und gegen die *Fünf Übel* und die „Bewegung des Widerstands gegen die USA-Aggression und der Hilfe für Korea" sowie die Kampagne gegen die Hu Feng-Clique und die Gao-Rao-Gruppe unternommen, und zwar in einem riesigen und spektakulären Ausmaß, und alle mit voller Unterstützung des Volkes. Wirtschaftlich betrachtet waren die Jahre 1955 und 1956 ebenfalls durchaus erträglich. Damals waren wir übermäßig abhängig von der Sowjetunion; der schwungvolle und oft wiederholte Refrain hörte sich so an: „Das Heute der Sowjetunion ist unser Morgen." Die von den Soldaten der Volksbefreiungsarmee traditionell getragenen Kopfbedeckungen wurden durch „Lederkappen" ausgetauscht, und für Frauen war es en vogue, ein „Platye" (ein einteiliges Kleidungsstück nach sowjetischem Vorbild) zu tragen. An Wochenenden wurden an allen Universitäten in Peking Tische und Stühle in den Speisesälen beiseite gestellt, man streute Talkumpuder auf den Fußboden und spielte das Lied „Schneeballwald in Blüte" aus dem sowjetischen Film „Kuban-Kosaken", damit die Studenten sich im Gesellschaftstanz übten, denn Tanzen war bei unserem „älteren Bruder" gerade in Mode.

So manche Sprösslinge von Arbeiter- und Bauernkadern, die wohl noch nie so etwas gesehen hatten, waren schockiert, als sie Männer und Frauen erblickten, wie sie da mit ihren Armen umeinander herumwirbelten. Die meisten dieser Angehörigen armer Bevölkerungsschichten besaßen ja noch nicht einmal eigene Schuhe aus Leder. Aber schließlich liegt es in der menschlichen Natur, dass die beiden Geschlechter Umgang miteinander haben, und schließlich – was noch wichtiger ist – waren die Tänze von der Partei und der Liga organisierte politische Aktivitäten. Warum sollte man also nicht mit Begeisterung daran teilnehmen? Daher war die Tanzfläche stets randvoll und erfüllt von Lärm und Erregung.

Einmal kam die Verbandsleiterin Ma auf mich zu und sagte: „Harry Wu, warum kommst du nicht zum Tanz? Du sollst auch kommen und den anderen zeigen, wie man tanzt. Du musst dich mit deinen Kommilitonen aus der Arbeiter- und Bauernschicht identifizieren!"

Darauf erwiderte ich: „Ich weiß nicht, wie man tanzt, und es interessiert mich auch nicht."

Sie tat erstaunt: „Du weißt nicht, wie man tanzt? Ein Sohn der Bourgeoisie aus Shanghai, der nicht weiß, wie man tanzt?"

„Ich kann es nicht, wirklich", gab ich zurück.

„Du weißt aber, dass die Wochenendtanzveranstaltungen von der Partei und der Liga organisiert werden. Sie sind eine kulturelle und politische Aktivität, die darauf abzielen, das Leben der Massen zu beleben, zum Zweck der Förderung der körperlichen und seelischen Gesundheit und der Freundschaft unter den Kommilitonen, und damit sie leichter lernen können. Du solltest davon das rechte Verständnis haben", sagte Ma ganz ernst. „An diesem Wochenende musst du am Tanz teilnehmen und dich allen anschließen. Für dich muss es ein wichtiges Anliegen sein, sich ideologisch zu positionieren."

Zögernd versicherte ich noch einmal: „Ich weiß wirklich nicht, wie man tanzt. Ich mag Baseball und anderen Sport. Aber tanzen mag ich nicht."

Ma blickte finster und sagte: „Ich halte das für eine Ausrede. Dein Verhalten zeigt mir, dass du tief in deinem Herzen Kommilitonen, die aus Arbeiter- oder Bauernfamilien stammen, verachtest. Und das stellt dann ein Problem für dein ideologisches Empfinden und deine Stellung gegenüber der Partei und dem Proletariat dar."

Noch immer verstand ich nicht, weshalb eine Kommilitonin derselben Klassenstufe die Befugnis hatte, auf diese Weise mit mir zu sprechen. In jedem Semester fiel Genossin Ma bei einem oder zwei Kursen durch, und es wurde von mir sogar verlangt, dass ich ihr bisweilen Nachhilfeunterricht gab. Schon sehr früh war ich der Meinung, der angesehenste Student unter seinen Studiengenossen sei der, der die besten Zensuren in der Klasse hatte. Doch das war der Bogen, den ich erst noch rausbekommen musste, denn bis jetzt hatte ich noch nicht die wahre Bedeutung des Wortes „Führer" in der Wendung *Führer der Kommunistischen Partei* erkannt.

Im Oktober 1956 erhoben sich die Menschen in Ungarn und rebellierten gegen die ungarische Regierung, woraufhin die Sowjetunion Panzer einsetzte, um den Aufstand niederzuschlagen. Die Reaktion, die dieser Vorfall im sozialistischen Lager hervorrief, dessen Anführer die Sowjetunion war, erwies sich als folgenschwer, da die Ausbildung, die wir erhielten, ja für sich in Anspruch nahm, die Kommunistische Partei repräsentiere die Interessen des Volkes und werde vom Volk unterstützt. Wie konnte das Volk dann mit der Kommunistischen Partei in Konflikt geraten? In der „Volkszeitung" (ein Parteiorgan der Kommunistischen Partei Chinas) hieß es dazu: „Dies wurde von einheimischen Konterrevolutionären angezettelt, die vom westlichen Imperialismus instrumentalisiert wurden". Die Kommunistische Partei Chinas hatte diesem Zwischenfall eine große Bedeutung beigemessen und organisierte, vor allem an den Universitäten, eine *politische Untersuchung*, die sich über mehrere Monate hinzog. Nicht nur, dass jeder sich Parteipropaganda anhören musste, nein – von jedem einzelnen wurde verlangt, dass er sich an *Diskussionen* beteiligte, um seine eigene Sichtweise, Ideologie und Position zu bekunden. Im Januar 1957 sagte ich dann auf einer vom schulischen

Parteiverband organisierten Diskussionsveranstaltung: „Vom Standpunkt des Internationalismus aus betrachtet gab es einen guten Grund für die sowjetische Rote Armee zur Unterstützung der ungarischen Regierung, die Konterrevolutionäre niederzuschlagen. Doch entspricht es dem internationalen Recht – aus der Perspektive dieses internationalen Rechts heraus – dass eine Regierung in ein anderes Land Truppen entsendet?" Diese Worte wurden aber nicht als die *Aktionen eines Rechten* aufgefasst, der die Bewegung nutzte: *Lasst hundert Blumen blühen und hundert Gedankenschulen miteinander wetteifern,* denn diese Bewegung war damals noch gar nicht in die Wege geleitet.

Im März und April desselben Jahres führte die chinesischen Kommunisten dann die *Hundert-Blumen-Bewegung* ein, mit der sie jeden ermunterten „alles zu sagen, was du weißt und zwar ohne Vorbehalt; gib dem Sprecher keine Schuld, sondern sei gemahnt durch seine Worte."

Alle waren aufgefordert, ihre Meinungen der Partei gegenüber kundzutun. Sich nicht zu äußern, wurde nicht akzeptiert; vernachlässigte man diese Pflicht, war dies ein Beleg dafür, dass man nicht in der Lage war, dem Aufruf der Partei zu folgen, was einer problematischen politischen Haltung gleichkam. Es war einfach nicht erlaubt, zu schweigen. Dies unterschied sich erheblich vom gesellschaftlichen Leben unter dem Kuomintang-Regime, als es den Menschen überhaupt nicht gestattet war, sich politisch zu äußern; wenn man da eine Politik verfolgte, bei der „keine nationalen Fragen diskutiert wurden", war man sicher. Die *Lasst hundert Blumen blühen und hundert Gedankenschulen miteinander wetteifern*-Bewegung war, wie Mao Tse-tung später sagte, ein „Plan", um „die Schlangen aus ihren Löchern zu locken."

Ich wollte lieber bei meinen Büchern bleiben und schrieb alle drei Tage einen leidenschaftlichen Liebesbrief an Yao Manhua nach Shanghai. Ich war damals Mannschaftskapitän des

Männersoftballteams am geologischen Institut in Peking. Wir hatten die Tsinghua-Universität und andere Colleges geschlagen und waren die College-Champions in Peking geworden. Außerdem war ich Trainer der Frauenmannschaft. Bei der ersten nationalen Baseball- und Softballmeisterschaft 1956 war ich ein Spitzenspieler in der Pekinger Städtemannschaft. Wir bezwangen das Team von Shanghai, einen starken Gegner, und wurden damit Nationalmeister. Eine Ausgabe der Zeitschrift *China Pictorial* aus dem Jahre 1957, deren Titelseite ein Porträt des Künstlers Qi Baishi trug, berichtete über die nationale Baseball- und Softballmeisterschaft. Ich hatte es bis in den Bildteil hineingeschafft, mein Vater kaufte zahlreiche Exemplare, um sie an Bekannte weiterzugeben. Man kann daran sehen, wie geschäftig und aufregend mein Leben damals gewesen war.

Die Jugendverbandsleiterin Ma Jingxin kam jetzt des Öfteren zu mir und verlangte, ich sollte zu Sitzungen der Berichtigungsbewegung gehen und dort sprechen. Daran war ich nun wirklich nicht interessiert. Schließlich ging ich aber doch hin, während die Stimmung um uns herum, der Partei gegenüber eilfertig Stellung zu nehmen, immer noch in vollem Umfang vorhanden war. Bei einer dieser Veranstaltungen der Berechtigungsbewegung sagte ich das Folgende: „Wenn in unserer Klasse Besprechungen stattfinden, werden sie von der Verbandsleiterin mit den Worten eröffnet: ‚Genossen und Kommilitonen.' Das bedeutet, dass ihr Parteimitglieder Genossen seid, und wir – die wir weder in der Partei noch in der Liga sind – nur Kommilitonen sind. Es scheint so, dass wir einfachen Leute Bürger zweiter Klasse sind.". Dann fügte ich hinzu: „Der Vorsitzende Mao sagt, dass jeder, der am sozialistischen Aufbau teilnimmt, ein Genosse ist. Wie kann es dann sein, dass, wenn wir hier bei dir sind (das bezog sich auf die Verbandsleiterin), wir nicht als Genossen betrachtet werden?" In meiner Klasse gab es sieben Parteimitglieder und sechzehn Mitglieder des kommunistischen Jugendverbandes; die anderen sieben, zu denen auch ich gehörte, waren *unbeschriebene Blätter.* Es ist wichtig zu verstehen, was es damals für eine Ehre war, „Genosse" genannt zu werden! Und so fühlten sich natürlich die sieben *unbeschriebenen Blätter,* die „Nur"-Kommilitonen, unterdrückt.

Im Oktober 1957 gab das schulische Parteikomitee bekannt, dass ich ein *konterrevolutionärer Rechtsabweichler* sei. Meine beiden größten *Vergehen* waren: Erstens hätte ich die internationalistische diplomatische Politik der chinesischen Regierung bösartig angegriffen, weil ich behauptet hatte, der Einmarsch der Sowjetunion in Ungarn und die Niederschlagung von Konterrevolutionären sei eine Verletzung des Völkerrechts gewesen. Zweitens hätte ich böswillig Zwietracht in das Verhältnis zwischen der Partei und den Massen gesät, als ich erklärte, die Kommunistische Partei Chinas habe die Menschen in zwei Klassen geteilt, und damit hätte ich die Massen zur Unzufriedenheit mit der Partei aufgehetzt. Da ich meiner Klassenherkunft nach aus der Bourgeoisie stammte, wurde ich, wie man sich natürlich leicht vorstellen kann, als *bourgeoiser konterrevolutionärer Rechtsabweichler* bezeichnet.

Mir war, als sei mir ein ungeheuerliches Unrecht widerfahren, denn ich hatte ja nicht im Geringsten die Absicht, gegen die Partei Stellung zu beziehen, sodass ich unter gar keinen Umständen bereit war, meine *Schuld einzugestehen.* Die Kommunistische Partei war *ehrenwert, großartig und über jeden Zweifel erhaben;* wenn sie einen zum konterrevolutionären Rechtsabweichler abstempelte, konnte es dann wirklich falsch sein? Ein *Nicht-Eingestehen von Schuld* war ein Beweis für *hartnäckigen Widerstand,* sodass die Massen dazu aufgerufen waren, mit anhaltend stärkeren Geschützen gegen mich zu kämpfen. Natürlich waren diese Tage schwierig. Nacheinander sollte ich unzählige und endlos lange Aufzeichnungen zur *ideologischen Selbstkritik* verfassen, um *freimütig zu bekennen* und *die Wurzeln der Klassenherkunft auszugraben.* Ich war vollkommen isoliert; kein einziger meiner Kommilitonen oder Lehrer sprach sich für mich aus, und zwei Partei- oder Ligamitglieder beobachteten mich Tag und Nacht. Meine Sportteams schlossen mich aus. Ich durfte nicht mehr Ball spielen und auch keine Filme mehr sehen! Auf den Plakaten mit den großen und kleinen Zeichen, die sich kritisch über mich äußerten, wurde ein neues chinesisches Schriftzeichen für das Wort „du" verwendet, dessen maßgeblicher Wortstamm kein „menschlicher" Stamm war, sondern der Wortstamm für „Hund". Sämtliche Briefe meiner Familie und meiner Freunde wurden konfisziert, und ich durfte keine Post mehr verschikken. Man zwang mich, mein Tagebuch dem Parteiverband zur Durchsicht zu übergeben. Zum Glück hatte ich fast nur über meine zärtliche Beziehung zu Yao Manhua geschrieben, sodass nichts Politisches darin enthalten war. Nach einer gewissen Zeit wurde ich schließlich dazu gezwungen, *Schuld einzugestehen*. Vielleicht, so dachte ich, könnte ich durch das Eingestehen meiner *Vergehen* zur Zielscheibe einiger weniger Auseinandersetzungen werden, würde mir selbst eine Standpauke halten, und anschließend wäre man bestimmt „nachsichtig" mit mir. Wie naiv ich doch war! Einmal ein Feind der Kommunistischen Partei, immer ein Feind! Genau das ist gemeint mit: „jemanden niederstoßen und auf ihn eintreten! Er darf nie wieder aufstehen!"

Damals war ich zwanzig Jahre alt. Ich verstand wirklich nicht, was da vor sich ging!

Am meisten schockiert war ich darüber, dass alle meine Lehrer und Kommilitonen mich plötzlich mit einer solchen Verachtung behandelten. Noch am Tag zuvor hatten wir gemeinsam Ball gespielt und alle zusammen im Schlafsaal (zehn Leute pro Zimmer) geplaudert und gelacht, und nun war auf einmal alles verändert. Selbst wenn ich tatsächlich ein Feind *der Kommunistischen Partei* sein sollte, war ich doch nicht *ihr* Feind. Glaubten sie denn wirklich an das, was die Partei mir vorwarf? Waren sie wirklich einer Meinung mit der Partei, fest dazu entschlossen, mich niederzustrecken? Wie konnte es zudem sein, dass etliche meiner Kommilitonen, deren Sichtweisen und ideologischen Standpunkte den meinen sehr ähnlich waren, mich mit einer derartigen Leidenschaft schlagartig hassten und mich bei Versammlungen glühend kritisierten und dabei wutschäumend auf ihre Brust trommelten? Es gab da einen Kommilitonen aus Sichuan, er hieß Shuliang, der bei einem Treffen aus heiterem Himmel aufsprang und mich schlagen wollte. Er warf mir vor, ihn dazu angestiftet zu haben, sich der Partei zu widersetzen, doch jetzt hatte er meine *konterrevolutionäre Seite* erkannt. Er wollte nicht nur einen klaren Trennungsstrich zwischen ihm und mir ziehen, sondern hasste mich jetzt auch regelrecht. Tatsächlich entging er während dieser Kampagne dem Schicksal, selbst kritisiert zu werden – wegen seines Verdienstes, das er sich in der *Anti-Rechts-Bewegung* erworben hatte – wurde später jedoch als Konterrevolutionär in Haft genommen.

Ich war wirklich fassungslos. Die Welt drehte sich einfach zu schnell.

Am 1. Mai 1958, dem Tag der Arbeit, kletterte ich auf das Dach des geologischen Instituts in Peking, schwenkte mit aller Kraft eine Fahne und schrie so laut ich nur konnte, um die verängstigten und verwirrten Spatzen zu vertreiben, und sah dann zu, wie sie auf den Boden fielen und starben. Meine Stimmung war damals ungefähr die gleiche wie die der Spatzen. Als konterrevolutionärer Rechtsabweichler war ich „in dem grenzenlosen Meer der Massen gestrandet und, wie eine die Straße überquerende Ratte, so wurde auch ich zum Objekt der allgemeinen Verdammung." Um „mich durch guten Einsatz zu rehabilitieren" hatte ich Höhen erklommen, die andere fürchteten. Das Ziel dieses strapaziösen Bemühens war die Hoffnung, der Sekretär des Parteiverbands würde diese „Äußerung" von mir zur Kenntnis nehmen und erkennen, wie aktiv ich doch dem

Ruf des Vorsitzenden Mao und des Zentralkomitees der Partei folgte. Ich hoffte, dieses von mir als Köder gedachte Verhalten würde irgendein Ergebnis erzielen. Die Politik der Partei lautete ja: „Wenn sich dein Verhalten zum Guten wendet, dann kannst du deinen *Rechtsabweichler-Hut* wieder absetzen und in die Reihen des Volkes zurückkehren." Aber es gab keinen Maßstab für „gutes Verhalten", es gab keinen zeitlichen Rahmen, und niemand wusste genau, was dieser Hut eigentlich war und wie furchtbar er sich anfühlte. Es wurde auch nie Buch darüber geführt, wie viele Menschen gezwungen waren, verschiedene „Hut"-Arten zu tragen. Doch sobald man den „Hut" erst einmal „aufhatte", lockte man das Unglück erst recht an, und man konnte nicht mehr hoffen, es je wieder abzuschütteln.

Der Aufruf des Vorsitzenden Mao, die *Vier Übel* (Ratten, Mücken, Fliegen und Spatzen) auszurotten, war sinnvoll. Der alte Mann stammte selbst aus einer ländlichen Dorfgemeinschaft. Zur Zeit der Ernte zählte das Verjagen der Spatzen (die man auch als „Heimatstadtdiebe" bezeichnete) zu den Aufgaben, die von den Kindern in jeder Familie erledigt werden mussten. Wie könnte man auch zulassen, dass Ratten und Spatzen die spärlichen Ernten der Bauern vertilgten? Daher waren Spatzen eines der vier Übel. Da waren sich die Bauern einig, doch die Stadtbewohner haben das nicht wirklich verstanden. Um das zu ändern, schrieben Wissenschaftler von der Chinesischen Akademie der Wissenschaften einen Aufsatz, in dem sie erläuterten, wie viel Korn ein Spatz in seinem Leben frisst, und wie viele Spatzen es in China gab; als man diese beiden Zahlen miteinander multiplizierte, erhielt man ein erschreckendes Ergebnis! Somit war der Aufruf des Vorsitzenden Mao wohlbegründet!

Im ganzen Land war der 1. Mai, der Tag der Arbeit, ein Feiertag, und die Kampagne gegen die Spatzen verfolgte eigentlich zwei Ziele. Zum einen konnte Mao Tse-tung damit testen, ob nach dem Anti-Rechts-Kampf „die Meinung innerhalb der

Partei überall im Land einheitlich war", sodass nunmehr der Punkt erreicht worden war, an dem er „auf einen Hirsch zeigen und ihn Pferd nennen" konnte. Zum anderen war es auch eine Probe für die nächste große sozialistische revolutionäre Bewegung. Am 5. Mai nahm die Zweite Plenarsitzung des Achten Nationalkongresses eine Resolution an, „den allgemeinen Kurs einzuschlagen, alles daranzusetzen, um sich für den Aufbau des Sozialismus hohe Ziele zu stecken und noch schnellere, noch bessere und noch wirtschaftlichere Resultate zu erreichen." Dies war der Beginn einer Reihe von – in der Geschichte wohl einzigartig – widersinnigen Bewegungen, darunter das große Stahlgewinnungsprojekt, die Kampagne zum Tief-Pflügen, der Start von „Hochleistungs"-Satelliten, die Volkskommunen und das Vorhaben, „England zu übertreffen und die Vereinigten Staaten einzuholen".

Bei einem Diskussionsforum in Peking, auf dem über die *Beseitigung der Vier Übel* debattiert wurde, sprach ein Universitätsprofessor zunächst ausführlich über die Tragweite und die revolutionäre Bedeutung der Beseitigung der Vier Übel, fragte dann aber bescheiden und höflich nach: „Wenn sich unter der weisen Führung des Vorsitzenden Mao und des Zentralkomitees der Partei alle Menschen im ganzen Land darüber hermachen, dann meine ich, dass die Vier Übel bestimmt beseitigt werden, und dass es dann keine Spatzen mehr geben wird. Dennoch frage ich mich, was wir tun werden, wenn Spatzen aus dem Ausland, sagen wir beispielsweise aus Burma, zu uns nach China geflogen kommen? Wir sollten an solche Möglichkeiten denken!" Dieser Professor hatte das sehr genau durchdacht: Von den Nationen, die an China grenzten, waren die Sowjetunion, Nordkorea, Vietnam und die Mongolei alles sozialistische Bruderstaaten, sodass diese den Spatzen nicht erlauben würden, nach China einzufliegen. Auch wenn es in Indien solche Schurken wie Nehru gab, so war der Himalaya doch zu hoch, als dass die Spatzen imstande wären, ihn zu überwinden.

Blieb also nur noch Burma übrig. Einige Tage später machte der Parteiverband diesen Vorfall publik und behauptete, dass der Professor ein hochgradig verdeckter Rechtsabweichler sei.

Die meisten der *Dämonen*, die das Risiko der *öffentlichen Darlegung der Gedanken* auf sich genommen hatten, waren 1957 ins Netz gegangen. Die Vögel, die ihre Hälse noch herausstreckten, waren erschossen worden, und die restlichen zum Schweigen gebracht. Es gab jetzt nur noch eine einheitliche Meinung, doch der Vorsitzende Mao hat die Dinge stets bis auf die Graswurzelebene gebracht, sodass sich die Rechtsabweichler trotzdem noch einer zusätzlichen Erziehungskampagne unterziehen mussten. Daher setzte die gesamte Fakultät noch mehr Leuten Rechtsabweichler-Hüte auf.

In den etwa zwei Jahren, angefangen von Oktober 1957, als ich zum Rechtsabweichler abgestempelt wurde, bis zu meiner Verhaftung im Jahre 1960, durchlief mein Denken eine große Veränderung. Anfangs glaubte ich eine Weile, mir sei Unrecht geschehen, mir sei es ideologisch nicht bewusst gewesen, dass ich mich der Kommunistischen Partei widersetzt hatte, und so lehnte ich es entschieden ab, Kritik zu akzeptieren. Später fing ich an, mir einzugestehen, ich sei vielleicht doch einem irrigen Denken verfallen, hätte aber keine Motivation, ein Vergehen zu begehen; da ich aber meine Untaten oder Fehler nicht zugeben wollte, wurde ich unaufhörlich weiter kritisiert und bekämpft. Es war sehr schwierig. Letztlich blieb mir – um mich selbst zu befreien – keine andere Wahl als widerstrebend einzuräumen, ich sei ein konterrevolutionärer Rechtsabweichler, der gegen die Partei opponierte. In meinem Herzen glaubte ich aber, die Partei und die Regierung verstünden ja vielleicht, dass ich ein unpolitischer Mensch war, und ich hoffte, dass man mich nachsichtig behandeln würde. Zudem übten die Veränderungen in meiner Umgebung einen großen Einfluss auf mich aus. Warum sollten so viele Leute, so auch meine Familie und alle meine Freunde, einen Trennungsstrich zwischen sich und mir ziehen und mich kritisieren? Vielleicht passte ja mein bourgeoiser Klassenhintergrund einfach nicht zu der Kommunistischen Partei und der kommunistischen Revolution? Vielleicht sollte ich ja wirklich eine kleine ideologische Runderneuerung erhalten. Das zeigt wohl, dass ich vor der Macht bereits in die Knie gegangen war.

1958 verbrachte ich ein halbes Jahr auf dem Land in der Provinz Shandong. Ich war in der großen Stadt Shanghai aufgewachsen und noch nie in einem Dorf in einer bäuerlichen Umgebung gewesen. In Shanghai hatte ich nie das Gefühl, irgendetwas Besonderes zu sein, doch nachdem ich mich einige Zeit in einem Bauerndorf in Shandong aufgehalten hatte, kam es zu einem bedeutenden Wandel in meinem Denken. Wenn ich mir die derzeitige Lage Chinas betrachtete, so ließen mich die Armut der ländlichen Bevölkerung und die Rückständigkeit ihrer Kultur, ihrer Wirtschaft und ihres Lebensstandards damals meinen, die Kommunistische Partei vertrete vielleicht doch die Gedanken und Wünsche dieser großen Volksgruppe. Ich glaubte, die Kommunistische Partei befreie diese Leute, indem sie Möglichkeiten gestalte, um ihre Lebensqualität zu steigern. Dies wäre dann der Zweck der Revolution. Vielleicht war es ja doch richtig, dass Leute wie ich, die in Shanghai das Leben eines *Bourgeois* geführt hatten, zur Zielscheibe der Revolution wurden. Daher fing ich an, nach einer neuen Bewusstseinsstufe zu streben, wurde bereit, meinen eigenen *Klassenhintergrund* und meine *Klassenideologie* zu kritisieren und ging nun auch dazu über, meine ideologische Umgestaltung durch Partei und Regierung zu übernehmen. So schrieb ich also viele Reuebriefe, freimütige Geständnisse zum Zeichen der Anerkennung meiner Schuld, in denen ich Selbstkritik übte, mich selbst tadelte, die Wurzeln meines Denkens ans Tageslicht brachte und bisweilen sogar noch schlimmere Vergehen erfand, um meine Entschlossenheit zu Buße und Besserung zu bekunden. Doch ganz gleich, was ich auch tat, ich konnte nicht die Vergebung der Kommunistischen Partei erlangen, und man ließ mich nicht fort. Ich war tief davon überzeugt, diese Gesellschaft könnte unter der Führung der Kommunistischen Partei wohlhabend und stark werden, doch was mich betraf, so war ich wohl einer von den Unglückseligen. Als „Individuum" wollte ich natürlich meine eigene Freiheit und Zukunft finden, sodass damals in meinem Geist der Gedanke nach Flucht auftauchte.

Im April 1957, gleich nachdem die Berichtigungskampagne angebrochen war, nutzte Yao Manhua die Frühlingsferien, um mich von Jinan aus besuchen zu kommen. Im Jahr zuvor war sie zur Ausbildung für eine Lehrbefähigung unter dem Ministerium für die Kohleindustrie angenommen worden. Sie studierte in Jinan und bereitete sich darauf vor, nach ihrem Abschluss in einem bestimmten Kohlen-Department die Arbeiter in gemeinsamer Kultur zu unterrichten. Wie ich war auch sie das dritte Kind in ihrer Familie. Neben ihren vier Schwestern war sie eher der Wildfang und besaß eine relativ starke Persönlichkeit. Für eine „Tochter des Kapitalismus", die den Absprung aus dem höher gestellten Lebensumfeld Shanghais wagte, war schon eine gehörige Portion an Mut und Entschlossenheit erforderlich.

Während ihres Aufenthalts in den Frühlingsferien in Peking erlebten wir die glücklichsten drei Tage unseres Lebens. Wir durchstöberten den Markt von Tianquiao, besuchten das Palastmuseum, wir fühlten uns tief verbunden und waren uns in Liebe zugetan. Wir hatten keinerlei Vorahnungen von den Katastrophen, die noch über uns hereinbrechen sollten.

Nachdem sie wieder nach Jinan zurückgekehrt war, schickte sie mir nicht mehr regelmäßig alle drei Tage einen Brief, wie sie es in den vergangenen zwei Jahren getan hatte. Nachdem mehrere „Lieferungen" ausgeblieben waren, traf schließlich ein Brief von ihr mit der Entschuldigung ein, sie mache gerade ihren Abschluss und durch ihre Prüfungsvorbereitung sei sie sehr beschäftigt. Im Mai war ich dann in den politischen Strudel der „Rechtsabweichler-Berichtigung" geraten und war nicht mehr frei. Die Lehrveranstaltungen wurden im Mai in sämtlichen Pekinger Universitätseinrichtungen eingestellt, und jeder Tag war jetzt mit politischen Schulungen und dem Kampf gegen Rechtsabweichler ausgefüllt. Ich glaube, es war stupide für die Studenten, Unterricht ausfallen zu lassen und stattdessen ihre Tage mit Politik befasst zuzubringen. Und plötzlich traf ein Brief von Manhua ein, in dem sie mir unmissverständlich ihren Wunsch mitteilte, sich von mir zu trennen. Ich konnte zwar keinen Grund dafür erkennen, vermutete aber, dass es keinen politischen Hintergrund hatte, denn zu diesem Zeitpunkt war ich noch nicht so starker Kritik ausgesetzt; erst im Oktober erklärte man mich zum Rechtsabweichler.

Im Mai bat ich um die Erlaubnis, einige Tage lang eine Sonderreise nach Jinan und Shanghai zu unternehmen, um mich über die Situation bei meiner Freundin zu erkundigen. Sie sagte, ihre Gefühle hätten sich nicht verändert, aber ihr Verstand sei beunruhigt. An dem Tag, an dem ich aus Jinan zuhause in Shanghai ankam, sandte das geologische Institut ein Telegramm und mahnte meine dringende Rückkehr an, um an einem Kampf gegen Rechtsabweichler teilzunehmen. Ich besaß noch kein politisches Gespür dafür um zu erkennen, dass es bei mir irgendein Problem geben könnte, aber Vater riet mir eindringlich: „Du musst schnell zurück nach Peking, und der Partei ehrlich und aufrichtig dein Herz öffnen; du musst schon ein Problem haben." Ich hatte also keine Alternative, als schleunigst den nächsten Zug zurück nach Peking zu nehmen. Von diesem Zeitpunkt an brach der Kontakt zu Yao Manhua ab.

Als ich damals abreiste, hatte ich schon ein gutes Stück Weg von meinem Haus zurückgelegt, als ich mich unvermittelt und unbewusst umwandte und geradezu Mamas Zimmer im zweiten Stock zurücklief. Physisch und emotional bereits krank lag sie in ihrem Bett. Ich warf mich auf sie; sie umarmte mich ganz fest, küsste mich auf beide Wangen und sagte: „Ich wusste, du würdest zurückkommen!“ Seit meiner Pubertät waren Mama und ich – vielleicht weil sie ja meine Stiefmutter war – nicht so vertraut miteinander umgegangen. Diese unerwartete Umarmung im Mai 1957 war unser endgültiger Abschied. War es Mamas Intuition oder ein Zeichen von Gott?

Meine leibliche Mutter starb, als ich fünf Jahre alt war, und hinterließ fünf Kinder. Über mir gab es noch einen Bruder und eine Schwester, außerdem hatte ich zwei jüngere Schwestern. Die jüngste lag noch in Windeln. Als Vater unsere Stiefmutter zur Frau nahm, wurde die Hochzeit wegen Vaters hohem Ansehen und aufgrund der Tatsache, dass die Braut aus einer namhaften Familie aus dem Bezirk Xiaoshan stammte, recht pompös im International Hotel in Shanghai gefeiert. Im lokalen Sprachgebrauch bezeichnete man die von einer früheren Ehefrau hinterlassenen Kinder als „Ölflaschen im Schlepptau“, und die neue Familie und die Gesellschaft schauten geringschätzig auf sie herab. Erst als die Zeremonie begann, begleitete ein Verwandter der Braut uns Kinder zum Hochzeitstag meines Vaters, damit wir bei der Zusammenkunft überhaupt irgendwie in Erscheinung treten konnten. Wir saßen in einer Ecke neben dem Eingang und sahen zu, wie unsere Stiefmutter langsam, ihren weißen Spitzenschleier hinter sich her schleifend, zu den Klängen der Musik vorwärts schritt. In den naiven Augen von uns mutterlosen Kindern war sie sehr schön und sah wie eine Elfe aus. Doch ich begriff sehr schnell, dass sie unsere Stiefmutter sein würde und konnte einfach nichts gegen den Schauer tun, der durch mein Herz ging. Das Wort „Stiefmutter“ war für mich schon immer gleichbedeutend mit „Tortur“ gewesen! Nachdem wir nun also, bevor die Zeremonie beendet war, in Erscheinung getreten waren, schlichen wir uns rasch zurück nachhause, um den Hunderten von Gästen das Händeschütteln von uns fünf „Ölflaschen“ zu ersparen.

Am späten Abend saß meine ältere Schwester in einem kleinen Zimmer mit meiner jüngsten Schwester auf dem Arm auf einer Bank, und mein großer Bruder, meine andere jüngere Schwester und ich standen um sie herum. Unruhig und ängstlich erwarteten wir die Ankunft der „schwarzgewandeten Hexe" – unserer Stiefmutter.

Die Tür öffnete sich. Die Beleuchtung war aus, doch durch das Licht, das von außen hereinschien, konnte man erkennen, wie eine ganz in Weiß gekleidete Gestalt mit einem Kranz frischer Blumen vor der Brust leise eintrat und meine jüngste Schwester sachte aus den Armen ihrer großen Schwester nahm. Mit ihrer anderen Hand zog sie mich mit sich und sagte mit sanfter Stimme: „Komm, es ist Zeit fürs Bett!" Erst nachdem sie uns alle ins Bett gelegt hatte, zog sie ihr weißes Cheongsam aus und ging mit Vater in sein Schlafzimmer.

Durch die ständigen kriegerischen Auseinandersetzungen zwischen der japanischen, der Kuomintang- und der kommunistischen Armee befand sich mein Elternhaus im Kreis Wuxi in der Provinz Jiangsu bis zur Kapitulation Japans im Jahre 1945 in einem chaotischen Zustand. Als meine Mutter 1942 starb, wurde ihr Sarg daher, nach altem Brauch, auf zwei lange Bänke gestellt. Er durfte den Erdboden nicht berühren. Dort im Bestattungsinstitut verblieb er und wartete auf seinen Rücktransport zur Beerdigung in das Haus ihrer Vorfahren. Seit über drei Jahren gingen wir an jedem Qingming-Fest, dem chinesischen Totengedenktag, sowie an Mutters Geburtstag und ihrem Sterbetag dorthin, um Weihrauch zu verbrennen und für sie zu beten. Außer den wenigen Malen, an denen Vater uns mitnahm, war es meistens unsere Stiefmutter, unsere „Mama", die meinen älteren Bruder und mich mit sich führte. Ich erinnere mich, dass jedes Jahr der Tag kam, an dem unsere Stiefmutter, in der einen Hand einen Eimer Farbe, meine Hand in der anderen, den älteren Bruder auf dem Saum ihres Kleides festhaltend, zum Anstreichen von Mutters Sarg ging. Unsere

Stiefmutter hielt meine Hand, während sie meinen Bruder ermunterte, als er die erste Farbschicht auf den Sarg auftrug. Danach übernahm sie den Pinsel und beendete die Malerarbeiten. Jedes Mal, wenn wir zuhause Weihrauch verbrannten und Opfer darbrachten, gab es drei Weihgüsse mit Wein und drei Kotaus. Als erster ging mein Vater, dann mein älterer Bruder und ich, gefolgt von den Mädchen. Unsere Stiefmutter war die letzte.

Ich hatte schon gemerkt, dass meine Stiefmama bereits entsetzlich schwach war, in physischer als auch in emotionaler Hinsicht. Doch was konnte ich tun? Es war unmöglich, die Güte, Menschlichkeit und Liebe meiner Stiefmutter mit meiner leiblichen Mutter zu vergleichen. Da diese ja gestorben war, als ich erst fünf war, konnte ich mich kaum an sie erinnern. Aber ich hatte doch stets die Wärme mütterlicher Liebe erlebt. Das war das Geschenk meiner Stiefmutter an mich. Sie war mir gegenüber zwar nicht nachgiebig, schrie mich aber auch nie an. Ich spürte stets, dass sie meine zuverlässlichste und vertrauenswürdigste Zuflucht war.

Seitdem das schulische Parteikomitee im Oktober 1957 bekanntgegeben hatte, ich sei ein „konterrevolutionärer Rechtsabweichler", hatte ich meine Freiheit verloren und genoss keinerlei Frieden mehr, weder in physischer noch in psychischer Hinsicht.

Zweck einer Flucht wäre es gewesen, meine Zukunft und Freiheit zu finden, doch dies hätte bedeutet, meine Heimat, meine Eltern, meine Verwandten und meine erste Liebe zu verlassen. Neben den Bedenken gegen die Risiken würde eine Flucht außerdem mit Trennungsschmerz verbunden sein. Es gab da also einen komplexen internen Kampf.

Am Ende des Jahres 1958, als ich von meinem Praktikum auf dem Land in der Provinz Shandong zurückkehrte, waren mir nicht nur die Realitäten der wichtigsten Daseinsformen in der chinesischen Gesellschaft bewusst geworden – die Bauern, die

Landwirtschaft und das Leben auf dem Dorf – sondern ich hatte auch am eigenen Leib die Auswirkungen des Großen Sprungs nach vorn, des Tief-Pflügens, des Satelliten-Starts und der Stahlgewinnung erfahren. In dieser verrückten, inhumanen Gesellschaft würde ich niemals Würde besitzen und frei und glücklich sein.

Letztlich erfuhr ich auch nie, weshalb Yao Manhua den Kontakt zu mir abbrach. Seitdem man mir im Oktober 1957 den Hut des Rechtsabweichlers aufgesetzt hatte, hatte ich meine Freiheit und jegliche Verbindung zu meiner Freundin verloren. Irgendwann hörte ich durch ihre Familie, dass sie in einem Kohlenbergwerk in Fuxin in der Provinz Liaoning unterrichtete. Ich packte sodann alle ihre Briefe und Fotos, die ich im Laufe der Jahre bekommen hatte, in ein Paket und schickte sie ihr per Einschreiben mit Rückschein. Dazu schrieb ich ihr, dass sie – ganz gleich, warum auch immer sie mit mir Schluss machen wollte – mich vergessen müsse, und dass Harry Wu nicht mehr in dieser Welt existiere.

Als ich Yao Manhua das nächste Mal sah, waren siebzehn Jahre vergangen.

Als ich die Sendung abgeschickt hatte, konnte ich mich ein wenig entspannen. Der eingesperrte Vogel kämpfte damit, davonzufliegen.

Mao Tse-tung benutzte immer gerne Prozentzahlen, um das politische Leben zu kontrollieren. Wenn er sagte, ungefähr fünf Prozent der Intellektuellen seien Rechtsabweichler, dann war das eine politische Richtlinie. Um zu demonstrieren, sie hätten den Geist des Großen Führers erfasst, gingen die Führer aller gesellschaftlichen Ebenen noch über diese Kennzahl hinaus, da es ihnen lieber war, „nach links zu tendieren, als irgendeine Spur einer Rechtstendenz aufzuweisen". Und so wurden tatsächlich sieben Prozent der Studenten und zwölf Prozent der Fakultätsangehörigen am geologischen Institut in Peking zu Rechtsabweichlern degradiert. An manchen Hochschulen, wie den Universitäten von Tsinghua und Peking, lagen die Prozentzahlen noch höher.

1957 war nach der mehr als sechs Monate währenden Anti-Rechts-Kampagne eine große Anzahl von Rechtsabweichlern aufgedeckt worden – nach Aussagen späterer Erhebungen etwa eine Million. Das Kommunistische Zentralkomitee selbst bezifferte die Anzahl nur auf 550.000, doch niemand weiß es genau. Bis Februar 1958 hatte die Regierung das „Programm zur Einteilung der bourgeoisen Rechtsabweichler" umgesetzt, das unter dem Vorsitz von Deng Xiaoping verfasst und von ihm formuliert wurde. Deng Xiaoping war damals der Direktor vom Anti-Rechts-Büro des Zentralkomitees der Kommunistischen Partei. Nach diesem Programm erhielten Rechtsabweichler landesweit verschiedene Abstufungen der Bestrafung. Im Allgemeinen gab es fünf Klassen: Die erste Klasse wurde als aktuelle Rechtsabweichler festgenommen und zu Haftstrafen oder zu *Umerziehung durch Arbeit* verurteilt. Die zweite Klasse wurde aus dem öffentlichen Dienst entlassen und Fabriken oder dörflichen Gemeinden als überwachte Arbeitskraft zugeteilt. Die dritte Klasse behielt ihre öffentlichen Positionen, wurde jedoch in Fabriken oder aufs Land als beaufsichtigte Arbeitskraft verschickt; ihr Gehalt wurde gestrichen, und man zahlte ihnen lediglich einen minimalen Lebensunterhalt. Die vierte Klasse wurde degradiert und ihre Löhne gekürzt, doch Angehörige dieser Klasse durften ihre Positionen behalten und wurden beobachtet. Bei der fünften Klasse wurde auf eine Bestrafung verzichtet; jemand, der in diese Gruppe fiel, trug aber den Rechtsabweichler-Hut (er war also – politisch gesehen – ein konterrevolutionärer Feind). Die Strafmaßnahmen für Universitätsstudenten waren in vier Klassen eingeteilt: Festnahme und Verurteilung zu Haft oder Umerziehung durch Arbeit; Exmatrikulation oder Beibehaltung des Immatrikulationsstatus und gleichzeitig Verschickung in Fabriken oder aufs Land zu beaufsichtigter Arbeit; Arrest in der Hochschule zur

Beobachtung; und schließlich Verzicht auf Bestrafung, allerdings galt man dann als Rechtsabweichler. In Übereinstimmung mit Mao-Tse-tungs politischen Maßnahmen wurde ein Einteilungsverfahren übernommen, das „am Ende eng, und in der Mitte breit" war. Daher war die Anzahl der verhafteten und gefangengehaltenen oder in Umerziehungslager verschickten Menschen im Jahre 1958 relativ gering, angesichts der etwa fünf bis zehn Prozent. Die überwältigende Mehrheit der Rechtsabweichler befand sich in der zweiten, dritten oder vierten Einteilungskategorie. Doch ungeachtet der jeweiligen Kategorie führte es bei praktisch allen Personen, die als *konterrevolutionäre Rechtsabweichler* gebrandmarkt wurden, dazu, dass ihre Familien zerbrachen oder stark geschwächt wurden. Kurzum, wenn erst einmal feststand, dass jemand ein Feind der Kommunistischen Partei war, dann war das Unglück unausweichlich, und die Katastrophe war nicht mehr abzuwenden. In den Jahren nach 1958 und besonders nach 1960 wurden immer mehr Gruppen von konterrevolutionären Rechtsabweichlern, die ursprünglich unter die zweite, dritte oder vierte Bestrafungsklasse fielen, wegen des Vergehens der *Reformverweigerung* angeklagt und inhaftiert oder ihr „Strafmaß wurde rückgängig" gemacht. Üblicherweise bezeichnete man das damals als „verbesserte Einteilung". Eine Rübe muss eben Zug um Zug und Stück für Stück geschält werden.

Das politische Verdikt meiner Hochschule über mich lautete „geringfügige Vergehen, schlechte Einstellung". Die Strafmaßnahme, die für mich als Student einer Universität beschlossen wurde, war die der dritten Klasse, „den Hut des Rechtsabweichlers zu tragen und zur Beobachtung in der Hochschule unter Arrest zu stehen".

Viele der studentischen Rechtsabweichler, die wie ich in der Fakultät unter Arrest standen, strebten nach Freiheit und einer Umgebung, in der sie überleben konnten. Für normale Menschen ist das eigentlich eine Grundvoraussetzung, sodass ich während der Zeit meines Gewahrsams im Fachbereich anfing, geheime Kontakte zu anderen Rechtsabweichlern zu suchen. Diesen war es jedoch absolut verboten, sich miteinander zu verbünden. Wenn ein solcher Zusammenschluss entdeckt wurde, war es sehr wahrscheinlich, dass die daran beteiligten Partner als konterrevolutionäre Gruppe angeprangert wurden. In der Volksrepublik China unterschied sich die Messlatte, mit der man Vergehen bestrafte, die von einer Einzelperson begangen wurden, erheblich von der, die man bei Straftaten anlegte, die von zwei oder drei Personen begangen wurden. Die chinesischen Kommunisten reagieren besonders sensibel auf sogenannte *Bandenverbrechen.*

Ich knüpfte äußerst enge Kontakte zu drei meiner Kommilitonen, die ebenfalls als Rechtsabweichler unter Arrest und unter Beobachtung standen. Wir planten heimlich, ins Ausland zu fliehen und machten uns darüber sehr viele Gedanken: Wir konnten nicht in den Norden entkommen, also Richtung Mongolei, Sowjetunion oder Nordkorea; das waren ja sozialistische Bruderstaaten, die uns keinen Ausweg aus unserer Situation angeboten hätten. Das Himalaya-Gebirge in Tibet war praktisch unpassierbar. Was Taiwan anging, so machte die Meerenge eine Flucht schwierig. Was war mit Hongkong? Wir konnten kein Kantonesisch, das war also ungünstig. Schließlich wählten wir uns ein Ziel, und entschieden, dass wir uns durch die Provinz Yunnan in Richtung Burma aufmachen wollten. Da wir alle Studenten der Geologie waren, besaßen wir die Grundfertigkeiten, die für ein Überleben in der Wildnis, für das Bergsteigen und die Versorgung mit Wasser erforderlich waren. Solange wir über einen Kompass verfügten, konnten wir sehr leicht unseren Standort und unsere Marschroute bestimmen. Wir fingen daher damit an, einige unverzichtbare Kleidungsstücke, Lebensmittelgutscheine und Geld zurückzulegen. Natürlich mussten wir auch einige Blankoreisefomulare vorbereiten und mehrere Landkarten vom Grenzgebiet zwischen Burma und Yunnan heraussuchen. Diese Karten waren in der Bibliothek zu finden. Während der Sommerferien fuhren die Studenten des geologischen Instituts normalerweise in den Monaten Juli, August und September zu Praktika aufs Land. Im Oktober hatten sie dann noch einen Monat Urlaub, bevor sie im November zurückkehrten, um mit der Vorbereitung ihrer Abschlusshausarbeiten zu beginnen. Der Fluchtplan, über den wir diskutierten, sollte im Oktober 1959 in die Tat umgesetzt werden.

Warum wollten wir diese Haupturlaubszeit dafür nutzen? Weil es uns als unter Arrest stehende Rechtsabweichler möglicherweise erlaubt worden wäre, in den Sommer- und Winterferien unsere Verwandten zu besuchen, wenn wir denn einen Antrag gestellt hätten. Im Allgemeinen standen wir in unserer Hochschule ja vierundzwanzig Stunden lang unter Beobachtung; ob wir nun in die studentische Cafeteria gingen, in die Unterrichtsräume oder die Bibliothek: Wir mussten all unsere Schritte dem Partei- oder Ligamitglied melden, das dafür verantwortlich war, auf uns aufzupassen, und wir durften uns auf dem Gelände nicht nach Belieben bewegen. Wenn wir die Ferienperiode im Oktober nutzten, könnten wir uns an der Grenze in Yunnan treffen. Wenn nach unserer Ankunft an der Grenze alles reibungslos verliefe, würden wir die Grenze überschreiten. Falls nicht, könnten wir immer noch zurückkehren, und unser Abstecher nach Yunnan bliebe unentdeckt. Es war also ein sorgfältig durchdachter Plan.

Von Juli bis September 1959 waren wir vier an Praktikumsplätze an verschiedenen Orten zugeteilt. Einer war in Wuhan, einer in der Provinz Sichuan, einer in der Mandschurei und ich selbst wurde nach Peking geschickt. Ich sollte einen Plan für die Wasserversorgung für einen Industriestandort im Pekinger Stadtteil Liangxiang erstellen. Meine Praktikumsstelle leistete ich ab bei der hydrogeologischen Behörde der Stadt in Balizhuang, Fuchengmenwai in Peking. Als ich im September wieder vom Land zurückkehrte, verschaffte ich mir meine Informationen. Wir planten, nach dem 1. Oktober in die Hochschule zurückzugehen, einen Antrag auf Heimaturlaub bei unseren jeweiligen Fakultäten zu stellen, um uns dann schließlich alle vier auf Umwegen wieder in Yunnan zu treffen.

Doch Ende September passierte etwas. Der Kommilitone, der sein Praktikum in Wuhan machte, verließ dieses Gebiet ganz plötzlich unerlaubt und kam heimlich nach Peking, um mich zu besuchen. Bei meinem Praktikum bei der hydrogeologischen Behörde in Balizhuang waren meine Kommilitonin Ma Jingxin, ein Mitglied der Partei, und ich die einzigen studentischen Teilnehmer. Die Arbeiter, Ingenieure, Techniker und Bauzeichner bei der Behörde verhielten sich gegenüber Rechtsabweichlern nicht so streng wie die Studenten an der Universität; daher war mein Leben dort vergleichsweise entspannt.

Am 29. September spielte ich nach der Arbeit im Hof der Behörde Basketball, als ich auf einmal den Kommilitonen mit dem Praktikum in Wuhan bemerkte, wie er mir von der gegenüberliegenden Straßenseite aus heimlich Zeichen machte. Ich war natürlich schockiert: Warum war er schon so früh nach Peking zurückgekehrt? Nach Einbruch der Dunkelheit führte ich ihn leise in das Wohnheim, in dem ich lebte. Ma Jingxin, die für meine Beaufsichtigung in der Behörde zuständig war, wohnte bei den anderen Arbeiterinnen. Ich teilte mir ein Zimmer mit einem Techniker namens Zhang, der damals wegen einer beruflich bedingten Reise gerade nicht in der Stadt war. Deshalb war ich zu der Zeit der Einzige, der diesen Raum bewohnte.

Ich fragte meinen Kommilitonen: „Was ist denn passiert? Warum bist du schon so früh zurückgekommen?"

Er antwortete: „Es ist etwas geschehen."

„Was ist los?", fragte ich noch einmal.

Er sagte, er habe bei seinem Praktikum beim geologischen Amt in Wuhan Gefühle für ein Mädchen aus dem Ort entwickelt, und die beiden seien nun ineinander verliebt. Einem Rechtsabweichler war das natürlich nicht erlaubt. Dieses Recht hatten wir nicht. Rechtsabweichler durften nur überwacht werden, und es war ihnen gestattet, redlich ihre Gedanken umzugestalten. Es war ihnen aber noch nicht einmal erlaubt, sich mit jemandem anzufreunden, geschweige denn Liebesbeziehungen einzugehen. Das verstieß gegen die Regeln des überwachten Arrests. Selbstverständlich wurde mein Kommilitone zur Zielscheibe der Kritik. Doch seine Beziehung zu seiner Freundin war sehr gut. Sie lehnte es ab, verwarnt zu werden, lehnte ab, einen Trennungsstrich zwischen ihr und ihm zu ziehen, und hatte auch keine Angst vor Kritik und Kämpfen. Äußerst erbost darüber beschloss das örtliche Parteikomitee der geologischen Behörde, eine Kampfsitzung abzuhalten, und man plante, seine Freundin ebenfalls zu kritisieren. Er fand diese Verhältnisse unerträglich; das war kein menschenwürdiges Leben mehr. So kam er also zu mir, um mir zu sagen, er wolle schon früher nach Yunnan abreisen.

Ich sagte: „Es war verkehrt, hierher zu kommen. Erstens müssen sie jetzt eh schon davon ausgehen, dass du entkommen bist, so, wie du dich aus dem Staub gemacht hast. Bestimmt werden sie einen Weg finden, um dich zu jagen und zu fangen. Das ist sehr gefährlich. Zweitens hatten wir uns doch zu viert darauf geeinigt, dass wir zusammen gehen. Die anderen beiden sind in der Mandschurei und in Sichuan, und es gibt momentan nicht die geringste Möglichkeit, Kontakt zu ihnen aufzunehmen. Wenn wir beide uns jetzt aufmachen würden, wüssten ja die anderen gar nicht, was geschehen ist, und wir hätten unser Versprechen gebrochen. Was werden sie dann wohl machen?"

„Ich halte es wirklich nicht mehr aus", sagte er. „Wenn du nicht mit mir mitkommen willst, dann geh ich eben alleine."

„Wenn du alleine gehst, dann ist das geradewegs so, als ob du uns preisgegeben hättest."

Wir redeten die ganze Nacht miteinander. So sehr ich auch versuchte, ihn zu überzeugen, er wollte einfach nicht zuhören.

Als er am nächsten Tag wieder losfuhr, lenkte er aber ein und sagte: „Also, gut. Dann werde ich zurück zur Fakultät gehen, mich gleich dem Parteikomitee stellen und meinen Fehler eingestehen. Ich werde um Nachsicht bitten. Was anderes bleibt mir jetzt wohl nicht mehr übrig." Und es schien so, dass er wieder an die Universität zurückkehren wolle. Doch in Wirklichkeit hatte er vor, alleine die Flucht zu wagen. In jener Nacht schlief er im Bett vom Techniker Zhang in meinem Wohnheimzimmer. Als er sich am nächsten Morgen aufmachte, nahm er Zhangs Arbeitsausweis und dessen Sparbuch mit und hob auf der Bank nebenan 50 Yuan ab. Das Gesamtguthaben auf dem Sparkonto belief sich auf 25 Yuan. Davon erzählte er mir aber nichts.

Als ich am Ende meines Praktikums am 30. September wieder in die Universität kam, erfuhr ich nur über den Kontakt zu meinen beiden Kommilitonen, die ihre Praktika in der Mandschurei bzw. in Sichuan gemacht hatten, mein nächtlicher Besucher sei bereits verhaftet worden. Das ständige Fakultätskomitee hatte ihn schon erwartet, so wie ein Fangnetz nur darauf wartet, Fische zu fangen.

Für uns war das alles äußerst beängstigend. Hatte das Parteikomitee etwa unsere Pläne entdeckt? Oder hatte unser Kommilitone gegen uns ausgesagt? All das war sehr schwer zu beantworten. Doch was immer auch geschehen war, so beschlossen wir drei jedenfalls, unser Vorhaben abzublasen; wir wagten einfach nicht, es in die Tat umzusetzen. Wir dachten, wir sollten doch lieber schnell nach Hause fahren und unsere Familien besuchen, solange wir noch die Möglichkeit dazu hatten!

Am 1. Oktober stellte ich bei der Verbandsleiterin Ma einen Urlaubsantrag und erzählte ihr, ich wolle gerne heimfahren und meine Familie besuchen. Sie sagte: „In Ordnung!" und war demnach einverstanden.

Dann fragte sie mich: „Wann willst du losfahren?"

Ich antwortete: „Da die Ferien am 2. Oktober anfangen, wird es einfacher für mich sein eine Fahrkarte zu bekommen, wenn ich den Zug morgen nehme."

Zwei Jahre waren nun schon vergangen, seit ich meine Familie zum letzten Mal 1957 gesehen hatte! Am 2. Oktober dann, als ich gegen Mittag aufbrechen wollte, suchte Ma nach mir, um mir mitzuteilen: „Du kannst heute Nachmittag doch noch nicht weg. Da ist noch etwas, was deine Anwesenheit erforderlich macht. Geh morgen zu der geologischen Behörde von Balizhuang."

„Wozu denn?", hakte ich nach.

Sie erwiderte: „Du hast dort drei Monate lang ein Praktikum gemacht. Geh dorthin zu einer politischen Gedankenzusammenfassung. Wenn du damit fertig bist, kannst du nach Shanghai fahren."

Anscheinend wusste sie noch nicht, was geschehen war. Sie forderte mich lediglich zu dieser Gedankenzusammenfassung auf, was für einen überwachten Rechtsabweichler reine Routine war. Somit konnte ich am 2. Oktober allerdings auch nicht nachhause fahren.

Am nächsten Tag begab ich mich also an den besagten Ort und fand dort etwa zwanzig Leute von der Behörde vor, mit denen ich bei der Arbeit Umgang hatte, und die sich nun hier versammelt hatten und auf mich warteten, damit wir mit dem Treffen beginnen konnten. Ein Leitender Ingenieur namens Lan führte den Vorsitz. Er sagte, dass heute eine politische Gedankenzusammenfassung für Harry Wu vorgesehen sei. Im Allgemeinen waren Versammlungen solcher Art regelrechte Kampfsitzungen, die ausgesprochen unangenehm waren. Doch die Aussagen der Anwesenden fielen relativ unpolitisch aus, vielleicht ja deswegen, weil sie alle zu ein und derselben Arbeitseinheit gehörten und ich von außerhalb dazugestoßen war. Überraschenderweise meinten ziemlich viele von ihnen, ich hätte einige Stärken, und sie schilderten, wie aktiv ich bei der Arbeit gewesen sei, wie oft ich selbst die Initiative ergriffen hätte usw., statt dass sie die bei derartigen Veranstaltungen sonst üblichen Zurechtweisungen und Tadel aussprachen. Doch von mehreren Mitarbeitern, die zum harten Kern des Arbeitsteams gehörten, wurde immer wieder dieselbe Frage gestellt: „Harry Wu, hattest du während deiner Zeit hier je etwas getan, was den Interessen der Massen schadete oder was dem Volk einen Bärendienst erwies?"

Ich war mir nicht sicher, was sie mit dieser Frage meinten. Etwas später kündigte Direktor Lan eine Unterbrechung der Versammlung an. Er wartete, bis alle den Raum verlassen hatten, kam dann und setzte sich zu mir. Er nannte mich „kleiner Wu" – bis zu diesem Zeitpunkt hatte mich keiner Kleiner Wu oder Genosse Wu genannt; alle riefen sie mich unfreundlich „Harry Wu" oder „Rechtsabweichler Harry Wu". Er aber nannte mich Kleiner Wu und goss mir eine Tasse Tee ein, die mir das Herz wärmte.

Er sagte: „Kleiner Wu, ich weiß, du hast politische Fehler gemacht, aber – so wie wir das verstehen – sind diese Fehler nicht weiter von Bedeutung. Du bist ja noch jung. Mit der Umerziehung und der Unterstützung der Partei vertraue ich darauf, dass du deine Irrtümer korrigierst und ein neuer und nützlicher Mensch wirst! Aber wenn man einen politischen Fehler begangen hat, dann muss man nicht auch noch Fehler im Leben begehen!"

Nachdem ich das gehört hatte, war ich verwirrt. Ich sagte: „Direktor Lan, bitte seien Sie ganz ehrlich zu mir. Sie haben drei Monate lang mit mir zusammengearbeitet. Sie wissen, ich habe es nicht gern, wenn um den heißen Brei herumgeredet wird."

„Na gut, dann werde ich es dir ganz offen sagen. Der Techniker Zhang, der ja mit dir sein Zimmer teilte, war auf Geschäftsreise. Er kam erst am 30. September wieder zurück, und das heißt, er kam kurz vor den Nationalfeiertagsferien zurück.

Nach seiner Rückkehr stellte er fest, dass ihm etwas abhanden gekommen war. Ich sage dir auch ganz offen, was das war: 50 Yuan waren von seinem Sparkonto abgehoben worden. Du warst sein Zimmergefährte. In dieser Zeit, als er nicht hier war, hieltest du dich alleine in dem Zimmer auf."

Darauf erwiderte ich sofort: „Direktor Lan, machen Sie mich bitte nicht für eine solche Sache verantwortlich, das ist ausgeschlossen. Sie wissen, was für ein Mensch ich bin."

Als ich diesen Vorwurf von mir gewiesen hatte, gab er zu bedenken: „Kleiner Wu, zieh nicht so schnell deine Schlüsse! Denk erst mal lieber sorgfältig nach! Natürlich wollen die Menschen, wenn sie einen Fehler begangen haben, erst einmal Zeit schinden. Es ist ja auch gar nicht mal so sehr das Vergehen, das dabei wichtig ist: Es ist das Versäumnis, dafür geradezustehen. Du bist noch jung. Denk sorgfältig darüber nach, bitte!" Dann verließ er den Raum und ließ das Sparbuch auf dem Tisch zurück. Ich warf einen Blick hinein. Das Abhebedatum im Sparbuch war der 30. September. An diesem Tag war ich gegen Mittag in die Fakultät zurückgekehrt. Genau zu diesem Zeitpunkt war es geschehen, dass der Kommilitone, der aus Wuhan gekommen war, um mich zu besuchen, das Geld von der Bank abgehoben hatte.

Aber es gab da noch andere Faktoren, die ich zu berücksichtigen hatte: Erstens war ich ja alleine in dem Zimmer, sodass ich natürlich für das gesamte Eigentum dort verantwortlich sein sollte. Selbst wenn ich in den Gelben Fluss springen würde, wäre mir damit nicht die Verantwortung abgewaschen worden. Wenn ich also komplett geleugnet hätte, ich hätte irgendetwas mit den 50 Yuan zu tun gehabt, wäre ich ein konterrevolutionärer Rechtsabweichler gewesen, sodass mir sowieso Unglück beschieden wäre. Zweitens war es klar, ich durfte absolut niemandem etwas über den Besuch meines Kommilitonen aus Wuhan am 29. erzählen. Er war ja bereits in Haft. Wenn ich sagte, er hätte mich besucht, würde man mich bestimmt über meine Beziehung zu ihm ausfragen, und man würde wissen wollen, weshalb er mich besuchen kam, und so würde unser Fluchtplan letzten Endes doch noch vollständig aufgedeckt werden.

Ich dachte eine gute Weile darüber nach. Ich hatte keine Wahl. Die beste Strategie war es wohl, für diese Angelegenheit die Verantwortung zu übernehmen und die Vergangenheit zu verschweigen. So teilte ich Direktor Lan mit: „Ich möchte gerne etwas mit Ihnen besprechen, Herr Direktor."

„Na gut, fang an!", sagte Direktor Lan.

Ich holte die 50 Yuan hervor, die mir meine Familie für die Bahnfahrkarte geschickt hatte, legte sie auf den Tisch und sagte: „Direktor Lan, es tut mir leid. Ich habe die 50 Yuan vom Techniker Zhang genommen." Ich habe nicht das Wort „stehlen" benutzt. In meinem Herzen konnte ich dieses Wort nicht akzeptieren. „Ich weiß, dass das, was ich getan habe, ganz falsch war, und jetzt möchte ich das Geld gerne an Zhang zurückgeben. Ich gestehe meinen Fehler ein. Bitte, haben Sie Nachsicht mit mir."

Direktor Lan sagte: „Brauchtest du denn in dieser Zeit Geld?"

Worauf ich erwiderte: „Ich wollte nachhause fahren. Seit zwei Jahren hatte ich meine Familie schon nicht mehr gesehen, und zuhause hatten wir kein Geld dafür!"

„Warum hast du mir nichts davon erzählt? Ich hätte dir das Geld doch leihen können!", erklärte er aufgeregt. „Was du da gemacht hast, war falsch! Aber nun, wo du es eingestanden hast, ist es vorbei. Alles, was wir wollten, war, dass du deinen Fehler eingestehst. Warte mal einen Augenblick", sagte er, als er mit dem Geld das Zimmer verließ.

Etwa eine halbe Stunde später kam er zurück und sagte zu mir: „Ich habe es dem Parteikomitee mitgeteilt. Jetzt leite ich den Beschluss des Parteikomitees an dich weiter. Es ist die übliche Parteistrategie: Wenn man seine Fehler freimütig bekennt, sie völlig eigenständig laut aussprechen kann und sie bereitwillig als Irrtümer anerkennt, dann übt die Partei Nachsicht. Daher hat das Parteikomitee drei Entscheidungen getroffen: Erstens ist dieses Treffen für die politische Gedankenzusammenfassung jetzt beendet; zweitens wird diese Angelegenheit bei der geologischen Behörde nicht öffentlich gemacht; und drittens werden wir, angesichts deines freimütigen Eingeständnisses deines Fehlers und deiner aufrichtigen Haltung, deinem Parteikomitee an der Universität empfehlen, dich nicht zu bestrafen."

Nach meiner Rückkehr an die Universität ging ich zur Verbandsleiterin Ma, um ihr zu berichten, was geschehen war. Als ich fertig war, sagte sie: „Hmm! Du hast also nicht nur politische Vergehen begangen, sondern auch noch Vergehen im ganz normalen Alltag! Wie kann man nur so verkommen sein?" Sie kanzelte mich richtig gehässig ab.

Das Parteikomitee der Universität hielt sich an die Empfehlung der geologischen Behörde, mich nicht zu bestrafen und gab die Sache gegenüber meinen Kommilitonen auch nicht bekannt. Man betrachtete die Angelegenheit für erledigt.

Doch weil ich nun kein Geld mehr hatte, konnte ich auch nicht mehr nachhause fahren. Ich hatte die Chance vertan, Mama noch einmal zu sehen. Nie hätte ich damit gerechnet, dass der Abschied von Mama an dem Tag, an dem ich im Mai 1957 Shanghai verließ, das letzte Mal gewesen sein sollte, das wir in unserem Leben beisammen waren. Ich fühlte mich ohne Antrieb und deprimiert.

Im November 1949 hatte Mao Tse-tung vom Tiananmen-Turm ausproklamiert: „Das chinesische Volk hat sich erhoben!" Natürlich meinte er damit nicht alle Chinesen. Niemand konnte mit Sicherheit sagen, wie das „Volk" zu definieren war, weil Mao selbst derjenige war, der Definitionen formulierte und wieder änderte. Die kommunistische Fahne hat fünf Sterne. Damals erklärte man diese Fahne damit, der große Stern stehe für die Kommunistische Partei, und die vier kleinen Sterne repräsentierten die Klasse der Arbeiter, die Klasse der Bauern, die Bourgeoisie und die Kleinbourgeoisie. Auf der Grundlage der politischen Situation zwischen 1949 und 1950 schien es, als sei die Bourgeoisie noch immer ein Teil des *Volkes*. Obwohl Vater ein Mitglied der Bourgeoisie war, übernahm er vom chinesischen Volk (oder dem Han-Volk) dessen Patriotismus und seine Loyalität dem jeweiligen Herrscher gegenüber. Er ist nicht zusammen mit den Imperialisten, der Comprador-Bourgeoisie und der Kuomintang geflüchtet. Damals drängte ein guter Freund der Familie, Sir John Keswick, seines Zeichens Engländer und Chef des Konzerns Jardine Matheson in Hongkong, meinen Vater zur Abreise und sagte ihm, dass die kommunistische Revolution kein Spaß sei. Doch mein Vater lehnte ab. Er entgegnete, dies sei sein Vaterland und das seiner Kinder. Wenn die kommunistische Revolution sein Eigentum konfisziere, sei ihm das egal. Seine Familie sei durch seine eigenen Anstrengungen zu Wohlstand gekommen, er habe ihn nicht von seinem Vater ererbt. Seine Kinder seien ebenfalls auf ihre eigene Integrität angewiesen und müssten hart arbeiten, um sich selbst zu versorgen. Wenn die Kommunistische Partei sämtliche Vermögensgegenstände zu Staatseigentum machen und alle gleich behandeln würde; und wenn alle hart arbeiten würden und das Vaterland dadurch wohlhabend und stark würde, dann hätten die persönliche Ehre oder Schande, das persönliche Vorwärtskommen oder der Misserfolg keine so große Bedeutung. Allerdings hat die Geschichte bewiesen, dass dies eine recht naive Denkweise und ein Scherz astronomischen Ausmaßes war. Dreißig Jahre später kam Sir John Keswick 1980 nach Shanghai, um Vater zu besuchen. Vater sagte, er schämte sich so sehr, ihm gegenüberzutreten. Als er kurze Zeit später starb, verließ er uns mit den Worten: „Ich bin in die falsche Richtung gegangen!"

Obwohl Vater damals nicht das Gefühl hatte, sich zu „erheben", spürte er doch ständig, dass die Menschen um ihn herum in Hochstimmung waren und das Land sich wieder mit neuem Leben zu erfüllen schien. Doch schon bald, als nämlich die Bewegung zur Unterdrückung der Konterrevolutionäre endete und die Drei Übel-, und die Fünf Übel-Kampagnen starteten, sollte Vater einen Vorgeschmack von der Revolution der Kommunistischen Partei bekommen. Bis 1957 hatten sich seine Lebensumstände vollkommen gewandelt. Als die Mitglieder der Bourgeoisie zur Zielscheibe der Revolution geworden waren, mussten sie nämlich ganz schön den Schwanz einziehen. Einer der Hauptunterschiede zur Zeit davor war der, dass man, als die Kuomintang Leute verhaftete, Säuberungsaktionen durchführte, die eine angespannte Atmosphäre innerhalb der Gesellschaft hervorbrachte. Das führte dann zu einem gewissen Grad an Protest, der die Regierung ängstlich machte. Als hingegen die Kommunistische Partei ihre Revolution betrieb, tötete man Menschen oder man nahm sie fest, beschlagnahmte Eigentum, ließ Menschen von Gebäuden springen und zerstörte ganze Familien, während die Gesellschaft insgesamt ein beschwingtes und jubelndes Bild abgab.

Unter dem *Arrest zur Beobachtung* behielt ich meinen Status als Student bei. Frei war ich jedoch nicht. Mitglieder von Partei und Liga überwachten alle meine Worte und Taten. Die Person, die für meine Überwachung zuständig war, hieß Kong Fanye, war aktives Mitglied der kommunistischen Jugendliga und hatte eine Mitgliedschaft bei der Partei beantragt.

Um in die Partei eintreten zu können, musste man ihr gegenüber Loyalität an den Tag legen und natürlich auch schwer arbeiten, ja sogar Opfer für die Partei bringen. Ohne eine gute politische Leistung gab es keine Möglichkeit, seine Loyalität zu demonstrieren: Das machte es schwierig, ein qualifiziertes Parteimitglied zu werden. Daher war es erforderlich, sich so oft wie möglich selbst zu artikulieren, insbesondere innerhalb von politischen Bewegungen. Manche Leute traten in die Partei ein, um Ideale zu verfolgen und aus Leidenschaft für die Revolution. In den Anfangszeiten der Revolution gab es mehr von solchen Typen. Natürlich waren sich viele Leute der Vorteile einer Parteimitgliedschaft bewusst. Wenn man für Parteiinteressen kämpfte, würde man von der Partei mit erheblichen Vorteilen belohnt werden. Ein solcher gegenseitiger Austausch von Interessen vollzog sich im Namen pathetischer revolutionärer Leitsätze.

Kong Fanye kam aus Guangxi. Er war mein Zimmergenosse und Kommilitone auf dem gleichen Klassenniveau. Zunächst gab es zwischen uns keinerlei Feindseligkeit oder Streit. Als ich jedoch zum konterrevolutionären Rechtsabweichler erklärt wurde, gewöhnte er sich einen lauten Tonfall und eine strenge Ausdrucksweise mir gegenüber an. In Versammlungen, die deswegen abgehalten wurden um mich zu kritisieren, brachte sein mit Guangxi gefärbtes Mandarin, das mit Dialekt durchsetzt war, seine Zuhörer oftmals zum lauten Lachen, statt dass es eine wohlwollende Reaktion hervorgerufen hätte. Wie oft er über mich gelästert hat, weiß ich nicht. Die Universität beauftragte ihn und einen weiteren Kommilitonen, Zheng Jianzhen, aus Hebei (ebenfalls ein Anwärter auf Parteimitgliedschaft) damit, mich vierundzwanzig Stunden täglich zu überwachen. Die Verbandsleiterin der Partei baute darauf, dass sie sich nicht gut mit mir verstanden, dass sie keinen Umgang mit meiner unerwünschten Persönlichkeit pflegen wollten, und dass sie sicherlich die ihnen von der Partei zugewiesenen Aufgaben loyal ausführten. Mein späterer Arrest zur Umerziehung in einem Arbeitslager stand wohl bis zu einem gewissen Grad in einem Zusammenhang mit Kong und Zheng, den beiden angehenden Parteimitgliedern und Aktivisten. Die Überwachung von mir missachtete nicht nur vollständig meine Personenwürde; sie wäre auch unerträglich für jeden normalen Menschen gewesen. Und so traten häufig scharfe Konflikte zwischen uns auf. Nachdem diese dem Parteiverband mitgeteilt wurden, kritisierte man mich. Die Schlussfolgerung, die dann letzten

Endes über mich gezogen wurde, lautete: „verweigert eine Überwachung, widersetzt sich hartnäckig der Reform." Als ich später, im Jahre 1979, aus dem Laogai-System freigelassen wurde, wollte ich über diese beiden erfahren, ob sie denn nun ehrenwerte Mitglieder der Kommunistischen Partei geworden waren. Leider habe ich sie nie mehr wiedergefunden.

Am 27. April 1960 trat Kong Fanye in der Cafeteria der Studenten plötzlich auf mich zu und teilte mir mit, er wolle mit mir sprechen. Nachdem er mich dann mehr als eine Stunde aufgehalten hatte, nahm er mich mit ins Unterrichtsgebäude zu einem Treffen. Als wir den Klassenraum betraten, sah ich, wie dort schon alle Studenten meines Fachbereichs ganz ruhig warteten. An der Tafel standen die Worte: „Versammlung zur Kritik des Rechtsabweichlers Harry Wu". Es stellte sich heraus, dass es sich um ein Studententreffen handelte, das vom Parteiverband des Instituts einberufen worden war. Auf dieser Versammlung wurde verkündet, ich sei von der Universität ausgeschlossen und man habe für das Büro für Öffentliche Sicherheit in Peking Regelungen getroffen, mich unter Arrest zu stellen und mich unverzüglich der Haftanstalt in Beiyuan auszuliefern.

Was nun folgte, war mit großer Schlichtheit und Präzision arrangiert. Gleich nachdem das Organisationskomitee-Mitglied des Fachbereichsverbands Wang Jian die Eröffnung der Veranstaltung bekanntgegeben hatte, forderten einige Kommilitonen – alles Aktivisten in der Anti-Rechts-Kampagne – voller Zorn, dass ich eine Aussage machen sollte, um meine konterrevolutionären Worte und Taten anzuprangern, und sie verlangten einstimmig, dass die Fakultätsbehörden den konterrevolutionären Rechtsabweichler Harry Wu, der sich „hartnäckig der Reform widersetzt", ausschließen sollten. Ferner forderten sie, dass die Volksregierung Chinas mich nach dem Gesetz verurteile. Dann holte Wang Jian ein bereits vorbereitetes Stück Papier hervor und erklärte im Namen des Parteikomitees des Instituts meinen Ausschluss, und er ersuchte die Pekinger Volksregierung, ebenfalls im Namen dieses Parteikomitees, mich nach dem Gesetz zu verurteilen. Zunächst gab es da also die *Forderung der Massen*, gefolgt von dem Beschluss des Parteikomitees des Instituts, und schließlich wurde die Regierung dazu aufgefordert, sich der Sache anzunehmen. Dieser Prozess war lückenlos und einwandfrei. Unmittelbar darauf betrat ein Polizist, der draußen vor der Tür gewartet hatte und mit einer Uniform bekleidet war, die aus einer weißen Jacke und dunkelblauen Hosen bestand, das Klassenzimmer durch einen anderen Eingang. Er zog ein Blatt Papier aus seiner Jakkentasche hervor und las es laut vor: „Im Namen der Pekinger Volksregierung gebe ich hiermit bekannt, dass der Rechtsabweichler Harry Wu, der sich hartnäckig der Reform widersetzt hat, zur Umerziehung durch Arbeit inhaftiert wird." Anschließend befahl er mir zu unterschreiben. Den oberen Abschnitt des *Umerziehung durch Arbeit*-Bescheides deckte er mit einer Hand ab und zeigte mit der anderen Hand auf die Stelle, wo ich unterschreiben sollte. Ich verlangte, er solle seine Hand wegnehmen: Ich wollte den Grund für die Umerziehung sehen. Doch der Polizist sagte: „Unterschreib einfach hier."

Worauf ich ihm entgegnete: „Ich will den oberen Teil sehen."

Ein wenig erbost darüber, gab er zurück: „Wenn du unterschreiben willst, unterschreib. Wenn du es ablehnst, ist es auch in Ordnung. So oder so, musst du mit mir kommen!" Dann fügte er noch hinzu: „Sei vernünftig. Wenn du nicht unterschreibst, wird es nicht zu deinem Vorteil sein."

Gelassen sagte ich: „Wenn es so ist, dann unterschreibe ich. Ich weiß zwar nicht, was hier oben steht; vielleicht will man mich ja hinrichten durch Erschießen, aber ich unterschreibe trotzdem." Mein Schicksal lag nicht mehr in meinen eigenen Händen, was konnte ich also tun?

„Komm mit mir." Der Polizist geleitete mich aus dem Klassenzimmer und führte mich zum Schlafsaal, um mein Gepäck zu holen. Dort wartete auch schon das Sicherheitspersonal der Universität. Behaupte noch mal einer, die kommunistische Bürokratie sei lax und ineffizient. Handschellen legte man mir keine an; in den Einrichtungen der höheren Bildung geht man mit solchen Angelegenheiten vermutlich zivilisierter um. Auf dem Weg zum Schlafsaal hielt der Polizist meinen Arm mit seiner Hand fest. Ein wenig beschämt sagte ich leise zu ihm: „Sie brauchen keine Angst zu haben. Ich laufe schon nicht weg!" Er ließ mich los und sagte: „Eigentlich ist die Umerziehung gar nicht mal so schlecht; du bist noch jung, es wird gut für dich sein, ein wenig zu arbeiten! Du arbeitest ein paar Monate und dann kommst du wieder zurück!"

Der Spaziergang vom Unterrichtsgebäude zum Nördlichen Wohnheim Nummer Fünf mit den studentischen Schlafsälen dauerte etwa zehn Minuten. In dieser Zeit dachte ich angestrengt nach. Unter der Verkleidung an der Unterseite meiner Schublade hatte ich eine Landkarte vom Grenzgebiet Yunnans versteckt. Ich musste sie vernichten, noch bevor ich in die Haftanstalt kam. Wenn man diese Karte fände, wären die Konsequenzen nicht auszudenken.

Im Raum Nummer 332 standen an den vier Wänden fünf Etagenbetten. Ich schlief in einem der oberen Betten. In der Mitte des Zimmers befanden sich zwei große Schreibtische. Jeder Zimmergenosse verfügte über eine persönliche Schublade. Als wir eintraten, standen ein Kader des Sicherheitspersonals und mehrere Kommilitonen, die alle Parteimitglieder waren, in einem Kreis. Der Polizist, der mich verhaftet hatte, sagte zu mir: „Pack deine Kleider und deine übrigen Sachen zusammen. Wir fahren sofort los."

Als erstes zog ich die Schublade heraus. Doch statt dass ich die einzelnen Teile Stück für Stück herausnahm, schüttete ich den gesamten Inhalt auf mein Bett, kletterte dann hinauf und fing an, alles langsam zu sortieren, wobei ich absichtlich einige Notizbücher und Papiere hinunterwarf, um die Anwesenden abzulenken, damit ich mir die Landkarte in meine Hosentasche stopfen konnte.

Dem Polizisten erzählte ich: „Ich habe ein Stück Stoff gewaschen, aus dem eine Hose gemacht werden soll, und zum Trocknen im Keller aufgehängt. Ich geh es schnell holen."

Er sagte: „Das ist nicht nötig. Wir schicken jemand zum Holen. All deine Bücher und deine Kleidung werden dir nachgesandt. Es wird nichts fehlen." Er wollte mich also nicht gehen lassen.

Dann sprang ich von meinem Bett runter und lief zur Zimmertür, wobei ich ihm zurief, dass ich noch einige Kleidungsstücke aus dem Gepäckraum hinter der geöffneten Tür holen wollte. Der Sicherheitskader, der mir den Weg versperrte, drehte sich seitwärts, um mir Platz zu machen. So ergriff ich die Gelegenheit, um hinauszustürmen und die Treppen von der dritten Etage hinunterzuflitzen. Zunächst standen sie einen Moment fassungslos da, jagten mir dann aber hinterher und brüllten dabei: „Haltet ihn!"

Doch da hatte ich bereits das zweite Stockwerk erreicht. Ich steigerte mein Tempo, drehte mich um und rief: „Ich geh gerade in den Heizungskeller, um den Stoff zu holen! Was schreien Sie hier so rum? Ich lauf schon nicht weg!" Als ich den Heizungskeller betrat, riss ich schleunigst die Ofentür auf, warf die Landkarte hinein und wartete dann darauf, dass man mich einholte. Das Tuch hatte ich dann auch schon wiedergefunden, und sagte, als ich mich umdrehte: „Wozu der ganze Wirbel? Das ist ein Stück importierter Khaki-Stoff aus Japan. Es wäre eine Schande, ihn hier einfach liegen zu lassen!"

Der Polizist sagte: „Ja gut, beeil dich, mach schon." Und wir gingen wieder zurück zu Raum Nummer 332.

Mit einem Jeep, der der Sicherheitsabteilung der Universität gehörte, fuhren wir zur Polizeistation in Haidian, um einen weiteren Gefangenen mitzunehmen, und so wurden wir beide bei der HAFTANSTALT VON BEIYUAN abgesetzt.

Die große schwarze Stahltür machte ein riesiges Getöse, als sie hinter mir ins Schloss fiel. Ich war erst einige wenige Schritte gelaufen, als irgendjemand mich von hinten trat: „Runter mit dem Kopf! Gesicht zur Wand und hock dich hin!"

Wie würde mein Leben jetzt weitergehen? Ich hatte keine Ahnung.

Im Oktober 1957 verkündeten die chinesischen Kommunisten offiziell die Verordnung zur Umerziehung durch Arbeit. Dem Namen nach handelte es sich dabei um eine „höchste Bestrafung durch die Exekutive", die nicht als eine Strafe für Verbrechen betrachtet wurde, sodass es auch keinen Rechtsweg gab und die Gefangenen direkt von den öffentlichen Sicherheitsbehörden verhaftet und in die Arbeitslager geschickt wurden. Im Unterschied zu denen, die zu *Reform durch Arbeit* verurteilt wurden, bedeutete es für die Gefangenen, die zur *Umerziehung durch Arbeit* in ein Lager geschickt wurden, dass sie ein sehr schmales „Gehalt" bekamen; gleichzeitig mussten sie allerdings für ihre Verpflegung selbst aufkommen (was von den zu Reform durch Arbeit Verurteilten nicht verlangt wurde). Nachdem das Geld für die Verpflegung vom Gehalt abgezogen worden war, blieb nur noch sehr wenig übrig. Sie trugen keine Gefängniskleidung, mussten sich nicht die Köpfe rasieren, und nannten sich gegenseitig „Klassenkamerad" statt „Gefängniskamerad". Ein weiterer wichtiger Unterschied zur *Reform durch Arbeit* bestand darin, dass es bei der *Umerziehung durch Arbeit* keine genau festgelegte Zeitdauer gab. So sagten die Polizisten damals zu mir: „Wenn du dich erfolgreich gebessert hast, kannst du nachhause gehen!" Die Frage war nur: Was zeichnete eine „erfolgreiche Verbesserung" eigentlich aus? Welche Maßstäbe wurden dabei angelegt? Denn als ich ins Umerziehungslager kam, sagte man mir: „Ihr seid der Abschaum der Gesellschaft. Das wird jetzt hier eure Beschäftigung sein." Mit anderen Worten, wir sollten unter der Kontrolle der öffentlichen Sicherheitsbehörden unser ganzes Leben lang hier arbeiten und uns bessern.

Die erste Gruppe von Gefangenen, die sich einer Umerziehung unterziehen musste, wurde mit der *Säuberung von Konterrevolutionären* im Jahre 1955 beseitigt und bestand aus etwa 250.000 sogenannten „Konterrevolutionären mit Herkunftsproblemen, die keine Verbrecher sind. Sie können dem Staat aber nicht mehr dienen." Die zweite Gruppe bestand aus ungefähr 100.00 extremen Rechtsabweichlern, die in der Anti-Rechts-Bewegung im Februar 1958 verhaftet wurden. Bis 1960 wurden infolge der künstlich verursachten Hungersnot gewaltige soziale Unruhen hervorgerufen, und so hatte sich im ganzen Land ein *Strom von Wahnvorstellungen* verbreitet, der für das kommunistische Regime eine ungeheure Bedrohung darstellte. Die Regierung inhaftierte scharenweise die mit der Gesellschaft Unzufriedenen, was zu überfüllten Gefängnissen und Haftanstalten im ganzen Land führte. Die Umerziehung durch Arbeit war da eine praktische, arbeitskräfte-sparende Maßnahme, um die Stabilität des Regimes effektiv aufrecht zu erhalten.

Als ich Anfang 1960 gerade mit der Verteidigung meiner Diplomarbeit fertig gewesen war, hatte ich darauf gewartet, dass mir die Regierung eine Arbeitsstelle zuweist. Nach den damaligen politischen Richtlinien konnte man als ein zur Beobachtung unter Arrest stehender Rechtsabweichler nur Arbeitseinheiten zugewiesen werden, die unter sehr schlechten Bedingungen arbeiteten, und man wurde dann auch niemals, im Gegensatz zu normalen Universitätsstudenten, Staatskader mit einem normalen Gehalt. Rechtsabweichler bekamen lediglich eine geringe Menge für ihren Lebensunterhalt. Doch was mich betraf, so hatte ich auf jeden Fall mein Studium abgeschlossen und wartete nun auf die Zuteilung eines Arbeitsplatzes. Sein Kind auf die Universität zu schicken, ist für die Familie eine schwere finanzielle Last. Ursprünglich erhielt ich, wie andere Kommilitonen auch, ein Stipendium, was bedeutete, dass die Regierung meine monatliche Verpflegung von 12 ½ Yuan bezahlte. Nachdem ich zum Rechtsabweichler abgestempelt war, wurde diese Unterstützung natürlich gestrichen, doch damit ich meine Studien beenden konnte, schickte mir Mama jeden Monat 20 Yuan. Von dieser Summe gingen 12 ½ Yuan für Lebensmittel ab, und die restlichen 7 ½ Yuan waren Taschengeld für Bücher usw. Wie ist meine Familie jeden Monat zu diesem Geld gekommen? Ich habe es nie erfahren. Auf jeden Fall haben wir es letztendlich bis zum Abschluss geschafft.

Falls ich eine Arbeitsstelle bekommen hätte, dann wäre ich nicht nur – wie die Gewichte bei einer herkömmlichen Waage – von der rechten Waagschale abgenommen, sondern auch noch auf die linke gelegt worden. Mit anderen Worten, dies hätte nicht nur die 20-Yuan-Last von den Schultern meiner Eltern genommen, sondern ich hätte zudem jeden Monat einiges an Geld übrig gehabt, um es nachhause zu schicken. Ein solcher Wandel der finanziellen Verhältnisse hätte sich von der Situation in der Vergangenheit vollkommen unterschieden. Mittlerweile musste Vater ebenfalls den Rechtsabweichler-Hut tragen; ihm wurde kein Gehalt mehr ausgezahlt, er bekam nur noch eine „Beihilfe zur Lebenshaltung". Mama war die ganze Zeit über krank gewesen, und ich hatte noch immer fünf jüngere Geschwister. Die Partei gab einen kleinen Betrag als „Unterstützung" dazu, der sich nach der Anzahl der Kinder in einer Familie richtete (ohne zu vergessen, gleichzeitig die humanitäre Gesinnung der Revolution besonders herauszustellen). Sodass es zu jener Zeit für eine so hoffnungslose Familie von extrem hoher Bedeutung war, ob ich nun einen Arbeitsplatz zugewiesen bekam oder nicht. Die Hoffnung darauf war in meiner Familie der einzige Lichtblick in der Dunkelheit.

Nachdem Vater 1952 seine Stelle in der Bank verloren hatte und sein Gehalt dramatisch gekürzt worden war, schien die

Familie noch immer – zumindest nach außen hin – über die Runden zu kommen. Wir Kinder durften uns natürlich niemals nach der wirtschaftlichen Situation oder dem Einkommen unserer Eltern erkundigen, aber wir bemerkten einige Veränderungen. Als erstes wurde das Klavier abgeholt, dann verschwanden die Teppiche und das Sofa. Wir schalteten den Kühlschrank aus und benutzten ihn auch nicht mehr; später verschwand auch er. Wir gingen von zwei Telefonen zu einem über, bevor wir uns schließlich völlig davon trennten. Häufig verließ Mama mit einer schweren Tasche das Haus, die dann bei ihrer Rückkehr leer war. Auf dem Dachboden standen etwa ein Dutzend Schrankkoffer herum, die Mamas Aussteuer enthielten. Oft stieg sie alleine hinauf, um Dinge herunterzuholen, manchmal bat sie aber auch um meine Hilfe, wenn etwas zu schwer zu transportieren war. Wie heißt es doch so schön in einem chinesischen Sprichwort: „Ein mageres Kamel ist größer als ein Pferd." Die Ersparnisse wurden allmählich aufgebraucht, um die Familie mit sieben Kindern und einer kranken Mutter zu unterhalten. Im Jahre 1960 war die Familie dann am Ende ihrer Kräfte angelangt. Obwohl die Revolution die Wohlhabenden arm gemacht hatte, hatte sie es doch nicht vermocht, die Armen finanziell aufzubauen.

Nach meiner Freilassung im Jahre 1979 erzählte mir meine jüngere Schwester, dass die 20 Yuan des letzten Monats meiner Ausbildung das Geld war, das Mama für den Verkauf ihres Eherings bekommen hatte. Er war ihr einziger Besitz; wahrscheinlich dachte sie, dass dies die letzte Schlacht sei und dass ich vielleicht im folgenden Monat, wenn ich zu arbeiten begonnen hätte, ihr Geld nachhause geschickt hätte.

Nach den Bestimmungen der Haftanstalt durfte ich keinen Kontakt zur Außenwelt haben, und meine Familie wurde nicht benachrichtigt. Nach der Einweisung in die Haftanstalt musste ich mich einer zweiwöchigen politischen Unterweisung in den sogenannten STUDIERKLASSEN unterziehen, das heißt, man brachte mir in einer Gruppe bei, dass ich meine Vergehen einzugestehen und dem Gesetz zu gehorchen habe. Jeder musste freimütige Geständnisse ablegen; wenn man sich weigerte, wurde verlangt, dass man eine sehr lange Zeit in der Studierklasse verbrachte, in denen eine entsetzliche Atmosphäre herrschte. Nachdem ich meinen zweiwöchigen Aufenthalt dort hinter mich gebracht hatte, schickte man mich zum Arbeiten in die der Haftanstalt angegliederte CHEMIEFABRIK VON BEIYUAN. Ab diesem Zeitpunkt war es für niemanden mehr nötig, auch nicht für mich, noch irgendwelche Hoffnungen auf eine Zukunft für mich zu haben.

Am 16. Mai brachte mich ein Sicherheitsbeamter in die Chemiefabrik von Beiyuan zur Arbeit (diese Fabrik gehörte mit zur Haftanstalt und war der Name der Produktionseinheit, der gegenüber Dritten angegeben wurde). Ich bat um Erlaubnis, an meine Familie zu schreiben. Am folgenden Tag schickte ich ihr einen Brief, in dem ich ihr mitteilte, ich sei verhaftet worden, hätte keinen Arbeitsplatz zugewiesen bekommen und müsste mich auf unbestimmte Zeit einer Umerziehung durch Arbeit unterziehen. Ich übergab den Brief unserem Gruppenleiter. Er wurde am 17. Mai abgeschickt. Eine Antwort darauf habe ich nie bekommen.

Meine Familie hatte darauf gewartet, dass sie einen Strohhalm von mir bekäme, aber nun hatte ich ihr ein Gewicht aus Eisen überreicht.

Mama sollte die erste sein, die davon erdrückt würde!

Das Leben ist wie ein Gang durch einen langen Tunnel. Der Tunnel hat immer ein Ende: das Ende ist das Grab. Für die einen ist der Tunnel länger, für die anderen kürzer, doch auf jeden Fall kommt für alle Menschen doch irgendwann das Ende. Um uns durch die Dunkelheit des Tunnels zu geleiten, sind viele Lichter erforderlich. Zum Beispiel ist eine bevorstehende Hochzeit ein solches Licht; das Sehnen, dass bald ein Kind geboren wird, und der Gedanke, im kommenden Jahr in ein neues, besseres Haus einzuziehen, sind ebenfalls zwei solcher Lichter; und die Hoffnung auf die baldige Genesung eines Verwandten und der Wunsch, dass die eigenen Eltern ein sicheres und friedliches Leben haben, sind gleichfalls solche Lichter. Kleine und große Hoffnungen führen die Menschen durch den Tunnel hindurch. Wenn ein Mensch fest glaubt, diese Lichter existierten für ihn nicht mehr, ist er darauf angewiesen, sich nach seinen Verwandten zu sehnen und sich an glückliche oder unglückliche Zeiten in der Vergangenheit zu erinnern, um sich ein Traumnetz zu spinnen, das ihn auffängt und ihm damit hilft weiterzuleben. Die Menschen bilden sich sogar Lichter ein, um sich selbst etwas vorzumachen. Und dann folgen sie langsam ihren Einbildungen bis zum Ende des Tunnels. Mama, deren Lebenskraft bereits wie Spinnfäden im Wind war, hatte nicht mehr die Kraft, sich noch einen weiteren Traum zu spinnen. War es meine Nachricht, die sie zum Ende des Tunnels vorantrieb? Gütiger Himmel!

Eines Tages im Juni 1960 kam mein älterer Bruder mich besuchen. Zu jener Zeit lebte ich noch immer in der Haftanstalt von Beiyuan. Mein Bruder war zur Beerdigung nach Shanghai gekommen, und auf seinem Rückweg nach Baotou besuchte er mich. Damals erzählte er mir nicht, dass Mama gestorben war. Er glaubte, ich sei der Grund für ihren Tod gewesen. Noch härter und unfreundlicher als ein Sicherheitsbeamter erklärte er mir, alle Familienmitglieder hätten einen Schlussstrich zwischen sich und mir gezogen, und er sagte mir, der einzige Ausweg für mich sei, meine Vergehen und Fehler einzugestehen, mich der Umerziehung der Partei zu fügen, die Runderneuerung zu akzeptieren und ein neuer Mensch zu werden. Das war das einzige Mal, dass mich in den neunzehn Jahren meines Gefängnislebens ein Verwandter besuchen kam. Erst 1974, als mir erlaubt wurde, das Laogai-Arbeitslager zu verlassen, um Mamas Asche abzuholen, erfuhr ich von den näheren Umständen ihres Todes.

Es geschah am 19. Mai 1960. Bei meinen Eltern traf ein Brief ein, der erste, den ich aus dem Laogai-Lager nach Hause geschrieben hatte. Damals musste mein Vater als Rechtsabweichler täglich zur Schule gehen, wo seine Arbeit überwacht wurde. Mamas Gesundheit war extrem schlecht: Zuerst litt sie an einer Lungenkrankheit, bekam dann ein Herzleiden, bevor ihr dann später alle ihre Zähne ausfielen. Sie konnte nur noch wenig ganz leichte Hausarbeit verrichten und verbrachte die meiste Zeit im Bett liegend. Da sie ständig darauf hoffte, mir würde eine Arbeitsstelle zugewiesen, dachte sie, dass ich vielleicht noch einmal auf einen Besuch nach Hause käme, bevor ich meine Stelle anträte. Wir hatten uns seit drei Jahren nicht mehr gesehen. Am Abend des 19. Mai, als Papa, meine jüngere Schwester und mein jüngerer Bruder nachhause kamen, sahen sie, dass der Kohlebrenner nicht angezündet war, und das hieß, das Abendessen war nicht zubereitet worden. Im Haus brannte kein Licht und Mama schlief. Aber sie entdeckten auf dem Tisch den Brief, den ich geschrieben hatte. Nachdem ihn alle gelesen hatten, legten sie ihn wieder an seinen ursprünglichen Platz zurück. Niemand im Zimmer sagte ein Wort; es gab keine Gespräche mehr, und man aß auch nichts mehr zu Abend. Alle gingen zu Bett.

Das Schweigen war unvermeidbar. Diese Familie war bereits gewohnt zu schweigen.

Früh am nächsten Morgen ging Vater wie auch meine jüngeren Geschwister zur Schule. Mama war eine Spätaufsteherin. Wenn andere Leute mit ihrer Arbeit anfingen, blieb sie noch im Bett liegen. So ist es schon seit langer Zeit gewesen, sodass es auch an diesem Tag nichts Besonderes war, dass sie noch nicht auf war. Gegen Mittag kamen nur meine jüngere Schwester und mein jüngerer Bruder zu einer kleinen Mahlzeit nach

Hause. Normalerweise bereitete Mama ihnen eine Kleinigkeit zum Essen zu. An jenem Tag jedoch kam der jüngere Bruder als erster heim und sah, dass der Brenner wiederum nicht an war und dass es keinen Imbiss gab. Er wartete darauf, dass meine Schwester kam, verlor dann bei ihr jedoch die Nerven.

Er herrschte sie an: „Weshalb kommst du so spät? Ich muss heute Nachmittag wieder früh zur Schule zurück. Schnell, mach mir was zum Essen."

Meine jüngere Schwester entgegnete: „Was soll das ganze Theater? Weißt du nicht, dass Mama krank ist? Jetzt bin ich zuhause und jetzt kann ich was kochen!"

Meine Schwester schnitt sogleich etwas Holz klein und entzündete das Feuer im Brenner. Sie setzte einen Topf auf den Ofen und füllte ihn mit Wasser. Da sich vier Familien die neun Quadratmeter große Küche teilten, schützte man sich gegen die jeweils anderen, als ob sie Diebe wären, sodass der Schrank einer jeden Familie verschlossen war. Selbst die Sojasoße und das Salz mussten weggesperrt werden, ganz zu schweigen von dem Gefäß, das den Reis enthielt, sodass meine Schwester zu Mama gehen musste, um den Schlüssel für den Schrank zu holen, bevor sie an den Reis herankam. Da sie den Schlüssel in Mamas Schlafzimmer nicht finden konnte, hatte sie keine andere Wahl, als Mama danach zu fragen. Sie bemerkte, dass Mama mit dem Gesicht zur Wand schlief, sodass sie ihr einen kleinen Stups gab. Dabei fiel ihr auf: Irgendetwas stimmte nicht. Mama war bereits steif. Meine kleine Schwester bekam einen solchen Schreck, dass sie sprachlos war. Ihre Beine versagten ihr den Dienst, und da saß sie nun, völlig unbeweglich, auf dem Fußboden. Mein kleiner Bruder ging, als er merkte, dass nichts geschah, selbst zu Mamas Zimmer hinüber. Als meine Schwester jemanden hereinkommen sah, brach sie in Tränen aus.

Mein Bruder lief sofort zur Polizeistation, um Mamas Tod zu melden. Das erste, was meine Schwester tat, war, das kleine

Schränkchen am Kopfende des Bettes zu öffnen. Als sie das Fläschchen mit den Schlaftabletten leer vorfand, versteckte sie es. Dad kam nach Hause, die Polizei traf ein, und er erklärte den Beamten: „Meine Frau starb an einem plötzlichen Herzinfarkt."

Niemand wusste, wann genau Mama gestorben war. War es irgendwann am Abend zuvor? Oder erst früh am Morgen? Musste sie leiden? Gab es irgendetwas, was sie noch sagen wollte? Nachdem sie meinen Brief am Tag davor gelesen hatte, legte sie sich wieder hin und stand nicht mehr auf. Sie war einfach zu müde!

Mama war der einzige Mensch auf der Welt, der bei der Kommunistischen Partei nicht mitmachte, als diese mich kritisierte und verurteilte, sie war die einzige, die keine Trennungslinie zwischen sich und mir zog. Sie schwieg einfach! Es war gar nicht so einfach, in dieser Gesellschaft zu schweigen. Nun aber würde sie für immer schweigen.

Selbstmord ist in diesem Land ebenfalls ein Verbrechen. Natürlich – was Mama betraf – so wusste sie nichts mehr davon und hatte auch nichts mehr zu befürchten. Doch für die Hinterbliebenen – für meinen Vater und für meine Geschwister – war es etwas Entsetzliches, wenn ein Verwandter, der Selbstmord begangen hatte, in den Personalakten auftauchte.

Teil 2

HUNGER

Hunger gibt einem Menschen das Gefühl, sein Boot des Lebens sei im Sinken begriffen, gleichzeitig tauchen aber alle möglichen Ängste auf. Doch der Hunger kann auch eine andere Funktion haben: Er kann Ängste zum Verschwinden bringen. Wenn er nämlich einen gewissen Grad erreicht, verliert das Gehirn die Fähigkeit zum Denken, weil es von der Energiezufuhr abgeschnitten ist. Das Gehirn wird ungeheuer träge und verliert seine Funktionsfähigkeit: Ängste werden zusammen mit bestimmten anderen Gedanken nur noch undeutlich und verschwommen wahrgenommen und verschwinden letztlich.

Am Hunger alleine sterben tatsächlich nicht viele Menschen. Meistens sind es ganz gewöhnliche Krankheiten wie Lungenentzündungen oder Magen-Darm-Entzündungen, die den Verhungernden in den Tod treiben, da bis zu diesem Zeitpunkt der Betreffende bereits das Vermögen verloren hat, sich gegen die Infektion zu wehren.

Auch wenn das Leben anfällig ist, kann es doch auch manchmal recht hartnäckig sein. Wenn der Leib keine Nahrung mehr aufnehmen kann, um das Leben aufrechtzuerhalten, braucht er nur ein wenig Wasser und ein wenig Sonnenlicht, und er wird automatisch weiterleben. Zunächst verbrennt er das Fett, dann das Muskeleiweiß, und sogar die brauchbaren Bestandteile des Skeletts und des Knochenmarks werden in die allerkleinsten Energieteilchen umgewandelt, um das Leben aufrecht zu erhalten. Um einen überflüssigen Verbrauch von Ressourcen zu vermeiden, legt der Körper automatisch nicht-überlebensnotwendige Organe still, damit die Basisfunktionen des Lebens erhalten bleiben. Inzwischen ist das Gewicht des Betreffenden sehr stark gesunken; sogar die Knochen scheinen sich zu lokkern, das Herz schlägt sehr langsam, und das Gehirn stellt seine Funktion ein. Wenn dieses Stadium erreicht ist, wehklagt und jammert der Unglückliche nur noch leise, die Schreie des Hungernden sind nicht mehr vernehmbar, und alles spielt sich nur noch im Stillen ab.

Wenn eine kleine Menge Nahrung oder etwas anderes, das als Lebensmittel dienen kann, dann in den Magen-Darm-Trakt gelangt, wird es sehr schnell verdaut, und das Leben kann seine Fahrt wieder aufnehmen. Vielleicht ist das ja das Wunder des Lebens.

Über einen längeren Zeitraum lässt sich Hunger allerdings nicht ertragen. Das Phänomen des Hungers kann in einen physiologischen und in einen psychologischen Hunger eingeteilt werden. Die Verflechtung dieser beiden Hunger-Typen zwingt einen Menschen dazu, einen Weg zu finden, ihn zu befriedigen, koste es, was es wolle.

In seinem Buch „Prisonnier de Mao – Sept Ans dans un camp de travail en Chine" beschreibt der chinesisch-französische Autor Jean Pasqualini dieses Phänomen: Die Kommunisten tadeln oder schlagen einen nicht – sie lassen einen verhungern. Das ist ein kluger Schachzug.

Hunger ist ein äußerst effektives Instrument in den Händen des Tyrannen. Hunger kann den Willen eines Menschen total zerstören und sein Gewissen vollkommen auslöschen.

Menschen, die am Verhungern sind, besitzen keine Freiheit und keine Würde mehr. Sie tragen keine Schuld mehr an dem, was sie denken und tun.

Kapitel 3

DIE LÄUSELEKTION

Der 1. Mai ist der Tag der Arbeit und alle Regierungsbehörden und schulischen Einrichtungen führen vor diesem Feiertag landesweit gewohnheitsmäßig Hygienemaßnahmen durch. Meine Einweisung in die Haftanstalt erfolgte am 27. April. Zwei Tage später, am 29. April, wurde dort die große Hygienekampagne zur Vorbereitung auf die Feier des Internationalen Tages der Arbeit verkündet. Natürlich waren das Fegen, das Reinigen der Abflüsse und das Putzen von Türen und Fenstern Routinearbeiten, doch unter den Umerziehungsmaßnahmen gab es eine ganz besondere sanitäre Maßnahme, nämlich das Suchen und Ergreifen von Läusen. So wurden an diesem Tag über zweitausend Häftlinge auf dem großen Platz der Haftanstalt zusammengetrieben. Nachdem sich alle dort versammelt hatten, erschien Shi Pan, der ebenfalls ein Rechtsabweichler war, der jedoch die Umerziehung durch Arbeit bereits durchlaufen hatte. Es hieß, er sei einst der Sekretär von Lu Dingyi gewesen, seines Zeichens Leiter des Propagandaministeriums des Zentralkomitees der Kommunistischen Partei Chinas. Außerdem war er Professor im Fachbereich Philosophie an der Normal-Universität Peking. Trotz seiner Umerziehung war es für Leute wie ihn relativ leicht, das Vertrauen anderer zu gewinnen, weil er ursprünglich Insider der Kommunistischen Partei gewesen war. Der Sicherheitskader ernannte ihn zum „diensthabenden Offizier", das hieß: Er war der Leiter einer Gruppe von diensthabenden Häftlingen, von Kalfaktoren. Sie waren damit sozusagen das für die Kalfaktoren, was die Sicherheitsbeamten für die Umerziehungshäftlinge waren. Shi Pan nun war etwa 1,50 m groß. Klein, glatzköpfig, trug er auch noch eine Brille und hinkte. Man sagt ja oft, je kleiner jemand ist, umso lauter ist seine Stimme. Die Stimme dieses Mannes war jedenfalls markerschütternd. An diesem Tag organisierte er die Veranstaltung und gab den zweitausend dort Versammelten bekannt, was sie zu tun hätten. Jede Abteilung und Gruppe musste sich in Zweierreihen aufstellen. Anschließend verkündete er: Jeder Einzelne sei dafür verantwortlich, dass sein jeweiliger Partner keine Laus mehr auf seinem Körper hatte. Mir gegenüber stand der Häftling Xing Junping. Er war früher Bauer und stammte aus dem Bezirk Baoding. Durch die Hungersnot von 1959 und 1960 waren seine Mutter und alle seine Geschwister verhungert. Er konnte entkommen und ist Landstreicher geworden. Nach seiner Ankunft in Peking verkaufte er auf betrügerische Art und Weise Hühner, die er zuvor außerhalb von Quianmen gestohlen hatte. Eines Tages dann, als er gerade wieder beim Stehlen war, wurde er erwischt und hierher zur Umerziehung gebracht. Mit seinem Gardemaß von 1,80 m war er sehr groß, und seine Haare standen von seinem Kopf ab, als hätte er sich Öl hineingeschmiert. Die Zähne putzte er sich nie; seine beiden Vorderzähne waren schwarz und gelb und ragten aus seinem Mund heraus. Dieser war sehr groß, in seinen Augenwinkeln sammelten sich getrocknete Krusten, und seine Fingernägel waren sehr lang.

Er war ganz anders als ich. Doch beim Läuseabsammeln standen wir uns nun gegenüber, und das bedeutete: Ich war nun dafür zuständig und musste sicherstellen, dass er keine Läuse mehr auf seinem Körper hatte.

Ich sagte zu ihm: „Xing Jumping, ich bin erst seit zwei Tagen hier. Ich kann dir garantieren: Auf meinem Körper gibt keine einzige Laus. Du brauchst dir um mich also keine Sorgen zu machen, überzeug dich aber selbst davon, dass du alle Läuse auf deinem eigenen Körper findest."

„Hee!", sagte er. „Der Gruppenleiter hat doch gerade gesagt: Das ist deine Aufgabe! Du musst mir dabei helfen, sie zu erwischen."

Ich antwortete: „Es ist ja nicht so, dass ich dir nicht helfen will. Ich weiß nur nicht, was Läuse überhaupt sind. Ich hab noch nie eine gesehen." Natürlich hatte ich Läuse und Bettwanzen schon kennengelernt, als ich 1958 auf dem Dorf in Shandong war.

Xing Junping war ein ungebildeter Bauer. Er war in der Tat das, was man als Proletarier bezeichnete. Er hatte vor nichts Angst. So rief er mit lauter Stimme: „Hee! Wir schaffen das hier nicht!"

Shi Pan kam zu uns herüber und bellte uns an: „Was soll dieser ganze Lärm?"

Ohne die geringste Furcht erklärte Xing Junping wieder ganz laut: „Was brüllst du hier so rum? Ich kann doch auch nichts dafür. Du sagtest, die Leute sollen sich hier paarweise hinstellen. Und der hier weiß jetzt noch nicht mal, wie Läuse aussehen. Er will meine Läuse nicht fangen. Was soll ich denn jetzt machen?"

Shi Pan warf mir nur einen Blick zu – mit meiner Brille sah ich offensichtlich wie ein *kleinbürgerlicher Intellektueller* aus, lächelte und sagte: „Hey! Komm mal hier rauf!" Er beorderte und zog mich auf eine 90 cm hohe Plattform, die in der Mitte des Platzes stand. Dann fing er an zu brüllen: „Achtung! Alle mal für einen Moment herhören! Ich will euch mal etwas Seltsames erzählen. Heute führen wir ja unsere Hygienekampagne durch, und dieser kleine verwöhnte Herr hier, der offenbar bourgeoiser Abstammung ist, weiß noch nicht einmal, was Läuse sind! Kann ihm vielleicht jemand Unterricht erteilen?"

Bei diesen Worten griffen sich sechs oder sieben Leute Läuse von ihrem Körper und machten sich daran, sie zu mir rüberzubringen, um sie mir zu zeigen.

Woraufhin Shi Pan sagte: „Lasst ihn mal einen Blick raufwerfen. Wenn schon ein Sohn der Bourgeoisie hierherkommt, um sich zu reformieren, dann sollte seine erste Lektion darin bestehen, Bekanntschaft mit Läusen zu schließen!"

Auf diese Weise demütigte er mich vor allen anderen und sagte: „Hast du sie jetzt gesehen? Also, gib dir Mühe, dich zu bessern. Dies war deine erste Lektion." Dann erlaubte er mir, an meinen Platz zurückzukehren.

Als Xing Junping sah, wie ich erniedrigt worden war, entschuldigte er sich: „Es tut mir leid! Ich wollte dir keine Schwierigkeiten bereiten." Eigentlich war er ein guter Mensch. Von da an entwickelte sich zwischen uns eine Freundschaft, und wir kamen gut miteinander aus. Trotz unserer unterschiedlichen Familienverhältnisse und ganz anderer Lebensweisen, sind wir als Menschen im Grunde doch alle gleich.

„Es macht nichts! Ich werde schon irgendwie damit zurechtkommen. Ist ja ganz gut, dass ich jetzt weiß, wie sie aussehen", gab ich zurück.

Obwohl man mich öffentlich gedemütigt hatte, war ich nicht empört, da etwas ganz anderes auf meinem Herzen lastete. Zum Mittag bekam jeder zwei Wowotou, eine Art Dampfbrötchen. Ich aß meine nicht, sondern gab sie Xing Junping. Natürlich war er sehr dankbar dafür, weil in der Haftanstalt oder auch im Umerziehungslager Lebensmittel nun einmal von allergrößter Bedeutung waren. Ich war gerade erst verhaftet worden; wie konnte ich diese Hirsebrötchen überhaupt schlucken und verdauen? In der Zukunft sollten sie natürlich äußerst reizvoll werden.

Am Tag nach dem 27. April, dem Tag, an dem man mich verhaftete, wurde ich mitten in der Nacht plötzlich von einem der Kalfaktoren geweckt und in einen Verhörraum geführt. Dort befahl mir ein Sicherheitsbeamter im Rang eines Hauptmanns mich auf den Boden hinzuhocken und richtete dann eine auf dem Tisch stehende grellleuchtende Lampe auf mich.

Er fragte mich nach meinem Namen, meinem Geburtsdatum, meiner früheren Beschäftigung und der Zusammensetzung meiner Familie. Schließlich wollte er von mir wissen, welche Vergehen ich begangen hatte.

Sodann sagte ich auswendig auf: „Ich bin ein jämmerlicher konterrevolutionärer Rechtsabweichler ..." Als ich fertig war, fragte dieser Hauptmann: „Ist das jetzt alles? Lass es mich ganz deutlich aussprechen. Wenn du nicht alle deine Vergehen vollständig eingestehst ..."

Dabei stand er auf und ging zu einer Tür auf der rechten Seite und stieß sie auf. „Schau genau hin!" Auf dem Boden kauernd, wagte ich einen Blick hinüber. Im anderen Raum befand sich ein Häftling, der wahrscheinlich ohnmächtig geworden war, ausgestreckt auf dem Boden liegend. Vor nicht allzu langer Zeit war wohl kaltes Wasser über ihn geschüttet worden. Sein Körper zuckte leicht. Ein anderer Häftling hing an seinen beiden Armen über ihm. Er hatte einen freien Oberkörper, trug jedoch eine Hose. Sein Kopf hing schlaff herunter; auch er war höchstwahrscheinlich nicht mehr bei Bewusstsein. Der Hauptmann sagte: „Sieh sie dir genau an. Wenn du nicht alles und aufrichtig bekennst, dann wird es dir wie ihnen ergehen! Ich stelle gerade fest, dass du eine Brille trägst, wie ein kleiner Intellektueller. Dann werd ich dir mal eine Pause geben. Geh jetzt zurück und komm morgen Abend zu einer weiteren Diskussion wieder zurück. Wenn du deine ideologischen Wurzeln und deine Vergehen nicht deutlich, Stück für Stück, erklären kannst, dann behaupte bloß nicht, ich sei nicht nett zu dir gewesen."

Nach den Grundsätzen der Kommunistischen Partei richtet sich die Bestrafung bei einer Verurteilung nach dem Vergehen, das man begangen hat, doch der eigentliche Zweck der Verurteilung besteht darin, die ideologische Einstellung des Kriminellen zu verändern. Daher besteht die allererste Aufgabe für jemanden, der verhaftet wurde, darin, seine Vergehen und Fehler einzugestehen. So muss jeder seine Verstöße hintereinander auflisten und anschließend die ideologischen Wurzeln seiner Vergehen ausgraben, um eine Selbstkritik zu verfassen. Wenn es dem Betreffenden nicht gelingt, seine Verfehlungen zuzugeben, können Partei und Regierung seine persönlichen Überzeugungen nicht umformen und haben dann auch keine Möglichkeit ihn zu retten. Wenn es einem nicht gelingt, ein

Geständnis seiner Vergehen abzulegen, oder wenn man meint, man sei ungerecht angeklagt worden, na gut, dann ist es eben so, aber es gibt dann wirklich keine andere Wahl, als andere Methoden anzuwenden, um einem dabei zu helfen, sich dessen bewusst zu werden. In einem solchen Falle wird beim Eintritt ins Umerziehungslager gefordert, eine Bilanz all seiner Vergehen und Verstöße anzufertigen. Man kann dann einfach nicht behaupten, man sei frei davon, und wenn es zehn derartiger Verfehlungen sind, dann darf man nicht einfach nur neun auflisten. Das war eines der einfachsten Mittel, um die Würde des einzelnen zu zerstören.

Daher war der Hauptgrund, weshalb ich am 29. April nichts essen konnte und auch keine Lust hatte, Läuse zu fangen, der, dass ich über das auf die folgende Nacht anberaumte Verhör nachdachte. Wenn ich es nicht erfolgreich bestand, würde man mich foltern. Mein Herz war von Furcht ganz aufgewühlt.

Als am 27. April 1969 mein Verweis von der Universität und meine Verhaftung bekanntgegeben wurden, waren es die Aussagen von Wang Jian und der anderen Kommilitonen, die die folgenden Anklagen gegen mich erhoben: Ich lehnte die Kontrolle der Massen ab, widersetzte mich ideologischer Besserung, verweigerte mich hartnäckig dem Wandel, pflegte ein konterrevolutionäres Rechts-Denken usw.

Niemand sagte allerdings, ich hätte jemandem 50 Yuan gestohlen, und keiner behauptete noch irgendwelche anderen speziellen Sachverhalte. Was ich nicht verstehe, war, warum der Polizist bei meiner Festnahme den obersten Teil des Haftbefehls mit seiner Hand abdeckte und ihn damit vor mir verbarg und darauf bestand, dass ich das Schreiben weiter unten unterzeichnete. Der Kommilitone aus Wuhan war am 30. September des Vorjahres inhaftiert worden und ich sieben Monate später. Hatte er unsere Verbindung preisgegeben? Und damit auch unseren Fluchtplan gestanden, was dann zu meiner Festnahme führte?

Bei meinem Verhör in der Nacht vom 28. April sollte mich der Blick in das Zimmer nebenan, in denen die misshandelten Häftlinge das Bewusstsein verloren hatten, einschüchtern, damit ich am kommenden Tag ein vollständiges und aufrichtiges Geständnis ablegte. Doch was sollte ich eigentlich gestehen? Wenn der Kommilitone aus Wuhan schon alles ausgeplaudert hatte und mein Bericht sich von seinem unterschied, dann würde es mir so wie den beiden im Zimmer nebenan ergehen. Natürlich war die Stimmung im ganzen Land zur Zeit meiner Verhaftung am 27. April 1960 politisch aufgeheizt. Das kommunistische Regime sah sich nach der *Drei Rote Fahnen*-Kampagne und der Großen Hungersnot einer Krise ausgesetzt. Ein großer Schub labiler Typen musste verhaftet werden, und ich war eben einer von ihnen. Aber ich sah der Realität ins Auge: Heute Nacht würde ich vielleicht auch aufgehängt und geschlagen, und mein freimütiges Bekenntnis müsste unbedingt mit den Akten übereinstimmen, die in den Händen des Hauptmanns waren.

Mein Grundprinzip lautet: Niemals darf ich die Angelegenheiten anderer preisgeben. Mit anderen Worten, ich darf andere auf keinen Fall verraten. Ich kann mich selbst tadeln, kann mich selbst verfluchen, ja sogar mich wie ein Hund aufführen, um Folter und Leiden zu vermeiden, ich werde jedoch keinen anderen verraten. Und an diesen Grundsatz habe ich mich immer gehalten.

Daher fühlte ich mich ab der Nacht des 28. April bis zu der Nacht des 29. April äußerst angespannt. Ich wusste nicht, was ich tun sollte. Und als mich Shi Pan dann am Morgen des 29. auf diese Plattform holte, um mich mit Läusen vertraut zu machen und mich eine Lektion zu lehren, führte das bei mir zu unvorstellbaren Folgen.

Die andere Hälfte der Haftanstalt wurde vom Chemiewerk von Beiyuan belegt. Zwischen dem Arbeitslager und der Haftanstalt war lediglich ein Zaun aus Stacheldraht gezogen. Die

Insassen aus dem Arbeitslager und die Häftlinge aus der Haftanstalt konnten sich also gegenseitig sehen. Das Arbeitslager war mit einer Toilettenreihe ausgestattet, die mit einer weiteren Toilettenreihe verbunden war, die zu den Studierklassen der Haftanstalt gehörte. Mein Kommilitone aus Wuhan war ja am 30. September 1959 zur Umerziehung verhaftet worden, sodass er bereits seit sechs oder sieben Monaten im Arbeitslager des Chemiewerks lebte. Als er die Tausenden von Häftlingen sah, die sich da versammelt hatten, um Läuse zu fangen, wusste er nicht, dass ich mich unter ihnen befand, und ich wiederum wusste nicht, dass er in der Chemiefabrik arbeitete. Als man mich auf der Plattform so demütigte, war er schockiert. Er fragte sich sofort, warum man mich wohl festgenommen hatte. Etwa deswegen, weil der Fluchtplan entdeckt worden war? Er wurde von einer Panikattacke ergriffen. Er war für das Ausführen von Gelegenheitsarbeiten zuständig und konnte sich daher zwischen dem Chemiewerk und der Haftanstalt frei bewegen. Später tauchte er in der Nähe der Häuserreihe auf, in der ich wohnte. Wir befanden uns gerade draußen auf dem Platz bei einer Lehrveranstaltung. Er gestikulierte wild mit seinen Armen, um mir zu verstehen zu geben, dass wir uns auf der Toilette treffen wollten. Auf der Hochschule hatten wir früher geheime Signale, um zu kommunizieren. Eines dieser Signale war das Nasereiben, ein anderes das Rubbeln am Ohr. Wenn ich meine Nase rieb, bedeutete das für den anderen, dass er zu dem vereinbarten Ort gehen sollte, ich mich also mit ihm treffen wollte. Wenn ich an meinem Ohr rubbelte, hieß das: Es war mir unmöglich, ihn zu treffen. Er rieb sich so stark seine Nase, wie er nur konnte, und ich wollte natürlich wissen, wie es ihm ging.

In der Studierklasse war es einem nicht erlaubt, ohne die Zustimmung des Kalfaktors auf die Toilette zu gehen. Wenn man darauf bestand, sagte der Studiengruppenleiter: „Du glaubst wohl, du bist zuhause, und kannst immer dann auf die Toilette gehen, wann du gerade meinst?“

Doch dieses Mal musste ich einfach auf die Toilette, um meinen Kommilitonen zu sehen und mir einen Überblick über die Situation zu verschaffen, damit ich heute Nacht beim Verhör richtig reagieren konnte. Ich sagte also zum Kalfaktor: „Ich muss unbedingt aufs Klo, mein Magen spielt verrückt."

Er wandte ein: „Nicht sprechen und nicht bewegen! Du meinst, du kannst gehen, bloß weil dir danach ist? Kommt gar nicht in Frage!" Ich stieß Xing Junping in den Arm und bat ihn, mir zu helfen. Jemand wie er hatte einfach keine Angst, noch nicht einmal in der Haftanstalt. Er erhob sich also und sagte zum diensthabenden Offizier: „Lass ihn gehen! Wenn er hier weiter so rumfurzt, wird das hier auf dem ganzen Platz gleich fürchterlich stinken. Kannst du ihn nicht einfach gehen lassen?" Dem Offizier blieb keine andere Wahl, als sich geschlagen zu geben: „In Ordnung! Geh schon! Los, geh! Geh mit ihm mit und wirf ein Auge auf ihn!"

Nach den Vorschriften der Haftanstalt mussten immer zwei Häftlinge gleichzeitig auf die Toilette gehen. Xing begleitete mich also dorthin. Von dem, was ich eigentlich vorhatte, wusste er nichts; er wartete draußen. Sobald ich mich in das Gebäude hineinbegeben hatte, kam auch schon der Kommilitone aus Wuhan herein. Er raunte mir nur einige wenige Informationen zu: „Erstens, ich habe keinerlei Verbindung zu dir; zweitens, ich habe kein Wort über den Fluchtplan gesagt; und drittens war ich nicht in Balizhuang." So wusste ich also, wie die Dinge standen.

In dieser Nacht bestellte mich der Sicherheitsbeamte wieder zu sich und sagte: „Wie sieht es nun aus? Du hattest vierundzwanzig Stunden Zeit. Du musst jetzt die genauen Umstände deiner Vergehen vollständig und offen bekennen. Wenn du das nicht tust, dann wirst du in der Studierklasse bleiben müssen. So einfach ist das."

„Meine wichtigsten Vergehen waren: Ich bin ein konterrevolutionärer Rechtsabweichler mit bourgeoiser Herkunft und ich war der Partei und der Revolution des Proletariats feindlich gegenüber gesinnt. Daraus ergaben sich dann meine konterrevolutionären Sichtweisen. Außerdem habe ich mich auch noch falsch in meinem Privatleben verhalten, als ich jemandem 50 Yuan weggenommen habe, als der nicht da war."

Der Hauptmann schaute mich an, blätterte meine Akte durch und sagte dann erleichtert: „Stimmt genau! Als ich dich gestern fragte, sagtest du nur, du seist ein Rechtsabweichler. Aber in Wirklichkeit bist du auch noch ein Dieb! Wenn man gestohlen hat, dann hat man gestohlen! Warum bestehst du darauf, du hättest das Geld ‚weggenommen'?" Und er fuhr fort: „50 Yuan sind ja nicht so viel. Wenn es 500 oder 5000 Yuan wären... Ach, das habe ich alles schon gesehen! Ihr pingeligen Kleinbürger seid derart widerlich, nur um euer Gesicht zu wahren. Wenn ihr nicht wirklich die Hosen runterlasst und euren Schwanz zeigt, wie können wir ihn dann abschneiden und euch umformen und umerziehen? Erst wenn ihr eure Vergehen anerkennt, könnt ihr eure ideologischen Wurzeln ausgraben und euch bessern! So, jetzt hast du offen und deutlich gestanden, Stück für Stück. Gut! Du kannst jetzt gehen!" Und so hatte ich das Verhör durch das Geständnis meiner Vergehen gut bestanden.

Fortan trug ich auf meinem Rücken neunzehn Jahre lang den Titel eines Diebes. Selbst als ich 1995 nochmals von der Pekinger Regierung verhaftet wurde, behauptete man in den von der Xinhua-Nachrichtenagentur herausgegebenen Meldungen wiederholt, ich sei ein Dieb, der zur *Umerziehung durch Arbeit* geschickt worden war, und eben kein konterrevolutionärer Rechtsabweichler. Doch das spielt eigentlich gar keine Rolle. Denn zum Glück hatten wir vier Kommilitonen alle uns ja damals versprochen, uns nicht gegenseitig zu verraten, und keiner von uns hatte je über die Flucht gesprochen. Falls auch nur einer den Plan zur Flucht offen zugegeben hätte, wären wir zweifellos alle vier beseitigt worden. Ich bin mir sicher, dass die Akten, die über uns vier im Ministerium für Öffentliche Sicherheit in Peking geführt wurden, keine offiziellen Informationen über unser Fluchtvorhaben enthalten. Erst 1978 erzählten der Kommilitone aus Wuhan und ich der Außenwelt von dieser Sache.

Danach war das Thema Flucht für uns erledigt. Die anderen beiden Kommilitonen (die ja auch als Rechtsabweichler galten), mit denen wir zusammen flüchten wollten, wurden niemals festgenommen, sondern bekamen später sogar Arbeitsplätze zugewiesen. Erst 1978 „rektifizierte" das Zentralkomitee der Kommunistischen Partei Chinas die Rechtsabweichler, sodass wir unsere Staatsbürgerschaft zurückerlangten. Heute leben die drei anderen alle noch auf dem chinesischen Festland. Zu einem von ihnen verlor sich allerdings 1960 der Kontakt, sodass wir nicht wissen, wo er lebt. Ein anderer wurde ein berühmter Professor an einer Universität. 1985 besuchte ich ihn einmal, um mich von ihm zu verabschieden, bevor ich in die Vereinigten Staaten ging. Mein Kommilitone wurde 1964 nach Xinjiang umgesiedelt. Als er davon hörte, dass das Zentralkomitee der Kommunistischen Partei vorhatte, die Rechtsabweichler zu „rektifizieren", schrieb er mir eine Erklärung, in der er ehrlich zugab, er sei es gewesen, der in dem 18 Jahre zurückliegenden Fall mit den 50 Yuan involviert war; außerdem brachte er darin seinen Wunsch zum Ausdruck, das für die Nachwelt zu Protokoll zu geben. Heute lebt er im Ruhestand in Shanghai. Doch ich greife vor.

Zwei Wochen später verlegte man mich von der Studierklasse in der Haftanstalt in das Chemiewerk von Beiyuan zur Umerziehung durch Arbeit.

Die Chemiefabrik war äußerst primitiv ausgestattet. Sie produzierte chemische Rohstoffe. Es hieß, sie sei extrem lukrativ, doch die Arbeitsbedingungen waren ausgesprochen schlecht. Zu den wichtigsten Gerätschaften dort gehörten ein mit Briketts befeuerter Ofen, ein großer Berg von Keramiktöpfen unterschiedlicher Größe und Holzstäbchen. Die Arbeiter dort verätzten sich mit den Chemikalien, und täglich ereigneten sich Unfälle. Das Werk wurde in zwei Produktionsschichten betrieben, jeweils von zwölf Uhr bis zwölf Uhr. Nachdem wir um Mitternacht von der Arbeit kamen, eilten wir auf unsere Station zum Schlafen zurück, wachten am nächsten Morgen um acht wieder auf, aßen Frühstück, hatten eine politische Unterweisung von neun bis elf, aßen zu Mittag und kehrten dann wieder zur Arbeit zurück. Und so war es dann, immer wieder das Gleiche, tagein tagaus.

Die Tätigkeit in einer chemischen Produktionsanlage erfordert einiges an technischen Fachkenntnissen. Angesichts der Tatsache, dass ich einen Universitätsabschluss in der Tasche hatte, beschloss die Sicherheitsabteilung, mich im Ingenieurbüro unterzubringen. Damals waren dort hauptsächlich drei Personen beschäftigt: Zhang, zuvor Techniker in einer pharmazeutischen Fabrik in Peking; eine Frau, die schon etwas älter war und an deren Namen ich mich nicht mehr erinnere; und Yao, früher Dozent am Fachbereich Chemie der Pekinger Universität. Alle drei waren Rechtsabweichler. Ich diente ihnen als Assistent, half ihnen dabei, Material zu verteilen, es in die Werkstatt zu bringen und so weiter. Somit war das keine Kollektivarbeit mit einem großen Haufen Häftlingen wie in den Arbeitsgruppen, die sich gegenseitig überwachten. Ich befand mich in einem relativ entspannten Laborumfeld und spielte eine Rolle, die der eines Labortechnikers ähnelte. Ich war relativ frei.

Wir aßen jeden Tag Hirse-Kleie-Brötchen, zwei pro Mahlzeit, die insgesamt etwa 110 Gramm wogen. Meiner Meinung nach bestanden sie zu dreißig Prozent aus besonders grob ausgemahlenem Mehl, also Schrot, zu dreißig Prozent aus Kleie und zu vierzig Prozent aus Maismehl. Zu jeder Mahlzeit gab es außerdem ein wenig Gemüsesuppe. Konfrontiert mit einem solchen Nahrungsangebot, brauchte ich nicht allzu viele Tage um zu erkennen: Hunger sollte wohl zu einem der größten Probleme für mich werden. Die Kalorien in diesen Lebensmitteln reichten nicht aus, um die Bedürfnisse meines Körpers zu befriedigen.

Eines Tages ging ich vom Labor in die Werkstatt, wobei ich an einem Gemüsegarten vorbeikam, in dem die Sicherheitsbeamten Gemüse anpflanzten. Ich entdeckte Tomaten, Gurken und andere Gemüsesorten. Ich war alleine, und so stahl ich eine der Gurken und aß sie auf. Vielleicht ist das Geruchsempfinden eines Menschen, wenn er gerade am Verhungern ist, in Bezug auf Lebensmittel ja besonders stark ausgeprägt, jedenfalls rochen andere Häftlinge in der Werkstatt – sofort als ich dort eintraf – die Gurke in meinem Atem, sodass es jemand dem Hauptmann meldete. Dieser beorderte mich sogleich zu sich, um die Angelegenheit zu besprechen, und er fand noch einige Leute, die ihm dabei halfen mich zu verprügeln. Sie schlugen mich, als ob ich ein Hund wäre. Die Sicherheitsbeamten erlaubten mir nicht mehr, im Labor zu arbeiten und wiesen mich zur Kollektivarbeit mit den anderen in der Werkstatt an.

Dies war das erste Mal, dass ich in einem Laogai-Lager heimlich etwas aß. Natürlich sollte es später noch unzählige Male geschehen. Doch beim ersten Mal schämte ich mich noch. Wie konnte ich etwas stehlen und essen, was anderen gehörte? Doch später empfand ich das nicht mehr so.

In der Werkstatt ließ mich der Sicherheitsbeamte das Warenlager verwalten. Eines Tages kamen zwei Leute zu mir ins Lager, die beide ebenfalls Umerziehungshäftlinge waren und sie bestürmten mich: „Bruder! Hilf uns!“

Ich fragte zurück: „Was ist denn los?“

„Früher haben wir jeden Tag immer mal ein oder zwei Gläschen gehoben. Hier können wir das ja nicht mehr, und das ist wirklich furchtbar. Bitte, hilf uns!“, sagte er.

„Wie soll ich euch denn helfen?“, fragte ich.

Er entgegnete: „Sieh mal, das Zeug steht gleich hier drüben.“ Und damit deutete er auf einen Behälter mit Industriealkohol, den er trinken wollte.

Doch ich warnte ihn: „Das ist nicht zum Spaßen! Das hier ist nämlich kein gewöhnlicher Alkohol, das ist Methanol. Wenn ihr davon trinkt, werdet ihr blind!“

Aber er erwiderte: „Ach, das ist kein Problem! Wir mischen das mit Wasser, und wir werden auch nicht zu viel davon trinken. Aber ohne Alkohol komme ich einfach nicht mehr aus!“

Natürlich konnte ich das Leid dieses Süchtigen, der keinen Zugang zum Alkohol hatte, nicht verstehen. Ich sagte ihm noch einmal: „Ich kann euch das nicht geben. Wenn ich dabei erwischt werde, sperren sie mich in Einzelhaft.“ Ich lehnte ab.

Doch drei oder vier Wochen später bestellte mich der Hauptmann plötzlich eines Tages in sein Büro. Nachdem ich eingetreten war, gab er mir, ohne auch nur ein Wort zu sagen, eine Ohrfeige ins Gesicht.

Ich sagte: „Was tust du denn da? Wenn du mir was zu sagen hast, dann sag es!“ Obwohl ich damals seit ungefähr drei Monaten im Laogai-Lager war, hatte ich doch noch ein wenig Selbstrespekt. Wie konnte er mich einfach so schlagen?

Ich wiederholte: „Was tust du denn da?!“

Und dann schlug er mich noch einmal! Früher hätte ich sofort zurückgeschlagen. Aber jetzt bemerkte ich nur: „Wenn du etwas zu sagen hast, dann heraus damit!“ Denn nun hatte ich ja keine andere Wahl als stillzuhalten.

Der Hauptmann sagte: „Ich lass dich auf das Warenlager aufpassen, und was tust du?“

„Ich verwalte das Lager nach den Bestimmungen; alles was reinkommt, und alles was rausgeht, wird ordnungsgemäß in den Büchern vermerkt!“ Mein Tonfall hörte sich immer noch so an, als würden sich zwei gleichberechtigte Partner miteinander unterhalten.

Jetzt drohte der Hauptmann: „Schenk mir reinen Wein ein, wenn du nicht noch einmal eine Ohrfeige kassieren willst. Bring deine Aufzeichnungen her!“

Darauf erwiderte ich: „Ich habe sie schon mit dabei!“

Er blätterte sie durch und bemerkte dann: „Was hast du mit dem Industriealkohol getan? Wem hast du ihn gegeben?“

Ich antwortete: „Ich habe niemandem Industriealkohol gegeben!“

Das wollte er mir nicht glauben: „Was? Du willst mir immer noch nicht die Wahrheit sagen?“ Und er war kurz davor, mich erneut zu schlagen.

Doch genau in diesem Augenblick kam der Politkommissar der Chemiefabrik herein. Er stand eine Stufe über dem Hauptmann. „Wu Hongda, die Sache, die uns hier beschäftigt, ist sehr ernst“, sagte er. „Du musst gestehen! Du musst die strafrechtliche Haftung übernehmen!“

Ich fragte zurück: „Wofür sollte ich denn die strafrechtliche Haftung übernehmen?“

„Du bist dafür verantwortlich, diese chemischen Rohstoffe zu verwalten. Hast Du über sämtliche Lieferungen und den Versand genau Buch geführt?“, fragte er mich.

Ich antwortete wahrheitsgemäß: „Das habe ich getan!“

Er fragte mich: „Hast du jemandem unter der Hand etwas von diesen Chemikalien gegeben?“

Darauf konnte ich nur sagen: „Nein!“

„Wirklich nicht?“

„Absolut nicht!“

„Ich sage es dir noch einmal“, drohte er, „wenn herauskommt, dass du anderen heimlich irgendetwas gegeben hast, wirst du dafür die strafrechtliche Haftung übernehmen.“

Doch ich blieb unbeirrt: „Ich kann die Haftung getrost tragen!“

Der Politkommissar wies den Hauptmann an, er solle mich die Geschäftsbücher ordentlich führen lassen, bevor ich sie ihnen übergäbe.

Am nächsten Tag präsentierte ich eine detaillierte Aufstellung sämtlicher Warenlagerein- und ausgänge. Und da endlich erfuhr ich, was geschehen war. Diese beiden Männer, die mich vor kurzem um Alkohol baten, hatten das Methanol gestohlen und es ausgetrunken. Bei beiden hatte diese giftige Chemikalie zu gesundheitlichen Problemen geführt. Sie wurden ins Krankenhaus gebracht. Einer hatte geschädigte Augen sowie ein stark vermindertes Sehvermögen, der Andere war vollständig erblindet. Der Sicherheitsbeamte überprüfte meine Buchhaltung und bestätigte: Die beiden Alkoholabhängigen waren es, die den Industriealkohol gestohlen hatten, und damit war die Angelegenheit für mich erledigt. Doch ich hatte ohne ersichtlichen Grund zwei Ohrfeigen dafür bekommen.

Dieser Vorfall ließ mich mit einem neuen Gefühl zurück. Mein Umfeld hatte sich verändert; ich konnte nicht mehr alles ganz nach Belieben wie ein freier Mann tun: rauchen, wenn ich rauchen oder trinken, wenn ich trinken wollte. Außerdem konnte ich willkürlich geschlagen werden. Alles was ich tun konnte war, wie ein Hund meinen Schwanz zwischen die Beine zu klemmen.

Ende September jagte man mich aus dem Chemiewerk fort. Man meinte, ich sei unzuverlässig, erstens, weil ich die Gurke damals gestohlen hatte, und zweitens wegen der Methanol-Geschichte. Man schickte mich zurück in die STUDIERKLASSE.

Im Jahre 1960 war die Haftanstalt total überfüllt. Im April befanden sich etwa zweitausend Häftlinge dort. Bis September war diese Zahl dann auf mindestens viertausend angewachsen. Es hieß, der Bürgermeister von Peking, Peng Zhen, wolle die Straßen seiner Stadt wie Glas oder Kristall funkeln lassen, sodass man alle möglichen labilen Leute, deren man habhaft werden konnte, inhaftierte und in die Laogai-Lager warf. Die oberste Führung der kommunistischen Partei kannte natürlich die Folgen der großen Hungersnot, der Naturkatastrophen und des Großen Sprungs nach vorn; die Gesellschaft insgesamt wurde von einer großen Krise erfasst. Von den vielfältigen Methoden, die man anwandte, um die Situation in den Griff zu bekommen, spielte die Umerziehung durch Arbeit eine wichtige Rolle, weil diese Maßnahme keine Verurteilung und sonstige Rechtsverfahren erforderte. Das Büro für Öffentliche Sicherheit und die Sicherheitsabteilungen konnten einfach beschließen, Leute festzunehmen. Es war simpel und effizient.

Die Menschen, die damals in die überfüllte Haftanstalt von Beiyuan gebracht wurden, teilte man in drei Schlafschichten ein, weil es in den behelfsmäßigen Zelten nicht genügend Platz gab. Jeweils zwei Schichten saßen dann dicht aneinandergedrängt auf dem Boden und waren mit dem sogenannten politischen Unterricht beschäftigt, während die dritte Schicht in den Zelten schlief. Nachdem der Kalfaktor die persönlichen Baumwollsteppdecken auf den Fußboden gelegt hatte, ließ er die Leute von der „Schlaf-Schicht" herein. Niemand konnte beim Schlafen ausgestreckt liegen; sie mussten sich einer nach dem anderen jeweils auf die Seite liegen, abwechselnd die Füße an den Kopf des Nächsten, und den Kopf an die Füße des Nächsten. Es ist wohl nicht die geringste Übertreibung, wenn ich sage, dass sie so dicht gestapelt lagen wie die Ölsardinen in einer Büchse. Dann lupften sie ihre Steppdecken und zogen sie über sich. Niemand konnte sich mehr bewegen, niemand konnte auf die Toilette gehen; wenn doch, dann hätte es bei seiner Rückkehr keinen Platz mehr für ihn gegeben. Wenn es Zeit zum Aufstehen war, wurden sie geweckt, und man teilte jeweils zehn Häftlingen eine Schale mit Wasser zu, damit sie ihr Gesicht und die Hände waschen und sich die Zähne putzen konnten. Dann wurden alle dazu gezwungen, sich mit gekreuzten Beinen hinzusetzen. Es gab zwei Mahlzeiten am Tag, die jeweils aus zwei Brötchen und einer Schale mit Gemüsesuppe bestand.

Die Haftanstalt von Beiyuan gehörte zu den größeren derartiger Haftzentren in Peking. Im Zuständigkeitsbereich der Pekinger Stadtregierung existierten viele solcher Laogai-Lager, darunter die Qinghe-Farm, das Chemiewerk von Beiyuan, die Ziegelfabrik von Xindu und so weiter; alles waren Laogai-Einheiten. Nach dem 1. Oktober kam jede Arbeitseinheit aus der Pekinger Region zur Haftanstalt, um eine bestimmte Anzahl von Insassen mit sich zu nehmen; als Ausgleich gab es einen konstanten Zustrom von Neuankömmlingen in die Haftanstalt.

Die ersten, die damals Häftlinge abholten, waren Vertreter von der Qinghe Farm. Sie brauchten starke Arbeiter mit einer relativ guten Gesundheit. Der Sicherheitsbeamte stellte auf dem Platz die Häftlinge jeder Arbeitsgruppe in einer Reihe auf, und wies sie dann an, Runden zu laufen. Infolge der Mangelernährung waren viele Leute extrem schwach und stürzten, nachdem sie nur einige Schritte gelaufen waren. Mindestens dreißig Prozent der Häftlinge schafften nur eine Runde. Anschließend verlangten die Sicherheitsbeamten von denen, die noch weiterlaufen konnten, sich in einer Reihe aufzustellen, und der Sicherheitsbeamte von der externen Arbeitseinheit kam herüber, um seine Auswahl zu treffen. Er fragte nach Name und Beruf des Betreffenden, und wählte dann eine Anzahl von Leuten aus, die sich an einer anderen Stelle versammeln sollten, von wo aus er sie am folgenden Tag mitnehmen würde. Dieser Ablauf erinnerte stark an die Auswahl von Nutztieren auf den Esels- und Pferdemärkten in der Pekinger Region. Xing Junping gehörte zu den Auserwählten. Er kam auf die Qinghe Farm.

Aber natürlich wollten sämtliche Häftlinge die Haftanstalt verlassen, weil es in der Studierklasse wirklich außerordentlich brutal zuging. Schläge und verbale Gewalt waren durchaus an der Tagesordnung. Wenn man dann in ein Laogai-Lager kam, bekam man ein wenig mehr zu essen, sodass wir jedes Mal, wenn wir davon hörten, dass eine Laogai-Einheit im Anmarsch war, um unter uns Inhaftierten welche auszusuchen, äußerst aufgeregt waren in der Hoffnung, man könnte selbst zu den Erwählten gehören. Etwa um den 20. Oktober herum hieß es, das Stahlwerk von Yanqing wolle sich Häftlinge aussuchen. Zweimal hatte man mich schon übersehen, und meine Niedergeschlagenheit deswegen war schlimmer, als bei den Aufnahmeprüfungen für die Universität durchzufallen. Ich beschloss also, mir eine Möglichkeit auszudenken, wie man mich dieses Mal doch auswählen könnte. Ich musste einfach hier rauskommen, koste es, was es wolle.

Die Sicherheitsbeamten, die vom Stahlwerk von Yanqing kamen, forderten die Häftlinge auf, zwei Runden zu laufen. Eine Runde war ungefähr dreihundert Meter lang. Während ich lief, sagte ich mir, ich müsse unbedingt durchhalten, ich müsse unbedingt ausgewählt werden, ich müsse auf alle Fälle diesen verfluchten Ort hier verlassen. Überraschenderweise schaffte ich die beiden Runden auch. Dann nahm ich meine Brille ab, damit man gar nicht auf den Gedanken kam, dass ich ein Intellektueller wäre, sondern körperlich arbeiten könnte. Ich streckte meine Brust vor und hielt den Atem an. Die Sicherheitsbeamten aus Yanqing schritten die Häftlingsreihen auf und ab und wenn sie zu jemandem sagten: „Tritt vor", dann trat der so Angesprochene vor. Er hatte es dann geschafft. Wenn man nicht aufgerufen wurde, blieb man eben da, wo man war. Dann kamen vier oder fünf Sicherheitsbeamte direkt zu mir gelaufen, aber niemand rief mich auf. Zu meiner Rechten und meiner Linken waren schon zwei oder drei andere ausgesucht worden. Der letzte Sicherheitsbeamte, der an mir vorüberging, hatte einen schwarzen Mantel über seine Schultern gelegt, und von seinen Lippen baumelte in einem ganz langen Zigarettenhalter eine Zigarette. Sein Gesicht war dunkel, gelb und ganz düster. Er lief auf mich zu und sagte: „Was bist du von Beruf?"

Ich antwortete: „Universitätsstudent".

„Was ist dein Vergehen?", fragte er.

Ich sagte: „Ich bin ein Rechtsabweichler."

„Oh!" Damit lief er an mir vorbei.

Sofort fügte ich mit ganz lauter Stimme noch hinzu: „Ich bin Sportler!"

„Oh!" Er schenkte dem aber keinerlei Beachtung, und als er seinen Weg fortsetzte, murmelte er noch: „Brauchen wir nicht."

Ich war verzweifelt. Ich fasste all meinen Mut zusammen und rief: „Ich kann arbeiten, ich bin Sportler!"

Er drehte den Kopf um und sagte: „Wer hat dir erlaubt zu sprechen?"

Das war gegen die Regeln der Disziplin. Die Strafe dafür war Prügel. Aber das interessierte mich in diesem Moment überhaupt nicht, und so machte ich weiter und rief: „Ich kann arbeiten! Lassen Sie mich mitkommen!"

Nun schielte er zu mir hinüber und warf einen Blick auf mich, verdrehte den Mund, nahm den Zigarettenhalter heraus und musterte mich einen Moment lang. Dann zeigte er auf mich und sagte: „Tritt vor!"

„Meine Güte! Ich hatte tatsächlich im Lotto gewonnen!"

Der Sicherheitsbeamte, der mich ausgesucht hatte, hieß mit Nachnamen Yang. Sein Spitzname lautete Yang Mazi. Er war einer der boshaftesten und grausamsten Sicherheitsbeamten, die mir in meinem Leben im Laogai-System begegnet sind. Später hatten er und ich noch eine Zeitlang miteinander zu tun, und wir hatten ein ganz besonderes Katz-und Maus-Verhältnis zueinander.

Ich war unbeschreiblich glücklich. Der Wertmaßstab der Menschen für Glück hält oftmals verschiedene Antworten parat, je nach den Bedürfnissen in einer bestimmten Zeit. So sind manche Leute beispielsweise glücklich, weil sie ihren Doktor gemacht haben. Andere sind glücklich, weil sie im Lotto gewonnen haben. Mein Glücksgefühl damals war jedenfalls mindestens genauso groß wie das eines Lottogewinners. Am folgenden Tag versammelte ich mich also mit den anderen fünfhundert Häftlingen und wir wurden zu zwei EISENERZGRUBEN geführt, die zum STAHLWERK VON YANQING gehörten. Diese beiden Gruben befanden sich im Regierungskreis Yanqing. Die eine hieß Yingmen-Grube, die andere Xihongshan-Grube. Die fünfhundert Gefangenen wurden jeweils in Fünfzigergruppen auf insgesamt zehn Lastwagen geladen. Dabei durfte sich niemand hinstellen.

Wir hockten uns daher alle auf die Ladefläche. An jeder Ecke der Ladefläche stand ein Soldat der Volksbefreiungsarmee, der ein Gewehr mit Bajonett in Händen hielt, und bewachte uns. Die Soldaten trugen Übermäntel, Baumwollhandschuhe und Mützen. Wenn einer von uns einfach nur seinen Kopf hob, schlug ihn ein Gewehrkolben nieder. Auf halbem Wege angekommen, fing es, als wir uns den Bergen jenseits der Großen Mauer näherten, zu schneien an. Es war der 25. Oktober 1960. Als wir die YINGMEN-GRUBE erreichten, lag eine dicke Schneeschicht fest gefroren auf Rücken und Kopf eines jeden Mannes. Einige Häftlinge krabbelten langsam herunter von der Ladefläche; andere wurden von den Soldaten heruntergestoßen, als ob sie mit einem Fußball spielten. Uns lieferte man an die Yingmen-Grube aus. Die Gefangenen und die Arbeiter, die früher in diesem Bergwerk gearbeitet hatten, waren alle weggeschafft worden, und die Produktion war eingestellt. Am Abhang des Berges standen mehrere Reihen von Unterkünften, die sogenannten Zellenblocks. Da das Bergwerk an einem kargen Abhang gelegen war, gab es außer einem Wachturm an der Zufahrt zum Tal keine weiteren Wachtürme oder auch nur Stacheldraht, der uns an der Flucht hätte hindern sollen. Auf dem hohen steilen Berghang stand kein einziger Baum. Es waren alles nur schroffe Felsen. Der Hauptmann las die Namensliste vor und teilte uns in Zehnergruppen auf. Jeweils eine Person wurde zum Gruppenleiter ernannt, und jeder Gruppe wurde ein bestimmter Zellenblock zugewiesen. Die Zellenblocks waren typisch nordchinesische einstöckige Häuser mit einer Holztür. Die vorderste Reihe besaß eine halbhohe Steinwand, über der dann Holzfenster angebracht waren. Zwischen den Fensterrahmen gab es kein Papier mehr; sie waren offen. Nachdem wir in unser Gebäude hineingegangen waren, sagte der Hauptmann: „Heute Nacht bleibt ihr alle hier. Alles Weitere werden wir morgen besprechen!“ Auf dem Lastwagen hatten wir sechs oder sieben Stunden lang ohne etwas zu essen oder zu trinken gehockt. Nun wollten wir endlich etwas haben.

Der Hauptmann wandte sich um und warf uns den folgenden Satz an den Kopf: „Wenn es etwas zu bereden gibt, dann sprechen wir morgen darüber. Es ist euch nicht gestattet, einfach hier herumzuwandern!"

Irgendjemand bat noch um ein wenig heißes Wasser. „Es gibt keins!" Es gab überhaupt nichts. Im Zellenblock verlief ein ein Meter breiter Gang durch die Mitte, und an jeder Seite befanden sich zwei Reihen Kangs (3). Doch natürlich wurde unter den Kangs kein Feuer gemacht. Die Temperatur im Zellenblock war dieselbe wie draußen. In dieser Nacht umklammerte jeder seine Habseligkeiten und man drängte sich in einem Haufen dicht zusammen, um die Morgendämmerung des nächsten Tages zu erwarten.

Nachdem sie angebrochen war, kam der Hauptmann wieder und verkündete, jeder bekäme etwas Maisbrei zum Essen, und so stellte sich jede einzelne Gruppe in einer Reihe auf. Dann wies er jede Gruppe an, jemanden zu schicken, der Holz für das Beheizen der Kangs fällen sollte. Außerdem sollte jeder Gruppenleiter dem Büro Leute melden, die etwas aufsammeln könnten. Jede Gruppe bekam ein Bündel alter Zeitungen, um damit die Fenster zuzukleben, sowie einen Eimer Kleister. Man wies die Gefangenen ausdrücklich darauf hin, dass dem Kleister Insektizide zugesetzt worden seien, damit wir nicht heimlich versuchten, davon zu essen. Er konnte wirklich nur dazu verwendet werden, die Fenster zuzukleben. Die Produktion in der Eisenerzgrube war eingestellt worden. Um die Belastung in der Haftanstalt zu verringern, brachte man die Häftlinge zeitweise an diesem Standort hier unter. Doch Arbeit gab es hier ja keine für uns. Wir studierten jeden Tag die Regeln der Umerziehung, lasen die Volkszeitung und erhielten politischen Unterricht.

Eines Tages suchte das Abteilungsbüro fünfzehn Gefangene aus, die Kohlköpfe wenden sollten. Ich war einer von ihnen. Es handelte sich um Chinakohlköpfe, die im Norden als Grundnahrungsmittel dienen, um den Winter zu überstehen und die in der verlassenen Grubenöffnung gelagert wurden. Kohlköpfe müssen ständig gewendet und kontrolliert werden; die äußeren verdorbenen Blätter müssen entfernt werden, damit nicht die gesamte Charge verfault. Natürlich waren diese Kohlköpfe für die Sicherheitsbeamten bestimmt. Wir bekamen überhaupt kein Gemüse zu essen. Wahrscheinlich wurde ich deshalb für diese Aufgabe bestimmt, weil ich einigermaßen ehrlich aussah.

Beim Wenden der Köpfe bemerkte ich, dass viele Gefangene heimlich die Herzen, also das Innere der Kohlköpfe, aßen. Der Hauptmann kontrollierte jedes Mal nach Beendigung einer solchen Wendeaktion genauestens, ob irgendjemand etwas von dem Kohl gestohlen hatte. Und so war es dann auch: Einer der Häftlinge hatte sich ein Kohlherz in seine Hosen geschoben und wurde entdeckt. Damals fand ich das schon seltsam: Wie konnte man nur rohen Kohl essen? Das war etwas, was ich noch nie zuvor gesehen hatte. Doch ich änderte meine Meinung und trennte nun ebenfalls ganz schnell heimlich das Innere heraus. Es schmeckte einfach köstlich. So kamen wir in der Kohlgrube in den Genuss vieler Kohlherzen, ohne dass es jemand merkte. Der Hunger würde jeden zu einem solchen Verhalten treiben.

Nachdem wir dort mehrere Tage lang gearbeitet hatten, kam ein kleiner Ganove aus meiner Abteilung mit dem Spitznamen „Zhen Xidan“ zu mir, den man für einen Bandenführer halten konnte, und sagte: „Wenn du etwas zu essen hast, dann denk auch ein bisschen an deine Brüder! Iss nicht alles nur alleine auf!“

Ich verstand schon, was er damit meinte, und entgegnete: „Kommt gar nicht in die Tüte! Der Hauptmann kontrolliert uns jeden Tag. Wenn er den Dieb entdeckt, wird man geschlagen und in Einzelhaft verlegt.“

Er bedrohte mich, indem er deutlicher wurde: „Wie du es anstellst, ist deine Sache. Aber ich warne dich im Voraus! Pass bloß auf!“

Ich hatte Angst. In meiner Gruppe gab es noch einen anderen Ganoven namens Hu und ich fragte ihn, was ich tun sollte.

Er sagte mir, wenn ich keinen Respekt vor „Zhen Xidan" zeigte, dann sei er wohl zu allem fähig. Darauf sagte ich ihm, dass ich einfach nicht stehlen könnte, denn wenn ich gefasst würde, sperrte man mich in Einzelhaft. Hu meinte, ich müsste mir so oder so irgendetwas überlegen oder es ihm nicht durchgehen lassen.

Tatsächlich schickte er mir am folgenden Tag jemanden, der mir mein Brötchen stahl. Ich ging daraufhin zum Hauptmann, doch er konnte mir kein neues besorgen, nur weil meines weg war. Ich hatte mich mit dem Diebstahl abzufinden und musste hungern.

Am nächsten Tag ging ich das Risiko also ein und versteckte mehrere Kohlherzen im oberen Teil meines linken Ärmels und nahm sie aus der Grube mit hinaus. Ich erzählte Hu, ich hätte sie mit hinausgeschmuggelt, aber täte das nur einmal. Noch einmal könne ich das nicht, und man könne mich auch nicht dazu zwingen. Wenn er mich noch einmal beknien würde, müssten wir den Streit wohl austragen. Hu sagte, er würde die Angelegenheit für mich schon zur Zufriedenheit zum Abschluss bringen. Er bestellte „Zhen Xidan" zu sich, der ihn fragte, ob das Zeug da sei. Er sagte ihm auch, dass mein Zeug ihm gehöre. Darauf erklärte ich ihm, das sei unmöglich. Dann kam der Kerl auf mich zu und wollte mich schlagen. Ich sprang aus dem Kang, hob einen Stein auf und rief: „Will hier jemand kämpfen?" Gleichzeitig übergab ich Hu die Kohlherzen, und Hu trat „Zhen Xidan" entgegen: „So, jetzt beruhigt euch mal. Mir zuliebe musst du dein Gesicht wahren." Hu hatte demnach als Zwischenhändler fungiert, sodass die Kohlherzen dieses Mal an ihn gingen und der Konflikt der beiden Parteien auf diese Weise gelöst wurde.

Ich war vom Leben eines Universitätsstudenten nun ganz tief unten in der Gesellschaft angekommen und hatte damit angefangen zu lernen, wie man im Dschungel überleben kann.

Während meines Aufenthalts in der Yingmen-Eisengrube ereignete sich aber noch etwas anderes. In meinem Zellenblock war ein Mann namens Qu Shen untergebracht. Er mochte wohl damals über 50 Jahre alt gewesen sein und war früher bei der Kuomintang-Regierung im Bezirk Xicheng als Buchhalter angestellt. Das war zwar ein ganz normaler Broterwerb in einem durchaus üblichen Beruf, doch die Kommunisten hatten ihn als Konterrevolutionär verhaftet. Er war Vater einer Tochter, die bereits verheiratet war. Sein Problem war, dass er rauchte. Er erzählte mir, er rauche normalerweise zwei bis drei Zigarettenpäckchen täglich, doch nach seiner Ankunft im Laogai-Lager gab es natürlich keine Zigaretten mehr. Daher tränten seine Augen und seine Nase triefte, wodurch er sich sehr unwohl fühlte; er hatte sogar mit jemandem sein Brötchen gegen Zigaretten eingetauscht. Ein Brötchen gegen zwei Zigaretten! Wie kostbar doch diese Brötchen waren! Manchmal zerkleinerte er getrocknete Blätter von Bäumen und rollte sie in einem Stück Zeitungspapier auf, um sie dann zu rauchen, aber sie schnürten ihm die Kehle zu krampfartigen Hustenanfällen ab. Er hatte wirklich gelitten.

Damals wurde den Gefangenen in den Laogai-Lagern jeden Monat eine bestimmte Anzahl an Zigaretten zugeteilt. Wenn es in einer Abteilung von hundert Häftlingen siebzig Leute gab, die rauchten, wurden so viele Zigaretten bewilligt, als ob es dort insgesamt siebzig Leute gäbe. Jeder einzelnen Person konnten dabei drei Packungen plus acht Zigaretten oder auch fünf Pakkungen plus drei Zigaretten zugeteilt werden; das war immer unterschiedlich. Ich gehörte nicht zu den Rauchern, also ließ ich mich auch nicht in die Liste eintragen. Doch irgendwann suchte mich Qu Shen auf und fragte mich, ob ich mich als Raucher registrieren lassen und ihm heimlich die Zigaretten geben könnte, die ich zugewiesen bekäme. Ich antwortete ihm: „Nein, das kann ich nicht tun. Die Vorschriften verbieten es, dass man sich gegenseitig etwas schenkt. Das würde bedeuten: ‚mit seinen persönlichen Beziehungen hausieren zu gehen', und das verstößt nun einmal gegen die Regeln. Das wird mit Einzelhaft bestraft."

Qu Shen versuchte es noch einmal: „Tu doch einfach so, als ob du rauchen würdest, und gib mir dann heimlich das, was übriggeblieben ist!"

Ich ließ mich also doch in die Liste eintragen, aber irgendjemand denunzierte mich und sagte, ich sei überhaupt kein Raucher. Doch Hauptmann Yang Mazi fragte mich, was wahrscheinlich auf unsere lockere Bekanntschaft zurückzuführen war: „Willst du denn jetzt rauchen?"

Und ich antwortete: „Ja, ich möchte rauchen."

Womit Yang einverstanden war: „Gut, dann trag dich in die Liste ein. Ich stimme zu."

Ich ließ mich registrieren und nahm meine Zigaretten an mich. Ich musste so tun, als rauchte ich, denn natürlich beobachteten mich alle; sie benahmen sich wie Hunde, die sich gegenseitig totbissen. Wenn ich nicht rauchte, konnte ich die Zigaretten auch nicht einem anderen geben. Wenn ich sie aber jemand anderem geschenkt hätte, dann hätte man mich sofort angezeigt. Ich tat also so, als würde ich rauchen. Ich rauchte eine und hob die nächste Zigarette auf, oder ich rauchte eine Zigarette zur Hälfte und hob die andere Hälfte auf. Die zurückgelegten Glimmstengel gab ich dann heimlich Qu Shen, und er war äußerst dankbar dafür.

Eines Tages sagte Qu Shen zu mir: „Wenn mich meine Frau besuchen kommt, muss ich dir das zurückzahlen! Sie wird einiges an Lebensmitteln mitbringen. Ich werde das bestimmt mit dir teilen."

Um ehrlich zu sein: Das meiste, was er bekommen hätte, wäre vielleicht eine Schachtel Kräcker, ein paar Walnusskekse oder eine Packung gebratener Nudeln gewesen. Doch das war alles schon derart kostbar geworden, weil jede Person im ganzen Land nur den von der Regierung zugewiesenen Anteil an Lebensmitteln hatte, und es keine Möglichkeit gab, noch über andere Kanäle an Nahrungsmittel zu gelangen. Um anderen von seinen Speisen abzugeben, musste man es schon von seinem eigenen

Kontingent abzwacken. Darüber hinaus verbot das Laogai-System damals strengstens die Weitergabe von Lebensmitteln.

Nun kam also Qu Shens Frau, um ihn zu besuchen. In jener Nacht erzählte er mir: „Meine Frau ist ein richtiger Dummkopf. Ich hab sie ganz schön ausgeschimpft!"

Nach dem, was er sagte, hatte seine Frau ihre eigenen Lebensmittel gehortet, um daraus fünf Kättis (4) gebratene Nudeln herzustellen, und sie benutzte Lebensmittelgutscheine, um zwei Kättis Gebäck zu besorgen. Wahrscheinlich hatte sie auch noch zwei Päckchen Daqianmen-Zigaretten und mehrere Päckchen einer anderen Sorte mit dabei. In jenen Tagen waren Zigaretten ebenfalls nicht jederzeit im Handel verfügbar. Nun wanderte diese alte Frau von der Yanqing-Stahlfabrik, wo sie aus dem Bus ausgestiegen war, mit einem Dutzend oder noch mehr Kättis Gewicht auf ihrem Rücken durch Wind und Schnee, Schritt für Schritt, über sechseinhalb Kilometer. Als sie an der Yingmen-Eisengrube ankam, verbrachte sie die Nacht im Fremdenheim der Sicherheitskader, und als sie am nächsten Tag aufwachte, war die Tasche mit den gebratenen Nudeln weg. Das trug sich in einem öffentlich finanzierten Gästeheim zu. Sie meldete das den Sicherheitsbeamten, aber die sagten ihr, sie wüssten von nichts. Sie konnte also überhaupt nichts machen. Als sie ihren Mann sah, fing sie zu weinen an.

„Warum weinst du denn? Hast du das Essen mitgebracht?"

„Ja, habe ich."

Qu Shen griff danach und ohne ein Wort zu sagen, zog er sich die beiden Kättis Gebäck wie ein hungriger Wolf rein. Seine Frau sagte zu ihm: „Es tut mir so leid! Richtig leid! Wirklich richtig leid!"

„Was tut dir so leid? Ich hab dir doch gesagt, du sollst mich nicht mehr besuchen kommen. Stell dir einfach vor, ich wäre tot!", brüllte Qu Shen sie an.

Sie aber erklärte ihm: „Ich hab dir doch auch noch fünf Kättis gebratene Nudeln mitgebracht, aber ich habe sie auf dem Weg verloren!"

Daraufhin sagte er: „Ich hab dir gesagt, denk nicht mehr an mich, tu so, als wäre ich tot! Geh zu unserer Tochter und wohn bei ihr! Besuch mich nicht noch einmal! Ich habe dir das schon einmal gesagt! Stell dir vor, ich wäre schon tot!" Ohne abzuwarten, bis die angegebene Besuchszeit vorüber war, und ohne auf das Weinen und die Rufe seiner Frau zu achten, drehte sich Qu Shen wieder um und kehrte in den Zellenblock zurück.

Zu mir sagte er dann: „Kleiner Wu, es tut mir wirklich leid! Die gebratenen Nudeln wurden gestohlen. Ich hätte dir gerne welche abgegeben. Aber nun sind keine da."

Ich erwiderte: „Ist ja schon gut. Ich hab dich nicht darum gebeten, mir das zurückzuzahlen. Es macht nichts."

In jener Nacht saß Qu Shen einfach nur ruhig da und rauchte die Zigaretten, die ihm seine Frau mitgebracht hatte. Es dauerte eine lange Zeit, bis er damit fertig war.

Am nächsten Morgen, als ich aufstand, sah ich, dass er nicht mehr da war.

Die Yingmen-Eisengrube liegt tief in den Bergen. Man kann nirgendwohin gehen. Als der Hauptmann hörte, dass Qu Shen vermisst wurde, gab er die Anweisung: „Wu Hongda, du nimmst dir noch jemanden mit, und dann geht ihr zum Nordgipfel, um nach ihm zu suchen!" Zwei anderen Leuten befahl er, zum südlichen Gipfel zu gehen. Dann sagte er noch: „Wenn Ihr Qu Shen seht, erstattet ihr sofort Meldung."

Der Hauptmann selbst nahm auch zwei Leute mit und zusätzlich noch einen Wolfshund, um Qu Shen zu fassen.

Nachdem wir diesen speziellen Auftrag erhalten hatten, kletterten ein anderer Häftling und ich auf den nördlichen Gipfel. Auf der Bergspitze war es so kalt, dass wir nicht sprechen konnten. Als wir dort ankamen, konnten wir absolut nichts entdecken – vor uns lag nur das unfruchtbare, nackte Tal.

Als sich die Mittagszeit näherte, sahen wir, wie uns jemand vom Fuß des Berges zuwinkte. Wir kletterten beide wieder hinunter, und der Hauptmann teilte uns mit: „Wir haben Qu Shen schon gefunden. Geht euch ausruhen! Geht aber erst noch in den Speisesaal, um euch eure Brötchen abzuholen." Mit uns zusammen war auch der Wolfshund, den die Sicherheitsbeamten mitgenommen hatten, zurückgekehrt, und er lief mit uns in den Speisesaal. Wie er hatten auch wir unsere Suchaktion durchgeführt, doch dieser Wolfshund bekam einen großen Teller mit Brötchen, die er draußen fressen konnte, während wir unser festgesetztes Quantum und nicht mehr bekamen: zwei Brötchen pro Person und eine Schüssel Gemüsesuppe.

Es stellte sich heraus: Qu Shen hatte sich aus dem Lager entfernt, um einen Felsvorsprung zu suchen, von dem er sich hinabstürzen konnte. Sein Kopf steckte im Boden; er hatte Selbstmord begangen. Dieser Vorfall mit Qu Shen sowie die Begebenheit mit den beiden Häftlingen, die in der Chemiefabrik das Methanol gestohlen hatten, brachten mir eine wichtige Lektion bei. In meinem zukünftigen Leben durfte ich keinerlei Angewohnheiten haben. Ich durfte es nicht zulassen, dass irgendeine Substanz, eine Person oder sonstiges mich so abhängig machte, dass ich meinte, nicht ohne diese leben zu können, weil ich nicht die Rechte und die Lebensbedingungen eines normalen Menschen hatte. Ich konnte zwar nicht klar erkennen, was noch vor mir lag, und mich auch nicht an meine Vergangenheit klammern. Wenn ich zu meiner Linken oder zu meiner Rechten schaute, gab es da nichts, auf das ich bauen konnte. Aber so wie Qu Shen konnte ich mein Leben jedenfalls nicht beenden.

In der Yingmen-Eisengrube blieb ich vier Monate lang, dann wurde ich an die XIHONGSHAN-EISENGRUBE weitergeleitet. Hauptmann Yang kam mit und er blieb der Kader, der auch weiterhin verantwortlich für mich war. Ich weiß nicht warum, aber irgendwie schien er sich mir gegenüber freundlicher zu benehmen als gegenüber anderen. Hauptmann Yang erweckte bei jedem den Eindruck, extrem grausam zu sein. Er schlug die Gefangenen nicht mit seinen eigenen Händen, und er brüllte nie oder verlor etwa die Nerven. Während von seinen Lippen ein langer Zigarettenhalter baumelte, sagte er dann einfach nur mit finsterem Blick: „Alle packen jetzt mal mit an!" Und dann sprang sofort eine Gruppe von Häftlingen auf den anderen Gefangenen rauf. In seiner Abteilung war die Anzahl der Häftlinge, die geschlagen worden waren, recht groß. Er ließ mich regelmäßig in sein Büro kommen. Dies war übrigens auch der Raum, in dem er schlief. Vor seinem Bett und seinem Schreibtisch befand sich noch eine Freifläche, auf der ein niedriger Teetisch stand. Er ließ mich daran sitzen und ihm beim Sortieren seiner Papiere helfen. Er konnte kaum lesen und überhaupt nicht schreiben, sodass er mich die Statistiken über den Häftlingsbestand und den Zigarettenbedarf führen und abschreiben ließ. Dabei saß er hinter mir, und ich sollte diese Aufgaben unter seinem wachsamen Blick durchführen.

Von der Haftanstalt in Beiyuan bis zur Yingmen-Eisengrube war die Zuteilung an Lebensmitteln pro Person gleich geblieben. Wir nannten sie „zwei Glatzköpfe und eine Schale Suppe": zwei Mahlzeiten am Tag, wobei jede davon aus zwei Hirsebrötchen und einer Schale Gemüsesuppe bestand.

Nicht lange nach unserer Ankunft im Xihongshan-Bergwerk gaben die Sicherheitsbeamten bekannt: „Die Nahrungskontingente sollen in drei Klassen eingeteilt werden, in A, B und C. Klasse A besteht aus 2 ½ Brötchen zu jeder Mahlzeit. Klasse B erhält 2 Brötchen, und Klasse C bekommt 1 ½ Brötchen." In jeder Abteilung (die im Allgemeinen aus 90 bis 120 Gefangenen bestand) konnten sich jeweils 25 Prozent für Klasse A oder C qualifizieren, während 50 Prozent die Klasse B-Zuteilungen erhielten. Natürlich war die Gesamtmenge der Lebensmittel nicht angestiegen; sondern es wurden 25 Prozent der Häftlinge Nahrung vorenthalten, damit die anderen 25 Prozent mehr bekommen konnten. Die jeweiligen Taxierungen der Nahrungsmittelzuteilung wurden einmal monatlich von den Häftlingen in jeder Gruppe selbst vorgenommen und schließlich von den Sicherheitsbeamten der jeweiligen Abteilung genehmigt. Primäre Grundlage für eine solche Taxierung bildeten die politische Einstellung, die Einhaltung disziplinarischer Regeln, das Aufdecken von Vergehen und das Melden von Straftätern, eine Annäherung an die Regierung usw.; außerdem zählte auch noch, ob und wie man arbeitete oder ob das Arbeitssoll überschritten war. Das war eine überaus raffinierte Möglichkeit, Menschen zu steuern.

Die monatlichen Zuteilungen führten schließlich zum Handgemenge unter den Gefangenen. Für jeden Klasse A-Häftling, der mehr zu essen bekam, musste es ja einen Klasse C-Häftling geben, der auf ein halbes Brötchen zu verzichten hatte. Jeder musste an seiner B-Klassifizierung festhalten und darauf bedacht sein, in Klasse A aufzusteigen. Wenn man in Klasse C abgefallen war, kämpfte man natürlich mit aller Macht darum, seinen ursprünglichen Status wiederzuerlangen. Es war also ein absolut effektives Mittel, um die Ordnung im Laogai-Lager aufrecht zu erhalten. Denn für diesen einen Bissen Nahrung ließ sich jeder auf einen Kampf auf Leben und Tod mit den anderen ein. Denn obwohl dieser zusätzliche Bissen das Hungerproblem nicht lösen konnte, glaubte es in diesem Umfeld doch ein jeder.

Eines Tages schrieb ich wieder einmal Unterlagen im Büro von Hauptmann Yang ab, als er zu mir sagte: „In der Schale dort liegen zweieinhalb Brötchen; du kannst sie essen! Nimm sie aber nicht mit zu deiner Gruppe, und erzähl niemandem was davon." Da ich eine Belohnung nicht ablehnen wollte, die ich meinte mir verdient zu haben, schlang ich die Brötchen mit ein paar Bissen hinunter, ohne mir Gedanken darüber zu machen, warum er sie mir wohl schenken wollte. Ich wusste, die Gefangenen in der Küche mussten ihm täglich Bericht über die Lage erstatten. Vielleicht waren das ja Überreste, nachdem alle Brötchen verteilt worden waren.

Kurze Zeit später fragte mich Hauptmann Yang: „Jetzt, wo du ein bisschen mehr gegessen hast, fühlst du dich sicher besser, oder?" Das war die größte Belohnung. Er sah mich mit diesem selbstgefälligen Blick an.

Ich antwortete ihm: „Ja, natürlich, viel besser!"

Darauf sagte er: „Es gibt Leute in der Abteilung, die ‚Brötchen-Gesellschaften' gebildet haben, weißt du was darüber?"

Ich sagte: „Ja, ich weiß". Damals war das sehr beliebt. Drei oder fünf Leute innerhalb einer Gesellschaft haben „geboten". Und das lief so ab: Bei jeder Mahlzeit steuerte jede Person in der Gesellschaft eines seiner Brötchen bei, und sie wurden dann alle einer Person in der Gruppe gegeben. Wenn also fünf Leute boten, dann konnte einer dieser Leute bei einer bestimmten Mahlzeit sechs Brötchen essen (einschließlich seiner beiden eigenen). Man zog Strohhalme, um die Reihenfolge auszulosen. Die anderen vier Leute aßen dann vier Tage lang nur ein Brötchen pro Mahlzeit, und hielten es solange aus, bis sie dann eines Tages für eine Mahlzeit sich „so richtig sattessen" konnten. Dieses Verfahren war gar nicht so übel. Unter gewöhnlichen Umständen wären die Dinge wohl friedlich verlaufen. Doch manchmal tauchten eben doch Probleme auf. Manche Leute waren bewusst unredlich; nachdem sie sich mit sechs Brötchen sattgegessen hatten, weigerten sie sich, den anderen das zu geben, was sie ja eigentlich versprochen hatten. Man „kümmerte sich" dann um sie. In anderen Fällen pulten sich manche Leute heimlich einen Brocken aus der Mitte des Brötchens heraus und aßen ihn auf oder schnitten eine Schicht vom Boden des pyramidenförmigen Brötchens ab, bevor sie es an andere gaben. Alles, um nur noch einen Bissen mehr zu bekommen – man kam einfach auf Tricks jeder Art. Ich hätte nie gedacht, dass Menschen so raffiniert und durchtrieben sein können.

Nachdem er von diesen Umständen erfahren hatte, huschte ein selbstzufriedenes Lächeln über Hauptmann Yang normalerweise ausdrucksloses Gesicht. Am nächsten Tag berief er eine Besprechung ein und verkündete, Brötchen-Gesellschaften seien nicht mehr erlaubt und Leute, die sich an diese Anordnung nicht hielten, würden in Einzelhaft gesteckt. Das war notwendig, um die Ordnung im Lager aufrechtzuerhalten.

Eines Tages wurde beschlossen, die Straße nach Xihongshan instandzusetzen. Für diese Arbeit gab es ein gewisses Pensum. Jeder Gruppe wurde ein Straßenabschnitt zugeteilt, und jeder Person innerhalb der Gruppe ein Unterabschnitt.

Mein Gruppenleiter war ein Gangster aus der Pekinger Gegend, und er war stark und kräftig gebaut. Der mir zugeteilte Abschnitt war so lang wie bei allen anderen, hatte in der Mitte aber einen sehr tiefen Graben. Natürlich war meine Arbeitsbelastung sehr viel größer als die der anderen. Daher sagte ich zu ihm: „Es ist unvernünftig, das auf diese Weise zu teilen. Es gibt keine Möglichkeit, dass ich meinen Abschnitt fertig bekomme. Der Arbeitsaufwand ist besonders hoch. Kannst du das wieder neu aufteilen?"

Er erwiderte: „Das geschieht dir ganz recht! Das ist nach der Reihenfolge festgelegt worden. Jeder hat die gleiche Größe bekommen. Ob es dir nun passt oder nicht, so ist es nun einmal. Auch wenn du es nicht fertig bekommen kannst, musst du es fertigstellen!"

Ich sagte: „Das ist unvernünftig!"

Wir fingen miteinander zu streiten an und ich sagte noch einmal: „Eine solche Einteilung ist unvernünftig. Ich mache das nicht!"

Er fragte: „Wirst du das jetzt machen?"

Ich sagte: „Nein!"

Daraufhin schlug er mich. Damals war mein gesundheitlicher Zustand gar nicht mal so schlecht. Ich befand mich erst seit acht oder neun Monaten im Laogai-System, sodass mein Körper noch einiges verkraften konnte. Aber er war ein richtiger Schläger. Für ihn war das Kämpfen ein alltäglicher Vorgang. Mit drei wuchtigen Schlägen und zwei Tritten hatte er mich auf den Boden befördert. Er fuhr fort, mich zu treten. Ich packte sein Bein, damit er nicht wieder ausholen konnte, und biss schließlich ganz fest in seinen Knöchel und ließ auch nicht wieder los. Der Schmerz warf ihn zu Boden, und er musste laut aufschreien.

Dann kam Hauptmann Yang vorbei und trennte uns. Er wollte wissen: „Was geht hier vor?"

Ich teilte ihm mit: „Seine Aufteilung der Arbeit war unvernünftig. Ich sagte ihm, ich könne das nicht schaffen, aber er wollte mich unbedingt dazu zwingen, sie zu erledigen."

Der Gruppenleiter erhob sich wieder vom Boden und hielt sich weiter sein Bein, wobei er immer noch vor Schmerzen schrie.

Hauptmann Yang sagte: „Warum kreischst du so? Hör auf damit!"

Als er sah, wie blutverschmiert mein Mund war, sagte der Hauptmann: „Wie kann ein Intellektueller wie du nur jemanden wie einen Hund beißen? Sieh dir mal das Blut in deinem Gesicht an!"

Ich wischte mir den Mund ab: er war tatsächlich mit dem Blut meines Kontrahenten verschmiert. Ich hatte mich wirklich wie ein Hund benommen.

Nach diesem Zwischenfall wagte keiner der Raufbolde aus der gesamten Abteilung es je noch einmal, sich mit mir anzulegen, geschweige denn dieser kleine Schläger. Im Laogai-Lager machte ein Sprichwort die Runde: „Die Wilden fürchten die Grausamen, die Grausamen fürchten die Rücksichtslosen; und die Rücksichtslosen fürchten die, die sich nicht mehr um ihr eigenes Leben sorgen." In diesem Umfeld wagte keiner einen anderen auszunutzen, solange man bereit war, einfach alles zu riskieren.

Eines Tages bestellte mich Hauptmann Yang in sein Büro und ließ mich einige Berichte anfertigen. Plötzlich sagte er zu mir: „Ich möchte dich etwas fragen". Natürlich musste ich ihm aufgrund unseres Katz-und-Maus-Verhältnisses zuhören, unabhängig davon ob das, was er sagte, richtig oder falsch war.

Und so fragte er mich: „Ich habe mir deine Akte angeschaut. Du glaubst an Jesus und an Gott, oder?"

Zunächst schwieg ich. Doch dann fragte ich: „Warum?" Das war gar kein gutes Gesprächsthema.

Er sagte: „Da gibt es etwas, was ich nicht verstehe. Ihr Gläubigen sagt, dass die Menschen, die Tiere und so weiter von Gott erschaffen wurden. Wie wurden sie denn erschaffen? Bedeutet das denn, dass ... Erklär mir doch mal, wie sie erschaffen wurden."

Ich blieb stumm, aber er bestand darauf: „Erklär es mir!"

Ich antwortete ihm: „Ich weiß es nicht!"

„Wie kannst du das nicht wissen?", gab er zurück. „Nahm Gott nun ein bisschen Lehm, vermischte ihn mit Wasser, knetete das Ganze und blies dann darauf, um das Leben zu erschaffen, oder so etwas Ähnliches?"

Natürlich war er Kommunist und Atheist. Außerdem war er die Katze, und diese Maus konnte sich nicht gegen ihn verteidigen; es gab keinerlei Möglichkeit für ein Gespräch.

Daher wiederholte ich: „Ich weiß es nicht!"

Er sagte: „Wie kannst du das nicht wissen? Oder willst du es mir nur nicht sagen?"

„Ich weiß es wirklich nicht!", fing ich wieder von vorne an.

Er hakte weiter nach: „Bist du gläubig?"

Worauf ich erwiderte: „Ich weiß es nicht!"

„Erzähl mir genau, was da geschehen ist", befahl er mir nun.

Ich sagte: „Ich weiß es nicht!“ Jetzt wurde er aber langsam wütend. Ich konnte ihn nicht mehr länger hinhalten.

Und so fragte ich zurück: „Na gut, warum sagen Sie mir nicht einfach, wo die Menschen herkommen?“

Und er sagte: „Nach Auffassung des marxistischen Materialismus war es von den Menschenaffen zum Menschen die Arbeit, die den Menschen erschuf!“

Ich fragte: „Was heißt das: ‚von den Affen zum Menschen‘? Was ist denn ein Affe?“ Ich täuschte Unwissenheit vor.

Er erklärte mir: „Ein Affe ist ein Tier wie ein Schimpanse oder ein Orang-Utan. Sie haben sich, indem sie gearbeitet haben, zu Menschen entwickelt!“

„Dann können Sie ja, Ihrer Theorie zufolge, Ihre sogenannten Vorfahren im Zoo besuchen!“, sagte ich.

Als er das hörte, wusste er: Irgendetwas konnte da nicht stimmen, und er warf ein: „Wer hat das gesagt? Wer hat gesagt, dass Affen die Vorfahren der Menschen waren?“

Ich antwortete: „Ich weiß es nicht. Das entspricht doch Ihrer Theorie!“

Nach diesem Vorfall durfte ich ihm nicht mehr bei seiner Arbeit helfen.

All dies geschah in Xihongshan. Im April 1961 wurde die Eisenerzgrube dort geschlossen und wir wurden alle auf die QINGHE- FARM nach Peking umgesiedelt.

Kapitel 4

„KÜNSTLICHE" BRÖTCHEN

Außenstehenden ist die erste allgemeine Laogai-Brigade des Bezirks Peking unter dem Namen Qinghe-Farm bekannt. Sie ist im Kreis Ninghe in der Provinz Hebei angesiedelt. Bevor die Kommunistische Partei 1949 ihren landesweiten Sieg errang, hatte sie an ihrer revolutionären Basis eine *Reform durch Arbeit*-Abteilung, die für eine Gefangenen-Politik eintrat, bei der eine „Arbeitsproduktion mit ideologischer Umerziehung" kombiniert wurde. Nach 1949 entsandte Stalin seine Experten, die den chinesischen Kommunisten dabei halfen, das Laogai-System zu gestalten und zu errichten. Die Qinghe-Farm wurde unter der direkten Leitung von sowjetischen Fachleuten aufgebaut.

Die Laogai-Systeme der verschiedenen Provinzen und Stadtverwaltungen verfügen alle über eine oder zwei große Laogai-Lager. Solche Stätten wie die Baimaoling-Farm in Shanghai (in der Provinz Anhui), die Baihu-Farm in der Provinz Anhui, die Shayang-Farm in der Provinz Hubei und so weiter, sind alles riesige Laogai-Einheiten. Sie dienen dazu, die Laogai-Systeme ihren jeweiligen Provinzen oder Regionen anzupassen, und das bedeutet, dass diese Laogai-Lager ohne Sorge vor Überbelegung eine große Anzahl an Gefangenen aufnehmen können, wenn es die politische Situation erfordert und die Verhaftungen einen Höhepunkt erreichen.

Die Qinghe-Farm ist in östliche und westliche Zonen eingeteilt. Sie wurde mitten auf einem alkalisalzhaltigen Sumpfgebiet erbaut, und sie ist einer dieser Orte, von denen man sagt, es störe sogar die Kaninchen nicht weiter, dort ihren Darm zu entleeren. Von 1950 an begannen Zehntausende von Häftlingen – von denen die meisten Zivilbedienstete und Armeeangehörige der Kuomintang-Regierung waren – mit der Arbeit auf Baustellen, bei Be- und Entwässerungsprojekten, beim Straßenbau, auf Feldern und in Lagerhallen, und wurden dann in den Zellenblöcken, die sie gebaut hatten, eingesperrt. Das Wasser aus den Flüssen Jinzhong und Chaobai wurde genutzt, um Reisfelder anzulegen. Der Reis, der hier angebaut wurde, war der berühmte Qinghe-Reis, der wohlriechend und köstlich und auf dem heimischen Markt nicht erhältlich war. Abgesehen von einem kleinen Angebot, das man Gasthöfen und Führungskadern zur Verfügung stellte, wurde er zum Austausch gegen Fremdwährung exportiert. 1958 machte das Laogai-Unternehmen während der nationalen *Großen Sprung nach vorn*-Kampagne ebenfalls einen Sprung nach vorn, und die Qinghe-Farm zog nach. Die Massen der Gefangenen, die sich in der Anlage drängten, wurden dazu getrieben, die westliche Zone zu eröffnen, und viele Zweigfarmen wurden errichtet, darunter die Zweigfarmen 581, 582, 583, 584 und 585. 1958 besaß die Qinghe-Farm insgesamt über zwanzig Zweigfarmen, wie auch eine Papier- und eine Maschinenfabrik. Es gab dort über 100.000 ganz unterschiedliche Gefangene. Seit 1960 konnte dann kein Reis mehr angepflanzt werden, entweder, weil es nicht mehr genügend Strom gab, weshalb es unmöglich wurde, die Felder zu bewässern, oder wegen der Dürre, die die beiden Flüsse austrocknete. Das alkalisalzhaltige Erdreich übernahm die Herrschaft über die Felder, weshalb auch kein Mais, kein Weizen und keine Baumwolle mehr angebaut werden konnten. Das Land wurde öde und unfruchtbar.

Eines Nachts im April des Jahres 1961 traf um Mitternacht ein ganz gewöhnlicher Personenzug an einer kleinen Bahnstation ein. Der Name dieser Station lautete Chadian. Es war eine kleine Station an der Linie zwischen Peking und Shenyang. Internationale Züge, spezielle Expresszüge und auch gewöhnliche Expresszüge hielten hier nicht an. Nur eine kleine Regionalbahn machte hier Halt. Chadian war nordöstlich von Tianjin Tanggu, in der Nähe von Lutai, gelegen. Diesmal kam eine besondere Lokomotive an, die weißen Dampf ausspuckte und mit mehreren Puffs die beiden mit Gefangenen vollgeladenen Wagen vom normalen Personenzug abtrennte und sie auf ein spezielles Rangiergleis schob.

Die Hauptleute (Sicherheitsbeamte, die für die Gefangenen verantwortlich waren, wurden im Allgemeinen als „Hauptleute", bzw. im Singular als „Hauptmann" bezeichnet) riefen den Häftlingen den Befehl zu auszusteigen; eine Gruppe von Soldaten der chinesischen Volksbefreiungsarmee umstellte bereits mit mehreren deutschen Schäferhunden das Rangiergleis. Die Straßenlaternen an den hölzernen Telefonmasten leuchteten matt. Vom Morgen bis in die Nacht hinein hatten wir noch nichts getrunken, und die Brötchen, die am Abend zuvor verteilt worden waren, hatten wir schon längst verdaut. Davon war nichts mehr übrig. Allen Gefangenen war schwindlig vor Hunger. Wir stellten uns nach Gruppen zum Appell und zur Überprüfung unseres Bestands auf. Anschließend wurden wir gruppenweise in Lastwagen verladen. Wir konnten nicht hören, worüber die Hauptleute miteinander sprachen, und wir wollten es auch gar nicht wissen. Wir nahmen lediglich wahr, wie der Lastwagen hin und her schaukelte. Allem Anschein nach fuhren wir durch die freie Natur, wo es keine Hügel und nur sehr wenige Bäume gab. Hin und wieder hüpften wir über einen unbedeutenden Hang. Vielleicht gab es zwischendurch auch kleine Brücken. Wir kauerten auf der Ladefläche und durften nicht unsere Köpfe hochheben. Auch hier machten die Soldaten, die in jeder der vier Ecken des Lastwagens standen, von ihren Gewehrkolben Gebrauch, um damit denen einen Stoß zu versetzen, die versuchten, ihren Kopf zu recken. So konnten wir zwar nichts sehen, dafür aber den Duft der Erde riechen.

Allmählich kamen die Laster zum Stehen, und wir wurden aus den Fahrzeugen hinausgetrieben. Erst dann sahen wir, dass wir von einer hohen Mauer umgeben waren. Die schmutzige rote Ziegelmauer, bei der oben ein elektrischer Stacheldrahtzahn entlanglief, war mindestens viereinhalb Meter hoch. An allen vier Ecken der Mauer erhoben sich Wachtürme, bei denen allerdings kein Licht zu sehen war; offensichtlich gab es da oben keine Wächter.

„Stellt euch zu zweit auf und steht still! Tretet vor, wenn ihr euren Namen hört!" Jetzt rief der Sicherheitsbeamte laut: „XXX, Wu Hongda, und XXX, geht zu Zellenblock 18!"

„XXX, geh zu Zellenblock 19!"

Jemand fragte: „Können wir ein wenig zu Essen haben?"

Ein anderer bat: „Können wir ein bisschen Wasser zum Trinken bekommen?"

„Morgen! Morgen! Nicht heute. Macht hier keine Schwierigkeiten! Geht! Geht in eure Zellenblocks!"

„Gib ihm eine Ohrfeige! Steck ihn in Einzelhaft!", bellte der Hauptmann. Daran hatte ich mich jetzt schon gewöhnt.

Der Morgen dämmerte schon, als uns bewusst wurde, dass wir uns in der ABTEILUNG 583 in der westlichen Zone der Qinghe-Farm befanden.

Die Hauptleute, die uns von Yanqing bis hierher begleitet hatten, kehrten wieder dahin zurück, um dort sogleich die Anzahl der Gefangenen zu bestätigen. Danach sah ich Yang Mazi nie mehr wieder. Die Hauptleute, die in der Qinghe-Farm arbeiteten und blaue Baumwollmäntel trugen, kamen früh am Morgen auf den Hof und befahlen den Gefangenen, sich zu versammeln, und zählten sie dann noch einmal durch. In diesem von hohen Mauern umgebenen Hof standen über zwanzig Reihen von Häusern, von denen jedes einzelne zehn Zellen beherbergte. In jeder dieser Zellen konnten zehn Häftlinge schlafen, die damit bestimmten nummerierten Gruppen zugeteilt waren.

In Abteilung 583 waren ungefähr 1800 Gefangene untergebracht, die auf zwölf Einheiten verteilt waren. Die mehr als zwanzig in der Mitte des Hofes gelegenen Häuserreihen waren mit Toiletten, einer Küche, Isolationszellen und im Randbereich mit Geräteschuppen ausgestattet. Natürlich gab es weder Speisesäle noch Waschgelegenheiten. Vor jeder Häuserreihe waren dafür zwei oder drei Wasserhähne vorhanden. Jede Einheit belegte zwei Häuserreihen und besaß zwei Büros für den Hauptmann: einen Akten- und einen Dienstraum. Zwischen den Häusern und der Mauer erstreckte sich eine zwanzig Meter breite Freifläche. Die Wächter in den Wachtürmen ließen es nicht zu, dass Gefangene über diese Fläche bis zur Mauer hinüberliefen. In der Mitte der Vorderseite des Hofes stand eine etwa ein Meter hohe, aus Ziegelsteinen und Ton errichtete Plattform. Dies war die Bühne, die dazu benutzt wurde, um landwirtschaftliche Besprechungen abzuhalten.

Ich wurde Gruppe sechs in Einheit drei zugeteilt. Ich holte mir also meinen Schlafsack ab und folgte dem Gruppenleiter in den Zellenblock. Dort gab es einen siebeneinhalb Meter langen Kang. Auf diesem Kang sollten zehn Leute schlafen. Da ursprünglich nur acht Leute in dieser Gruppe waren, hatten sie bereits ihre Schlafsäcke zum Schlafen ausgerollt. Nun mussten da aber noch zwei weitere Leute hineinpassen.

„Los! Steht auf!" Der Gruppenleiter führte mich in den Raum und brüllte: „Rollt eure Schlafsäcke auf und drängt euch ein bisschen zusammen!"

Heute war ein Ruhetag, sodass diese Leute hier ausschliefen und zu faul waren, sich vom Fleck zu bewegen. Der Gruppenleiter aber war ein junger kräftiger Bursche. Er zog und drückte sie zurecht. Doch einer, der in der Mitte lag, mit einer verschmutzten Decke über seinem Kopf, bewegte sich immer noch nicht.

„Steh endlich auf! Wir ordnen die Schlafplätze neu!", schrie der Gruppenleiter.

„Verfluchter Mist!" Der Mann richtete sich auf, er war vollkommen nackt. Das war die übliche Weise, wie man in den Laogai-Lagern schlief.

Ich sah nur einmal hin, und da erkannte ich, dass es „Großmaul“ Xing Junping war! Wie immer befand sich der verkrustete „Schlaf“ in den Rändern seiner Augen, seine Vorderzähne waren noch immer gelb, seine Haare standen noch immer ab, und er war so schmutzig wie eh und je. Es war mehr als ein Jahr vergangen, seit wir uns in der Haftanstalt von Beiyuan getroffen hatten.

„Hey! Alter Wu, bist du's wirklich?“ Xing Junping grinste mich an und rief: „Ich dachte nicht, dass ich dich jemals wiedersehen würde!“

„Ich bin von Yanqing hierhergekommen“, erwiderte ich, „alle Flüsse fließen ins Meer. Wir können diesem Kreislauf nicht entkommen. Es war nur eine Frage der Zeit, dass wir uns wiedersehen.“

Großmaul Xing drehte sich um, schob seinen Schlafsack beiseite und sagte zum Gruppenleiter: „Lass den Alten Wu mal neben mir schlafen.“

So wurden also Vereinbarungen für mich getroffen.

Und wieder fing ein neues Leben an.

An der einen Seite lag nun Großmaul Xing. Der Mann an der anderen Seite hieß Chen Ming. Er war etwa in meinem Alter, 23 oder 24 Jahre alt, vielleicht aber auch ein wenig älter. Er war als *ideologischer Reaktionär* verhaftet worden. Vielleicht deswegen, weil es in seiner Familie üble Subjekte gab, vielleicht weil er sich zu freimütig äußerte und zu ungeschickt in der Kunst des Schmeichelns war, vielleicht war es aber auch einfach nur Pech. Wer weiß das schon? Auf jeden Fall gab es in jenen Jahren eine ganze Menge von ideologischen Reaktionären: solche, die sich darüber beklagten, sie bekämen nicht genug zu essen; solche, die äußerten, die Volkskommunen bereiteten grundlos Probleme, solche, die behaupteten, Nahrungsmittelersatzstoffe seien gesundheitsschädlich, solche, die sagten, der Stahl, den man nach dem Zerschlagen von Töpfen und Pfannen „veredelt“ hatte, sei einfach nur der letzte Schrott, und schließlich solche, die „heimlich die Radiosendungen des Feindes anhörten". All jene nannte man ideologische Reaktionäre. Dann gab es da noch jene, deren Missgeschick „nicht aus ihrem Mund kam", sondern die deshalb zu „ideologischen Reaktionären" wurden, weil sie Briefe schrieben oder Tagebücher führten. Wenn das ganze Land einen Sprung nach vorn machte, dann musste das Laogai-System eben auch Nachschub bekommen.

Chen Ming war kleiner als ich und er war sehr aufrichtig. Er war jemand, der für einen Freund sein Leben gegeben hätte. Er sprach sehr leise und seine Haut war ganz hell und glatt. Niemals ärgerte er andere oder stritt sich mit ihnen. Seine Heimatprovinz war Fujian, und er lehrte früher Geographie an einer High School in Peking. Die Vorschriften im Laogai-Lager verboten uns, über unseren individuellen Fall miteinander zu sprechen. Wer wusste, welches Vergehen Chen Ming begangen hatte?

„Von wo aus hat man dich hierher gebracht?", fragte er mich in seinem mit einem Fujian-Akzent angehauchten Mandarin.

„Wir sind alle aus dem Stahlwerk von Yanqing gekommen", erwiderte ich.

„Oh, ich hab gehört, dass es da gar nicht so schlecht ist. Stimmt das?", fragte er weiter.

„Warum sagen die das?", fragte ich überrascht.

„Es gibt ein paar Leute, die einige Zeit dort waren. Die haben erzählt, dass es ein bisschen mehr zu essen gab, weil es eine Industrieeinheit ist."

Ich fragte ihn: „Wie sieht denn die Zuteilung hier aus?"

„Du wirst es ja bald selbst sehen!" Als Chen Ming sprach, schaute er seinem Gegenüber niemals ins Gesicht. „Wie viel hast du denn dort immer zu essen bekommen?"

Ich sagte: „Zwei Mahlzeiten am Tag und zu jeder Mahlzeit zwei Brötchen."

„Brötchen! Brötchen?", fragte er, „was denn für Brötchen?"

„Fünfzig Prozent Hirsemehl und fünfzig Prozent Weizenspelzen."

Irgendjemand auf der anderen Seite spitzte seine Ohren und sagte: „Hey! Das ist gar nicht schlecht!"

Nun wurde ich langsam unruhig, und ich fragte: „Wie ist es denn hier?"

„Wirst du schon bald selbst sehen."

Niemand fragte hier nach deinem Beruf, deinem Familienstand, deinem Studium oder deinen Hobbys. Es gab nur ein einziges Gesprächsthema: das Essen.

Anderthalb Stunden später war es dann Zeit zum Essen. Zwei Kalfaktoren kamen vorbei, der eine zog einen Bottich Gemüsesuppe, der Andere schob einen Wagen mit großen rechtwinkligen Warmhalteboxen. Die Gruppenleiter führten ihre Gruppen auf den Hof, und jeder Gefangene erhielt dort einer nach dem anderen seine Speise. So bekam jeder eine Kelle voll Gemüsesuppe, in der etwas vergilbtes Grünzeug schwamm, und die etwas salzig war. Der andere Kalfaktor benutzte einen Holzspatel, um die Brötchen vorsichtig – damit nichts zurückblieb – aus den Warmhalteboxen zu heben, und er legte sie in die Emailleschale eines jeden. Die Brötchen waren recht groß, wobei jedes mehr als doppelt so voluminös wie die Brötchen waren, die wir in Yanqing bekamen. Sie hatten auch überhaupt nicht diese dunkle Farbe, sondern waren blank und weiß und sahen sehr ansprechend aus.

Chen Ming fiel auf, wie ich sie betrachtete und sagte: „Das ist eine neue Erfindung!"

„Was ist das?" Ich kam einfach nicht dahinter.

„Es besteht aus zwanzig Prozent Speisestärke und achtzig Prozent gemahlenem Maiskolbenmehl, das nach dem Mischen zweifach gedämpft wurde", sagte Chen Ming zu mir in bedächtigem Tonfall, als ob er eine Schulklasse unterrichtete.

In den letzten Tagen hatte die „Volkszeitung" eindringlich einen Forschungsbericht empfohlen, der von einem bestimmten Wissenschaftler über die „Methode der doppelten Dämpfung" geschrieben wurde. Chinesische Wissenschaftler behaupteten, alle Getreidesorten, einschließlich Mais und Hirse, bekämen einen höheren Nährwert und würden auch leichter vom Körper aufgenommen, wenn man die Methode der doppelten Dämpfung einsetzen würde. Bei diesem Verfahren kochte man den Reis oder anderes Getreide solange in Wasser, bis es zu sechzig oder siebzig Prozent gar war, und dann dämpfte man es, bis es zu einem Nahrungsmittelprodukt wurde, das durch die Sättigung mit Feuchtigkeit locker und weich war. Der Vorteil davon war, dass dadurch das Volumen der Speisen gesteigert wurde, wodurch ein leerer Magen das Gefühl bekam, satt zu sein.

Diese Brötchen zeitigten ein sofortiges Ergebnis. Nach zwei Mahlzeiten war die Verstopfung, an der ich seit Monaten litt, am nächsten Morgen vorbei. Meine Gedärme flossen wieder frei. Die anderen Gefangenen aus Yanqing und ich, wir eilten aufeinander zu, um uns die Neuigkeit mitzuteilen, und wir gratulierten uns gegenseitig, weil wir nun eine Sorge weniger hatten, denn die Hirse-Brötchen in Yanqing hatten ja eine solch unerträgliche Verstopfung hervorgerufen. Viele der Häftlinge hatten sich gegenseitig dabei geholfen, sich die Kotklumpen aus dem After herauszuklauben. Nachdem man nämlich die Brötchen aus Hirse gegessen hatte, kam der Kot nicht mehr heraus. Es war extrem schmerzhaft. Das Herumbohren mit den Fingern führte bei vielen dazu, dass ihr After anfing zu bluten, aber sie machten trotzdem weiter. Ich war erstaunt darüber, dass die Unfähigkeit, den Darm zu entleeren, derart schmerzvoll sein sollte. Ich hätte nie gedacht, dass es noch schlimmere Schmerzen als Zahn-, Magen- und Kopfschmerzen geben konnte.

Es waren nur wenige Tage vergangen, seit Großmaul Xing mir riet: „Wenn du aufs Klo zum Sch... gehst, musst du deinen Schließmuskel ein bisschen fester zusammenpressen. Pass auf, dass du nicht deine Gedärme aussch..." Zunächst dachte ich ja, dass er nur Spaß machte. Doch später erfuhr ich dann, dass es tatsächlich nötig war, weil diese Brötchen eine äußerst abführende Wirkung hatten.

Die Gefangenen, die ich in Abteilung 583 sah, unterschieden sich doch sehr stark von denen, mit denen ich in Yanqing zusammengekommen war. Die meisten hier waren sehr schwach. Vielleicht waren viele Häftlinge in Yanqing ja noch neu, so wie ich, sodass sie noch immer etwas Reserve-Energie besaßen. Vielleicht ging es ihnen ja aber auch deswegen gesundheitlich besser, weil die Hirse-Brötchen in Yanqing immerhin noch echte – wenn auch unappetitliche – Lebensmittel waren.

Hier in diesem Lager fielen mir zum ersten Mal Ödeme auf. Bei diesen Hungerödemen schwellen einem zunächst die Füße an. Allmählich schiebt sich die Schwellung von seinen Knien bis zu seinem Unterbauch und schließlich bis zu seiner Brust weiter vor. Seine Füße passen nicht mehr in seine Schuhe, und manchmal kann er noch nicht einmal mehr seine Hosen anziehen. Stück für Stück bewegt sich die Schwellung immer weiter nach oben. Die Haut quillt auf und ist ganz gespannt, weil sie voll Wasser ist, sodass sie keine Falten hat und ganz glatt und glänzend ist – so glänzend, dass man gar nicht wagt sie zu berühren, aus lauter Angst, sie könnte zerreißen und das Wasser würde austreten. Wenn die Schwellung dann die Brust erreicht hat, wird der vom Ödem Befallene kurzatmig, und es dauert dann nicht mehr lange, bis seine Seele wieder in den Himmel einkehrt. Die Hauptleute meinten, der Körper dieser Leute schwelle deshalb so an, weil sie zu viel Wasser getrunken und zu viel Salz gegessen hätten, sodass man aus lauter revolutionärem Humanismus für das Laogai-Lager eine neue Vorschrift kreierte: die Häftlinge sollten kein Salz mehr zu essen bekommen, und ihre Wasserzufuhr sollte kontrolliert werden.

Ich hatte nie gedacht, jemals unter solchen Bedingungen arbeiten zu müssen. Am folgenden Tag ging die Einheit zur Arbeit. Auf einer Farm gibt es immer irgendetwas zu tun. Die Werkzeuge waren primitiv und plump. Trotzdem war damals vieles nicht zwingend vorgeschrieben, obwohl man es natürlich nicht als freiwillig ansehen konnte. An diesem Tag mussten wir einen Entwässerungsgraben ausheben. Großmaul Xing sagte, er würde nicht mitkommen, wenn wir Schilf schneiden gingen, weil ihm das nichts nützen würde. Doch da wir Gräben ausheben sollen, komme er mit.

„Folge mir, dann weißt du schon, was ich meine", sagte er.

Die Häftlinge aus der Einheit wirbelten und stolzierten in die Reisfelder hinein. Als wir an unserem Arbeitsplatz angekommen waren, zeigte mir Großmaul Xing, wie man auf dem Lande arbeitet, wie man weniger Energie verbraucht und welche Tricks man anwendet, um effizient zu arbeiten.

Für einen kurzen Moment beobachtete ich, wie er sehr schnell mit großer Anstrengung buddelte. Ich ging zu ihm hinüber und fragte ihn: „Was machst du denn da?"

Er verfolgte ein Loch im Erdboden, und grub eine Schaufelvoll nach der anderen beiseite. „Sieh doch nur! Sieh!" Er hielt mich an, nicht zu viel zu fragen. Schließlich schaufelte er sieben oder acht Meter tief, und die Höhle war plötzlich zu Ende!

„Mist! Wo ist sie jetzt hin? Was für ein Pech!" Großmaul Xing spuckte auf den Boden und sagte: „Ich sag dir was: wenn du ein Loch siehst, geh ja nicht vorbei. Sondern grab immer weiter. Wenn es das Loch von einer Feldmaus ist, dann bist du reich!"

Dann erzählte er mir, dass ich Fleisch zum Essen hätte, wenn ich die Höhle eines Frosches oder einer Schlange finden würde. Doch Mäuselöcher seien die besten, weil Mäuse alle Sorten von Getreide aufbewahrten. Außerdem zeigte er mir, welche Arten von Pflanzenwurzeln und wilder Kräuter essbar waren. Während er sprach, pflückte er einige und schob sie sich in den Mund.

Ich fragte ihn: „Wäschst du sie nicht erst und kochst sie ab?"

„Das ist mal wieder typisch! Der Intellektuelle schlägt wieder zu. Iss sie einfach so! Das nennt man dann: ‚Wenn es dich nicht krank macht, spielt es keine Rolle, dass es nicht sauber ist.'" (5)

In unserer Gruppe war Großmaul Xing dem Gruppenleiter gleichgestellt, sodass seine Freundschaft zu mir wie ein Schutzschirm für mich war. Normalerweise wurden Intellektuelle hier immer zu Sündenböcken gemacht.

Die gesamte Einheit bestand aus über 130 Leuten. Davon gingen nur etwa 70 zur Arbeit. Cheng Ming war einer von denen, die nicht dazugehörten. Der Hauptmann zwang ihn nicht dazu. Wir arbeiteten nur sechs Stunden am Tag und es gab auch kein Arbeitssoll. Es war eine außergewöhnliche Zeit. Der Hunger, den die Leute litten, verstärkte sich noch mehr.

Ich war zwar schon sehr schwach, wollte aber immer noch auf den Feldern arbeiten gehen. Ich mochte es, mit Großmaul Xing zusammen zu sein. Er brachte mir eine Menge Dinge bei, die ich nicht kannte. Und, was noch wichtiger war, es gab noch immer die Möglichkeit, dass ich etwas im Freien finden würde.

Eines Tages, als ich nach der Arbeit am Zellenblock einer anderen Einheit entlangging, war ich geschockt, als ich einen gewissen Lin entdeckte. Er und Shi Pan waren diensthabende Offiziere in der Haftanstalt von Beiyuan gewesen. Ein diensthabender Offizier befand sich in den Laogai-Lagern auf so einer Art Götterebene. Diese Männer waren noch unbarmherziger als die Sicherheitsbeamten. Doch jetzt hatte sich sein Erscheinungsbild vollkommen gewandelt. Sein Kinn und seine Stirnknochen ragten vor, seine glänzenden Augen waren in seinem Kopf eingesunken und sein Gesicht war von einer wachsartigen gelben Farbe. Seine Füße waren derart geschwollen, dass er keine Schuhe mehr tragen konnte. Sein Rücken war gebückt, und so lehnte er an der Mauer des Zellenblocks und sonnte sich im Windschatten. Um seinen Hals hatte er ein schmutziges Handtuch gelegt und seine blaue Baumwollmütze war weit aufgeknöpft. Wenn ich mich recht erinnere, war er erst ungefähr dreißig! Doch jetzt sah er aus, als wäre er über fünfzig. Ich hatte nicht geahnt, dass er hier sein würde, noch weniger, dass er sich derart verändert haben würde. Damals dachte ich, es wäre schon seltsam, wenn ich hier auf Shi Pan träfe.

Ich ging also zu ihm hin. „Hallo! Erinnerst du dich noch an mich?“ fragte ich ihn. Er reagierte nicht. „Kannst du mich hören? Warum bist du hier gelandet?“

Er antwortete nicht. Vielleicht näherte er sich ja schon dem Tod.

Als ich in den Zellenblock zurückkehrte, erzählte ich Großmaul Xing, ich hätte Lin gesehen.

„Er wird die nächsten Tage nicht überleben“, zischte mir Großmaul Xing zwischen seinen zusammengebissenen Zähnen zu. „Ich weiß schon eine Zeitlang, dass er in 583 ist.“ Als er das sagte, legte er eine Stelle unter seinem Haar frei, um mir eine fünf Zentimeter lange Narbe zu zeigen. Lin hatte ihm diese Narbe zugefügt, als er in der Haftanstalt von Beiyuan noch diensthabender Offizier war.

„Hast du ihn gesehen?“, fragte Großmaul Xing. „Er hatte mich so geschlagen, wie man einen Hund schlagen würde. Und jetzt wird er wie ein Hund sterben.“

„Denk nicht mehr an die Vergangenheit. Sei nicht nachtragend.“ Mit Großmaul Xing konnte ich ganz offen reden. Dann sagte ich zu ihm: „Was willst du ihm denn antun? Bist du dazu noch immer in Stimmung? Wenn du immer noch Kraft dafür hast, dann nutze sie, um mir zu helfen, okay? Ich brauche deine Hilfe!“

Ein merkwürdiger Ausdruck tauchte auf seinem Gesicht auf; als er mich so ansah, schien es, als lachte und weinte er zur gleichen Zeit. Er wollte gerade anfangen zu sprechen, als er plötzlich innehielt. Schließlich sagte er: „In Ordnung! Da gibt es nichts mehr für uns zu sagen. Doch wer aus Beiyuan kennt ihn nicht? Und es gibt wohl keinen einzigen, der ihn nicht hasst. Sieh mal, er hat doch bestimmt kein einziges Brötchen zum Essen. Manche schlagen ihn wahrscheinlich und andere stehlen ihm vermutlich seine Brötchen. Das alles mache ich natürlich nicht. Ich verspreche dir, ich werde mich nicht mit ihm beschäftigen, okay? Aber einige andere werden es wohl tun. Es ist ja auch seine eigene Schuld.“

Doch Großmaul Xing log. Lin war nicht in derselben Einheit wie wir, sodass es nicht wahrscheinlich war, dass Xing Junping sich selbst „um ihn kümmern“ würde. Aber er hatte Freunde, die seine Befehle befolgten, alle paar Tage Lins Brötchen zu stehlen. Woher sollte er sonst seine Kraft herhaben?

Einen Monat später starben in Abteilung 583 drei Gefangene, von denen einer dieser Mann namens Lin war. Er war früher von der Regierung nach Ost-Berlin geschickt worden, um dort Astrophysik zu studieren. Weil er sich aber in ein Mädchen aus West-Berlin verliebte, flüchteten sie gemeinsam in den freien Teil der Stadt. Nachdem er jedoch über die Sache nachgedacht hatte, bekam er das Gefühl, es sei falsch gewesen, was er getan hatte, und so kehrte er nach Ost-Berlin zurück und suchte die chinesische Botschaft auf. Natürlich schickte man ihn sofort nachhause. Damit hatten sowohl seine Studien der Astrophysik als auch sein normales Leben ein Ende gefunden. Ob sich das Mädchen in West-Berlin wohl noch an diesen hervorragenden chinesischen Studenten erinnerte?

Abteilung 583 war mir ganz fremd. Und die Arbeit auf den Feldern war etwas vollkommen Neues für mich. Obwohl mein Körper schon recht schwach war, blieb mein Interesse daran erhalten. Es war doch besser, seinen Frieden mit dem Status quo zu machen, als auf dumme Gedanken zu kommen. Es war sehr viel besser, ein bisschen zu arbeiten, als ständig nur über den eigenen Problemen zu brüten.

Mit meinem Gruppenleiter, dem Kleinen Lang, kam ich gut aus. Einmal erzählte ich ihm, ich hätte mit einem Mann mit dem Spitznamen „Zhen Xidan“ gekämpft, als ich im Stahlwerk von Yanqing war, und hätte ihm in seinen Knöchel gebissen, weil ich ihn nicht schlagen konnte. Er fand das richtig gut und sagte: „Hör am besten nicht auf seinen Schwachsinn! Von wegen ‚Zhen Xidan‘? Ich bin im Viertel Xidan in Peking aufgewachsen, und ich habe noch nie was von ihm gehört. Du kannst überall herumfragen. Jeder kennt den ‚Kleinen Lang aus Xidan‘!“

Auf alle Fälle prahlten alle diese Leute ganz besonders gern. Sie liebten es einfach, sich mit ihrem Vorleben mit all seinen Entbehrungen und seinem Ruhm zu brüsten. So beteuerte der Kleine Lang, er habe nie gestohlen oder mit Frauen „gespielt". Das einzige war, dass er gekämpft habe, und das war für diese Art von Mensch die höchste Stufe überhaupt. Ich bat ihn, mir mehr zu erzählen, und so rollte er seinen Ärmel hoch und zeigte mir eine Narbe auf seinem linken Oberarm. Strahlend sagte er: „Siehst du? Eines Tages suchten zwei rivalisierende Banden Streit und wollten miteinander kämpfen. Beide Seiten kannten mich und baten mich, ihnen zu helfen. Ich betrachtete ich die Lage und dachte, dass beide Seiten ja meine eigenen Leute sind. Wenn ich die eine Bande schädige, wäre das schlecht für harmonische Beziehungen. Daher setzte ich einen Zeitpunkt für ein Treffen mit beiden Seiten fest und wollte die Angelegenheit schlichten, doch am Ende gelang mir das nicht. Ich holte also meinen Dolch raus und zack – schon hatte ich hier langgeschlitzt!" Während er mir das erzählte, demonstrierte er diese Aktion mit seinen Händen. „Ich sagte zu ihnen: ‚Wer auch immer von euch kämpfen will, denjenigen werde ich ebenso niederstechen!' Dann gaben die beiden Parteien Frieden und machten mich zu ihrem Chef."

Das waren Dinge, von denen ich noch nie zuvor gehört hatte. Ihnen zuzuhören, war sehr unterhaltsam, aber was noch wichtiger war: Er zeigte mir, wie man arbeitete, wie man heimlich mit den Hauptleuten verhandelte und wie man in den Laogai-Lagern überlebte.

Eines Tages sah ich, wie er hinter dem Zellenblock einen anderen Gefangenen zusammenschlug.

„Was machst du denn da? Niemand hat mehr die Kraft überhaupt noch zu stehen, und du schlägst ihn einfach so zusammen?!", schrie ich ihn, ein wenig empört, an.

Er drehte seinen Kopf zu mir um und sah mich etwas verwirrt an. Er konnte sich wohl nicht vorstellen, dass irgendjemand wagen sollte, ihn aufzuhalten, da er extrem selbstherrlich war und es niemals zuließ, dass andere ihn an dem hinderten, was er gerne tun wollte.

„Weißt du denn, was er getan hat?"

Schwer atmend sagte der Kleine Lang, der Häftling habe bei der Arbeit mehrere Knochen ausgegraben. Niemand wusste, was für Knochen das gewesen seien. Er wickelte die Knochen ein und brachte sie ins Lager, füllte eine Waschschüssel mit Wasser, stellte zwei Backsteine auf, sammelte Zweige und Blätter und machte in einer windgeschützten Ecke der Latrine ein Feuer, um die Knochen auszukochen. Ein anderer erzählte dem Kleinen Lang, es seien menschliche Knochen, und so lief er hinüber zu der Latrine und stieß die Waschschüssel um.

„Was machst du da? Was machst du da? Das sind meine ..." Der Mann schrie aus Leibeskräften und versuchte mit aller Macht, den Kleinen Lang mit seinen Händen zu packen. Und so schlug ihn der Kleine Lang zusammen.

Der Kleine Lang fragte mich: „Diese Knochen sind vor mindestens zwei Jahren vergraben worden. Meinst du, sie stammen von einem Menschen?"

Ich sagte: „Das weiß ich nicht! Das kann ich nicht sagen. Doch auch wenn es nun Schweine- oder Rinderknochen sind: Wenn man sie eine Weile kocht – selbst wenn sie schon zwei Jahre lang unter der Erde gelegen haben sollten – warum wirfst du dann die Schüssel runter?

„Es müssen Menschenknochen sein. Wie könnten wir so etwas essen?", murmelte der Kleine Lang.

Damals nutzten die meisten Gefangenen ihre Arbeit auf den Feldern dazu, eine Vielzahl an Wurzeln, wilden Kräutern und Knochen mit ins Lager zu bringen. Anschließend füllten sie eine Schüssel mit Wasser, kochten ihre „Ernte" und aßen sie dann auf. Die Leute schauten sich nach allem Möglichen um, das ihren Hunger stillen konnte und ihnen Energie lieferte.

In Abteilung 583 gab es einige Parzellen, die, weil sie ein wenig höhergelegen waren und einen niedrigeren Alkalisalz-Gehalt aufwiesen, sich für Früherrnten eigneten. Der Kleine Lang hatte immer noch einige Kraft, sodass man ihn zusammen mit anderen Häftlingen zum Pflanzen von Samen schickte. Als der Hauptmann das Weizensaatgut austeilte, warnte er die Gefangenen im Voraus: „Jeder, der heimlich etwas von den Weizensamen isst, wird in Einzelhaft gesperrt!" Dann fügte er noch hinzu: „Das ganze Saatgut ist mit Pestiziden behandelt. Es ist euer eigener Entschluss, ob ihr leben oder sterben wollt!"

Der Kleine Lang stahl nun aber doch eine Handvoll dieser Weizenkörner, brachte sie mit zurück und zeigte sie mir. „Hey, ihr Intellektuellen seid doch immer so schlau. Bringen uns diese Weizenkörner tatsächlich um? Gibt es irgendeine Möglichkeit, wie man dieses Gift wieder aus dem Weizen herausbekommt? Schau mal, die sind wirklich echt! Sag mir doch, was ich machen könnte!"

„Ich glaube, da gibt es keine Möglichkeit. Das ist unmöglich", antwortete ich.

„Oder", versuchte es der Kleine Lang erneut, „würde es klappen, wenn man sie etwas länger kocht?"

„Ich glaube nicht, dass es da irgendeinen Ausweg gibt! Es könnte höchstens ein bisschen besser sein", konnte ich lediglich sagen, „aber du solltest lieber nicht daran denken."

Doch er versuchte es trotzdem, vielleicht sogar mehr als einmal.

Diese Nahrungsmittelersatz-Brötchen hatten im Magen kein langes Durchhaltevermögen. Die menschliche Physiologie hatte sich im Laufe der Evolution eben doch noch nicht so weit entwickelt, dass der Körper in der Lage sein konnte, Holzspäne zu verdauen. So befolgte ich streng die Anweisungen von Großmaul Xing und presste meine Backen fest zusammen. Doch manche Leute hatten noch nicht einmal mehr dazu die Kraft – so sehr litten sie an Durchfall.

Und nur ein paar Tage, nachdem mich der Kleine Lang über das mit Pestiziden getränkte Weizensaatgut befragte, fing er an, unter einer nicht mehr zu beherrschenden Diarrhö zu leiden. Ob das nun daran lag, dass er die gekochten vergifteten Weizenkörner gegessen hatte, weiß ich nicht. Auf alle Fälle war sein Durchfall schrecklich. Ich machte ihm Mut durchzuhalten, was auch immer passieren sollte. Ich schärfte ihm ein, sich in der Latrine nicht ganz hinzuhocken, sondern sich in einer halbstehenden Position zu erleichtern und dabei seinen Schließmuskel fest zusammenzupressen. Er versuchte es und sagte: „Das hilft zwar, aber es hat sich eine ganze Menge in meinem Darm angesammelt. Das kommt dann doch früher oder später heraus!"

„Lass einfach jedes Mal nur ein bisschen heraus, sch... nicht wild drauf los, sonst fallen dir nämlich deine Eingeweide mit heraus", empfahl ich ihm. Außerdem bemühte ich mich, ihn zu beruhigen: „Hab Geduld. Wenn ich morgen zur Arbeit auf die Felder gehe, versuche ich, etwas trockene Baumrinde zu besorgen."

Am folgenden Tag fand ich eine Handvoll trockener Baumrinde, die ich in einer Ecke der Latrine langsam röstete. Als sie zu Kohle und Asche geworden war, gab ich sie ihm zum Schlucken.

„Ob das Zeug wohl wirkt?", fragte mich der Kleine Lang zweifelnd.

Ich sagte: „Zumindest müssen wir es versuchen. Jedenfalls wird es dich nicht töten. Und es könnte deinen Durchfall im Zaum halten.

Am dritten Tag trug jemand den Kleinen Lang von der Latrine zurück. Er war schmutzig und stank furchtbar. Es stellte sich heraus, dass er in der Latrine hingefallen war und nicht mehr alleine aufstehen konnte. Und da starb er dann auch! Großmaul Xing und ich zogen ihm seine Kleidung aus und wuschen seinen Körper. Das Knochengerüst vom Kleinen Lang war recht kräftig, aber seine ganze Muskulatur hatte sich bereits abgebaut. Sein Brustkorb stand vor und sein Bauch war eingesunken wie ein Waschbecken. Der Durchfall war jetzt sicher vorbei. Wir zogen ihm den alten Mantel von der Volksbefreiungsarmee an, den

Xing Junping für ein gestohlenes Hühnchen und ein Paar meiner Westernhosen eingetauscht hatte, und so trug man ihn dann weg. Niemand wusste, wo man ihn hinbrachte.

Als er noch lebte, erzählte er mir oft – so wie Xing Junping – wie man wilde Kräuter sammelt. Er kochte sich jeden Tag eine große Schüssel voll davon. Häufig konnte er es nicht abwarten, bis das Wasser endlich kochte, sodass er die Kräuter schon vorher verschlang. Ich sagte ihm oft: „Egal, wie schmutzig oder trübe das Wasser ist, solange du es zum Kochen bringst, kannst du es trinken. Ganz gleich, was du isst, du musst es erst kochen lassen, um die Bakterien abzutöten!"

Doch diese Worte hielten den Tod nicht ab, ihn zu sich zu holen.

Doch es schien alles nach einem gewissen Muster abzulaufen: Je kräftiger jemand war, umso weniger konnte er dem Hunger widerstehen. In der Einheit und auf dem Feld waren diejenigen, die starben, starke, junge Männer und Ältere, die von Anbeginn an wie brennende Kerzen im Wind waren. Vermutlich ist das deshalb so, weil Menschen mit einem kräftigen Körper größere Bedürfnisse haben. Außerdem ist dann auch die Krankheitswahrscheinlichkeit erhöht, wenn einen der Hunger dazu treibt, wahllos zu essen. Damals sagte der Hauptmann immer zu uns: „Der hier ist nicht durch Verhungern gestorben, sondern weil er ‚wahllos drauflos gefuttert' hat. Die Kommunistische Partei lässt doch die Menschen nicht verhungern." Die Todesursachen waren normalerweise tatsächlich ganz gewöhnliche Krankheiten wie etwa Erkältungen, Grippe, Fieber oder Magen-Darm-Entzündungen und Diarrhö. Man besaß einfach keine Abwehrkräfte mehr gegenüber diesen Krankheiten. Wer hörte schon jemals von der Kommunistischen Partei, dass das Volk hungerte!?

Bevor der Kleine Lang starb, war noch ein anderer Häftling aus meiner Gruppe gestorben. Er hieß Ma, und er stammte irgendwo aus der Nähe des Kreises Yi in der Provinz Hebei. Einmal fragte ich ihn, ob es bei seiner ehemaligen Heimat einen Fluss mit Namen „Yi" gebe und rezitierte: „Der Wind am Gestade des

Yi ist öde und seine Wasser sind kalt; wenn der Krieger erst einmal fort ist, wird er nicht zurückkehren." Jing Ke, der Attentäter bei dem gescheiterten Anschlag auf den König von Qin, hat an dieser Stelle jemandem Lebewohl gesagt. Ma erwiderte, dass er keine Ahnung habe, und dass er durch und durch Bauer sei und aus einer redlichen Familie stamme. Ich musste bei ihm immer an die Figur Jean Valjean aus „Les Misérables" von Victor Hugo denken. Mit einer alten Mutter, Frau und Kindern zuhause, biss Ma – weil es eben nichts zu essen gab – die Zähne zusammen und ging bis zum Gelände der Produktionsbrigade und trug auf seinem Rücken zwanzig Kättis altes Getreide davon. Doch das war kein gewöhnlicher Diebstahl, denn das, was er gestohlen hatte, war das Eigentum der Volkskommune. Es war demzufolge ein reaktionärer Akt, der darauf abzielte, das sozialistische System zu zerstören. Daher verhaftete man ihn und steckte ihn ins Gefängnis.

Sein Problem war aber nicht der Durchfall. Sein Körper fing an, von den Füßen aufwärts anzuschwellen. Er besaß einen Emailletopf, der zwei Liter Wasser fasste. So trank er dann mehrere Liter täglich davon. Jedes Mal, wenn er den Topf ausgetrunken hatte, strich er sich über seinen Magen und, da er sich wohlfühlte, meinte er, er sei nun „voll". Der Gefängnisarzt in der Abteilung sagte, dies sei die Ursache seines Ödems und so ließ er nicht zu, dass er Lebensmittel zu essen bekam, die Salz enthielten. Nichts war also gesalzen, trotzdem breitete sich das Ödem weiter über seinen Körper aus. Als es seine Brust erreichte, konnte Ma oftmals kaum noch Luft schnappen. Doch seine Hautfarbe sah gut aus; man hätte sogar behaupten können, er besitze ein gesundes Aussehen. Hinter seinem Rücken tuschelten die Leute allerdings, dies seien „die letzten Strahlen der untergehenden Sonne". Natürlich war er dann in weniger als einer Woche gestorben!

Im Frühling des Jahres 1961 fasste das Zentralkomitee der Kommunistischen Partei Chinas einen neuen Beschluss in

Bezug auf die Umerziehung durch Arbeit. Jeder, der bei dieser Umerziehung mitmachte, habe eine genaue Frist, nach deren Ablauf er aus dem Lager wieder entlassen werde. Man benutzte absichtlich nicht den Begriff „Gefängnisstrafe", weil die kommunistische Regierung stets sagte, diese Umerziehung sei eine „höchste Verwaltungsstrafe", damit sie eben nicht mit irgendwelchen rechtlichen Schritten oder gerichtlichen Verfahren verbunden war. Diese Leute wurden also nicht als „Verbrecher" betrachtet. Die Lager-Insassen bezeichnete man als Kameraden. Die neuen Vorschriften legten eine minimale Anwesenheitsdauer von sechs Monaten für die Arbeitsumerziehung fest, was dann bis zu einer Höchstdauer von bis zu drei Jahren ging. Doch wenn man ein schlechtes Verhalten an den Tag legte, dann hatte die öffentliche Sicherheitsabteilung nach Ablauf der abgeleisteten Zeit das Recht, sie noch auszuweiten. Sehr praktisch.

Nun mussten Aufenthaltsdauern für jene festgesetzt werden, die bereits eine Arbeitsumerziehung abgeleistet hatten. Ich war ja schon seit über einem Jahr eingesperrt. Manche waren in diesem System seit 1958 und sogar seit 1957 und hatten damit bereits eine drei- oder vierjährige Umerziehung hinter sich gebracht. Bei dem, was die Kommunistische Partei tat, legte sie immer besonderen Nachdruck auf ihren demokratischen Stil und darauf, dass alles von Massenbewegungen ausging. Deshalb wurde unter den verschiedenen Umerziehungsrangstufen eine Aufklärungskampagne gestartet, unter der Bezeichnung „Die Unterscheidung der beiden ihrem Wesen nach verschiedenen Arten von Widersprüchen". Die neue Aufenthaltsdauer für die Umerziehung wurde nun für jeden Einzelnen aufgrund seiner politischen und bisherigen arbeitsproduktiven Führung beschlossen. 1957 hatte Mao Tse-tung von den „zwei total unterschiedlichen Arten von Widersprüchen" gesprochen; er meinte damit den „Widerspruch zwischen uns und dem Feind und die Widersprüche innerhalb des Volkes". Um dem erstgenannten zu begegnen, wurde die Diktatur als Mittel angewandt, während Kritik und Erziehung eingesetzt wurden, um die letztgenannten zu überwinden. Mao hatte die Rechtsabweichler-Kampagne von 1957 ja bereits als einen „Widerspruch zwischen dem Feind und uns" großspurig bestätigt, doch als Ausdruck von Toleranz und Besorgnis wurden Rechtsabweichler als interne Widersprüche innerhalb des Volkes behandelt, und nicht nach der Methode, die man bei den „Widersprüchen zwischen dem Feind und uns" anwendet. Mit anderen Worten: die Rechtsabweichler wurden nicht hingerichtet oder verurteilt. Mao wollte das Volk, und besonders die Rechtsabweichler, seine Güte spüren lassen. Abgesehen von der äußerst kleinen Minderheit von Fällen, die mit Verurteilungen und Gerichtsverfahren verbunden waren, wie es etwa bei Ge Peiqi von der Universität des Volkes und bei Lin Xiling der Fall gewesen war, wurden all die anderen Rechtsabweichler, die verhaftet werden mussten, nach dem Modell der Arbeitsumerziehung inhaftiert. Anders ausgedrückt: Es gab keine juristischen Verfahren, man behandelte sie als interne Widersprüche innerhalb des Volkes.

Die sogenannte *Arbeitsumerziehungs-Fristberechnungs-Kampagne*, unter Anwendung der „total verschiedenen Widersprüche zwischen dem Feind und uns und der internen innerhalb des Volkes" forderte von jedem, der an einer Arbeitsumerziehung teilnahm, dass er einen Bericht über seine Klassen- und seine persönliche Herkunft, die Umstände seiner Vergehen sowie seine Leistungen seit dem Beginn seiner Arbeitsumerziehungsmaßnahmen schreiben musste; solche Berichte wurden dann sowohl auf Gruppen- als auch auf der Ebene der jeweiligen Einheit verfasst. Die „Gruppen-Kameraden" sollten die Ausarbeitungen durchlesen und dann vorschlagen, wie lange jeder Einzelne an der Arbeitsumerziehung teilnehmen müsste. Anschließend wurden die Berichte an die Einheit weitergeleitet, und ein paar Tage später wurden die festgesetzte Aufenthaltsdauer (die „Frist") eines jeden Häftlings bekanntgegeben. Hierin liegt das Wesen der Regierungskunst der Kommunistischen Partei, die man auch die Politik „von den Massen, für die Massen“ bezeichnet. Dabei werden so lange Selbsteinschätzungen und öffentliche Diskussionen veranstaltet, bis jeder Einzelne von Grund auf überzeugt ist. Die Kommunistische Partei hat die Demokratie nicht nur unter dem Volk in seiner Gesamtheit eingeführt, sondern sogar zwischen den Objekten seiner Diktatur. Sie sperren dich ein oder töten dich, verlangen aber noch von dir, dass du damit absolut einverstanden bist und diese Entscheidung mit lauter Stimme lobst. Die Kampagne schritt energisch voran, und alle „Kameraden“ wurden zur Zielscheibe von Erziehungsmaßnahmen. Damals bekamen praktisch sämtliche Fälle von Rechtsabweichlern und Konterrevolutionären die Höchstzeit von drei Jahren zugesprochen. Außerdem sollten all diese Fristen vom 24. Mai 1961 ab gerechnet werden. Für die zuvor abgeleisteten Tage gab es keinen Abzug.

Ich machte mir wegen dieser Kampagne keine allzu großen Gedanken; denn da ich mich in diesem System gerade erst einmal etwas mehr als ein Jahr befand, konnte ich der Wirklichkeit des Hungers, die mir ja tagtäglich begegnete, noch immer nicht ins Auge sehen, und ich hatte auch keine Zeit, mich darum zu kümmern. Darüber hinaus eröffnete sich mir jetzt zumindest ein Stichtag – in drei Jahren! Ich hatte nun etwas, auf das ich mich freuen konnte und allem Anschein nach war in meinem Tunnel des Lebens ein helles Licht aufgetaucht.

Der Kleine Lang war Ende Juli gestorben, und das war nun mein dritter Monat in der Abteilung 583.

Als er starb, ernannte mich der Hauptmann zum Gruppenleiter. Eigentlich hatte das gar keine Bedeutung: Gruppenleiter bekamen jedenfalls keine zusätzlichen Brötchen. Außerdem konnte ich einen Monat später nicht mehr aufstehen.

Eines Tages gingen wir zur Arbeit. Ein anderer Häftling aus meiner Gruppe, der an der Seite einherging, rief plötzlich aus: „Schnell! Schaut mal!“ Er hatte in der Aufschüttung eines Entwässerungsgrabens ein Loch entdeckt. Als ich einen Blick darauf warf, kam mir sofort das in den Sinn, was mir Großmaul Xing beigebracht hatte, und mir war klar: Dies musste eine Fundgrube sein!

Ich riss ihm die Schaufel aus den Händen und grub nun rasch mit bisher ungeahnten Kräften das Loch immer tiefer. Die darunter liegende Höhle schlängelte sich sechs oder sieben Meter lang auf und ab. Nach ihrem Querschnitt zu urteilen, war ich mir sicher, dass es sich dabei um die einer Feldmaus handeln musste. Und dann entdeckte ich einige Getreidehülsen, und ich wusste, ich näherte mich dem Mäusenest. Ich hörte schlagartig auf mit dem Graben, drehte mich um und sagte: „Geh weg! Geh! Hau ab!"

„Warum denn?" Er wurde jetzt ebenfalls heftig. „Ich hab das gefunden! Ich war das, der dich gerufen hat! Du hast mir beim Graben geholfen, dann teilen wir es uns eben!"

Ohne auch nur das geringste Zögern, ging ich einen Schritt zurück, nahm all meine Kraft zusammen und boxte ihn. Er fiel auf den Wall.

„Großmaul Xing!", rief ich. „Komm schnell her!"

Als er meinen Ruf hörte, sprang er mir auch schon entgegen.

Ich sagte: „Schaff ihn fort von hier!"

Und ohne etwas zu sagen, packte Großmaul Xing seine Beine und zog ihn zur Seite.

Ich weiß nicht, ob mir damals meine Augen vor lauter Gier übergelaufen waren. Jedenfalls war ich nach nur zwei weiteren Schaufelladungen beim Mäusenest angekommen. Das Nest enthielt etwa zwei Kättis Getreide, dessen Körner rund und prall waren (die Maus hatte einen scharfen Blick!), zwei Kättis Sojabohnen und mehr als ein Kätti ungeschälten Reis, aber keinen Weizen. Ich packte alles in meine Jacke ein, band sie mir um die Hüfte und kehrte mit Großmaul Xing, der mich von hinten sicher geleitete, zum Zellenblock zurück. Wir legten das Paket zwischen sein und mein Kopfkissen, und tagsüber nahm ich es dann – wo auch immer ich hinging – mit mir mit, damit es nicht gestohlen werden konnte.

Fast zwei Wochen lang bereiteten wir uns daraus täglich eine Mahlzeit zu. Ich kochte das Getreide in einem großen Wassertopf, und dann aßen Xing Junping und ich gemeinsam. Ich gab auch Chen Ming jedes Mal eine kleine Schale davon ab. Niemand wagte, unsere Speisen an sich zu nehmen, denn Großmaul Xing stand Wache und passte auf.

Dem Mann, der die Höhle eigentlich entdeckt hatte, wollte ich auch etwas abgeben.

„Auf gar keinen Fall! Gib ihm nichts ab!" Großmaul Xing bremste mich bei meinem Vorhaben und warnte mich: „Wenn du ihn auch nur einmal ansiehst, werde ich ganz böse!"

Ich sagte: „Warum? Weshalb sollen wir uns denn Feinde machen? Außerdem war er ja nun derjenige, der die Höhle zuerst entdeckt hat!"

Aber Großmaul Xing blieb fest: „Was meinst du denn mit Feinden? Überleben ist alles! Ach, mach doch, was du willst!"

„Er hat einen Anteil verdient", beharrte ich.

„Und warum hast du ihn denn dann damals verprügelt?", wollte Großmaul Xing von mir wissen.

Darauf hatte ich keine Antwort. Ich hielt einen Moment inne, sagte dann aber: „Schon gut, gib ihm was ab!"

Doch Großmaul Xing meinte: „Ich sage ja nicht, dass du ihm absolut nichts geben solltest. Ich hasse solche Art von Menschen einfach nur; wenn einer von ihnen stirbt, ist es einer weniger, mit denen man zu tun hat."

Erstaunt fragte ich: „Warum?"

„Weißt du, warum er hier ist? Du wirst es nicht glauben, wenn ich es dir erzähle. Er verkauft seinen A..., aber sieht wie ein Mann aus. Was zum Teufel ist das denn?"

„Woher weißt du das?"

„Am Tag, als er in die Haftanstalt kam, gestand er es in der Studierklasse", entgegnete mir Großmaul Xing selbstsicher.

Ein wenig unverständig fragte ich: „Ist das denn auch ein Verbrechen?"

„Natürlich. Denk mal drüber nach! Wenn alle Männer auf der Welt so wie er wären, was wäre das denn für eine Welt?" Jedenfalls war das Großmaul Xings Meinung.

„Es passt mir so vieles daran nicht. Ich hasse einfach diese Art von Menschen". Xing Junping beendete wütend dieses Gespräch.

Homosexualität verletzt die moralischen Normen des Kommunismus. Sie ist ein Verbrechen. In dieser Hinsicht gleichen sich die Standpunkte der Kommunisten und der deutschen Nationalsozialisten.

Je schlimmer es mit dem Hunger wurde, umso mehr drehten die Menschen durch.

Da es nun immer häufiger vorkam, dass eine Gruppe von Häftlingen das Essen der gesamten Einheit stahl, war das ursprüngliche System, bei dem der Kalfaktor für die Anlieferung der Speisen von der Küche aus und ihre Verteilung an jeden einzelnen zuständig war, nicht mehr durchführbar. Der Kalfaktor hatte sich ebenfalls aufs Stehlen verlegt und war somit nicht mehr zuverlässig. Die Abteilung erteilte daher den Befehl, das System zu ändern. Nun wurden die Hauptleute beauftragt, bei jeder Mahlzeit schichtweise an der Küchentür zu stehen. Nach einer vorher bestimmten Reihenfolge ging jede Gruppe von ihrem Gruppenleiter angeführt innerhalb ihrer jeweiligen Einheit zu dem für sie vorgesehenen Ausgabefenster an der Küche. Zunächst wurden die Einheiten- und Gruppennummern gemeldet, anschließend die Leute einzeln aufgerufen. Nach Überprüfung ihrer Identität bekam jeder Häftling dann endlich seine eigene Portion ausgeteilt und kehrte zum Essen in seinen Zellenblock zurück.

Einmal hatte ich gerade meine eigene Zuteilung erhalten – ein großes, weißes Brötchen und einen Schöpflöffel Gemüsesuppe. Ich hatte mich soeben erst umgedreht, als mir irgendein anderer Gefangener das Brötchen aus der Hand riss und damit wegrannte, wobei er es sich beim Laufen schon in den

Mund stopfte. Ich jagte ihm brüllend hinterher, doch als ich ihn einholte, hatte er das Brötchen bereits heruntergeschluckt. Ich war so wütend, dass ich ihn am liebsten verprügelt hätte, doch was hätte das schon gebracht? Es gab keine Möglichkeit, mein Brötchen zurückzubekommen, und ihn zu schlagen wäre reine Kraftverschwendung gewesen. Ich senkte meinen Kopf und ließ ihn stehen.

Als ich in meinen Zellenblock zurückkam, sagte ich zu meiner Gruppe: „Solange ich hier bin, wird so etwas meiner Gruppe nie wieder zustoßen!"

Jedes Mal, wenn wir uns dann zur Küche aufmachten, gingen wir gemeinsam hin und auch gemeinsam wieder zurück, um uns gegenseitig zu schützen. Doch eines Tages machten drei Leute gemeinsame Sache, um Chen Mings Essen zu stehlen. Einer von ihnen schnappte es sich blitzschnell, während die anderen beiden ihn abschirmten. Nach diesem Vorfall ging ich zusammen mit Großmaul Xing und der ganzen Gruppe gezielt gegen diese drei Leute vor und wir suchten sie. Wir kreisten sie ein und versprügelten sie so lange, bis sie noch nicht mal mehr die Kraft hatten, „Mama" zu rufen.

Während dieser Zeit hörten das Stehlen und die Kämpfe nicht auf. Die Kämpfe waren aber nicht besonders heftig, weil keiner mehr die Kraft zu ausgiebigen Schlägereien besaß. Sogar ich fing allmählich an zu lernen, wie man kämpft. Natürlich konnte ich meine Fäuste nicht mit einer solchen Wucht schwingen, wie wir das in amerikanischen Filmen gesehen hatten. Aber ich wusste zumindest, dass der erste Hieb dafür sorgen musste, dass der Gegner zu Boden ging, sodass ich auf die Nase zu zielen hatte.

In jenen Tagen herrschte auf den Latrinen der Qinghe-Farm ein reges Treiben. Die Menschen dort aßen zwar nicht viel, doch die Häufigkeit, mit der sie die Örtlichkeiten aufsuchten, war sehr hoch. Die Latrinen hatten auch noch eine andere Funktion – sie dienten zum Kochen. Sie waren jeweils von drei

Backsteinmauern umgeben und besaßen reetgedeckte Dächer. Die Vorderseite wurde von einer 1,20 m hohen Backsteinwand versperrt. Innen gab es Reihen zu je sechs oder zehn Urinalen aus Zement. Diese Orte waren windgeschützt und entgingen auch leicht der Aufmerksamkeit anderer. Sodass also ständig irgendjemand eine große Waschschüssel und ein Bündel Zweigen unter seinem Arm in die Latrine trug, um dort ein Feuer zu machen und Essen zu kochen. Auch wenn gerade jemand direkt nebenan sein großes Geschäft erledigte, störte man sich gegenseitig nicht. Die Waschschüsseln dienten vielfältigen Zwecken. Neben dem Waschen von Gesicht und Kleidung dienten sie eben auch als Kochtöpfe.

Das andere absatzfähige Produkt war neben Zigaretten – Salz. Abgesehen von diesen beiden Dingen besaß nichts anderes – also keine Kleidung, noch nicht einmal solche aus echter Wolle oder Leder, keine Bücher, keine Kosmetikartikel – irgendeinen Wert. Nach den Aussagen der Hauptleute und des Gefängnisarztes war Salz ja die Ursache von Ödemen, sodass wir kein Salz zu essen bekamen. Doch wie können Menschen ohne Salz überhaupt leben? Daher setzten wir alle nur erdenklichen Mittel ein, um welches zu finden.

Es gab da einen Häftling namens Niu Zhenhe. Er war Muslim. Wenn er nachhause schrieb und um Kleidung, Schuhe und Socken bat, fügte er immer noch die folgende Zeile mit ein: „Brauche NaCl." Weil die meisten Hauptleute nur Volksschulbildung hatten, wussten sie nicht, was NaCl war. Solange man damals in einem Brief nicht nach Lebensmitteln wie gebratenen Nudeln oder Gebäck bat, wurde er nicht von den Zensoren beanstandet. Aber auch Niu Zhenhes Eltern waren ratlos. Was wohl NaCl war? Ihre Tochter, die auf die High School ging, wusste aber, worum es sich handelte. NaCl ist die chemische Formel für Kochsalz. Als Angehörige seiner Familie Niu besuchen kamen, übergaben sie ihm heimlich ein Päckchen Salz, das für ihn eine seltene Vorratsware wurde, die ihm ein stattliches Auskommen bescherte. Die Häftlinge sammelten auf den Feldern Wildkräuter und Baumwurzeln. Da ihnen jedoch Salz fehlte, schmeckte das furchtbar. Daher tauschten sie die Wildkräuter, die sie gesammelt hatten, gegen sein Salz ein. Niu Zhenhe wurde „einflussreich". Niemand wusste, wie viel Salz er eigentlich besaß, und er zeigte es auch niemals irgendjemandem. Er hatte es sich in einem Stoffbeutel um seinen Bauch gebunden. Nachdem die Bedingungen einer Transaktion ausgehandelt waren, verzog er sich an einen abgeschiedenen Ort und schüttete dort ein wenig Salz – vielleicht ein oder zwei Gramm – auf ein Stück altes Zeitungspapier, um es gegen die Wildkräuter oder andere ähnliche Dinge einzutauschen. Später wurden andere gierig auf das Salz, und so schlug eines Tages eine Gruppe von Häftlingen Niu zusammen und nahm es ihm weg. Eigentlich war die Ausbeute recht erbärmlich – es hieß, dass er nur noch eine Handvoll Salz übrig hatte.

Eines Tages Anfang Juli sagte Xing Junping auf einmal zu mir: „Ich möchte gerne etwas Ernstes mit dir besprechen. Bevor ich aber sage, worum es sich dreht, will ich dir deutlich machen, dass ich mich auf dich verlassen muss. Du musst verstehen, dass ich nur deshalb zu dir komme, weil ich dich schätze. Bist du bereit, mit mir zu fliehen?

Er war ein wenig unruhig, weil dieses Thema in den Laogai-Lagern absolut tabu gewesen war. Ich fing zu sprechen an, hielt dann aber inne. Es war sehr schwierig, ihm darauf zu antworten. Ich verstand ja, dass Großmaul Xing mir vertraute, und ich wollte ihn auch nicht enttäuschen, doch ich war nie der Meinung, eine Flucht sei eine kluge Sache. Großmaul Xing merkte, dass mir seine Frage unangenehm war, und so sagte er: „Wenn wir sterben, sterben wir wenigstens draußen, wie normale Menschen. Was für ein Leben ist das schon hier drinnen?"

„Wo sollten wir denn hingehen? Wo könnten wir bleiben? Wo könnten wir Essen finden? Durch Raub? Durch Diebstahl?" Ich sagte: „Wir könnten heute überleben, vielleicht auch noch morgen, aber wie viele Tage würden wir ein solches Leben aushalten?"

„Das ist doch ganz egal, auf keinen Fall möchte ich mehr so weiterleben", gab Großmaul Xing zurück.

„Selbst wenn ich mit dir ginge, und selbst wenn wir uns keine Gedanken um den nächsten Schritt machten, glaube ich doch, dass keiner von uns beiden die Kraft hätte, dem 583-Bereich zu entkommen. Und selbst wenn wir das schafften, fürchte ich, dass wir nicht aus der Qinghe-Farm herauskämen. Ich denke nicht, dass ich besonders weit laufen kann", antwortete ich finster.

Seit dem Tag, an dem man mich verhaftete, hatte ich immer mal wieder Fluchtgedanken. Ich dachte oft an die Mühen der Hauptfigur in „Der Graf von Monte Christo", und wusste noch aus den Romanen, die ich gelesen und den Filmen, die ich gesehen hatte, wie man über Mauern springt und Stacheldrahtzäune zerschneidet, wie man Tunnel gräbt, wie man in der Dunkelheit seinen Weg findet und wie man hinterherjagende Hunde abschüttelt. Aber ich musste doch erkennen, dass die Realität, mit der ich konfrontiert war, so ganz anders war. Kommunistische Gefängnisse sind anders. Diese Situation war anders als jede Situation, die irgendwann einmal in einem Roman beschrieben wurde. Auch wenn ich es aus dem Laogai-Lager hinausgeschafft hätte: Wo könnte ich hingehen? Das Naheliegendste wäre es ja wohl, wenn ich ins Haus meines Vaters zurückkehrte. Doch wenn ich nachhause käme und meine Eltern würden mich nicht zur Polizeistation bringen, dann wären sie erledigt. Wie könnte ich ihnen also so etwas antun? In dieser Gesellschaft konnte ich mich nirgendwohin wenden.

Großmaul Xing ließ seinen Kopf hängen und schwieg. Ich hatte ihn noch nie weinen gesehen, doch jetzt bemerkte ich, wie an der Seite seiner Nase eine Träne herunterrollte. Auch ich war traurig, ob nun seinetwegen oder weil ich mich selbst bemitleidete, weiß ich nicht. Ich war sehr, sehr traurig. Es gab wirklich keine anderen Möglichkeiten.

Kurze Zeit später wurde Großmaul Xing von der gleichen Art Durchfall befallen, die auch schon dem Kleinen Lang so zugesetzt hatte. Damals wurde er vor allem von ungeheuren Darmwinden geplagt, und er schiss sich auf der einen Seite förmlich sein Gehirn aus dem Leib. Auf der anderen Seite versuchte er, das dann wieder wettzumachen, indem er wie ein Wilder aß. Doch je mehr Gräser und Wildkräuter er verzehrte, umso schlimmer wurde es. Sodass er schließlich wie ein Verrückter fast täglich nach Gelegenheiten Ausschau hielt, anderen ihre Brötchen zu rauben. Doch in erster Linie waren gerade diese Brötchen aus Maiskolben das Problem.

Eines Tages traf ein Schwung Pakete ein, die Familienmitglieder an die Häftlinge geschickt hatten. Mitten in der Nacht brach Xing durch die Tür des Abteilungsbüros ein und riss jedes einzelne Paket auf, weil er nach etwas Essbarem suchte. Später gab der Hauptmann bekannt, dass Xing in Einzelhaft eingesperrt werden sollte. Das war bereits nur noch sehr selten vorgekommen, denn wenn die geschwächten Häftlinge auch noch in Isolationshaft geschickt wurden, dann starb die Mehrheit von ihnen.

„Nein! Da gehe ich nicht hin! Nein!" schrie Großmaul Xing erschrocken auf, als er das Wort „Einzelhaft" hörte. „Sie können alles mit mir machen, aber schicken Sie mich nicht in Einzelhaft! Ich mach das nicht nochmal! Bitte, ich flehe Sie an! Haben Sie noch einmal Mitleid mit mir! Ich werde absolut nicht noch einmal rauben oder stehlen. Gnade! Geben Sie mir noch einmal eine Chance!"

Großmaul Xing blieb auf den Knien liegen und bettelte den Hauptmann um Gnade an.

Doch der sagte nur: „Bringt ihn in Einzelhaft. Das ist nicht die Entscheidung der Abteilung. Das ist ein Befehl vom Abteilungsbüro." Pakete zu stehlen, die von Familienmitgliedern geschickt wurden, war eine ernste Sache.

„Ich schwöre, ich werde nie wieder stehlen. Sperren Sie mich nicht in Einzelhaft!" Er griff sich eine Schaufel und hackte sich mit einem heftigen Schlag den kleinen Finger seiner linken Hand ab. „Mein blutender Finger ist der Beweis für meine …"

Dem Hauptmann blieb keine andere Wahl als jemanden dazu abzukommandieren, ihn zur Gefängnisapotheke mitzunehmen, damit seine Verletzung dort verbunden wurde, und so entging er der Einzelhaft.

Zwei Wochen später starb er.

Wenn jemand in jenen Tagen einen Kratzer oder einen Schnitt hatte und nur ein winziges bisschen Blut floss – in erster Linie eine durchsichtige gelbe Flüssigkeit –, dann war schon das eine schwer heilende Wunde.

Als Xing Junping sich einen Teil seines Fingers abschnitt, schrie er „Verfluchter Mist!" und warf ihn über die Mauer. Es war so, als ob nun ein Teil von ihm frei wäre. Das Fleisch an der Wunde seines Fingers hatte eine graue Farbe, und der Knochen ragte heraus. Die Wunde schloss sich nicht mehr. Alles, was der Gefängnisarzt tun konnte, war, jeden Tag ein Paket Sulfanilamid-Pulver aufzulegen. Bis zur zweiten Woche schrie Xing Junping dabei jedes Mal vor Schmerzen laut auf. Der Hauptmann kam vorbei, um sich das anzuschauen und wies den Gefängnisarzt an, Xing ein Schmerzmittel zu verabreichen, aber das zeigte keine Wirkung. Schließlich begann Xing Junping an hohem Fieber zu leiden. Er war von Kopf bis Fuß ganz heiß und verbrachte nun den Tag damit, zitternd, fluchend Kauderwelsch von sich zu geben: „Verfluchter Mist! Verfluchter Mist! ..." Das waren die einzigen Worte, die er noch aussprechen konnte, um seine Gefühle voll zum Ausdruck bringen zu können.

Ich konnte nur danebenstehen und zuschauen. Es gab nichts mehr, was ich noch für ihn hätte tun können. In seinen letzten beiden Tagen konnte er noch nicht einmal mehr etwas essen. Bereits in einem Dämmerzustand raunte er mir zu: „Alter Wu, iss du das … ich kann nicht … iss du's!"

Wie konnte ich seine Portion aufessen?

Einen Tag später stöhnte er noch einmal: „Verfluchter Mist!" und starb. Er war ohne etwas auf die Welt gekommen und verließ sie ebenso. Aber er hinterließ seine eigenen Worte „Verfluchter Mist", als ein Fluch auf die gesamte Welt.

Irgendjemand erzählte mir, dass man seinen Leichnam in die Abteilung 586 gebracht hatte. Das war das erste Mal, dass ich von dieser Abteilung hörte.

Wo war 586?

Anfang August führte die Qinghe-Farm nach den Anweisungen des Pekinger Büros für Öffentliche Sicherheit eine neue Maßnahme ein. Man hatte sich entschlossen, die Häftlinge in unterschiedliche Gesundheitszustände einzuteilen. Einige Ärztekader kamen auf die Farm und führten zusammen mit den Gefängnisärzten medizinische Untersuchungen an allen Gefangenen in sämtlichen Abteilungen der Farm durch und stuften sie dann nach ihrer jeweiligen körperlichen Verfassung ein.

Obwohl es häufig vorkam, dass Gefangene versuchten zu fliehen, machten sich die Hauptleute darüber keine Gedanken. Die meisten der Flüchtenden fielen am Straßenrand oder in den Feldern hin und blieben dort liegen, bevor sie besonders weit kamen. Manche wurden entdeckt und auf einem Ochsenkarren wieder zurücktransportiert. Andere waren schon tot, als man sie auffand! Was ich Großmaul Xing früher gesagt hatte, stimmte: Ich hatte einfach keine Kraft mehr zur Flucht.

Bei der ärztlichen Untersuchung im August lag mein Gewicht bei lediglich 79 Pfund. Meinen Blutdruck musste man dreimal messen, bis man einen Messwert ablesen konnte: 80/60.

Anfang September wurden Chen Ming und ich in die ABTEILUNG 585 verlegt. Es hieß, dass diese Abteilung nun zur Genesungsabteilung für die kranken Insassen der westlichen Zone der Qinghe-Farm umgewandelt wurde.

Wir mussten also „genesen".

Kapitel 5

DER NEUE SOZIALISTISCHE MENSCH

Abteilung 585 war nicht weit von Abteilung 583 entfernt – etwa fünf Kilometer. Ein Gesunder hätte es in etwas mehr als einer Stunde geschafft, dorthin zu laufen.

Wir hingegen wurden auf Ochsenkarren befördert, die langsamen Schrittes über zwei Stunden lang dahinknarrten. Jede Abteilung auf der Farm besaß mehrere schwarzweiße Holsteiner Rinder, die die Karren zogen; früher waren es Milchkühe, doch wenn sie keine Milch mehr gaben, wurden sie als Zugtiere eingesetzt. In jedem Gefährt saßen sechs oder sieben ausgewählte Häftlinge. Chen Ming begleitete mich, die anderen kannte ich nicht. Ich lag auf dem Boden des Karrens, mein Bettzeug hatte ich unter mir zu einem runden Päckchen zusammengerollt. Es war ein regelrechtes Kuddelmuddel, weil ich nicht die Kraft hatte, es zu einem ordentlichen Bündel zusammenzuschnüren. Ich schaute in den Himmel, aber ich weiß nicht mehr, welche Farbe er hatte oder was auf den Feldern angebaut wurde. Alles schien grau zu sein. Was würde wohl der nächste Schritt in meinem Leben sein?

585, 585! Wieder ein anderes Laogai-Lager.

Nach den medizinischen Untersuchungen Anfang August wurden ungefähr 180 Häftlinge in einer ersten Ladung unverzüglich in die Abteilung 585 zur Wiederherstellung ihrer Gesundheit geschickt, das machte etwa ein Achtel der Insassen von Abteilung 583 aus. Diese Häftlinge waren entweder total ausgemergelt oder litten an Ödemen und befanden sich an der Schwelle des Todes. Zur gleichen Zeit verlegten die Hauptleute all jene aus Abteilung 585, die etwas gesünder waren, in andere Abteilungen, wie etwa 583. Die Abteilungen im westlichen Bereich – 581, 582 und 584 – waren ja die gleichen wie 583.

Chen Ming und ich befanden uns im zweiten Schub der ausgewählten Häftlinge, die Anfang September verlegt wurden.

„Juuhuu ..." Die Ochsenkarren wurden aufgefordert stehenzubleiben. Ich blinzelte mit meinen Augen und sah eine Backsteinmauer mit einem elektrischen Stacheldrahtzaun und ein großes schwarzes Doppeltor aus Stahl, ähnlich wie in Abteilung 583. Die vier Karren hielten an, und der Hauptmann, der uns mit seinem Fahrrad hinterhergefahren war, stieg ab. Er ging nach vorne, um sich bemerkbar zu machen, damit das Tor geöffnet wurde. Es gab nur einen einzelnen Polizeibeamten, der noch nicht einmal ein Gewehr trug. Solche Vorsichtsmaßnahmen waren ja nun auch nicht mehr nötig.

Ich lag noch immer im Karren, als ich plötzlich jemanden sagen hörte: „586 liegt genau hinter 585."

Jetzt bekam ich es mit der Angst zu tun. 586 war die Abteilung, in die man Xing Junping gebracht hatte! Auch der Kleine Lang war dort. Lag 586 also direkt vor meinen Augen? Ich befand mich nun im Grenzbereich zur Abteilung 586!

Bevor ich auch nur Zeit hatte, allzu viel darüber nachzudenken, öffneten sich auch schon die Stahltore und verschlangen die vier Ochsenkarren.

An diesem Morgen waren die Kalfaktoren einer jeden Einheit in Abteilung 583 zu jeder einzelnen Gruppe gegangen, um uns nach der vom Hauptmann angefertigten Liste zu benachrichtigen. Diese Häftlinge sollten sich dann auf dem Platz vor den Zellenblocks zusammenstellen. Der Abteilungsdirektor stand auf der 90 cm hohen Plattform und verkündete feierlich: „Gemäß dem Beschluss des Zentralkomitees der Kommunistischen Partei Chinas und nach den Weisungen des Ministers für Öffentliche Sicherheit Luo Ruiqing muss jedes Laogai-Lager Maßnahmen durchführen, um die Verwaltung zu stärken und Unfalltode bei den Häftlingen zu verhindern. Aufgrund der derzeitigen Lage und eventueller Umstände auf der Farm werden wir unser Bestes tun, um eure Lebensqualität zu verbessern, eure Gesundheit zu fördern und zufriedenstellende sanitäre Bedingungen herzustellen. Die Leitung der Farm hat daher beschlossen, zwei Abteilungen für eure Genesung einzurichten, eine im östlichen und eine im westlichen Bereich. In diesen Genesungsabteilungen werdet ihr eine Sonderbehandlung erhalten, damit eine möglichst schnelle Wiederherstellung eurer Gesundheit gefördert wird, und damit ihr wieder an die Arbeit zurückkehren könnt. Wenn ihr nicht an der Arbeit teilnehmt, wie könnt ihr euch dann erfolgreich umformen? Wie könnt ihr neue sozialistische Menschen werden? Daher wird jeder im westlichen Bereich, der schwach oder krank und zeitweise nicht in der Lage ist, zu arbeiten, auf die Abteilung 585 verlegt, um sich dort innerhalb eines gewissen Zeitrahmens zu erholen und zu genesen. Wenn eure Gesundheit dann wiederhergestellt ist, werdet ihr in eure ursprüngliche Abteilung zurückkehren und euch wieder der Arbeit widmen und euch umgestalten!"

Da es nicht genügend Benzin gab, fuhr man nicht mehr mit Lastwagen durch die Gegend. Die vier Ochsenkarren der Abteilung mussten mehrere Rundfahrten unternehmen, bevor alle der über 80 Leute in meiner Ladung in Abteilung 585 abgeliefert waren.

Damals war mein Denken getrübt. Ich dachte, weil dies nun ein Beschluss des Zentralkomitees der Kommunistischen Partei Chinas war, der nach den Weisungen des Ministers für Öffentliche Sicherheit Luo Ruiqing durchgeführt wurde, dass es anscheinend mein großes Glück sei, für derartige Rekonvaleszenzmaßnahmen ausgewählt worden zu sein. Ich machte mir zwar keine allzu großen Hoffnungen auf bedeutend reichlichere Essensrationen. Ich hoffte nur darauf, wir bekämen weniger Ersatzstoffe, und dafür mehr echte Lebensmittel zu essen. Manche Leute meinten, diejenigen Häftlinge, die in die Abteilung 585 verlegt würden, erhielten jedenfalls eine *größere* Portion, während andere sagten, man verabreichte uns dort Nährstoffe, und wir äßen jeden Tag Gemüse und vielleicht auch ein wenig Fleisch und 60 bis 90 Gramm Zucker. Die in Abteilung 583, die nicht für Abteilung 585 mit ausgesucht wurden, waren sogar ein bisschen neidisch!

Doch ich selbst hatte kein gutes Gefühl. Denn ich bekam einfach mit, wie ich in einer schwierigen Lebensphase ausgewählt wurde, um von den Normalen, den Gesunden, abgetrennt zu leben! Das Leben war wie ein Wettlauf: Jeder lief irgendwie vorwärts, aber ich wurde jetzt hinausgeworfen. Ich war aus dem Rennen. Was sollte mein nächster Schritt sein? Ich wusste nicht mehr, wie es weitergehen sollte.

Die Stahltore schlossen sich klirrend, und die Ochsenkarren hielten knarrend an. Ich erhob mich ein wenig, um auszusteigen, und war überrascht von dem Anblick, der vor mir lag. Wir hatten 585 zur Mittagszeit erreichten. Die meisten der Häftlinge waren draußen und sonnten sich in der Hoffnung, der Natur ein wenig Wärme abzugewinnen. Sie lehnten sich in Gruppen gegen die Mauer und sahen wie ein Müllhaufen aus. Mit ihren zerschlissenen Kleidern und ihrer grauen Totenblässe schienen sie eine Ansammlung von Organismen an der Schwelle zum Tod zu sein, Geister ohne die leiseste Bewegung.

Die Hauptleute von 585 kamen aus dem Gebäude heraus. Sehr schnell teilten sie Chen Ming und mich der Einheit Zehn, Gruppe Sechs zu. Zuvor hatten sich Chen Ming und ich nicht besonders nahegestanden. Er war ein ruhiger Mensch, der nicht viele Worte machte, ein Introvertierter. Ganz anders als die körperlich aktiven Häftlinge, der Kleine Lang und Xing Junping, lag Chen Ming den ganzen Tag stumpfsinnig auf dem Kang herum. Wir fühlten uns nun nahe, als ob wir einander verwandt oder Seelengefährten wären. Doch wie viel wussten wir denn tatsächlich voneinander?

Chen Ming war aus Fujian nach Peking gekommen. Aber ich wusste nichts über die Umstände, die ihn dahin verschlagen hatten, noch ob er Geschwister, und was er in seiner Heimat

Fujian getan hatte. Ich hatte ihn nur einmal davon reden hören, dass er in der Stadt Sanming in der Provinz Fujian eine alte Mutter habe. Als er noch in Peking arbeitete, hatte er ihr jeden Monat Geld nachhause geschickt. Seitdem man ihn verhaftet und im Laogai-System interniert hatte, habe er nichts mehr von seiner Mutter gehört. So machte er sich täglich Gedanken darüber, wie sie wohl ohne seine Hilfe zurechtkäme. Später erhielt er einen Brief von ihr, in dem sie ihm mitteilte, dass es zu seinem Besten wäre, wenn er sich umformen, der Regierung gehorchen und deren fürsorgliche Behandlung dankbar annehmen würde. Sie berichtete ihm ferner, sie habe einen Job gefunden, bei dem sie alte Zeitungen in ihrer Straße der Wiederverwertung zuführe, und ihr Einkommen reiche aus, um sich mit ihren sechzig Jahren zu versorgen. Die Regierung sei ja sehr entgegenkommend, wenn man sich sogar um ein Familienmitglied eines Konterrevolutionärs kümmere.

Das Bettzeug von Chen Ming und seine Kleidung waren extrem schmutzig. Er machte sie nie sauber. Auch wenn ich keine Energie hatte, so musste ich meine Wäsche doch alle drei bis vier Wochen, selbst wenn es überhaupt keine Seife gab, mit Wasser ausspülen. Ich hatte keine Kraft sie auszuwringen, sodass ich sie auf einem Pfosten zum Trocknen aufhängte. So konnte wenigstens auch die Sonne ein wenig darauf scheinen. Chen Ming stritt sich nie mit irgendjemandem, und nur selten erhob er seine Stimme. Sein Geist und sein Wille waren völlig gebrochen. Manchmal stahlen ihm andere sein Essen; er setzte sich dabei nicht zur Wehr und weinte und schrie auch nicht. Schweigend und resigniert wartete er auf eine ungewisse Zukunft.

Die meisten der Häftlinge, die in die Abteilung 585 verlegt worden waren, litten an Ödemen. Manche hatten Schwellungen in beiden Beinen, während bei anderen seltsamerweise nur das eine Bein so dick wie ein Elefantenrüssel und das andere so dünn wie ein Hirsehalm war. Ich war ausgemergelt, doch seit

Anfang August war meine linke Brustseite angeschwollen, und ich fühlte mich kurzatmig. Der Gefängnisarzt, der mit Nachnamen Ouyang hieß, war zu einem aktiven Konterrevolutionär geworden, weil er in der Mandschurei während der Mandschukuo als Arzt praktizierte. Bei der ärztlichen Untersuchung klopfte er mit seinem Finger auf meine Brust, und als er merkte, dass mit dem Geräusch etwas nicht stimmte, sagte er, ich hätte eine starke Brustfellentzündung.

Seit über einem Jahr hatte ich nicht mehr in den Spiegel geschaut. Wie sah ich nun eigentlich aus? Hatte ich langes Haar? Einen spärlichen Bart? Und meine Gesichtsfarbe? Hatte ich einen Rundrücken bekommen? Ich dachte bei mir: Ich bin jetzt erst fünfundzwanzig: Sollte das nicht eigentlich meine Blütezeit sein? Doch die Männer, die sich da so vor mir am Fuß der Mauer zusammenkauerten, waren ja mein Spiegel. Und obwohl diese Menschen aus allen Schichten der Gesellschaft stammten – manche waren über fünfzig, andere erst Anfang zwanzig – wiesen sie doch jetzt alle die gleiche Körperhaltung und das gleiche Erscheinungsbild auf. Es gab keine Möglichkeit, ihre einstigen Fähigkeiten und Qualitäten irgendwie zu erkennen. Ich stellte mir vor, dass auch unser großer Führer, der Vorsitzende Mao, wie diese Leute hier zu einem „neuen sozialistischen Menschen" umgestaltet würde, wenn er denn das Pech hätte, anderthalb Jahre hier verbringen zu müssen.

Konnte man wirklich sagen, diese Männer hier seien die *neuen sozialistischen Menschen*? Waren dies die glorreichen Früchte einer *Reform durch Arbeit*?

Hier sollten sie also „genesen". Die meisten von ihnen trugen dunkelblaue Baumwollmützen oder grüne Filzkappen. Ihre dürren Hälse, die mit Handtüchern umwickelt waren, verschwanden ganz in ihrer blaugrauen Baumwollkleidung, die zerlumpt und mit lauter Flicken übersät war. Diese Sachen dienten nicht dazu, kalte Luft von außen abzuhalten, sondern sie sollten dafür sorgen, dass das Bisschen Wärme, das noch in ihrem Körper vorhanden war, nicht auch noch verlorenging. Wirklich jeder von ihnen hatte herabhängende Schultern, herausragende Augenwülste, einen leicht geöffneten Mund, einen trüben Blick in den Augen und verbarg seine Hände in seinen Ärmeln. Bei allen hatte sich die gleiche äußere Erscheinung herausgebildet und gemeinsam sahen sie derselben Gefahr ins Angesicht – dem Tod.

Nur selten bewegte sich einer. Und wenn er es tat, dann schlich er wie eine Raupe. Und wenn jemand rannte, dann entweder, weil er jemanden jagte, der ihm sein Essen gestohlen hatte, oder weil er selber flüchtete, nachdem er einem anderen die Verpflegung abgenommen hatte.

Diese Männer waren nun mein Spiegel. Sie waren ein Porträt von mir. Weil ich einer von ihnen war – deshalb musste ich hier sein.

Was für eine Kraft war das eigentlich? Eine Kraft, die so mächtig war, dass sie Menschen mit derart unterschiedlichen kulturellen Hintergründen, religiösen Glaubenseinstellungen, Berufen und Positionen, weltanschaulichen Überzeugungen, Idealen und Zielen, Körpern und Lebensaltern in denselben Typus Mensch umwandeln und sie dann alle, Seite an Seite in die Abteilung 586 schicken konnte? Was für eine gewaltige Macht das doch war! Und worauf beruhte sie eigentlich? Worauf gründete sie sich? Und wozu diente das alles überhaupt?

Wie in den anderen Abteilungen damals gab es auch hier zwei Mahlzeiten täglich, doch Größe und Gewicht der Brötchen waren halbiert, und die andere Hälfte wurde durch eine Maisschleimsuppe ersetzt. Es hieß, dass es gut für uns sei, wenn wir einiges an Nahrung in flüssiger Form zu uns nähmen, da wir ja krank seien. Die jeweiligen Verhältnisse von Lebensmitteln und Ersatzstoffen blieben allerdings gleich. Die Gemüsesuppe zu jeder Mahlzeit war ungesalzen. Da das Salz, wie man vermutete, Ödeme auslöste, sei es besser, ganz darauf zu verzichten. Interessant war, dass jeder von uns jeden Morgen zum Frühstück ein Stärkungsmittel – eingewickelt in altes Zeitungspapier – bekam, das als „Gesundheitspulver" bezeichnet wurde. Es sollte aus gekochtem Sojamehl hergestellt worden sein, das mit etwas Zucker vermischt worden war. Niemand wusste, welche Inhaltsstoffe es enthielt. Jedes dieser Päckchen wog etwa dreißig Gramm. Ein anderer Unterschied zu den anderen Abteilungen bestand darin, dass es in Abteilung 585 vier Gefängnisärzte gab, die für die dort untergebrachten fast 2000 Gefangenen zuständig waren und von denen einer für die Zubereitung des „Gesundheitspulvers" verantwortlich war. Jede Woche kam ein Kaderarzt zum Kontrollieren. Alles, was die Ärzte tun konnten, war erstens, Patienten mit einer Lungenentzündung Protein C zu verabreichen und an Magen-Darm-Grippe erkrankte Patienten mit dem chinesischen Heilkraut Huanglian (Rhizoma Coptidis) zu behandeln, und zweitens die Anzahl der Personen, die gestorben waren, zu registrieren.

Der Tag, an dem ich in Abteilung 585 eintraf, war zufälligerweise der Tag im Monat, an dem man sich eintragen lassen und Gebrauchsartikel für den täglichen Bedarf bestellen konnte. Das Lagerbüro gab eine Liste für Waren heraus, die angeschafft werden durften, wozu auch Papier und Umschläge fürs Briefeschreiben, Briefmarken, Zahnbürsten, Zahnpasta, Handtücher usw. zählten. Natürlich enthielt diese Liste keine Esswaren oder Zigaretten.

Ein älterer Häftling aus meiner Gruppe, der mir völlig fremd war, sagte leise zu mir: „Kannst du mir helfen? Bestell doch bitte für mich ein Paar Tuben Zahnpasta, ja?"

„Ich weiß nicht. Wie kann ich dir denn dabei behilflich sein?", lehnte ich zunächst ab.

Zum einen waren private Geschäfte ein strafbarer Verstoß gegen die Disziplinarvorschriften in den Laogai-Lagern. Zum anderen konnte ich mich daran erinnern, dass jemand in Yanqing Zahnpasta gegessen hatte, um etwas gegen seine Verstopfung zu unternehmen, doch dieses Problem hatten wir hier ja nicht. Oder gab es noch etwas anderes, von dem ich nichts wusste?

„Bitte hilf mir", flehte er weiter.

„Warum bestellst du denn nicht einfach selbst?", fragte ich.

„Das hab ich ja schon getan, aber ich kann nicht so viel auf einmal kaufen, ohne dass der Hauptmann das überprüft."

Ich dachte daran, wie ich selbst sechs Monate damit zurechtgekommen war, ohne mir die Zähne zu putzen. Auch wenn er äußerst gewissenhaft sein sollte, ist es doch unwahrscheinlich, dass er mehr als zwei Tuben Zahnpasta im Monat verbrauchen würde.

Noch einmal bat er mich dringend darum.

„In Ordnung! Es reicht! Sei nicht so eine Nervensäge! Ich bestell ja zwei Tuben für dich!" Und ich schrieb zwei Tuben auf mein Formular.

Die Bestellformulare für die täglichen Gebrauchsartikel mussten dann bei jeder Gruppe eingesammelt und dem Kalfaktor übergeben werden, der die Waren zusammenrechnen und sortieren, alles in ein Heft eintragen und anschließend dem Lagerbüro einreichen sollte.

„Was versuchst du denn hier?", fragte mich der Kalfaktor, nachdem er wütend zu meiner Gruppe geeilt war. Dabei deutete er auf meine Nase.

Die Essensration, die die Sicherheitsbeamten den Kalfaktoren zukommen ließen, war größer als die für die gewöhnlichen Häftlinge. Sie erhielten eine Sonderbehandlung, sodass sie sich einen gewissen Grad an Gesundheit und Energie bewahren konnten – was für die Aufrechterhaltung der Ordnung in den Laogai-Lagern ja auch erforderlich war.

„Weshalb hast du dir gleich zwei Tuben Zahnpasta bestellt? Wo ist denn deine Zahnpasta? Zeig sie mal her!"

Ich zeigte ihm meine Zahnpastatube, die ich in den vergangenen sechs Monaten noch nicht aufgebraucht hatte. Darauf schrie er mich an: „Wenn du deine Zahnpasta immer noch hast, warum hast du dir dann noch mehr bestellt?"

Natürlich konnte ich nicht sagen, jemand anders habe mich darum gebeten, für ihn die Tuben zu bestellen, daher meinte ich nur: „Ach, vergiss es, streich die Bestellung einfach. Ist dir das recht?"

„Du bist erst gestern in 585 angekommen", sagte der Kalfaktor. „Weil du das nicht wissen kannst, vergessen wir das. Aber ich sag dir eins, versuch das nicht noch mal!"

Als der Kalfaktor gegangen war, erzählte mir ein anderer Gefangener aus meiner Gruppe: „Vor mehreren Monaten hatte jemand fünf Tuben Zahnpasta bestellt und sie alle aufgegessen. Er behauptete, sie machten ihn satt. Merkwürdigerweise ist er aber nicht krank geworden. Er ging außerdem überall herum und erzählte allen, wie schmackhaft das sei. Als dann beim nächsten Mal die Bestellungen einliefen, gab es einen Ansturm auf Zahnpasta; der Typ, der für die meisten Häftlinge orderte, wollte zwanzig Tuben haben. Ein paar Tage später, rief der Abteilungsdirektor ihn zu sich."

Zahnpasta wurde importiert. Da sie importiert werden konnte, musste sie ungefährlich sein. Und wenn sie einen sattmachte, auch wenn ihr Nährwert vielleicht nicht besonders hoch war, konnte man es vielleicht doch mal damit versuchen.

Eines Tages wollte ich aus dem Zellenblock heraus und mir ein wenig die Umgebung ansehen. Daher sagte ich zu Chen Ming: „Lass uns einen Bummel machen, okay?"

„Was sollte es hier schon zum Anschauen geben?" Chen Ming lag immer noch faulenzend auf dem Kang.

„Wir gehen doch nur einmal auf dem Hof herum. Komm schon!"

„Verschwende doch nicht deine ganze Energie!"

„Ach, komm doch! Steh auf! Lass uns gehen! Komm mit!"

Chen Ming erhob sich langsam und folgte mir aus dem Zellenblock heraus, wobei er seine Schuhe wie Pantoffeln trug, bei denen seine Fersen den hinteren Teil niedergetreten hatten.

Von den Häftlingen, die im letzten Monat in die Abteilung 585 gekommen waren, konnte ungefähr noch die Hälfte laufen. Obwohl sie, wie wir beide, extrem schwach waren, besaßen sie doch noch immer ein wenig Kraft, die man brauchte, um aufzustehen und sich umherzubewegen. Kurze Zeit später, etwa gegen Anfang Oktober, mussten sechzig bis siebzig Prozent der Leute im Bett liegen. Bis Ende Oktober lagen schätzungsweise achtzig Prozent der Gefangenen Tag und Nacht im Bett, unfähig sich noch zu bewegen. Die Anzahl der Leute, die nach draußen gehen konnten, verringerte sich täglich. Damals glaubte ich noch immer an das Sprichwort: „Fließendes Wasser fault nicht, Türangeln werden nicht wurmstichig." Solange ich dazu die Kraft hatte, so meinte ich, dass ich mich auch ein wenig bewegen sollte.

Der Anblick, der sich uns innerhalb des von der großen Mauer umschlossenen Kreises bot, war natürlich überaus begrenzt. Die gleichen Reihenhäuser, die gleiche Kleidung, der gleiche leere Gesichtsausdruck. Ungewöhnliches oder Abwechslungsreiches bekamen wir nur in den Latrinen zu sehen. Wir liefen also dorthin und beobachteten zwei Leute, von denen jeder in einer Ecke der Latrine mit irgendetwas beschäftigt war. Einer hatte über ein, von einer Mahlzeit übriggebliebenes, Brötchen etwas Wasser gegossen und kochte es nun. Der Andere hatte einige Trockennudeln, die er sich von Zuhause hat schicken lassen, mit Wasser aufgesetzt, um sie zu garen. Mit solchen Aktionen schlug man zwei Fliegen mit einer Klappe: Erstens hatte der Magen danach das Gefühl, voll zu sein. Und zweitens war das Entzünden eines Feuers und das Kochen von Was-auch-immer eine Art Unterhaltung, eine Art Vergnügen, eine Art spirituelle Befriedigung.

Chen Ming schob sich in der Sonne langsam mit mir vorwärts. Wir waren keine dreißig Meter mehr von der Latrine entfernt, als wir auf einmal ein schepperndes Geräusch hinter uns hörten, und dann noch ein weiteres. Wir drehten uns um und sahen, dass eine der Schüsseln, in denen gekocht wurde, umgefallen war, und dass sich sechs oder sieben Leute darum balgten. Einer der Männer hielt die Schüssel in Händen und schleckte sie ab. Die anderen hockten auf dem Boden und leckten den verschütteten Matsch auf, von dem ihr Gesicht schon ganz überzogen war. Einige wühlten den Matsch sogar mit ihren Händen auf und schaufelten ihn sich in den Mund.

Das erinnerte mich an eine Szene aus dem ersten Kapitel im Roman von Charles Dickens „Die Geschichte zweier Städte", in dem ein Fass Wein auf den Straßen von Paris herunterfällt und zerschellt. Menschen strömen herbei, um den Rotwein zwischen dem Kopfsteinpflaster von der Straße aufzusaugen und aufzulutschen. Doch hier in der Latrine sprechen wir nicht von Wein, und wir befinden uns auch nicht im Paris des 18. Jahrhunderts.

Chen Ming zog an meinem Ärmel und sagte: „Lass uns gehen! Was gibt es hier schon zu sehen?" Unser Spaziergang innerhalb des Hofes war nicht mehr als 120 Meter lang, doch er murrte: „Ich bin müde, ich kann nicht mehr weiter."

Ich sagte: „Stütz dich auf mich!" Er lehnte sich an meine Schulter, und so kehrten wir wieder in den Zellenblock zurück und legten uns hin. Unsere Bettdecken lagen direkt nebeneinander.

Der Häftling, der auf der anderen Seite von Chen Ming schlief, war gestorben. Das war der erste Todesfall, dem wir seit unserer Ankunft in dieser Abteilung 585 begegneten. Im Raum war es jetzt ganz still; es gab nicht den geringsten Hinweis auf Unruhe oder Nervosität. Wir hörten, jemand habe bereits dem Kalfaktor Meldung erstattet, und der Kalfaktor wiederum hatte es dem Hauptmann angezeigt. Abgesehen von der dicken Fliege, die geräuschvoll Nase und Stirn des Toten umschwirrte, gab es nur wenig Betrieb. Ich zog die Bettdecke über sein Gesicht.

In diesem totenstillen Zellenblock lag ich nun auf dem Kang und dachte an die Geschichte von Noahs Arche aus der Bibel: Vor einer bevorstehenden Flut bauten Noah und seine Frau, um dieser Katastrophe zu entkommen, eine riesige Arche, und sie führten alle Arten von Tieren paarweise in diese Arche hinein. Nach vierzig Tagen und Nächten voller Sturm und Regen überschwemmte die Flut alles auf der Erde. Am Ende dieser vierzig Tage hörte der Regen auf, das Wasser zog sich zurück, und die Tiere aus der Arche konnten wieder in die Natur zurückkehren. Alles normalisierte sich wieder. Worüber ich nachdachte war, wie sie eigentlich diese vierzig Tage durchgestanden hatten? Die Tiere wussten ja nicht, wann die Flut wieder zurückgehen würde. Was waren ihre Gedanken, als sie mit dem Jüngsten Gericht konfrontiert wurden? Was aßen sie? Wie überlebten sie? Als die Löwen hungrig wurden, fraßen sie dann die Schafe auf? Hatten die Wölfe versucht, die Kaninchen aufzufressen? Hätte man sich um Opfer, Selbstkontrolle und gegenseitige Hilfe gedrückt? Wie dem auch sei, letztendlich haben sie es durch alle Schwierigkeiten hindurch geschafft. Doch dies hier war Abteilung 585, und nicht die Arche. Wir waren keine Wölfe, Kaninchen, Löwen oder Schafe. Jeder hier war ein Mensch, und wir befanden uns alle in derselben Arche. Konnten wir in schweren Zeiten alle an einem Strang ziehen und darauf warten, bis sich die Fluten verzogen und wir mit einem neuen Auftrieb rechnen konnten? Doch wann sollten sich die Fluten zurückziehen?

Ich stieg leise vom Kang hinab, kniete mich auf den Boden und betete zu Gott. Ich bat Ihn, diesen Fremden zu sich zu nehmen und all jene von uns zu beschützen, die noch leiden. Das war das zweite Mal, dass ich in den Laogai-Lagern betete. Es war alles, was mir noch verblieben war, worauf mein Herz noch vertrauen konnte.

Der Oktober in Peking sollte die Goldene Jahreszeit für Besucher sein. Wieviele Reisende hatte das Herbstlaub im Xiangshan-Park wohl angelockt? Doch hier im Lager bot sich nur das Bild einer herbstlichen Trostlosigkeit. Im Oktober machte sich die kalte Luft Sibiriens auf ihre jährliche Wanderung gen

Süden; die Anzahl der Männer, die sich eine Zeitlang im Freien aufhielt, wurde von Tag zu Tag geringer. Die meisten der Häftlinge verbrachten den Großteil ihrer Zeit auf dem Kang liegend; sie setzten sich nicht auf oder liefen gar umher. Natürlich führte der Rückgang an körperlicher Energie dazu, dass man in einem Zustand der totalen physischen Inaktivität verharrte, doch die Folgen des Niedergangs der seelischen Energie war für Außenstehende einfach erschütternd – sie zeigten sich in einem völligen Verlust des Willens.

Im Oktober bekam ich dann auch endlich einen Brief, von meinem älteren Bruder geschrieben und offenbar von meinem ehemaligen Elternhaus in Shanghai abgesandt.

Kleiner Bruder, wir haben deine beiden Briefe erhalten. Du bittest darum, dass dir die Familie ein wenig helfe, besonders in Bezug auf Lebensmittel. Das ist unmöglich. Was deinen Wunsch nach proteinreichem Zeug wie gewürzte Bohnen oder getrocknete Muscheln angeht, so kann das nur ein Scherz sein. Die Familie hat kein Geld, um diese teuren Speisen zu kaufen, und selbst wenn wir es hätten, wäre es sehr schwer, so etwas aufzutreiben. Mittlerweile ist jeder auf seine eigene Essensration beschränkt. Man ist schon froh, wenn es für seine eigenen Bedürfnisse reicht. Wie könnten wir es dann wohl dir geben? Mama ist tot. Du musst in jeder Hinsicht aufpassen, die Lehren des Vorsitzenden Mao befolgen, und dich durch Arbeit gut umgestalten. In politischer und ideologischer Hinsicht hat die Familie einen klaren Trennungsstrich zwischen ihr und dir gezogen. Wir hoffen, dass du dich bald in einen neuen Menschen umwandeln wirst.
Dein Älterer Bruder
... 1961

Da ich wusste, dass jeder nur eine festgelegte Essensration hatte, konnte ich keine Lebensmittel von meiner Familie verlangen. Daher erwähnte ich bei meinem Hilfeschrei, als ich um Essen bat, auch keine Dinge wie Kekse oder gebratene Nudeln. Für all diese Lebensmittel brauchte man Bezugsscheine. Fleisch, Zucker, Fisch und Eier waren bereits vom Markt verschwunden. Und so schwelgte ich schon in den wildesten Phantasievorstellungen und dachte, vielleicht wären ja solche Speisen wie gewürzte Bohnen oder getrocknete Muscheln, auch wenn sie sehr teuer waren, eventuell nicht rationiert und noch frei erhältlich. Wenn ich doch nur fünf gewürzte Bohnen oder zwei getrocknete Muscheln täglich essen könnte, dann wäre das eine ausgezeichnete proteinreiche Nahrung! Ich würde dann bestimmt überleben. Es war durchaus nicht so, dass mir an gutem Essen viel lag; ich wollte einfach nur nicht sterben. Es entsprang einer Art tierischem Überlebensinstinkt; ich wollte leben. Auch wenn ich mich in einen neuen Menschen verwandeln sollte: damit das gelingen konnte, musste ich immer noch etwas essen und am Leben bleiben!

Alle Türen waren versperrt, und der einzige Ort, an dem ich unter Umständen noch hätte atmen können, existierte nicht mehr. Ich war nahe am Ersticken. Ich fühlte, wie das Ende meines Lebens rasch auf mich zukam.

Mama war gestorben! Wann? Wie starb sie? Warum hat man mir das nicht erzählt? Warum nicht? Hatte ihr seit langem gebrechlicher Leib den Schock meiner Verhaftung nicht aushalten können? Oder war das Pekinger Büro für Öffentliche Sicherheit in unser Haus gekommen, um sie zu bestrafen? Hegte die Familie mir gegenüber Groll, weil Mamas Tod etwas war, was mit mir in Zusammenhang gebracht wurde? Vielleicht fürchteten sie ja auch, dass für jemanden, der bereits hinter Gittern war, die traurigen Nachrichten von Mutter ein neuerlicher Schlag wäre, sodass sie nicht so gerne ins Detail gehen wollten?

Diese Fragen schossen mir durch den Sinn, doch mein geschwächtes Hirn konnte nicht mehr richtig arbeiten. Benebelt wie ich war, hatte ich keine Tränen mehr. Ich spürte keine Trauer und hatte auch kein Verlangen mehr zu kämpfen. Gleichgültigkeit war bereits in jede einzelne Zelle meines Körpers eingedrungen und mit ihr verschmolzen.

Eines Tages sagte Chen Ming zu mir: „Ich hatte einen Traum".

„Vergiss ihn!" Ich war zu faul, ihm zuzuhören oder darüber zu sprechen. „Zu dieser Zeit hast du immer noch Träume?"

„Wirklich, ich hatte einen Traum", sagte er ganz ernst.

Ich vermutete, es sei ein Wahn, eine Art Sinnestäuschung gewesen.

Chen Ming sagte: „Ich sah viele Männer um mich herum, die von meinem Körper mit einem Messer Fleischstücke abgeschnitten und sie dann in einen großen Metalltopf geworfen haben. Sie waren ganz aufgeregt während des Kochens und fingen schon mit dem Essen an, aber ich war immer noch am Leben! Und ich saß daneben und beobachtete sie. Sie schlangen das Fleisch wie Wölfe oder Löwen herunter. Durch den köstlichen Geschmack waren sie ganz außer sich vor Freude."

„Das reicht mir!" Mehr interessierte mich wirklich nicht. Aber in einem sanften Ton fragte ich: „Und? Wie fühltest du dich dabei?"

„Ich sagte zu ihnen: ‚Gebt mir auch etwas ab'", antwortete er.

Darauf sagte ich: „Hör einfach auf mit dem Träumen! Träume verschwenden nur Energie, verstehst du?"

„Als ob man mit dem Träumen irgendwie aufhören könnte ...", sagte Chen Ming traurig, mit einer Stimme, die so zart war, dass ich sie fast schon nicht mehr hören konnte.

„..."

Unter meinem Kissen fand ich ein halbes Blatt Papier, auf das ich ein paar Zeilen schrieb. Ich überreichte es ihm.

„Das ist die Adresse meiner Familie. Falls ich eines Tages sterben sollte und du dann noch am Leben bist, schreib doch bitte meiner Familie einen Brief. Sag ihnen, dass ich tot bin, dass ich nun Mama Gesellschaft leisten werde ... und erzähl der Welt, dass ich als unschuldiger Mann gestorben bin..."

Chen Ming nahm das kleine Stück Papier an sich, riss den leeren Teil ab und schrieb dort die Adresse seiner Familie auf. Dabei sagte er: „Ja, die Zeit scheint nun gekommen zu sein. Das ist die Adresse von meiner Familie. Nur noch meine Mutter lebt. Wenn die Zeit gekommen ist, gibst du ihr Bescheid und bittest sie darum, ihrem Sohn zu vergeben, dass er seine Sohnespflichten nicht erfüllen konnte."

Nur der Himmel wusste, wer von uns beiden näher dran gewesen war, als er den anderen darum bat, seiner Familie die Todesnachricht zu überbringen.

Wenn Leute aus dem Norden auf einem Kang schlafen, dann legen sie ihren Kopf immer an den Rand ihrer Schlafstätte. Von jemandem, der mit dem Kopf zur Mitte des Kangs hin schlief, hieß es allgemein, er sei ein Räuber oder Bandit. Offensichtlich deswegen, weil er auf diese Weise ständig alarmbereit sei: Wenn irgendetwas passieren würde, könnte er sich sehr schnell aus dem Kang erheben, in seine Schuhe schlüpfen und sich aus dem Staub machen. Wir in den Laogai-Lagern waren alle ganz außergewöhnlich, denn wir schliefen alle mit dem Kopf zur Mitte des Kangs. Alle Häftlinge schliefen vollkommen nackt. Die Kissen haben sich die meisten Männer selbst aus einem Paar Baumwollhosen oder anderen Kleidungsstücken zusammengefaltet und dann ein Handtuch darüber gelegt.

Jeder Mann musste seine eigenen Schüsseln anfertigen. Es waren Emaille-Schalen, die alle die gleiche Farbe hatten und unzerbrechlich waren; Schüsseln aus Keramik oder Glas gab es praktisch überhaupt nicht. Allerdings kamen sie in den unterschiedlichsten Modellen vor: Manche waren kugelförmig, andere waren flache Schüsseln oder Tassen, und es gab ganz verschiedene Größen. Jeder Häftling bewahrte sie an einer Seite seines Kissens auf. Ich besaß eine 1-Liter-Teekanne mit Henkel, sowie eine 1-Liter-Emaille-Schale. Schüsseln mit einem großen Fassungsvermögen waren damals sehr beliebt, mindestens 500 ml mussten hineinpassen, wohl aufgrund der Vorstellung, dass

Größe gleichbedeutend mit einer Art „Erfüllung" sei. Jede Person hatte noch zwei andere Gefäße: Das eine, um sich zu den Mahlzeiten sein Essen darin abzuholen, und das andere, um es als Nachttopf zu benutzen, in das er urinierte. Zu jener Zeit überkam der Drang danach die Häftlinge recht schnell, aber es kam doch nicht sehr oft vor. Man hatte dann keine Zeit mehr, um sich etwas anzuziehen und zur Latrine zu eilen. Außerdem war die Entfernung vom Zellenblock zur Latrine relativ „weit" für uns, und es war draußen kalt; den Weg hin und zurück hätten wir nicht überstanden. Man schob dann einfach die Decken beiseite und kniete sich auf den Kang, um es zu tun. Nur, wenn es wirklich „keine Alternative" gab, nahm man seinen Topf mit zur Latrine, um ihn dort auszuschütten. Trotzdem gab es im Zellenblock anscheinend keinen unerträglichen Geruch. Höchstwahrscheinlich ist der Uringeruch eines Menschen, dessen Körper schwach ist, ebenfalls sehr viel schwächer ausgeprägt.

Aber auch die Essensregeln in der Abteilung 585 unterschieden sich von denen in der Abteilung 583. Da die Mehrheit der Häftlinge ihre Mobilität eingebüßt hatte, trugen die Küchenkalfaktoren das Essen an Stangen über ihren Schultern zu den Zellenblocks und verteilten es direkt an die Männer. Das war eine weitere Sonderbehandlung, die 585 – als die „Genesungs-Abteilung" – ihren Gefangenen bot.

Aber es gab dort kein System mit politischen Schulungen. Gelegentlich kamen die Hauptleute zu den Einheiten und nahmen sich sehr viel Zeit, um jeden einzelnen Häftling nach draußen in den Hof zu bringen, wo man sich Mahnreden anhören musste. Manchmal wurden ein paar Artikel aus der Volkszeitung vorgelesen, die uns dann als politische Lektion dienten. Von der Arbeit waren wir völlig befreit.

Streitereien und Kämpfe kamen nun nur noch sehr selten vor. Einmal gerieten zwei Männer aus meiner Gruppe wegen einer kleinen Sache aneinander. Ihre Bewegungen, die sie beim

Kämpfen ausführten, wirkten wie in Zeitlupe mit einem Film aufgenommen. Der Gegner fiel hin, sobald man ihn auch nur berührte, und dann fing man auch schon zu frieren an und fiel daneben hin, so wie eine Puppe aus Papier und Kleister.

In der Abteilung 585 war es außerordentlich ruhig; nichts könnte wohl angemessener sein, als dies als eine „Totenruhe" zu beschreiben.

Der Mann, der uns das Essen brachte, war ein alter Muslim. Er war groß und kahlköpfig und sein Spitzname war „Narben-Wang". Er verfügte über eine zähe, aufrichtige Leidenshaltung, die besonders bei Muslimen anzutreffen ist, und er ging auf die Sechzig zu. Ich weiß nicht, weshalb man ihn verhaftet hatte. Jeden Tag trug er ein Paar Stahlfässer an einer Stange über seiner Schulter. Das vordere Fass enthielt Maisschleimsuppe, und im hinteren Fass befanden sich die Brötchen. In der Hand hielt er eine lange Schöpfkelle aus Metall. Als er den Zellenblock betrat, schlug er mit der Kelle gegen die Fässer und es machte „Klirr! Klirr! Klirr!" Er kam zweimal täglich, um alle auf diese Weise wachzurütteln.

Ein jeder rang jetzt mit sich selbst aufzustehen und seine Schüssel neben sein Kissen an den Rand des Kangs zu schieben. Narben-Wang ging den Rand des Kangs entlang und verteilte nacheinander das Essen an die einzelnen Häftlinge. Zu diesem Zeitpunkt hatte man die Herstellung der Brötchen mit der Hand aufgegeben; sie wurden nunmehr in einer importierten Stahlform produziert. Dadurch wurde erreicht, dass die Brötchen alle die gleiche Größe hatten, sodass die Männer sich nicht mehr darum stritten.

Immer wenn Narben-Wang diese eine Kelle voll Maisschleimsuppe in die Schlüssel jedes einzelnen goss, ging er dabei sehr sorgsam vor. Nachdem er die Kelle gefüllt hatte, konnte er sie nicht sofort ausgießen, sondern musste erst kurz anhalten und warten, bis die überschüssige Menge in seinen Eimer zurückgeflossen war. Die Schöpfkelle musste ganz waagerecht ausgerichtet sein; sie durfte nicht in die eine oder andere Richtung schwenken. Wenn das doch geschah, dann würde die Portion zu klein sein, was eine äußerst schwerwiegende Angelegenheit war. Denn derjenige, der auf sein Essen wartete, und praktisch auch jeder andere, beobachtete sehr genau, wenn Narben-Wang die Kellenladung in die Schüssel goss. Seine Bewegungen führte er schon sehr gekonnt aus, und er war ausgesprochen gerecht, doch hin und wieder unterlief auch ihm ein Fehler, was unmittelbare Proteste hervorrief, wie etwa: „Hey! Hey! Die Kelle ist nicht gerade! Mach das noch mal!"

„Hey! Hey! Du hast ja gar nicht alles ausgegossen! Narben-Wang, womit verdienst du eigentlich deinen Lebensunterhalt?"

„Da fehlt was an meinem Brötchen! Verfluchter Mist!"

Narben-Wang war geduldig und schien aufrichtig und nett zu sein. Immer wenn er mit dem Austeilen des Essens an alle Häftlinge fertig und im Fass noch etwas übrig war, schabte er den verbliebenen Brei von den Seiten des Gefäßes ab und gab es noch jemandem. Dabei war er sehr gerecht; jedes Mal kam ein anderer Häftling in den Genuss dieser Extraportion, die stets mehr als eine halbe Schüssel ausmachte, sodass jeder irgendwann mal seinen Anteil bekam.

Jeder Mann hatte so seine bestimmte Art zu speisen. Manche schlangen ihre Mahlzeiten einfach hemmungslos herunter. Andere aßen langsam und mit Bedacht, wobei sie eine Stunde dafür brauchten, um diese eine Schüssel Maisschleimsuppe und ein einziges Brötchen zu verzehren. Einige hielten ihre Brötchen in beiden Händen, um sie zum Mund zu führen, und sie hielten auch ihre Schüssel mit beiden Händen fest, um die Suppe mit dem Mund aufzuschlürfen. Andere wiederum aßen die Maisschleimsuppe löffelweise. Aber unabhängig davon, wie sie aßen: Wenn sie fertig waren, benutzten alle ihre Finger und Zungen, um ihre Schüsseln so sauber auszuwischen und auszulecken, dass es nicht mehr nötig war, sie abzuwaschen.

„Verdammt! Dieser Narben-Typ führt nichts Gutes im Schilde! Gestern hatte ich fünfundzwanzigeinhalb Teelöffel und heute waren es nur fünfundzwanzig, also ein halber Teelöffel weniger! Hoffentlich stirbt seine ganze Familie!"

„Heute hat sich Narben-Wang aber verdient gemacht! Siebenundzwanzig Teelöffel! Mehr als gestern"

„Heute war die Maisschleimsuppe dicker. Dieser Narben-Wang ist schon ein toller Kerl!"

Aber niemand hasste ihn. Narben-Wang war schon ein guter Mensch, und er war der Einzige, der zum Gesprächsthema wurde.

Im Oktober fing es damit an, dass die Zahl der Toten immer weiter anstieg. Der erste Todesfall ereignete sich in meiner Gruppe an dem Tag, als Chen Ming und ich von unserem gemeinsamen Spaziergang zurückkehrten. Die Kalfaktoren brachten einen Sarg herein, der aus alten Seifenkisten zusammengezimmert war, und sie legten den Leichnam hinein. Der zweite Todesfall fand in meiner Gruppe zwei Tage später statt. Aus allen anderen Gruppen, Einheiten und aus der gesamten Abteilung 585 holte man täglich Leichen ab.

Wenn heute jemand die Gruppe verlassen hatte, dann sollte schon morgen ein anderer kommen, der seinen Platz einnahm. Alle Abteilungen sandten kontinuierlich Häftlinge nach 585, die einer „Genesung" bedurften, und 585 schickte andauernd Leute zu Abteilung 586.

Wenn jemand starb, war es die meiste Zeit ganz still. Es gab dann kein Weinen, kein Schreien, kein Lärmen. Keiner schien darauf zu reagieren; man hatte keine Angst, man trauerte nicht, man war nicht empört. Alles lief weiter wie bisher, als ob nichts geschehen wäre.

Doch nun war es gerade Chen Ming, der sich gerne unterhalten wollte, der nur noch quasselte, und von seinen Erfahrungen, seinen Träumen, seinem Leben erzählte.

„Hör endlich auf mit dem Quatschen!", wollte ich eines Tages seinen Redefluss stoppen. „Sag jetzt einfach nichts mehr. Hör zu, du musst kein Geld ausgeben, wenn du nichts verdienst; es muss eine Zahlungsbilanz geben. Wir haben nichts zu essen, wir haben keine Energiequelle, daher müssen wir uns Mühe geben, damit wir unsere Energien nicht unnötig verschwenden. Wir dürfen eben nichts tun, nichts denken, und noch nicht einmal träumen. Wir dürfen nicht hören mit den Ohren, dürfen nicht sehen mit den Augen. Sogar das Reagieren auf Licht verschwendet Energie; leg dir ein Handtuch über dein Gesicht und versuch zu überleben."

„Überleben? Zu welchem Zweck?"

Obwohl das eine gute Frage war, ärgerte sie mich.

„Ich habe dir doch gerade gesagt, dass du mit dem Nachdenken aufhören sollst, dass du aufhören sollst, überhaupt etwas zu tun, und jetzt denkst du schon über den Zweck des Überlebens nach? Denk nicht darüber nach, denk über gar nichts nach! Denk einfach nicht!"

„Wie kann ich mich denn selbst vom Denken abhalten? Das musst du mir jetzt aber mir erzählen, wie das gehen soll."

„Na gut, ich sag's dir nochmal: Denk nicht darüber nach, wie du nicht nachdenkst; denk nicht darüber nach, wie du deine Energie nicht verschwendest. Das ist schon selbst Nachdenken. Damit verschwendest du Energie! Kurzum: Denk nicht nach! Denk nicht nach! Das ist die einzige Möglichkeit zu überleben!"

Er hatte ja Recht! Zu welchem Zweck sollten wir schon überleben? Um „neue sozialistische Menschen" zu sein?

Da die meisten Häftlinge auf dem Kang lagen und sich nicht viel bewegten, war es schwer zu entscheiden, ob diese Männer, die nur noch einen Atemzug vom Tod entfernt waren, tatsächlich schon tot oder noch lebendig waren. Es konnte ja nur bei den beiden Mahlzeiten täglich überprüft werden, ob jemand tot war oder noch lebte. Wenn Narben-Wang kam und irgendjemand nicht aufstand und seine Schüssel an den Rand des Kangs stellte, war es gar nicht nötig nachzufragen.

Ab Oktober wurde es zur Routine, Häftlinge zu entdecken, die nicht mehr zum Essen aufstanden. Der Kalfaktor meldete das dem Hauptmann; der kam zum Eingang, um einen Blick bei uns hineinzuwerfen, wies dann den Gefängnisarzt an, den Betreffenden zu untersuchen und schließlich ein Formular auszufüllen. Dann gingen sie wieder. Die Kalfaktoren wickelten den Leichnam in eine Strohmatte ein, wobei sie genau die Vorschriften befolgten, banden dann eine dünne Kordel um die Mitte und trugen ihn fort.

„Narben-Wang, was soll denn das?" fragte so mancher Gefangener, als er seine Suppe schlürfte. „Habt ihr keine Särge mehr? Alles was er bekommt, ist diese Strohmatte hier?"

„Trink deine Suppe! Stell nicht solche Fragen. Willst du, dass ich einen Fehler mache?" sagte Narben-Wang. „Warte mal, bis du dran bist, vielleicht gibt es bis dahin noch nicht mal mehr Strohmatten!"

Und tatsächlich stellte man im November – nicht lange nachdem diese Worte gesprochen waren –, den Gebrauch von Strohmatten ein und rollte stattdessen jeden Toten in seine eigene Bettwäsche und seine eigene Steppdecke ein, verknotete die Enden miteinander und trug ihn hinaus.

Immer wenn damals ein oder zwei Häftlinge im Zellenblock starben, teilte Narben-Wang deren Essensrationen heimlich unter den übrigen Männern auf. Andere Küchenkalfaktoren machten das nicht. Sie hätten die Portionen der Toten wieder zurück in die Küche gebracht.

Die von uns geschieden waren, verließen uns also und es kamen weiterhin Neuankömmlinge an. Obwohl wir außerstande waren, nach draußen zu gehen, um selbst nachzuschauen, wie viele Gefangene die Ochsenkarren in jede Gruppe ablieferten, wurden die von den Toten hinterlassenen Lücken doch innerhalb von zwei oder drei Tagen von den Neuzugängen wieder aufgefüllt.

Als ich eines Tages im November meine Maisschleimsuppe aß, sah ich, dass ein Häftling gestorben war, und ich sagte zu Narben-Wang: „Wang, hier ist noch einer."

Narben-Wang sagte: „Okay."
Und dabei füllte er auch schon die nächste leere Schüssel.
„Heute wird sich niemand mehr hinter deinem Rücken über dich beschweren", sagte ich zu Narben-Wang.
„Was habe ich denn jetzt schon wieder getan?", gab er verärgert zurück.
„Weil dieser Häftling immer die Löffel zählte, wenn er seine Suppe aß; wenn es nicht genug waren, hat er dich verflucht."
„Das ist ja nun wirklich ungerecht", entgegnete er. „Meine Schöpfkelle ist immer ganz gerade, ich behandle niemanden ungerecht. He! Ich hab ihn nie tyrannisiert und nie sein Essen gekürzt. Ich gebe so viel aus, wie die Regierung bereitstellt. Jeder bekommt die gleiche Menge. Das ist alles. Da kann ich nun mal nichts machen. He! Naja, ist ja auch egal. In der Hölle wird er sich sowieso nicht über mich beklagen. Ganz ehrlich: Ich habe ihn nicht schlecht behandelt. Na gut, nun hat der Tod seinen Problemen ein Ende bereitet. Seine Sorgen sind vorbei. Ich sollte mir also keine Gedanken darüber machen, ihn schlecht behandelt zu haben." Narben-Wang verzog sein Gesicht und beendete seinen Redeschwall.
Es gab nichts an Narben-Wang, das für mich in irgendeiner Weise darauf hinwies, dass er ein Bösewicht oder ein Schuft war. Er hatte Frau und Familie und sah nicht aus wie jemand, den die Kommunisten für einen Kapitalisten oder ein Mitglied der ausbeutenden oder der Grundherrenklasse bezeichnen würden. Wie konnte er in das Laogai-System geraten?

Meine Mutter in Hongkong (Jahr unbekannt)

Meine Stiefmutter Chen Cuitai (1948).

Meine Mutter Guo Zhongying und meine älteste Schwester (1940).

Mein jüngster Bruder Wu Hongren in der Ningyue New Village (1948).

Familienfoto. Untere Reihe von links: Stiefmutter, jüngster Bruder Wu Hongren, Vater. Hintere Reihe von links: Fünftjüngste Schwester Wu Shenlan, viertjüngste Schwester Wu Xianghai, sechstjüngste Schwester Wu Mutao, älteste Schwester Wu Hanlian, ältester Bruder Wu Hongyi, Harry Wu und das siebente Kind, sein Bruder Wu Hongdao (1950).

Mein Vater und meine sechstjüngste Schwester, mein Schwager und mein jüngster Bruder (links), heute alle verstorben (1970).

Gruppenfoto am Haus meines Schwagers, bevor meine älteste Schwester nach Hongkong ging. Ganz rechts außen in der vorderen Reihe: der ältere der jüngeren Brüder des Autors; der Autor selbst ist der dritte von rechts in der vorderen Reihe; die viertjüngste Schwester befindet sich links außen, und die zweite von links ist die fünftjüngste Schwester. In der hinteren Reihe: der älteste Bruder und die älteste Schwester (1950).

Von links nach rechts auf dem Bild: mein Vater, mein ältester Bruder und ich selbst (1953).

Meine Eltern und ich, aufgenommen vor ihrem ehemaligen Wohnhaus in der Ningyue New Village Nr. 7 (1956).

Die Baseballmannschaft von Peking gewinnt die nationalen Meisterschaften. Der Autor ist der zweite von links in der hinteren Reihe (1956).

Yao Manhua als Schülerin an der Number Three Girl's High School in Shanghai (1954).

Yao Manhua und ich, 1965 in Shanghai.

Der Autor und Yao Manhua, aufgenommen vor dem nördlichen Wohnheim Nummer 5 der Pekinger Hochschule für Geologie.

Praktikum auf dem Land im Bezirk Xishan, außerhalb Pekings. Vorne links: Ma Jingxin. Harry steht hinter ihr. Die Person in der Mitte ist der Fahrer. Die anderen sind Praktikanten aus unteren Klassen.

Das Tigermaul – der Eingang zum Laogai-Kohlenbergwerk Wangzhuang.

Außenansicht vom Laogai-Kohlenbergwerk Wangzhuang in Shanxi (1991).

Wo Harry Wu viele Jahre „Reform durch Arbeit" durchmachte – die Pekinger Laogai-Qinghe-Farm (1991).

Viele Jahre, nachdem ich Wangzhuang verließ, kehrte ich aus den Vereinigten Staaten nach China zurück und besuchte das dortige Laogai-Kohlenbergwerk. Während meines Aufenthalts als Zwangsarbeiter hatte ich mit eigenen Händen die Baracke im Hintergrund gebaut. Der Schauplatz brachte Erinnerungen zurück, und ich hatte das Gefühl, als ob sich all das in einem anderen Leben angespielt hätte (1991).

Kapitel 6

ABTEILUNG 586

Im November starb Chen Ming.

Nach und nach schalteten sich meine Gehirnzellen ab. Alle Varianten von Gedanken und Wahrnehmungen – Andenken aus meiner Kindheit, nostalgische Erinnerungen an meine Liebste, Gedanken daran, wie sehr ich meine Eltern vermisste, die Sehnsucht nach Freiheit, das Streben nach Würde, die Angst vor dem Tod, die Verwirrung über den Hunger – schwanden allmählich. Mein Gehirn war leer; es enthielt nichts, es wollte nichts, es fürchtete nichts. Es war wirklich wie ein leeres Blatt Papier.

Besonders was den Hunger anging, litt ich nicht mehr so sehr. Allem Anschein nach hatte ich noch nicht mal Appetit darauf, davon zu sprechen. Das Bisschen Nahrung, das ich jeden Tag bekam, schien völlig normal zu sein. Wonach duftete eigentlich Öl, wonach schmeckte süß-saures Fleisch? Anscheinend hatte ich meinen Geschmackssinn verloren. Und – was noch wichtiger war – ich war gar nicht mehr hungrig. Mein Magen und meine Eingeweide hatten sich auf diese Situation eingestellt. Die Anzahl der Männer, die bei Durchfallanfällen auf der Latrine starben, sank. Jetzt starben mehr Leute auf den Kangs in ihren Zellenblocks, gingen einfach ohne ein Wort dahin.

In den Tagen vor Chen Mings Tod wurde er noch einmal sehr gesprächig. Ich sagte zu ihm: „Was ist denn los mit dir? Es kann ja sein, dass du die Kraft zum Sprechen hast, aber ich habe keine Kraft zum Zuhören!"

Trotzdem redete er – mit Unterbrechungen – immer weiter, abwechselnd ein kurzer Satz und dann wieder ein langer.

„Als ich nach Peking kam ... wollte ich Lehrer werden. Meine Freundin und ich wuchsen in demselben Dorf auf. Die Bauern sahen auf uns herab ... in der Dorfschule war ich ein guter

Schüler ... ich liebte meine Freundin. Ich hatte mir gewünscht, Lehrer werden zu können, dann heimzukehren, um sie zu heiraten. Mein Onkel wohnte in Peking ... Später unterrichtete ich Geographie in einer Grundschule ... auf der Landkarte zeigte ich meinen Schülern, dass Fujian meine Heimat ist; meine Verlobte ist hier ... Taiwan liegt genau gegenüber. Taiwan ist eine schöne Insel ... die Menschen in Taiwan sind sehr tapfer ... ohne Unterstützung von außen haben sie den Angriffen der Niederländer und Japaner widerstanden ... sie sind der Stolz Chinas ... Später heiratete meine Freundin dann einen anderen ... dann kam meine Mutter nach Peking. Ich nahm sie zum Zeitvertreib mit zum Tiananmen-Platz ... irgendjemand hat uns dann getrennt ... Ich wurde gefangen genommen und von Kriminalbeamten in Zivil in einen Jeep gezwungen ... bin ins Büro für Öffentliche Sicherheit gekommen ... dann ... sagte die Öffentliche Sicherheit, ich verbreite konterrevolutionäre Propaganda unter den Studenten und bin gegen die Befreiung von Taiwan ..."

In meiner Benommenheit hörte ich nur halb zu. Da meine Augen mit einem Handtuch bedeckt waren, wandte ich noch nicht einmal meinen Kopf zur Seite. Ich weiß gar nicht, wie lang er so weiter machte.

Bei der zweiten Mahlzeit am nächsten Tag, gegen 4 Uhr nachmittags, kam Narben-Wang und machte wieder Lärm mit seinen Eisenfässern – Klirr, klirr! Klirr, klirr! – um uns unser Essen zu bringen. Chen Ming setzte sich nicht aufrecht hin; wenn er jemand gewesen wäre, den ich nicht gekannt hätte, so wie derjenige auf der anderen Seite meiner Bettrolle einige Tage zuvor, dann hätte ich einfach nur gesagt: „Narben-Wang! Hier ist noch einer." Ich wäre dann nicht zu ihm rübergegangen, um ihn anzuschubsen, und ich wäre dann auch kein bisschen aufgewühlt gewesen.

Aber es war nun einmal Chen Ming, mein einziger Gefährte in diesem Abschnitt meines Lebens. Wie konnte er sich davonmachen? Wie? Aber ich war absolut überzeugt gewesen, dass er sterben würde, so wie ich auch glaubte, dass ich sterben würde. Daran gab es nicht den geringsten Zweifel. Trotzdem konnte ich es in diesem Augenblick einfach nicht glauben. Ich schüttelte ihn. Ich dachte, er müsse in einen apathischen Zustand gefallen sein, dass er eben einfach nur zu faul sei, um aufzustehen. Nein! Steh schnell auf! Du kannst doch nicht deine Mahlzeit versäumen! Wenn du nicht aufstehst, werden die anderen nicht zulassen, dass ich deine Portion für dich aufhebe! Steh auf! Steh auf! Chen Ming! Ich will hören, wie du weitersprichst. Komm schon, steh auf!

Aber er war jetzt richtig schlafen gegangen und sollte nicht wieder aufstehen.

„Hey, Narben-Wang!“, rief ich.

„Ja ...?“

„Hier ist noch einer.“

„Ist es ein Freund von dir?“, fragte Wang.

Ich wollte nicht mehr weiterreden und legte mich hin. Die Welt war so still.

Im November ist der Himmel im Norden um fünf Uhr nachmittags schon ganz dunkel. Die beiden Kalfaktoren kamen herein. Einer kam auf den Kang, der Andere stand am Rand des Kangs. Chen Ming lag schon ausgestreckt mit dem Kopf unter den Dekken. Die beiden Männer ergriffen die Betttücher, drehten sie an den Enden zusammen und trugen ihn hinaus.

Alles, was auf Chen Mings freiem Platz auf dem Kang zurückblieb, waren zwei dünne Bücher und ein alter Briefumschlag. Ich schob diese Sachen unter mein Kissen und kehrte in meine liegende Position zurück. Ich hatte keine Tränen und fühlte keinen Schmerz.

Ich weiß nicht, wie viele Stunden später es schon war, als ich hörte, wie außerhalb des Zellenblocks ein Kalfaktor vor Schrekken laut aufschrie. Bis zu diesem Zeitpunkt hätte das – egal, was geschehen war – niemanden im Zellenblock irgendwie beunruhigt. Jeder lag weiterhin ruhig vor sich hin.

Unser Zellenblock besaß ein Fenster, durch das man auf ein kleines niedriges Haus hinausschaute, das ursprünglich vielleicht ein Geräteschuppen gewesen sein mochte. Mit dem Monat September ist dieses Haus zu einem Leichenschauhaus geworden. Jeder, der in den verschiedenen Gruppen und Einheiten starb, wurde in dieses kleine Haus geschickt; tags darauf kam jeden Morgen ein Ochsenkarren vorbei, um all die Leichname zugleich fortzuschaffen. Im September hatte ich gesehen, wie ein Ochsenkarren vor der Tür zu diesem kleinen Haus anhielt; ein alter Kalfaktor schloss die Tür auf, und die Kalfaktoren, die mit dem Ochsenkarren gekommen waren, gingen in das Haus hinein und brachten mehrere leichte Särge heraus, luden sie auf den Wagen auf und fuhren wieder ab. Im Oktober hatte ich beobachtet, wie der Ochsenkarren sieben oder acht in ihr Bettzeug eingewickelte Leichen mitgenommen hatte. Im November hatte ich nicht mehr die Kraft, aufrecht zu sitzen, sodass ich den Wagen nicht mehr gesehen habe. Als Chen Ming mich verlassen hatte, war er ebenfalls in dieses kleine Haus gebracht worden.

Nach den Schreien des Kalfaktors hörte ich, wie der Hauptmann näher kam. Man hörte erneut Rufe, und kurze Zeit später trug man jemanden in unseren Zellenblock und legte ihn in die Lücke neben mich.

Es war Chen Ming!

„Was ist denn hier los?" Ich erhob mich halb aus dem Bett und sah den Kalfaktor fragend an.

„Der alte Zhuang aus dem Leichenschauhaus hatte um Hilfe gerufen, weil er gesehen hatte, wie sich die Tür des kleinen Hauses plötzlich bewegte und sich eine Hand herausstreckte. Im Leichenschauhaus befanden sich nur sechs oder sieben Leichen; wie konnte da noch jemand am Leben sein? Der alte Zhuang glaubte, ein Gespenst gesehen zu haben; er war zu Tode erschrocken, sodass er eben zu schreien anfing. Normalerweise fuhr immer ein Ochsenkarren täglich am Morgen vor, um die Leichen abzuholen, aber nun war man zu einem zweimaligen Abtransport jeweils morgens und nachmittags übergegangen. Doch diese Leichname waren nach dem Abendessen in dem kleinen Haus eingetroffen, sodass sie bis zum nächsten Morgen warten mussten. Zum Glück ist es kalt, sodass es zu keiner Geruchsentwicklung kommt. Der alte Zhuang rief sofort den Hauptmann, der die Tür öffnete und Chen Ming auf dem Boden vor dem Eingang liegen sah. Offenbar war er noch nicht ..."

Yama, der König der Hölle, ist wirklich gewissenhaft und äußerst pingelig; er muss den für die Geburten- und Sterberegister zuständigen Sachbearbeiter angewiesen haben, die Listen zu überprüfen und, als er dann festgestellt hatte, dass Chen Mings Zeit noch nicht gekommen war, ihn dann auf die Erde zum Weiterleben zurückgeschickt haben. Genau in dem Augenblick, als ich diese Gedanken hatte, kam auch schon der Hauptmann lachend herein und sagte: „Yama hatte den falschen Namen auf der Liste, Chen Mings Zeit war noch nicht gekommen. Ist alles in Ordnung?"

„Oh, Herr Hauptmann ..." Ich setzte mich auf und sagte: „Chen Ming hat das Abendessen verpasst. Er sollte einen Ersatz dafür bekommen." Das war das einzige, was ich tun konnte, um meinem Freund zu helfen.

Der Hauptmann fragte: „Woher weißt du denn, dass er nichts gegessen hat?"

„Herr Hauptmann, Sie können in der Küche bei Narben-Wang nachfragen", sagte ich. „Er kann bestätigen, dass Chen Ming ‚starb', bevor die Mahlzeit begonnen hatte."

„Das Abendessen ist vorbei. Wenn er es verpasst hat, dann hat er es eben verpasst. Er muss bis morgen warten", sagte der Hauptmann mit unerbittlicher Entschlossenheit.

„Hauptmann, was Chen Ming soeben zugestoßen ist, das ist nun wirklich ungewöhnlich. Wie Sie gerade sagten, ist er aus der Umklammerung König Yamas zurückgekehrt. Wie oft so etwas wohl passiert? Wenn Sie ihm seine Mahlzeit nicht geben, müsste er das wohl König Yama melden", erwiderte ich ebenso entschlossen.

Der Hauptmann zögerte einen Augenblick, bevor er sich damit einverstanden gab: „In Ordnung!" Er wandte sich an den Kalfaktor und sagte: „Bring Narben-Wang her!"

Es dauerte nicht lange, da erschien auch schon Narben-Wang: „Hä? Chen Ming ist wieder zurück?"

„Was meinst du", fragte der Hauptmann, „was sollten wir tun?"

„Wie wäre es denn damit?", sagte er zu mir gewandt, „du setzt ein Schreiben auf, und ich werde sehen, was ich tun kann."

Diese Männer, die die Funktion eines Hauptmanns ausübten, hatten nur eine sehr geringe Schulbildung; ziemlich viele von ihnen waren unfähig, offizielle Dokumente oder Briefe zu verfassen. So schrieb ich also: „Hiermit wird erklärt, dass Chen Ming aus Gruppe Sechs, Einheit Zehn, die heutige Abendmahlzeit aus gutem Grund versäumt hat. Wir wären sehr dankbar, wenn Sie dafür Verständnis zeigen und Nachsicht üben würden, indem Sie ihm eine Mahlzeit nachliefern."

Der Hauptmann nahm den Zettel an sich, und sagte zu Narben-Wang: „Komm mit mir!"

Ich legte mich wieder hin und sah Chen Ming an. Seine schmalen kleinen Augen waren geschlossen, und auf dem spärlichen Flaum über seiner Oberlippe schien es etwas feucht zu sein; er atmete schwach. Also doch! Er war noch am Leben, jämmerlich zwar, aber immerhin: Er lebte noch!

Etwa eine Stunde später kam Narben-Wang zurück. Sobald er eingetreten war, roch ich einen ungewohnten Duft; auf diese Art von Wohlgeruch reagierten unsere Nasen extrem empfindlich.

„Hier, das ist für dich!"

Narben-Wang trug einen Teller, auf dem zwei dampfende Brötchen lagen. Man brauchte sie bloß anzuschauen und man wusste sofort, dass es sich um zwei Brötchen aus echtem Maismehl handelte, die wir „goldene Pagoden" nannten.

Überrascht sagte ich: „Was ist denn nun los, Narben-Wang?"

„Ja, das ist wirklich ungewöhnlich", entgegnete er. „Der Hauptmann ging mit mir zum Abteilungsbüro. Zuerst holte er aus seiner Jackentasche ein Dienstsiegel und stempelte damit das Schreiben, das du ihm gegeben hattest. Dann ging er damit zum Abteilungsleiter. Sie sprachen eine Weile miteinander, dann stimmte der Abteilungsleiter dem Schreiben zu. Der Hauptmann nahm mich dann mit in die Küche des Kaders und wog 120 Gramm Maismehl ab. Ja, und dann habe ich die Brötchen selbst gedämpft."

„Chen Ming! Chen Ming! Steh auf!" Ich wollte ihm wirklich mit meinen Armen aufhelfen, hatte aber nicht die Kraft dazu. „Beeil dich! Steh auf! Schau! Sieh dir das an!"

Chen Ming bewegte sich nicht, er öffnete nur leicht die Augen. Narben-Wang hielt den Teller direkt vor Chen Mings Gesicht und schwenkte ihn hin und her: „Sieh mal! Die sind für dich! Die gehören dir!"

Mit einem Schwung setzte sich Chen Ming aufrecht hin. Er riss die Augen weit auf und starrte auf die beiden „goldenen Pagoden".

„Mir?"

Ohne eine weitere Bestätigung abzuwarten, schnappte er sich die Brötchen und begann damit, sie sich in den Mund zu stopfen. Rasch klaubte er sich die Krümel aus seinem Gesicht, von seinen Händen und sogar von seinem Bettzeug und verschlang sie ebenfalls. Insgesamt brauchte er dafür weniger als eine Minute.

Zufrieden legte er sich wieder hin. Narben-Wang hatte mit offenem Mund daneben gestanden und Chen Ming angestarrt, als dieser seine Brötchen verzehrte; als er fertig war, ging Narben-Wang.

Höchstens zehn Minuten, nachdem Chen Ming mit seiner Sonderladung der „goldenen Pagoden" fertig war, griff er sich an seinen Bauch und schrie: „Das tut weh! ... Das tut weh!" Bevor er das ein drittes Mal sagen konnte, entspannte sich sein Körper und er lag ausgestreckt da. Jetzt war seine Zeit wirklich gekommen.

Chen Ming war gestorben.

Seine Wangen waren rot und warm, seine Hände weich und nicht trocken, und sein Gesicht zeigte keinerlei verhärtete Züge; er sah entspannt und im Frieden mit sich aus, ohne den geringsten Ausdruck des Leidens. Ich flüsterte ihm zu: „Es tut mir leid, ich hätte mich nicht so sehr um diese Mahlzeit für dich bemühen sollen!"

Chen Mings Gedärme waren derart dünn geworden, dass sie dieses richtige Essen gar nicht verkraften konnten. Es war zu viel und zu reichhaltig; er konnte sich noch nicht so schnell wieder umstellen. Es war mein Fehler. Von da an wurde beschlossen, dass jeder Häftling, der an der Schwelle des Todes stand und der eine Sonderbehandlung bekam, ausschließlich Maisschleimsuppe erhielte; „goldene Pagoden" wurden nicht mehr vergeben.

Dieser Raum, in dem etwa ein Dutzend halbtoter Männer herumlagen, wurde von einer einzigen 25-Watt-Birne beleuchtet. Ab dem Zeitpunkt, seit Chen Ming zurückgetragen wurde, seine Brötchen gegessen und seine Schmerzensschreie ausgestoßen hatte, bis hin zu seinem Darmdurchbruch und seinem Tod waren mehr als eine Stunde vergangen. In diesem Zeitraum machte keiner der ungefähr zwölf Männer in diesem Zellenblock, mit Ausnahme meines eigenen Aufstehens und Sprechens, auch nur die leiseste Bewegung. Für sie war es so, als ob sich alles auf einem entfernten Planeten abspielte.

Ich rief nicht den Kalfaktor. Ich stand auf, kniete mich neben Chen Ming und sagte ein stilles Gebet, in dem ich Gott um sein Erbarmen bat.

Der Reihe nach versuchte ich mir die Träume ins Gedächtnis zurückzurufen, die Chen Ming mir geschildert hatte. Jene alltäglichen, ganz normalen Träume; diese Träume, die wohl jeder, der noch am Leben war, träumte. Ob er noch immer neue Träume phantasierte? Nein, alle seine Träume waren in der Vergangenheit angesiedelt. Nun war er bereits in dem wirklichen Traumland angekommen. Sein Leben war vorbei. Er war gestorben, und seine Träume hatten aufgehört.

Worin lag nun der Wert von Chen Mings Leben? Wozu sollte das alles gut sein? Da kam jemand hastig auf die Welt, nur um sie dann auf eine solch unergründliche Weise wieder zu verlassen. Es war wie die Flamme einer Öllampe, die mit einem einzigen Lufthauch ausgelöscht werden konnte.

Chen Ming lag hier, friedlich und still. Nichts auf der Welt existierte jetzt mehr für ihn. Es gab kein Leiden und kein Glück mehr, keine Würde und keine Demütigung mehr, keine Liebe und keinen Hass mehr. Jetzt war er ein echter König. Ich beneidete ihn.

Zu welchem Zweck konnte solch eine unsinnige Macht auf der Welt existieren – eine Macht, die imstande war, das Leben so vieler Unschuldiger auszulöschen?

Am nächsten Tag sah ich die Abteilung 586.

Neben der Abteilung 585 liegt ein Stück brachliegendes Land: In den Sechzigerjahren war das ein Friedhof. Wenn jemand jedoch in diesem Jahrzehnt starb, sagten die Leute, dass er zu „586" gegangen war.

Vielleicht hatte Narben-Wang den Vorfall der letzten Nacht ja dem Hauptmann gemeldet. Jedenfalls lenkten zwei Kalfaktoren kurz nach neun Uhr morgens den Ochsenkarren direkt vor die Tür des kleinen Hauses, um sechs Leichen aufzunehmen, und kamen danach in meinen Zellenblock, um auch Chen Ming mitzunehmen. Sie kamen auf den Kang herauf und rollten Chen Mings Leichnam herunter und wollten ihn gerade hinaustragen.

Ich setzte mich auf und sagte: „Nein! Bringt ihn nicht rüber!"

Ich legte mich quer über Chen Mings Körper.

„Was machst du denn da? Er ist tot!", sagte der Kalfaktor.

Ich gab ihm keine Antwort. Ich ließ meinen Kopf auf Chen Mings Brustkorb fallen und hielt seine Schultern mit beiden Händen fest.

Überraschenderweise verlor der Kalfaktor nicht seine Geduld. Er sagte nur: „Melde es dem Hauptmann, was der dazu meint."

Der Hauptmann kam. Es war ein neuer Hauptmann, sein Familienname war Cao. Er war über vierzig, und er stammte aus dem Kreis Yutian aus der Provinz Hebei.

„Wu Hongda, was machst du da?", fragte mich Hauptmann Cao, während er genauso lautstark kommandierte: „Mach Platz! Mach Platz! Wu Hongda, mach Platz!"

Ich bewegte mich nicht von der Stelle.

„Schiebt ihn weg!", befahl Hauptmann Cao den beiden Kalfaktoren.

„Er ist tot", teilte ich dem Hauptmann in einem faden Tonfall mit. Dieser Ton meiner Stimme stimmte ihn anscheinend milder.

„Ja." Nun brüllte er nicht mehr. „Was willst du denn jetzt machen?"

„Ich will ... ich will bei ihm sein!", antwortete ich.

„Wir bringen ihn weg, um ihn zu beerdigen. Willst du mitgehen?"

„Ja, natürlich!"

Hauptmann Cao war ziemlich erstaunt über meine Antwort. Aber er schien doch zu verstehen, was ich meinte: Ich wollte nicht neben Chen Ming sterben, sondern an seiner Beerdigung teilnehmen.

Das war noch nie zuvor geschehen. Irgendein anderer Hauptmann hätte meinen Wunsch, ohne mit der Wimper zu zucken, einfach abtun können. Aber dieser Mann hier tat das nicht. Er sagte: „Wenn du mitkommen willst, dann komm einfach mit."

„In Ordnung, ich will."

Ein Kalfaktor half mir beim Aufrichten und beim Anziehen von Jacke, Hose, Socken und Schuhen. Er half mir auch aufzustehen und setzte mich in den Ochsenkarren. Chen Ming wurde mit den anderen sechs Leichen aufeinandergestapelt. Ich hielt ihn fest.

Der Ochsenkarren rasselte, als er schrittweise vorwärts rumpelte.

Im Nu entleerte sich mein Gehirn vollkommen.

Was tat ich hier eigentlich? Was dachte ich? Sollte ich an der Beerdigung teilnehmen?

Ich zog den Kragen meiner Jacke zum Schutz gegen den frühen Winterwind straff um meinen Hals und lehnte mich gegen die sieben Leichen. Lautlos öffnete der Wächter die Tore von Abteilung 585 und ließ den Ochsenkarren passieren.

Nachdem das Gefährt durch die großen Eisentore gefahren war, bog es nach links ab und folgte einem Feldweg entlang der äußeren Lagermauer. Als der Wagen den Wachturm an der Ecke erreichte, bog er noch einmal ab und folgte weiter dem Mauerverlauf. Als er dann am nächsten Wachturm ankam, fuhr er weiter geradeaus, weniger als hundert Meter ...

Und dann waren wir bei Abteilung 586 angekommen.

Vor uns erstreckte sich eine endlose Ebene. Die grauschwarze Erde der Qinghe-Farm, auf der sich vereinzelt gräulich-gelbe Grasinseln zeigten, bildete zusammen mit dem bedeckten Himmel und diesen Wolken von einer undefinierbaren Farbe eine dunkle Welt eines kosmischen Chaos.

Auf dem Boden befanden sich einzelne kleine Grabhügel, von denen manche 60 cm hoch waren, während andere nur etwa 30 cm maßen. Außerdem gab es viele, die anscheinend bereits eingeebnet waren. Jeder dieser Grabhügel war 1,20 m bis 1,50 m lang. Vor manchen steckte ein Holzbrett in der Erde, das etwa 60 cm lang und 90 cm bis 120 cm breit war. Allem Anschein nach waren einst Buchstaben mit Tinte darauf geschrieben, doch durch das Ausgesetztsein gegenüber den Elementen waren sie verwischt. Die meisten der Grabhügel hatten jedoch keine solcher Holzbretter. Jede Hügelreihe setzte sich so weit fort, wie das Auge sehen konnte, und auch die Anzahl der Reihen schien endlos zu sein. Vielleicht waren es fünf- oder sechstausend? Oder waren es drei- oder viertausend?

Ein Hügel – ein verlorenes Leben.

Die Qinghe-Farm hatte man auf alkalisalzhaltigem Sumpfland errichtet. Wenn man 30 cm tief grub, kam Wasser zum Vorschein. Da auch die Kalfaktoren nur begrenzte Essensrationen bekamen, gruben sie mit ihren Schaufeln nur sehr flache Gräber aus. Sie warfen die aufgerollten Körper hinein und schleuderten einfach nur gerade so viel Erde darauf, dass sie bedeckt waren. Da die Gräber sehr flach waren, reichte bereits eine kleine Windbö aus, und Kleidung und Bettzeug des Verstorbenen lagen frei. Außerdem wurde dadurch auch wilden Hunden das Leben leichter gemacht, sodass überall zwischen den Grabhügeln verstreut zerfetzte Kleidung, zerfledderte Schuhe und Knochen herumlagen.

Das war also Abteilung 586!

Wie betäubt saß ich aufrecht in dem sich langsam vorwärts tastenden Ochsenkarren und schaute umher.

Der Karren hielt an, als er am Ende des Friedhofs zu einer leeren Stelle gelangte. Die beiden Kalfaktoren stiegen aus und fingen damit an, hintereinander Löcher zu graben, um die Gräberreihe fortzusetzen. Für das Graben brauchten sie nicht lange. Chen Ming war der erste, der hineingeworfen wurde, was sie mit weiteren vier Leichen wiederholten. Als sie zu dem sechsten Loch kamen, sagte einer der Kalfaktoren: „Dieses Loch hier ist eigentlich groß genug für zwei." Sie warfen also die letzten beiden Leichname dort hinein und begruben sie.

„Wir heben uns das letzte Grab für morgen auf, damit sparen wir uns etwas Arbeit." Nachdem der Kalfaktor das gesagt hatte, kamen beide mit ihren Schaufeln zum Ochsenkarren zurück.

„Gut, willst du herunterkommen und dich umschauen?", fragte mich der Kalfaktor.

„Nein danke, kein Bedarf, ich hab's ja gesehen", erwiderte ich, gegen die markerschütternde Kälte ankämpfend.

Ich hatte es also geschafft! Ich hatte es bis zur Abteilung 586 geschafft und diesen unvergesslichen Ort gesehen.

Der Ochsenkarren wendete und kehrte wieder zu 585 zurück. Auf dem Rand des Wagens sitzend, sah ich mir noch einmal dieses ungewöhnliche Stückchen Land an, wie es sich langsam von mir entfernte. Diesmal gab es mir sein gesamtes Erscheinungsbild zu erkennen: Es war so groß wie ein oder anderthalb Fußballfelder und in der Ferne konnte man erkennen, dass für einen weiteren Ausbau der Gräberanlage noch mehr Land zur Verfügung stand.

Auf einmal wurde mir klar, dass das menschliche Leben hier keinerlei Wert besaß. Es war wie Asche im Wind. Wenn das menschliche Leben derart wertlos war, dann musste auch die Gesellschaft, in der diese Leben einst existierten, wertlos sein.

Der Kleine Lang, Xing Junping, Chen Ming – wie viele waren schon auf dem Friedhof von 586 gelandet?

Ich nahm mir vor: „Ich darf nicht die Grenze zwischen 585 und 586 überschreiten. Das darf absolut nicht geschehen."

Unter dem niedrigen Himmel entfernte sich der Karren immer weiter von 586, wobei er bei jeder Bewegung ständig hin- und herschwankte.

Als wir uns den Toren der Abteilung 585 näherten, war 586 schon aus meinem Blick entschwunden.

Der Winter 1961/62 war extrem kalt, so kalt, dass er die Herzen der Menschen zu Eis gefrieren ließ.

Eines Tages im Januar 1962 kam Hauptmann Cao vorbei, um jede Gruppe der Einheit zu inspizieren. Als er in den Zellenblocks erschien, rief er: „Aufstehen! Aufstehen! Alle aufstehen! Rausgehen! Alle rausgehen!"

Niemand wusste, was da eigentlich los war, aber wir konnten uns natürlich nicht den Befehlen des Hauptmanns widersetzen. Langsam setzten wir uns auf, zogen uns unsere Sachen an, legten uns unsere Steppdecken über die Schulter und gingen auf den vor dem Zellenblock gelegenen windgeschützten Platz, um uns zu einem Haufen niederzukauern.

„Setzt euch hierher!", rief der Hauptmann. „Kommt raus! Setzt euch hier in die Sonne!"

Hauptmann Cao sah sich jeden aus der Einheit ganz genau an, der sich noch rühren konnte, um sich ein sonniges Plätzchen zu suchen. Seine Stimme klärte sich, und er sagte: „Wir haben neue Befehle vom Pekinger Büro für Öffentliche Sicherheit erhalten. Ab morgen bekommt jeder zu seiner Essensration noch zusätzlich dreißig Gramm Nahrung täglich, das sind insgesamt anderthalb Kilo mehr im Monat." Er hielt einen Moment inne, um unsere Reaktion zu testen.

Doch es war so, als hätte ihn niemand gehört; keiner bewegte sich. Dabei war das gar keine schlechte Nachricht, nur fragten wir uns, was diese zusätzlichen dreißig Gramm Nahrung sein sollten. Wären das richtige Lebensmittel oder Lebensmittelersatzstoffe? Wie viel davon würden wir tatsächlich essen können? Und würde das tatsächlich unser Problem lösen?

„Ab morgen weise ich die Kalfaktoren an, alle Häftlinge in allen Gruppen zu veranlassen – mit Ausnahme derer, die von mir eine Sondergenehmigung haben – jeden Tag über Mittag eine Zeitlang nach draußen in die Sonne zu kommen. Das ist gut für eure Gesundheit. Ich weiß, ihr seid alle schwach, doch auch der gesündeste Mensch würde zusammenbrechen, wenn er vierundzwanzig Stunden täglich – und das tagein, tagaus – nur herumliegen würde. So müsst ihr also jeden Tag zur Mittagszeit herauskommen. Wenn ihr euch bewegen könnt, dann solltet ihr ein wenig herumlaufen. Wenn ihr euch nicht viel bewegen könnt, dann lauft eben nur ein bisschen. Tut euer Bestes. Es ist gut für eure Gesundheit, euch ein wenig zu bewegen. Die Volksregierung und die Kommunistische Partei wollen nicht, dass ihr sterbt, sie wollen, dass ihr euch zu neuen Sozialisten umgestaltet."

Am nächsten Tag erhielt jeder ein zusätzliches kleines Brötchen, das anscheinend etwas weniger Nahrungsmittelersatzstoffe enthielt. Vielleicht ja deshalb, weil die große Anzahl von Häftlingen, die man in den letzten Tagen nach 586 verbracht hatte, die Leute in den Machtpositionen schockierte oder vielleicht, weil sich die wirtschaftliche Produktion leicht gesteigert hatte? Wer wusste das schon?

Mittags folgten ungefähr zwanzig Prozent der Männer Hauptmann Caos Befehl und gingen von alleine nach draußen in die Sonne. Hauptmann Cao lief von Zellenblock zu Zellenblock, um die Leute herauszurufen. Ich ging auch raus.

Hauptmann Cao brachte sich einen Stuhl mit und setzte sich in die Mitte der Männer, die sich sonnten und plauderte mit uns. Später kam er auch zu mir und fragte mich: „Wie geht es dir?"

„Das Sonnenlicht ist zu grell!", erwiderte ich.

„Nimm's leicht. Mit der Zeit gewöhnst du dich daran. Bleib jetzt erstmal nicht so lange draußen. Kannst du laufen?"

„Nein, ich konnte seit vier Monaten nicht laufen", entgegnete ich.

„Versuch, dich an der Wand abzustützen und langsam zu gehen. Zehn Meter reichen für heute. Dann probiere morgen, fünfzehn Meter zu laufen und steigere dich dann allmählich."

Ich weiß noch, dass das Reihenhaus zwanzig Meter lang war. Am ersten Tag musste ich auf dem Weg drei oder vier Mal anhalten, um nach Luft zu schnappen. Da ich mich an der Wand abstützte, schaffte ich es aber an einem Stück. Hauptmann Cao kam vorbei und half mir in den Zellenblock zurück.

„Das reicht für heute. Geh zurück und ruh dich aus!", sagte er.

Er erkundigte sich bei den Häftlingen häufig nach ihrem Alter, ihrem Beruf, wie ihre Umerziehung vorankomme, welche Vergehen sie begangen hätten ... Er war der erste Hauptmann, dem ich begegnet bin, den ein Hauch von Menschlichkeit umwehte.

Mitte Februar versammelte er die gesamte Einheit und sagte: „Ich habe einen Gemüsegarten entdeckt. Die Möhren, die letztes Jahr dort angepflanzt wurden, hat man in der Erde gelassen, weil sie nicht gut gewachsen sind, und so sind sie im Boden gefroren. Ich habe beim Abteilungsbüro um Erlaubnis gebeten und seine Zustimmung erhalten. Jeder von euch, der morgen mit mir mitkommen will, kann so viel von den Möhren haben, wie er selbst ausgraben kann."

Hauptmann Cao beauftragte die Kalfaktoren, einige Spitzhacken und Schaufeln bereitzustellen. Von den 170 bis 180 Häftlingen aus der Einheit waren etwa zwanzig Männer willens mitzukommen und hatten auch den Mut, es auf einen Versuch ankommen zu lassen.

Ich ging auch mit. Ich wollte diese Mohrrüben haben. Ich wollte leben.

Das Möhrenbeet war nicht so weit entfernt. Es befand sich neben den Unterkünften für die Kaderangehörigen, die der Abteilung 585 genau gegenüber lagen. Die Mohrrüben in diesem Beet waren verkümmert, sodass sie klein und mickrig waren. Im letzten Jahr war der Winter früh gekommen, sodass sie nicht reifen konnten und gefroren im Erdreich geblieben sind. In Nordchina kann der Boden bis zu einer Tiefe von dreißig Zentimetern gefrieren. Dieses Möhrenbeet wurde durch Reihen von Maisstengeln vom Wind geschützt, sodass der Frost nicht so tief ging, sondern etwa nur bis zu zwanzig Zentimeter in die Erde hineinreichte.

Ich hatte eine Baumwolljacke an und mir eine Decke um Kopf und Schultern geschlungen. Vor meiner Brust hielt ich mit beiden Armen eine Spitzhacke und lief, so bepackt, die Straße hinunter. Als sich eine Windbö erhob, bin ich fast umgefallen. Wakkelig und schwach auf den Beinen erreichte ich schließlich das Gemüsebeet. Hauptmann Cao erzählte uns, die grünen Blätter der Karotten seien abgeschnitten und an die Kaninchen verfüttert worden, sodass wir beim Graben zuerst nach den kleinen schwarzen oberen Enden der Möhren schauen sollten.

Ich fegte also erst einmal trockene Blätter und das Unkraut beiseite, bis ich dann mehrere einzelne schwarze Spitzen entdeckte.

„Da sind Möhren! Da sind Möhren!“

Wenn ich es schaffte, sie auszugraben, würden sie mir gehören, sie wären dann mein Essen, würden mir neuen Auftrieb verschaffen.

Mit meiner ganzen Kraft erhob ich meine Spitzhacke, aber es gelang mir nicht, noch mehr Kraft auszuüben, als ich sie fallen ließ. Natürlich fiel die Spitzhacke auf den gefrorenen schwarzen Boden und hinterließ einen kleinen weißen Fleck.

„Diese Möhren gehören mir!“, forderte ich von mir selbst ein.

Und noch einmal erhob ich die Spitzhacke und ließ sie fallen. Noch ein kleiner weißer Fleck. Der gefrorene Boden war so fest wie Zement. Deprimiert setzte ich mich hin und schnappte nach Luft. Diese beiden Hiebe hatten mich schon vollkommen erschöpft. Daraufhin begann ich die gefrorene Erde, die diese kleinen schwarzen Rübenenden umgab, mit meinen Fingern aufzukratzen und damit einen Teil der Möhren freizulegen. Ich sah jetzt schon ein wenig Orange.

Nun buddelte ich mit meinen Fingern Stück für Stück weiter, wobei sich die gefrorene Erde unter meine Fingernägel grub. Ich wühlte und buddelte aber immer weiter. Meine Finger bluteten schon.

Hauptmann Cao kam zu mir herüber und fragte mich: „Hast du eine gefunden?“

Ich zeigte auf den kleinen runden schwarzen Fleck.

„Gut, warte, ich helf dir!“

Er warf seinen Militärmantel ab, den er sich über die Schultern gelegt hatte, erhob die Spitzhacke und fing schnell zu graben an. Der Lärm der Hacke, wie sie auf die verhärtete Erde aufschlug, war weithin zu vernehmen. Mit einigen wenigen Schlägen hatte er diese Karotte herausgeholt. Ich stürzte mich auf sie, aber er hob sie mit seiner Hand auf, bevor ich an sie rankam. Er überreichte mir sie aber und sagte: „Die gehört dir!“

Ich bedankte mich zwar nicht dafür, aber in meinem Herzen war ich doch sehr dankbar. Ich wischte die Möhre – die etwa dreizehn bis vierzehn Zentimeter lang und so dick wie mein Daumen war – an meinem Ärmel sauber und schob sie langsam in meinen Mund. Doch als sie meine Lippen berührte, besann ich mich. Ich dachte an Xing Junping. Und so zwang ich mich, sie vorerst nicht zu verzehren, sondern sie beiseite zu legen, und sie erst, wenn ich wieder ins Lager zurückgekehrt war, zu kochen.

Wenn es in Nordchina im Winter erforderlich ist, für Wasserschutzprojekte oder zur Wiederherstellung der Felder die Erde umzugraben, nennt man das „Schlagen der gefrorenen Erde". Es ist ein Geheimnis, wie man das erfolgreich zustande bringt. Zu Beginn muss eine „Öffnung" in den Boden gehauen werden. Wenn eine solche Öffnung erst einmal vorhanden ist, wird es leichter, den Rest – Stück für Stück – umzugraben.

Hauptmann Cao hatte die erste Mohrrübe für mich ausgegraben, noch wichtiger aber war, dass er die „Öffnung" für mich aufgehauen hatte. Nach der Öffnung buddelte ich noch zwei weitere aus, die dicht danebenlagen. Zwei Stunden später hatte ich insgesamt sechs Stück ausgegraben. Keine davon war zwar besonders groß, trotzdem war ich überglücklich. Woher kam denn eigentlich meine Ausdauer? Selbst für mich war das unglaublich. Nachdem ich die sechste Möhre ausgebuddelt hatte, saß ich nun da – völlig erschöpft – und wartete darauf, dass Hauptmann Cao uns wieder zurück zum Zellenblock nahm.

Sobald die Häftlinge eine Karotte ausgegraben hatten, aßen viele von ihnen sie ungeduldig mitsamt dem ganzen Schlamm sofort auf. Manche hatten sogar nur die obere Hälfte der Rübe ausgegraben, legten sich dann auf den Boden und bissen diesen Teil ab.

Als wir zum Zellenblock heimkehrten, wartete ich das Ende der zweiten Tagesmahlzeit ab, nahm dann eine große Schüssel Wasser mit in eine Ecke der Latrine, um mein geerntetes Gemüse zu kochen. Da saß ich nun in der dunklen Ecke, verborgen vor jedermann, und aß vier Karotten und die ganze Schüssel mit der Suppe.

Man kann sich gar nicht vorstellen, wie köstlich mir diese Möhren mundeten. Die restlichen beiden wickelte ich ein, hielt sie vor meiner Brust und schlief mit ihnen. Ich hatte vor, sie am nächsten Tag zu essen, bevor wir erneut zum Gemüsebeet aufbrechen wollten, um meine Ausdauer zu stärken, damit ich ein paar mehr ausgraben konnte.

Ich weiß nicht mehr, wie viele es dann in den nächsten Tagen gewesen sein mochten, doch meine Kraft steigerte sich von Tag zu Tag. Je mehr Kraft ich hatte, umso mehr Rüben buddelte ich aus und umso mehr aß ich auch. Auf diese Weise waren wir sieben oder acht Tage lang beschäftigt. Ich erinnere mich, dass ich am letzten Tag eine ganze Schultasche voll von Möhren hatte: Es müssen 25 oder 26 gewesen sein. Ich sorgte allerdings dafür, dass ich nicht allzu viel davon jeden Tag aß; da ich sie aufheben wollte, aß ich immer nur ein bisschen. Es war so schade, dass Xing Junping und Chen Ming schon tot waren. Tagsüber trug ich alle noch übriggebliebenen Möhren bei mir, und nachts legte ich sie unter mein Kissen, damit sie nicht gestohlen werden konnten. Wenn ich zur Latrine ging, um sie mir zu kochen, was ich jeden Tag tat, nahm ich zum Schutz immer eine Schaufel mit.

„Heute ist der letzte Tag. Wir müssen eben noch dieses Beet hier umgraben. Alles andere ist schon umgegraben worden, sodass wir morgen nicht mehr hierherkommen. Wir werden sehen, ob sich in der Zukunft eine neue Gelegenheit ergeben wird“, teilte uns Hauptmann Cao am letzten Tag mit, als wir in den Gemüsegarten gingen.

Als wir dann dort ankamen, fiel mir das große Feld jenseits der Straße vom Gemüsegarten auf. Ein Traktor pflügte gerade das Feld. Als der mächtige Pflug die gefrorene Erde bearbeitete, bemerkte ich inmitten der schwarzen Erdklumpen weiße Punkte. Ich fragte Hauptmann Cao: „Was ist denn das?“

„Das weiß ich nicht."

„Darf ich mir das mal ansehen?"

„Wieso denn? Da werden doch gar keine Möhren angepflanzt und auch keine anderen Rüben." Hauptmann Cao meinte, man habe im vorigen Jahr dort Chinakohl angepflanzt.

„Kann ich nicht mal rübergehen und mir das mal anschauen?", insistierte ich.

„Na gut, dann geh eben!", stimmte Hauptmann Cao zu.

Die weißen Stücke auf dem Feld waren die Wurzeln der Chinakohlköpfe, von denen jede die Größe der Faust eines fünfjährigen Kindes besaß. Nach der Ernte des Kohls waren die Wurzeln in der Erde geblieben. Als ich mit meinen Fingern grub, erreichte ich schließlich eine. Obwohl der Traktor über das Feld gerattert war, blieb der Boden dennoch gefroren, und ich grub solange, bis meine Hände und mein Herz weh taten. Ich brachte noch einige mehr dieser Wurzeln ans Licht und kehrte wieder zu Hauptmann Cao zurück.

„Was ist das denn? Wie kann man denn so ein Zeug essen?", fragte er.

„Natürlich kann man das essen! Das schmeckt sogar richtig gut!", gab ich zurück, „Sehen Sie mal, schauen Sie sich das an!"

Hauptmann Cao sagte: „In Ordnung! Ist ja schon gut! Wenn du das versuchen willst, mach ruhig weiter. Mir ist das egal."

Ich kehrte in den Zellenblock zurück, holte meine Schüssel und machte die Wurzeln unter dem Wasserhahn, eine nach der anderen, sauber. Ich fand eine Sichel, schnitt die Wurzeln in vier Teile und legte sie dann zum Kochen ins Wasser. Die Wurzeln waren von derben Fasern umhüllt, die schwer zu kauen und noch schwerer zu verdauen waren, doch das Innere war weiß, weich und süß; das war schmackhaft.

Am nächsten Tag gingen etwa ein Dutzend Leute von uns mit Hauptmann Caos Erlaubnis auf das Feld, um Chinakohlwurzeln aufzusammeln. Die tiefen Furchen, die der Traktor gezogen hatte, waren zwar nur schwer zu passieren, trotzdem schaffte jeder von uns, eine große Schultasche voll Wurzeln mit ins Lager zurückzutragen. Viele Häftlinge rochen den köstlichen Duft, als sie gekocht wurden, und sie probierten davon, und am folgenden Tag kamen sie mit uns mit.

Am fünften Tag erwartete mich ein unverhoffter Glücksfall. Jedes der fünf Felder auf der Qinghe-Farm war fünfhundert Meter lang. Als der Traktor hin und zurück fuhr und dabei das Land pflügte, wendete er immer, wenn er am Ende des Feldes angelangt war. Der Pflug zog bei dieser Wendeaktion immer noch seine Furchen. Hauptmann Cao sah ihm dabei zu, als er uns beim Aufsammeln der Wurzeln beobachtete. Als er mich zu sich rüberkommen sah, fragte er mich: „Wie ist es mit der Ausbeute heute?"

Ich antwortete: „Heute waren viele Leute da, sodass die Ernte diesmal nur gering ausfällt."

Genau in diesem Moment bog der Traktor am Ende einer Reihe um, und die vier Pflugscharen schnitten eine Öffnung in den Grat am Ende des Feldes. Da sah ich ein großes Loch in diesem Grat. Ich ging dorthin und fand ein Nest, in dem Winterschlaf haltende Schlangen lagen, etwa zwölf oder dreizehn, die ineinander verflochten waren und von denen jede 60 bis 90 Zentimeter lang war und die Dicke eines Daumens hatte. Auf ihrem graugrünen Körper befanden sich schwarze Flecken. Ich war begeistert. Ich stürzte mich auf sie und packte den Haufen Schlangen. Ohne einen Laut von mir zu geben und, mich immer wieder umschauend, dass mich auch ja niemand beobachtete, biss ich einer nach der anderen den Kopf ab, spuckte ihn wieder aus, zog ihnen die Haut ab, wobei ich ihre Innereien unversehrt ließ und schob sie dann in meinen Rucksack. All das ging ganz schnell vor sich.

Das war nun Fleisch, voll Protein – die nahrhafteste Nahrung überhaupt. Als ich wieder im Zellenblock war, kochte ich eine Schlange in meiner Schüssel. Wie schade, dass der Salzhandel von Niu Zhenhe eingestellt war; wie schade, dass Xing Junping und Chen Ming nicht mehr hier waren. Das wäre schon toll gewesen! So aß ich die Schlange und die Suppe alleine auf und fühlte mich rundherum wohlig gewärmt.

Anfang April teilte mir Hauptmann Cao mit: „Unsere Vorgesetzten haben uns gemeldet, dass alle Rechtsabweichler in Abteilung 584 konzentriert werden sollen. In unserer Abteilung sind das nur du und XXX …“ Dann senkte er seine Stimme. „Ich habe gehört, das Zentralkomitee der Partei verfolgt eine neue Politik gegenüber Rechtsabweichlern. Das ist eine gute Nachricht. Jetzt gibt es Hoffnung für euch!“

„Danke, Hauptmann Cao“, sagte ich, nicht undankbar, „danke!“

Lebewohl auf immer und ewig, 585! Lebewohl auf immer und ewig, 586!

Als ich als Rechtsabweichler in die Abteilung 584 geschickt wurde, hatte ich dank der Möhren, der Chinakohlwurzeln, des Schlangenfleischs und dank meines Ausflugs in die Abteilung 586, durch der mein Wille zum Überleben gestärkt wurde, ein wenig Kraft und Ausdauer erlangt. Freilich stellte ich keine überspannten Erwartungen an eine wunderbare Zukunft. Jedenfalls träumte ich nicht mehr davon. Aber ich hatte es letztendlich doch aus der Abteilung 585 heraus geschafft. Auch wenn die folgenden siebzehn Jahre Leben in den Laogai-Lagern nicht einfach sein würden, so war mir doch – nachdem ich 1979 rektifiziert wurde – weiterhin klar, dass mein Erlebnis in Abteilung 586 mein anschaulichstes und denkwürdigstes gewesen war.

Teil 3

GEWISSEN

Die erste Zeile in dem Lehrgedicht „Drei-Zeichen-Klassiker" für chinesische Schulkinder lautet: „Am Anfang ist der Mensch gut." Tief in unserem Herzen hat jeder ein Gewissen, und jeder hat ein mitfühlendes und liebendes Herz. Im Angesicht von Hunger und Angst kommen diese inneren Werte unerwartet zum Vorschein und verbreiten ihren unermesslichen Glanz.

Inmitten von Hunger und Angst kommt aber auch die niederträchtigere Seite der menschlichen Natur am stärksten zum Ausdruck. Vor allem dann, wenn er von seinem Umfeld unterstützt und ermutigt wird, ist ein böser Mensch nicht viel besser als ein wildes Tier.

In einer Umgebung von politischer und psychischer Angst werden manche Leute unnachgiebig, sie lehnen es ab, nachzugeben oder sich zähmen zu lassen, indem sie es vorziehen, eher zu zerbrechen als sich zu beugen. Um der Selbsterhaltung willen und um Leiden und Qualen zu vermeiden, werden manche Leute zu Kriechern: Lügen, Betrügen, Unterwerfung, Verleumdung – nichts ist unter ihrer Würde. Wenn Wind und Wellen auf dich treffen, ist es schwer genug, gebeugt da durchzukommen, doch aufrecht stehend mit herausgedrückter Brust ist es einfacher gesagt als getan. Alle Menschen sollten die Verantwortung für ihre eigenen Handlungen und Gedanken übernehmen, aber sollten sie für die schändlichen Dinge, die sie tun, auch verurteilt werden?

In der Antike schrieb Chuang Tzu: „Wenn eine Quelle austrocknet und die Fische auf dem Erdboden stranden, hauchen sie sich gegenseitig feuchte Luft zu und befeuchten sich so mit ihrem Speichel; aber es wäre besser, wenn sie sich in den Flüssen und Seen gegenseitig nicht beachteten." Als mich mein Vater – als ich noch ein Kind war – in der Lektüre von Chuang Tzu unterrichtete, sagte er: „Denk mal darüber nach. Zwei Fische sind kurz vorm Sterben, weil sie vertrocknen. Sie hauchen sich gegenseitig Feuchtigkeit zu und benetzen sich gegenseitig mit dem bisschen Spucke, die ihnen übrig geblieben ist, damit der Andere vielleicht noch eine Chance hat, sein Leben ein wenig zu verlängern. Wie edel ist das? Wie viel schwerer als eine gewöhnliche Freundschaft und persönliche Loyalität ist es wohl, sich gegenseitig in schwierigen Zeiten Beistand und Mitgefühl anzubieten?"

Während meiner Zeit im Laogai-System bin ich so gut wie niemandem begegnet, der „den anderen mit Speichel befeuchtete". Jeder schützte nur sich selbst, instinktiv und ohne Rücksicht auf irgendetwas anderes. Das Gewissen von so vielen schwand einfach bei ihren Bemühungen, ihre eigenen Interessen zu wahren. Konfrontiert mit außergewöhnlichen Schwierigkeiten gaben andere wiederum alles auf, um eine Richtschnur einzuhalten: Das war dann das menschliche Gewissen. Doch niemand leistete in jenen problematischen Zeiten gegenseitige Hilfe. Ich fürchte, das sind lediglich idealistische Vorstellungen von Philosophen vom Schlage eines Chuang Tzu. Eines Tages warf ich in einem Gespräch mit einem ehemaligen rechtsopportunistischen Studenten von der Pekinger Universität den Gedanken auf, „sich gegenseitig mit Speichel zu benetzen". Als Antwort brachte er nur ein Wort heraus: „Unsinn!" So, wie sich unser Leben abspielt, zeige sich doch, dass gegenseitige Hilfe in schwierigen Zeiten bloß ein erhabener Gedanke sei. Ich sagte: „Trotzdem habe ich nichts dagegen, die Leute dazu zu ermutigen, ‚sich gegenseitig mit Speichel zu benetzen.' Doch worauf ich mich mehr freue, ist die letzte Hälfte der Worte von Chuang Tzu: ‚aber es wäre besser, wenn sie sich in den Flüssen und Seen gegenseitig nicht beachteten.‘ Ich hoffe, dass wir uns eines Tages an irgendeinem Ort in Freiheit begegnen werden, ohne jemals auf gegenseitige Wohltaten angewiesen gewesen zu sein!“

Die Menschen haben das Recht darauf, Hunger und Angst aus dem Wege zu gehen. Menschen, die ihre Freiheit und ihre Hoffnung verloren haben, haben das Recht zu kämpfen.

Der Machthaber und das System – die die Menschen ihrer Rechte berauben – sind zu verurteilen.

Kapitel 7

DER BLICK DER KREATUR

Bei der *Anti-Rechts-Kampagne* von 1957 und der *Neuen Anti-Rechts-Kampagne* von 1958 wurden annähernd eine Million Menschen aus allen Gesellschaftsschichten, darunter Professoren, Ingenieure, Schriftsteller, Universitätsstudenten und so weiter von ihren jeweiligen Einsatzorten für die „Ehre" ausgewählt, den *Rechtsabweichler-„Hut"* zu tragen. Eine bedeutende Anzahl von ihnen wurde schließlich ins Laogai-System befördert. 1962 hieß es, dass die Konferenz in Guangzhou des Zentralkomitees der Kommunistischen Partei Chinas vorhatte, alle Rechtsabweichler landesweit in ihre einstigen Positionen und Einheiten mit ihren ursprünglichen Gehältern wieder einzusetzen; das war die sogenannte *Politik der Drei Ursprünge.* Die *Alten Rechtsabweichler,* die auf die verschiedenen Laogai-Lager verteilt und mit gewöhnlichen Verbrechern gemischt waren, wurden noch einmal „selektiert" und in bestimmten Laogai-Lagern konzentriert, um dort die Inkraftsetzung der Politik der Drei Ursprünge abzuwarten.

Die Alten Rechtsabweichler, die in den Laogai-Lagern im Bezirk Peking untergebracht waren, wurden in drei oder vier Lagern zusammengeführt, von denen eines die Tuanhe-Farm in Peking war, die am südlichen Stadtrand Pekings gelegen war, etwa fünfzehn Kilometer vom Yongding-Tor entfernt. Auf der TUANHE-FARM gibt es eine Anlage, die SANYUZHUANG heißt. Damals wurden hier mehr als fünfhundert Rechtsabweichler zusammengezogen.

Mit dem Jahr 1962 sahen die Alten Rechtsabweichler jeden Tag freudig dem Inkrafttreten der Politik der Drei Ursprünge entgegen. Wir hofften, der Tag käme, an dem wir unsere „gnädige Genehmigung" erhielten, die Laogai-Lager zu verlassen und nachhause und zurück in unsere früheren Arbeitseinheiten gehen zu dürfen. Doch später, als die Spannungen in den chinesisch-sowjetischen Beziehungen allmählich anstiegen, hieß es, dass Peng Zhen und andere im Zentralkomitee meinten: Wenn die Rechtsabweichler in die Gesellschaft zurückgekehrt seien, machten sie mit den sowjetischen Revisionisten, den amerikanischen Imperialisten und den japanischen Reaktionären gemeinsame Sache, um Unruhen anzuzetteln, indem sie politische Unzufriedenheit verbreiteten. Daher wurde beschlossen, die Politik der Drei Ursprünge ad acta zu legen. Tatsächlich waren diese Befürchtungen aber unberechtigt. Die meisten der Alten Rechtsabweichler waren bereits gehorsame Anhänger Maos; falls eine „Rehabilitation" zustande gekommen wäre, dann hätten sie sicherlich Tränen der Dankbarkeit vergossen und die unendliche Gnade des Machthabers laut gepriesen. Nach einer anderen Theorie riskierte man es, den Rechtsabweichler-Tendenz-Hut selbst zu tragen, falls man Rechtsabweichlern die Drei Ursprünge zugestand, weil Mao Tse-tung nämlich erklärt hatte, dass „der Klassenkampf nicht vergessen werden darf", sodass keiner es wagte, die Politik der Drei Ursprünge auch tatsächlich durchzusetzen. Auf jeden Fall konnte niemand jemals selbst über sein Schicksal bestimmen.

Unter den fünfhundert Rechtsabweichlern in Sanyuzhuang befanden sich berühmte Filmregisseure, Schriftsteller, Professoren, ausländische Zeitungsredakteure sowie der Student von der Pekinger Universität Tan Tianrong, der von Mao Tse-tung persönlich angeklagt worden war. Ich war damals ein junger, kleiner, etwa zwanzigjähriger Rechtsabweichler, der nun wahrhaft keiner Erwähnung wert war. Mit diesen Leuten zusammenzusein, die vermutlich belesen und klug waren, war doch etwas ganz Anderes als die bunt zusammengewürfelte Atmosphäre bei den kleinen Ganoven und Dieben. Aufgrund der Politik der Drei Ursprünge des Zentralkomitees war es ja nun durchaus möglich, diese Leute in ihre früheren Einheiten zurückkehren zu lassen. Unter solchen Umständen schien sich die bessere Seite der Menschen zu zeigen. Es herrschte eher eine Atmosphäre der Höflichkeit und der genügsamen Entsagung. Das Bild der Sicherheitsbeamten in den Laogai-Lagern im Bezirk Peking wurde anscheinend ebenfalls zivilisierter; sie waren nicht so ungehobelt wie die in den außerhalb liegenden Bezirken. Aber auch die Sicherheitsbeamten dachten, es sei durchaus möglich, dass wir zu unseren früheren Einheiten zurückkehrten, sodass sie höflicher zu uns waren und die Arbeit nicht mehr so drückend schien. Es gab keine hohen Mauern, keine Stacheldrahtzäune oder Wächter, über die man in Sanyuzhuang sprechen konnte, sondern nur einige Sicherheitsbeamte. Keiner wollte flüchten oder Ärger machen. Alle waren guter Stimmung; es war so, als hätten wir unsere Marter schon hinter uns.

Doch tatsächlich war eine solche Umgebung sogar noch gefährlicher. Das Fehlverhalten kluger Menschen ist sogar noch beängstigender.

Bald nachdem ich in Sanyuzhuang ankam, geschah etwas. Eines Tages lautete unser Arbeitsauftrag, in den Gemüsegarten zu gehen, um dort etwas Gemüse zu ernten. Du Gao, ein Bühnenautor von einer ganz bekannten Schauspielvereinigung, der Mitglied von Wu Zuguangs „Second Class Hall“ gewesen war, aß auf dem Auberginenbeet heimlich rohe Auberginen. Er gehörte zu den vornehmen, freundlichen und kultivierten Leuten und war nicht besonders geschickt in der Kunst des Stehlens von Essen: Er senkte zwar seinen Kopf, aber sein Hinterteil ragte hoch in die Luft. Hauptmann Wu sah es schon aus einer großen Entfernung und rief „Was machst du da?“ Du Gao hob seinen Kopf, sein Mund war noch voll roher Aubergine. Dass ein derart berühmter Bühnenautor heimlich isst, war wohl ein erbärmliches Schauspiel. Doch wo auch immer diese Männer herkamen: Hunger war eben doch ein ganz konkretes Problem, mit dem sie nun konfrontiert waren.

Beim Abendappell sagte Hauptmann Wu: „Du Gao! Du bist doch ein großer Intellektueller. Erzähl doch mal, ist rohe Aubergine eigentlich essbar?“ Du Gao stolperte über seine Worte und konnte nicht antworten. Da ich zum Produktionsgruppenleiter ernannt worden war, stand ich an erster Stelle in der ersten Reihe. In diesem Moment sagte ich: „Wie kann ein wohlgenährter Mann das Leiden der Hungernden kennen?“ Da dies bedeutete, dass ich damit dem Hauptmann widersprochen hatte, war das eine Verletzung der Disziplin. Hauptmann Wu sagte in einem furchtbar wütenden Ton: „Wu Hongda! Tritt vor!“ Und er wies den Kalfaktor an, mich in Einzelhaft zu bringen.

Kurz vor Mitternacht in dieser Nacht kam Hauptmann Gao in die Einzelhaft, um nach mir zu sehen. Er hatte einen Vollbart und war sehr schneidig. Auch er war ein freundlicher und kultivierter Mensch und machte auf jeden einen guten Eindruck. Er zog mich aus der Einzelhaftzelle heraus und fragte mich: „Was hast du getan? Unsinn erzählt! Das hatte dich doch überhaupt nichts anzugehen!“ Er gab mir einen Klaps ins Gesicht und sagte: „Komm zurück! Und erzähl in Zukunft nicht mehr so viel Unsinn!“ Und so sperrte er mich in der Tat nicht mehr in Isolationshaft und behandelte mich nachsichtig.

Am besten ist es, wenn man in den Laogai-Lagern nichts liest und nichts schreibt. Diese beiden Tätigkeiten sind tabu. Je vulgärer anscheinend das eigene Verhalten und je geringer das eigene kulturelle Wissen war, umso besser. Schachspielen war erlaubt, und ich hatte das Gefühl, dass das Schachspiel mein Gehirn trainieren und es vor dem Verfall bewahren konnte. Anfangs wusste ich nicht, wie man chinesisches Schach spielte, daher fing ich an, es von einem rechtsopportunistischen Studenten namens Chen von der Normal-Universität Peking zu erlernen. Wir spielten fast jeden Tag miteinander, und jedes Mal waren es zehn Spiele. Zu Beginn war der Spielstand immer bei 1:9, doch allmählich hatte ich ihn eingeholt, und es war dann Gleichstand. Mein Können im Schach steigerte sich rasch, bis zu dem Punkt, an dem ich mit anderen Häftlingen Blindschach spielen konnte.

Eine weitere Methode, um der Zersetzung des Gehirns Einhalt zu gebieten, war es, sich untereinander Geschichten zu erzählen. Alle erzählten abwechselnd irgendwelche Geschichten, die sie in Büchern gelesen hatten. Ich trug allen die Geschichten in Fortsetzungen vor, an die ich mich noch erinnern konnte – „Die Geschichte der Drei Reiche", „Der Traum der Roten Kammer", „Eine Geschichte aus zwei Städten", „Krieg und Frieden" und so weiter. Wie oft machte ich mir nicht schreckliche Sorgen darüber, ich könnte durch den Verlust eines Armes oder eines Beines ein Krüppel werden, aber ich war auch äußerst beunruhigt darüber, dass die Funktionen meines Gehirns nachlassen könnten. Ich wusste nicht, was mit mir geschehen, was ich in der Zukunft tun würde; ich hatte keine klare Vorstellung davon. Damals hatte Mao Tse-tung gesagt, dass der „Klassenkampf nicht vergessen werden darf!" Das ganze Land hatte damit angefangen, die „Worte des Vorsitzenden Mao Tse-tung" zu studieren, mit täglichem Vortrag der Parole: „Mit Leib und Seele dem Volk dienen und sich auch nicht für einen Augenblick von den Massen lösen; sich in allem von den Interessen des Volkes und nicht von den Interessen der eigenen Person oder kleiner Gruppen leiten lassen" und so weiter. Viele Leute konnten die *drei ehrwürdigen Artikel* auswendig aufsagen (das heißt drei von Mao verfasste Artikel: „Dem Volke dienen", „Dem Gedenken Bethunes", und „Yü Gung versetzt Berge"). Ich konnte das nicht; ich konnte mir dieses Zeug einfach nicht merken. Und deshalb konnte ich auch in ungeheure Schwierigkeiten geraten, weil ich diese drei ehrwürdigen Artikel nicht aus dem Gedächtnis rezitieren konnte.

Ein anderer guter Freund von mir in Sanyuzhuang war Lu Haoqing, ein rechtsopportunistischer Student aus dem Fachbereich Elektromechanik an der Tsinghua-Universität. Studenten, die an diesem Fachbereich angenommen wurden, stammten aus politisch unverdächtigen Elternhäusern; sie waren nicht die Kinder von Familien der Bourgeoisie, von Grundeigentümern oder Konterrevolutionären. Außerdem war er ein *Drei-Gut-Student* (6): Es ist mir schleierhaft, wie auch er zu einem Rechtsabweichler werden konnte. Lu Haoqing war in meinem Alter.

Sein Elternhaus stand ebenfalls in Wuxi. Wir kamen sehr gut miteinander aus. Er hatte feine Charakterzüge, sah gut aus und war intelligent. Seine Statur war allerdings nicht gerade besonders robust. Wenn er arbeitete, war er leichtfüßig und seine Hände bewegten sich rasant. Zum Beispiel war er beim Pflanzen der Reissetzlinge auf den Reisfeldern äußerst schnell und geschickt, es fiel ihm sehr leicht. Ein Gesprächsthema hatte es ihm besonders angetan, und das war seine frühere Freundin an der Tsinghua-Universität. Auch sie war eine gute Studentin und Mitglied der studentischen Motorrad-Mannschaft; sie besaß eine kräftige Statur.

Wir waren vierundzwanzig Stunden täglich im Laogai-Lager zusammen, sodass jeder die Beschäftigungen des anderen besser kannte, als das sogar bei Eheleuten normalerweise der Fall ist. Der Schlafbereich jedes einzelnen im Zellenblock war weniger als 80 Zentimeter breit; auf jedem Kang schliefen zehn Männer, einer direkt neben dem anderen. Irgendwann bemerkte ich, dass Lu körperlich immer schwächer wurde. Da ich unmittelbar neben ihm schlief, wusste ich, dass er nachts oft masturbierte. Manchmal habe ich dann auf die Flecken auf seinem Bettzeug gezeigt und gesagt: „Du solltest das wirklich nicht mehr tun; du schadest dir damit nur selbst."

Eines Tages fragte er mich: „Hattest du jemals eine Freundin gehabt?"

„Ja."

„Hast du ‚es' mit ihr gemacht?"

„Nein."

„Oh, oh! Dann weißt du wirklich gar nicht, wie ‚es' ist?

Ich sagte ihm, ich wüsste es wirklich nicht. Allerdings war ich damals auch jung, daher war ich also auch neugierig. Und so fragte ich ihn: „Wie bist du dazu gekommen, ‚es' mit ihr zu tun?"

Er sagte: „Wir waren beide eines Nachts auf dem Campus. Später bekam ich mit, dass wir plötzlich nackt waren, und dann war ein großer feuchter Fleck unter uns." Er betonte stets, er würde diese nächtliche Szene niemals vergessen. Ständig musste er daran denken; das war auch der Grund dafür, warum er nachts masturbierte.

Ich sagte: „Lass das doch sein! Wer weiß, wen sie jetzt vielleicht schon geheiratet hat? Warum denkst du nur immer noch daran?

Er entgegnete: „Ich kann einfach nicht aufhören, an sie zu denken, und oft male ich mir dann auch schon aus, wie es sein wird, wenn ich zurückkomme, um sie zu besuchen."

Ich sagte: „Warum willst du sie denn besuchen? Sie könnte ja schon Mutter sein!"

Darauf erwiderte er: „Trotzdem denke ich immer noch daran."

Eines Tages verließen wir ganz allein unsere Einheit, um zur Arbeit zu gehen. Wir rissen ein altes Haus ab und holten die alten Ziegel aus den Trümmern heraus. Plötzlich befeuchtete er seine Finger mit Speichel und rieb seine Augenbrauen damit ab. Da gerade Sommer war, trugen wir beide keine Hemden. Er zog seine Hose aus, schob seine Genitalien zwischen seine Beine, umso zu tun, als wäre er eine Frau und sagte dann zu mir: „Sieh mich an. Bin ich hübsch?" Und vor mir herumtänzelnd, packte er eine meiner Hände und zerrte mit der anderen Hand an meiner Hose.

Ich stieß ihn gewaltsam beiseite. Dann gab ich ihm eine Ohrfeige und sagte: „Was machst du denn da? Du bist ja verrückt!" Dann trat ich nach ihm. Als ob ihm jäh bewusst wurde, was da eigentlich vor sich ging, zog er sich seine Hose schnell wieder über, und ohne ein Wort zu sagen, senkte er seinen Kopf und machte mit seiner Arbeit weiter. Später setzte ich mich zu ihm und sagte: „Lu, du machst dich selbst kaputt."

Er sagte: „Ich kann es nicht ändern. Ich vermisse meine Freundin so sehr. Ich muss ständig an diese Nacht auf dem Campus denken."

Ich bemerkte: „Sieh mal, wir haben jetzt nichts zu essen, wir haben nichts zu trinken, und wir sind eingesperrt. Wie kann man bei einem Leben, das dermaßen hart ist, noch an so etwas denken?"

Aber er erwiderte nur: „Ich kann es nicht ändern."

Einen oder zwei Monate später wusste ich, dass Lu Haoqing seine Aktivität immer noch nicht beendet hatte. Praktisch jede Nacht wackelten die Hügel und die Erde bebte, und die Anzahl der Flecken auf seinem Bettzeug nahm zu. Doch ich konnte niemandem etwas davon erzählen, und mit dem Hauptmann konnte ich das auch nicht besprechen. Schließlich zog Lu Haoqing eines Tages vor der Arbeit seine ganze Kleidung aus und rannte um den Hof herum und schrie dabei: „Kommt alle her! Lasst uns spielen! Lasst uns ein wenig spielen!" Der Hauptmann befahl den Kalfaktoren, ihn zu verhaften, brachte dann einen „Friedensmantel" und zwang Lu Haoqing da hinein. Er konnte jetzt weder schreien noch sich bewegen. Ein „Friedensmantel" ist eine Art Anzug – ähnlich wie eine Zwangsjacke – die ein gewalttätiges Verhalten verhindert. Er besteht aus sehr dicker Leinwand, besitzt Aussparungen für Hände und Füße, doch werden Hände und Füße mit Gürteln zusammengebunden.

Als wir von der Arbeit wieder zurückkamen, war Lu Haoqing verschwunden. Der Hauptmann sagte uns, er sei in eine Irrenanstalt im Laogai-Lager gesteckt worden. Nachdem er weg war, sprach keiner mehr über ihn. Als ich 1967 wieder auf die Qinghe-Farm kam, rief mich der Hauptmann eines Tages zu sich und sagte: „Wu Hongda, komm mal mit ins Büro zu mir, geh heute nicht arbeiten. Ich habe einen Auftrag für dich. Da gibt es jemanden, der deiner Gruppe zugeteilt wird, und es kann sein, dass du ihn kennst." Wer das war? Lu Haoqing.

Nachdem ich ihn mit in den Gruppen-Zellenblock genommen hatte, fragte ich ihn, wie es ihm ergangen war. Psychisch schien er sich ja ein wenig erholt zu haben. Das erste, was er tat, war, dass er mir eine Reihe von runden schwarzen Flecken auf seinem Körper zeigte, die von der Elektroschock-Therapie stammten, die er in einer psychiatrischen Laogai-Anstalt in Kangzhuang im Kreis Yanqing bekommen hatte. Danach fragte er mich: „Kannst du ein paar Zigaretten für mich auftreiben?"

Sofort antwortete ich: „Willst du mich auf den Arm nehmen? Wo sollte ich hier wohl Zigaretten organisieren?"

Er meinte dazu nur: „Kannst du denn nicht welche kaufen? Gib mir jetzt welche, und dann gebe ich sie dir später zurück."

Als ich das hörte, wusste ich, dass irgendetwas nicht stimmte. Ich sah in seine Augen: Auch da war irgendetwas nicht in Ordnung. Dann fragte er mich: „Warum geht ihr denn alle immer noch arbeiten?"

Ich fragte ihn: „Warum sollten wir das nicht tun?"

Er fragte weiter: „Sind denn noch nicht alle eure Probleme gelöst worden?"

Darauf entgegnete ich: „Gelöst? Welche Probleme meinst du?"

Er sagte: „Sind einige von euch nicht schon nachhause gegangen? Seid ihr nicht schon alle frei?"

„Wer hat dir denn das erzählt?", fragte ich zurück.

Dazu meinte er: „Deshalb hat man mich doch gehen lassen."

Ich dachte, vielleicht hatte ihm die psychiatrische Laogai-Anstalt falsche Hoffnungen gemacht, als man ihm dort mitteilte: „Du bist frei, du kannst jetzt gehen." Doch wo er dann hingekommen war, das war das Laogai-Lager auf der Qinghe-Farm. Ich glaubte, wenn ich ihm die Wahrheit erzählte, würde er den Schock vielleicht nicht überstehen. Daher suchte ich sogleich einige Leute, mit denen ich mir zusammen überlegte, wie man vielleicht ein paar Zigaretten für ihn besorgen könnte. Er saß den ganzen Tag regungslos auf dem Kang. Häufig fragte er mich:

„Wann können wir denn gehen?"

Und ich sagte dann immer: „Wohin wollen wir denn?"

Darauf sagte er stets: „Sagten sie denn nicht, dass wir alle hier rauskommen?"

Und ich antwortete dann: „Naja, vielleicht! Vielleicht geben sie dir ja in ein paar Tagen Bescheid!"

Nachdem das drei oder vier Tage lang auf diese Weise so ablief, musste ich immer noch zur Arbeit gehen. Ich bat die kranken Häftlinge in meiner Gruppe, ein Auge auf ihn zu werfen, weil ich dachte, dass er psychisch nicht ganz normal sei.

Eines Morgens kam ein neuer Hauptmann zum Appell. Er fragte: „Warum geht denn Lu Haoqing nicht zur Arbeit?" Dann wies er die Kalfaktoren an, Lu hinauszuschleifen. Als sie ihn packten, fing er an zu schreien. „Was macht ihr da? Was genau macht ihr da mit mir?" Dann fügte er hinzu: „Wollt Ihr mich f... ?"

Jetzt wusste ich, dass er in seinen ehemaligen Zustand geistiger Instabilität zurückgekehrt war, sodass ich dem Hauptmann sagte: „Hauptmann, warum fragen Sie nicht einfach den Direktor? Bei Lu Haoqing liegen besondere Umstände vor, die es nicht zulassen, dass er arbeitet."

Der Hauptmann glaubte, ich hätte ihn in seiner Ehre gekränkt. Zornig schrie er mich an: „Was geht dich das an? Geh raus hier!" Dann führten die Kalfaktoren die Befehle des Hauptmanns aus und schlugen Lu. Nun stürzte ich hinzu und stieß die beiden Kalfaktoren auf den Boden. Ich sagte: „Was macht ihr denn da? Er ist psychisch krank. Weshalb schlagt ihr ihn? Passt bloß auf oder ich mach euch fertig!"

Dann sagte ich noch: „Hauptmann, bitte fragen Sie den Direktor. Lu Haoqing geht nicht zur Arbeit." Nun merkte der Hauptmann, dass wirklich irgendetwas falsch gelaufen war. „Na gut! Dann lasst ihn mal hier!" Und er führte die über hundert Männer zur Arbeit und ließ Lu Haoqing zurück.

Als wir heimkehrten, lief einer der kranken Häftlinge, sobald wir den Hof betraten, zu mir und berichtete: „Bergziege (mein

Spitzname), komm schnell, da ist was passiert!“ Als ich hinterherkam, um zu sehen, was das war, hatten sie Lu Haoqing gerade von einem Balken in der Latrine abgenommen. Er hatte sich aufgehängt. Ein Häftling aus der Einheit, der Arzt gewesen war, und ich beugten Lus Arme und Beine vor und zurück und versuchten damit, sein Blut wieder in Richtung Herz strömen zu lassen. Dann massierten wir ihn auch noch und konnten ihn so allmählich wiederbeleben. Dieses Mal war er noch nicht gestorben.

Als ich einige Tage später wieder von der Arbeit zurückkam, berichtete mir einer von den kranken Häftlingen, die nicht arbeiten gegangen waren, es sei erneut etwas passiert. Jeder Zellenblock war ein niedriges Reihenhaus. An den Fenstern waren Eisenstangen angebracht. Die kranken Häftlinge saßen draußen vor dem Fenster, da ich sie darum gebeten hatte, und beobachteten Lu. Sie bemerkten, dass er mit dem Rücken zum Fenster stand, sodass sie davon ausgingen, alles sei in Ordnung. Doch nach geraumer Zeit wunderte sich einer der Männer, weshalb sich Lu noch nicht einmal ein wenig bewegt hatte. Er ging also hinüber zum Fenster und schob es ein wenig an, und das Fenster traf Lu am Rücken. Immer noch bewegte er sich nicht. Da erst begriff er, dass Lu sich an der Eisenstange des Fensters aufgehängt hatte. Die Häftlinge liefen sofort ins Haus hinein und banden ihn los. Noch einmal wurde er wiederbelebt.

Lu Haoqing redete nicht. Er griff niemanden an und regte sich nicht auf, und er wehrte sich auch nicht. Wenn der Hauptmann ihn beschimpfte oder verhörte, gab er keinen Ton von sich. Als ich mit ihm sprechen wollte, redete er auch nicht. Eines Morgens, als die Dämmerung gerade anbrach, fing der Nacht-Kalfaktor plötzlich laut zu rufen an. Ich ging nachschauen. Wie sich herausstellte, war Lus dritter Selbstmordversuch letztendlich gelungen.

Lu Haoqing war in unserer Einheit etwas aus dem Rahmen aufgefallen. Er wurde von den anderen überhaupt nicht wahrgenommen. Jeden Tag wanderte er wie eine verlorene Seele ziellos im Hof des Laogai-Lagers umher. An den Zählapellen und den Versammlungen nahm er nicht teil. In jener Nacht nun sah ihn der Kalfaktor herumlaufen und dachte sich nichts dabei. Später sah er ihn noch, wie er an einem Betonpfosten lehnte. Diese Betonpfosten wurden früher als Stützen für den Weingarten benutzt. Sie waren im Laogai-Hof aufgestellt, und ein Draht wurde zwischen ihnen gespannt, damit man daran Kleidung zum Trocknen aufhängen konnte. Auf diesem Draht hingen noch viele zerfetzte Kleidungsstücke, und auf der Spitze des Pfostens befand sich ein Strohhut, sodass rundherum nur wenig Licht durchkam. Der Kalfaktor sah also Lu gegen diesen Pfosten gelehnt, doch der Strohhut hielt das Licht ab, und er schaute wohl auch nicht so genau hin. Tatsächlich hatte sich Lu aber bereits erhängt.

Alle sollten sich beeilen und ihn wiederbeleben. Aber ich wusste, dass es schon zu spät war. Ich sagte: „Vergesst ihn! Lasst ihn gehen!"

Ich glaubte, er hatte diesen Weg gewählt. Er meinte, zu sterben sei vielleicht ein bisschen besser als zu leben.

Einige der über fünfhundert Rechtsabweichler in Sanyuzhuang waren seit 1958 oder 1959 inhaftiert. In den Jahren 1962 und 1963 wurden sie dann nach und nach freigelassen. Bis Anfang 1964 waren nur noch knapp über hundert übriggeblieben, für die alle 1961 eine dreijährige Aufenthaltsfrist festgesetzt worden war, die am 24. Mai 1964 auslaufen sollte.

Eines Abends während der Studienzeit kam der Hauptmann unversehens vorbei, gefolgt von mehreren Arbeitsumerziehungsaktivisten aus anderen Gruppen. Diese Leute waren Rowdys, obwohl sie selbst ebenfalls Rechtsabweichler waren. Der Hauptmann sagte zu einem Mann aus meiner Gruppe namens Xu Yunqing, er solle aufstehen. Er war früher Lehrer in einer von Zivilisten geführten Schule im Bezirk Tongzhou und hatte kein besonders hohes Bildungsniveau.

Der Hauptmann kündigte für diesen Abend eine Gruppenkritik und eine Kampfsitzung an, weil Xu Yunqing konterrevolutionäre Ansichten verbreitet habe. Niemand konnte geahnt haben, worum es sich eigentlich handelte. Xu Yunqing war normalerweise äußerst rechtschaffen.

Er ging seiner Arbeit friedlich nach und stritt sich nie mit jemandem. Er gehörte nicht zu denen, die ihre Ansichten öffentlich äußerten. Keiner konnte sich vorstellen, welche Art von konterrevolutionären Auffassungen er denn haben könnte.

Der Hauptmann sagte: „Dong Li, tritt vor und entlarv ihn!" Dong Li war Lehrer an einer von Zivilisten geführten Volksschule im Stadtteil Liangxiang von Peking gewesen. Alle witzelten schon, er habe es nur deshalb in die Reihen der Rechtsabweichler geschafft, um eine Quote zu erfüllen. Er war nämlich wirklich unkultiviert und ziemlich ungebildet und verstand gar nicht, was Politik überhaupt bedeutete. Daher kam er sich benachteiligt vor und fühlte sich unbehaglich in den Rechtsabweichler-Lagern; es war dort sehr unangenehm für ihn. Deshalb probierte er jede nur denkbare Methode aus, um einen gewissen Aktivismus an den Tag zu legen. So informierte er die Sicherheitsbeamten gerne über seine Altersgenossen, in der Hoffnung, man wisse das zu schätzen.

Er erhob sich also vom Kang, stolzierte nach vorne und sagte: „Xu Yunqing, du ‚Anti-Reformer', der du dich hartnäckig weigerst, dich umzugestalten, obwohl die Kommunistische Partei alles menschlich Mögliche getan hat, um dich zu retten. Warum wagst du es immer noch zu sagen, dass die Geschichte dich freisprechen wird?" Daraufhin sagten die anwesenden Aktivisten: „Xu Yunqing! Rede! Sprich mit uns! Weshalb wagst du das immer noch zu sagen?"

Xu Yunqing rieb sich am Kopf und blieb eine ganze Weile lang sprachlos, antwortete dann aber: „Das habe ich nie gesagt!"

Die Aktivisten gingen auf ihn zu, schlugen ihn und behaupteten, er sage nicht die Wahrheit. Dong Li insistierte: „Du leugnest immer noch! Ich habe es mit eigenen Ohren gehört! Ich stand direkt neben dir! Und du hast es mehrere Male wiederholt!"

Als Dong Li merkte, dass Xu Yunqing das wohl nicht zugeben würde, hatte er anscheinend kein gutes Gefühl. Dann ging er einen Schritt weiter auf Xu Yunqing zu, dem gerade in den Bauch geschlagen wurde, und versetzte ihm einen Hieb in die Brust mit den Worten: „Xu Yunqing, dein Denken ist schon immer reaktionär gewesen, und du widersetzt dich den Bestrebungen der Regierung, dich zu reformieren. Als wir vor ein paar Tagen beim Jäten auf dem Maisfeld waren, sagtest du: ‚Das ist ja wie Arbeiten unter dem Säbel der Japaner'! Erzähl uns, hast du das gesagt oder hast du's nicht gesagt?" Xu Yunqing erwiderte zögernd: „Ich meinte damit, dass die Maisstengelblätter, die in unsere nackten Arme schneiden, wehtun, eben so wie die Säbel der Japaner; ich habe damit nicht gemeint, dass die Reform durch Arbeit nicht gut wäre." Im Sommer arbeiteten die meisten von uns mit nackten Armen. Wenn der Mais dann sehr hoch wuchs, ritzten die Blätter der Maisstengel oftmals unsere Haut auf und hinterließen dabei rote Kratzspuren. Die *Reformenthusiasten* schlugen ihn daraufhin erneut und brüllten: „Partei und Regierung geben dir die Gelegenheit, dich umzugestalten und von vorne zu beginnen, und du sagst, es wäre, wie unter dem Säbel der Japaner zu arbeiten! Das ist ja wohl durch und durch reaktionär!"

Mir war zwar bewusst, dass Xu Yunqing tatsächlich gesagt hatte: „Die Geschichte wird mich freisprechen." Doch unter diesen Umständen traute ich mich nicht, das Wort für ihn zu ergreifen.

Während der „Kuba-Krise" im Jahre 1962 hatte die chinesische Regierung das Castro-Regime voll unterstützt. Castro hatte eine Rede mit dem Titel „Die Geschichte wird mich freisprechen" gehalten. Sie war nicht nur in der Zeitung veröffentlicht worden, sondern wurde auch als gesonderte Broschüre verteilt. In den Laogai-Lagern hatten wir ebenfalls Zugang zu diesen Materialien. Ich erinnere mich noch an den Tag, an dem

Xu Yunqing auf dem Kang lag, mit dieser Schrift in Händen. Zu sich selbst sprechend, las er den Titel zweimal laut vor: „Die Geschichte wird mich freisprechen! Die Geschichte wird mich freisprechen!“ Natürlich hätte man behaupten können, er beabsichtigte damit irgendetwas. Vielleicht ließ das Vorlesen dieser Worte ihn ja seine eigene Lage überdenken und führte ihn zu der Überlegung, die Geschichte würde schon beweisen, dass ihm Unrecht widerfahren sei. Doch wie dem auch sei, damals las er lediglich den Satz aus Castros Rede vor. Nichts weiter. Und nun musste er sich gefallen lassen, weiter verprügelt zu werden, und dabei schrie er vor Schmerzen.

Jetzt nahm ich all meinen Mut zusammen, ging zum Hauptmann und sagte: „Hauptmann Wu, ich möchte Ihnen gerne etwas melden.“

„Melde mir das später!“, herrschte er mich an. „Wir haben hier jetzt gerade eine Sitzung!“ Alle machten mit bei der Bestrafung, und irgendwann kamen die Gruppenkritik und die Kampfsitzung dann auch zu einem Ende. Hauptmann Wu zitierte mich zu sich und forderte mich nun auf: „So, was war los?“ Ich holte das Heftchen mit der Castro-Rede hervor, das von der Einheit verteilt worden war. Ich berichtete dem Hauptmann, wie Xu Yunqing damals auf dem Kang gelegen und dieses Dokument gelesen habe, und versicherte ihm, dass da keine andere Bedeutung dahinter stand. Er hatte nur die Schrift eines Führers eines sozialistischen Landes vorgelesen. Diese Sicherheitsbeamten verfügten über keine besonders großen kulturellen Kenntnisse und seien auch nicht unbedingt mit diesem Artikel von Castro vertraut gewesen.

Der Hauptmann fragte: „Woher weißt du das denn?“

Ich antwortete: „Hier ist das Dokument!“

„Leg es hierhin! Und dann geh!“, beendete er das Gespräch. Damit verließ ich den Raum.

Am nächsten Tag wurden die Kritik und die Kampfsitzung nicht weiter fortgesetzt. Diese Art von politischer Verfolgung, wie ich sie hier erlebte, war sogar noch kläglicher als in den Einheiten, die sich aus kleinen Dieben, Ganoven und anderen Leuten zusammensetzten. Zu den Rechtsabweichlern gehörten ganz unterschiedliche Menschen. Außer dass man Schach spielte und sich Geschichten erzählte, vermied man es in den Rechtsabweichler-Lagern über die Nachrichten zu diskutieren, und man sprach auch nicht über die Vergangenheit oder über irgendetwas aus dem Bereich der Politik. Was jedoch ausgesprochen beliebt war, das war unsere „mentale Dinnerparty". Natürlich war sie von den Sicherheitsbeamten ausdrücklich untersagt.

Bei diesen sogenannten „mentalen Dinnerpartys" sollte jeder reihum schildern, wie man ein Gericht zubereitet. Keiner von uns war jemals Koch gewesen; vielleicht haben ja einige mal etwas zuhause gekocht, aber im Allgemeinen konnte keiner wirklich kochen. Ich hatte es im realen Leben auch noch nie versucht, beschrieb den anderen aber lebhaft, wie man Wuxi-Spareribs zubereitet, wie viel Sojasoße, wie viel Zucker man zufügen müsse, wie lang man alles zu schmoren habe, und welche Art Fleisch man brauche. Eigentlich hatte ich diese Speisen nur gegessen, aber nie selbst gekocht. Dabei machte ich von meiner Vorstellungskraft Gebrauch, um meine Rezept-Story zu entwikkeln. Leute aus ganz unterschiedlichen Gegenden beschrieben ihre eigenen Regionalgerichte. Alle schilderten die Speisen mit großem Genuss, und sie fingen immer wieder von vorne damit an. Und jedes Mal war es so, als würden wir das Gericht tatsächlich essen. Da Hunger eben nicht nur im Magen wohnt, sondern auch in der Psyche, war auch eine psychische Sättigung nötig.

Es gab eine Zeit, in der in Sanyuzhuang ein System einer individuellen Zuteilung von Essensrationen eingeführt wurde. Wenn die Menge der für einen Monat festgesetzten Nahrung 15 Kilo (= 30 Kättis) betrug, dann bedeutete das 500 Gramm (= 1 Kätti) pro Tag. Jeder Häftling konnte dann selbst darüber entscheiden, wie viele Liangs (4) an Lebensmitteln zu jeder der drei Mahlzeiten er täglich zu sich nehmen wollte. Zum Beispiel konnten das dann jeweils drei, vier und nochmals drei sein, das heißt also, drei Liangs jeweils am Morgen und am Abend, und vier Liangs zum Mittag. Andere entschieden sich vielleicht für eine Kombination von sechs, zwei und zwei Liangs, was bedeutete, dass man sechs Liangs morgens, und jeweils zwei Liangs mittags und abends zu sich nahm. Hunger war eben das Hauptproblem, dem sich jeder hier stellen musste. Jeder versuchte, sich Möglichkeiten einfallen zu lassen, um an mehr Nahrung heranzukommen, egal wo oder wie. Tan Tianrong von der Pekinger Universität war deshalb überall im Lager bekannt, weil Mao Tse-tung selbst ihn angeklagt hatte. Seine Kleidung ließen ihn wie einen Kobold aussehen, sodass man ihm in Sanyuzhuang den Spitznamen „Alter Kobold“ gegeben hatte. Seine Reihenfolge der Liang-Mengen beim Mahlzeitenbestellsystem war: sechs, zwei und zwei. Wie alle anderen besaß auch er eine Karte, um seine Mahlzeiten abzuholen. Nur wenige Tage nach der Einführung dieses neuen Systems meldete er dem Hauptmann, er habe seine Karte verloren. Der Hauptmann stellte ihm eine neue aus und vermerkte darauf eine neue Mengenreihenfolge, diesmal nämlich: zwei, zwei und sechs. Tatsächlich hatte Tan Tianrong seine Karte aber gar nicht verloren. So benutzte er also jeden Morgen die alte Karte, um damit sechs Liangs zu essen, und jeden Abend verwendete er dann, wenn er seine Mahlzeit abholte, die neue Karte, um auch wieder sechs Liangs zu verspeisen statt der zwei Liangs, die ihm seine alte Karte gewährt hätte. Doch es dauerte natürlich nicht lange, bis die Reformenthusiasten ihn entlarvten und sein Vergehen meldeten. Wie wir alle aß Tan Tianrong ja unter den wachsamen Augen von allen anderen. Wie konnte es dann sein, dass er morgens drei Brötchen mit dem Gewicht von sechs Liangs verdrücken und dann noch mal abends drei weitere mit demselben Gewicht essen konnte? Wir übrigen Rechtsabweichler behielten unsere Meinung für uns und taten so, als wüssten wir von nichts. Ich hatte zwar keine Ahnung, wie überragend Tan Tianrong tatsächlich gewesen war, dass er die Aufmerksamkeit von Mao Tse-tung selbst auf sich gezogen hatte, doch wie man an diesem „Essenskarten"-Vorfall sehen kann, schien dieser ehemalige Physik-Student der Pekinger Universität ja doch mit allen Wassern gewaschen zu sein. Jedenfalls wurde das Zuteilungs-System nach diesem Vorkommnis sofort wieder abgeschafft.

Aber diese Rechtsabweichler stahlen obendrein die Ernte draußen auf den Feldern und aßen sie auf; sie rieben in ihren Händen Weizenkörner und verzehrten sie und holten sich auch heimlich Rüben aus dem Gemüsegarten. Einer dieser Rechtsabweichler aus Shanghai namens Lu war so hungrig, dass er hinaus ging und Kröten aß. Mir war bekannt, dass die Haut dieser Tiere giftig war, sodass ich, obwohl ich ja schon eine ganze Menge seltsamer Dinge verspeist habe, es doch nicht wagte, mich von Kröten zu ernähren. Nach der Kröten-Mahlzeit litt Lu an einer Vergiftung; sein Gesicht schwoll so stark an, dass er noch nicht einmal mehr die Augen öffnen konnte. Sein Leben konnte nur dadurch gerettet werden, weil man ihn noch rechtzeitig in die Notaufnahme eines Krankenhauses gebracht hatte.

Jeden Morgen versammelten wir uns im Morgengrauen und gingen los zur Arbeit. Erst kurz vor Sonnenuntergang kehrten wir in die Zellenblocks zurück. Nach einem hastigen Abendessen begannen unsere unabdingbaren zwei Stunden des ideologischen Reform- und politischen Unterrichts, der darin bestand, dass wir die Volkszeitung lasen, andere bloßstellten oder über sie Bericht erstatteten, oder eben aus Kritik- und Kampfsitzungen. Anschließend kamen wir zum Appell und zu einem Mahngespräch zusammen und eilten dann in unsere Unterkünfte zurück. Dieser Kreislauf setzte sich tagein, tagaus fort.

Das Mittagessen wurde auf einer Schiebekarre von zwei Umerziehungshäftlingen – denen die Sicherheitsbeamten vertrauten – an den Arbeitsplatz gebracht. Jeder bekam zwei Brötchen und eine Schale Suppe. Auch daran änderte sich nie etwas. Als wir morgens zur Arbeit gingen, band sich jeder Mann eine Emailleschüssel um seinen Bauch; die meisten besaßen allerdings weder einen Löffel noch Essstäbchen. Da wir auf den Feldern arbeiteten, klebte an unseren Händen ständig Schlamm oder anderer Schmutz. Oft brach ich mir von einem Baum einen gabelförmigen Zweig ab, um ihn als Werkzeug zum Essen meiner Brötchen zu verwenden. Wenn ich die Rinde abschälte, war er ganz sauber. Wenn es neben den Feldern keine Bäume mit Blättern gab, spülte ich mir die Hände mit meinem eigenen Urin. Ein alter Rechtsabweichler aus Guangxi namens Wu, dessen Spitzname „Alter Dickkopf" war, brachte uns das bei. Er sagte: „Urin kommt aus eurem Körper; nichts ist sauberer!" Das schien irgendwie sinnvoll zu sein.

Für jeden Arbeitsauftrag gab es Sollvorgaben, und in jeder Gruppe gab es jemanden, der für die Aufzeichnung von Arbeitspunkten zuständig war. Über die Arbeitsleistung jedes einzelnen wurden täglich Berichte verfasst. Die Regierung sagte, dass unser Denken nur durch harte Arbeit reformiert und wir nur dadurch neue Sozialisten werden könnten. Wenn wir das nicht würden, dann wären wir Müll.

Es hat Vor- und Nachteile, auf den Reisfeldern und den Trockenfeldern einer Farm zu arbeiten. Wenn man auf Reisfeldern Setzlinge pflanzt, den Boden bearbeitet und jätet, ist man dabei einer Gefahr ausgesetzt. Wenn man mit nacktem Oberkörper arbeitet, wird man ständig von giftigen Schlangen angegriffen, und die beiden Füße im Wasser werden andauernd von Blutegeln gebissen. Und es handelt sich dabei nicht nur um ein oder zwei Blutegel – nein – sie umzingeln einen gleich in Achter- oder Zehnergruppen. Der Saugnapf eines Egels bohrt sich tief ins Fleisch. Wenn man sie an seinem Körper entdeckt, kann man sie nicht so einfach abziehen; wenn man es doch versucht, dann reißt man gleich eigene Haut und eigenes Fleisch mit ab. Erst muss man ihnen einen heftigen Schlag geben, dass sie betäubt oder zerdrückt sind, bevor man sie entfernen kann. Als jemand aus meiner Gruppe einmal nach Blutegeln schlug, sagte er: „Na, trink schon (von meinem Blut)! Nur zu! Alle anderen trinken auch davon, da kannst du es ebensogut! Ich sag dir, du sollst trinken!" Die Reformenthusiasten aus meiner Gruppe meldeten das noch an diesem Abend. Bei der Kritik- und Kampfsitzung wurde er dann aufgefordert, zu erklären, wer denn sein Blut tränke. Eigentlich reagierten gar nicht einmal die ungehobelten Sicherheitsbeamten besonders empfindlich auf den Klassenkampf; es waren im Gegenteil diese Reformenthusiasten, die verzweifelt nach Meriten strebten, und die ein stark ausgeprägtes *Klassenbewusstsein* besaßen.

Nach der Ankunft auf der Tuanhe-Farm wurden alle wieder gesund. Eine Hungersnot hatte zuvor eine große Anzahl von Menschen hinweggerafft, doch die Vitalität jener, die sie überlebt hatten, schien sich zu halten. Die eiserne Regel des „Überlebens des am besten Angepassten bei der natürlichen Selektion" hat sich in unserer Gruppe durchaus bewahrheitet. Es lag schon ein Vorteil darin, auf die Tuanhe-Farm zu kommen. Jedes Jahr verbrachten wir zwei Monate damit, im Weingarten Trauben zu ernten. Weintrauben sind sehr nahrhaft. Wir aßen alle sehr viel davon, und suchten uns die jeweils besten aus. Die Tuanhe-Farm erntete jedes Jahr mehrere Millionen Kätties Trauben in einer großen Sortenvielfalt. Eine davon war die „Rosa Traube", die im Geschmack kein bisschen sauer war. Wir lasen die Trauben, verpackten sie, legten sie in Lattenkisten, und dann wurden sie von den Lastwagen der Außenhandelsabteilung direkt zum Flughafen zum Versand nach Japan und Hongkong gebracht. Einmal erzählte mir ein rechtsopportunistischer Student vom Pekinger College of Technology: „Ich nahm mir immer einige einzelne Beeren von der Spitze jeder großen Traube ab und aß sie auf, bevor ich die großen Trauben in die Holzkisten für die kleinen Japaner verpackte." Und, wirklich, die besten Beeren einer Traube sind die an ihrer Spitze. Außerdem hätte ich nie gedacht, dass „nationalistische Gefühle" doch irgendeinen Zweck erfüllen konnten.

Und dann gab es noch für jeden der Arbeitsprozesse im Weingarten ein zu erfüllendes Pensum. Zu diesen Arbeiten gehörten der Rebschnitt, das Entfernen heruntergebogener Zweige, das Abdecken der Rebstöcke für den Winter sowie die Weinlese. Häftlinge, die es nicht schafften, ihr Soll zu erfüllen, wurden unterschiedlich bestraft. Die gebräuchlichste Strafe war eine Reduzierung der Essensrationen. Gegen einen Rechtsabweichler vom Pekinger College of Technology beispielsweise, der seine Arbeit regelmäßig äußerst „entspannt anging", waren die Sicherheitsbeamten ausgesprochen feindselig eingestellt. Als der Hauptmann einmal am Ende eines Tages die Männer zählte und sich anschickte, die Einheit zurück in die Zellenblocks zu begleiten, gab er bekannt, dass wir zuvor noch eine *Kritik- und Kampfsitzung* auf dem Feld abhalten würden. Nun ließ er diesen besonders missliebigen Mann aus der Gruppe herausholen und befahl mehreren Reformenthusiasten, ihm die Obergewänder auszuziehen. Seine Hände banden sie an die Rankhilfen hinter ihm. Dann forderte der Hauptmann alle dazu auf, kritisch ihre Meinung über seine *Trägheit bei der Arbeit* und sein *Anti-Reform-Verhalten* zu sagen. Diese Sitzung dauerte zehn Minuten, zehn Minuten in der Dämmerung des Herbstes. Innerhalb kürzester Zeit hatten die großen Moskitos, die die Felder bewohnten, sein Gesicht und seinen Oberkörper bedeckt. Alles, was wir hören konnten, waren seine Schreie. Als der Hauptmann den Befehl ausgab, seine Fesseln zu lösen, kratzte er sich wild an Gesicht und Brust, fing stark zu bluten an und tauchte anschließend seinen Kopf in einen nahe gelegenen Wassergraben. Dieses Erlebnis hinterließ zahlreiche Spuren auf seinem Gesicht und Körper. Er entkam bald darauf und nie wieder hörte man etwas von ihm. Ich habe ja schon die Schreie von vielen leidenden Menschen gehört, doch dieser Vorgang ließ einen besonders tiefen Eindruck in mir zurück.

Kapitel 8

DER SARKOPHAG UND DER ENGEL

September 1968

„Appell! Alle antreten zum Appell!", brüllte der Kalfaktor „Kleiner Zhu". Mehr als hundert Männer aus der Einheit stürmten aus den verschiedenen Zellenblocks auf den Hof hinaus und stellten sich gehorsam hintereinander in einer Reihe auf. Vorne standen die Gruppenleiter, um dem Hauptmann leichter antworten zu können, wenn es denn erforderlich war. Diese Szene spielte sich jeden Abend ab, 365 Mal im Jahr, sodass die Häftlinge es schon satt hatten und taub für das gellende Geschrei und die Rüffel geworden waren.

Beim Abendappell hielt der Hauptmann zusätzlich zum Aufruf der Namen noch eine Mahnrede. Doch dieser Tag war recht ungewöhnlich. Alle standen auf dem Hof und warteten seit zehn Minuten auf den Hauptmann, aber er kam nicht. Gerade als die Leute anfingen, sich den Kopf über seinen Verbleib zu zerbrechen, erschien Hauptmann Wu, begleitet von Hauptmann Gao und Sekretär Ning. Da Hauptmann Wu schnell aufgestiegen war, war er nicht besonders gebildet. Immer wenn er mit dem Appell an der Reihe war, sagte er mehrmals: „Jede Gruppe zählt die Personen durch, und die Gruppenleiter melden es dann"; wenn wir das beendet hatten, schickte er uns wieder weg. Heute Abend war das nicht anders, nur, dass er – nachdem die Gruppenleiter mit dem Zählen ihrer Leute fertig waren – sagte: „Sekretär Ning von der Hauptverwaltung der Farm möchte euch gerne ein paar Worte sagen." Da der Sekretär nicht bei uns in der Einheit arbeitete, sahen wir ihn auch nicht häufig. Doch jeder wusste, dass er für die Disziplinarmaßnahmen zuständig war. Immer, wenn vermeldet wurde, dass irgendjemand aus der Umerziehung freigelassen oder das Strafmaß eines Häftlings erhöht wurde, war dies das Werk von Sekretär Ning. Jedermanns Schicksal lag in seinen Händen. Offenbar würde er wohl „nicht in den Tempel gehen, wenn er dort nichts zu tun hätte", sodass alle ihren Atem anhielten und aufmerksam zuhörten. Er gehörte nicht zu denjenigen, die ein furchterregendes Verhalten an den Tag legten oder abstoßende und bösartige Eigenschaften besaßen; niemals schrie er oder tadelte jemanden im Zorn. Stets drückte er sich in einer kultivierten und erlesenen Ausdrucksweise aus und niemals schlug er die Häftlinge. Sein schmales, scharf konturiertes Gesicht, das fein und zart war, und die kleine kahle Stelle auf seinem Kopf machten es den Leuten nicht gerade leicht zu erkennen, was er momentan dachte. Gemächlich schritt er voran; dann hob er plötzlich die Hand, die er soeben noch hinter seinem Rücken gehalten hatte und hielt drei Umschläge hoch in die Luft. „Wer auch immer diese Briefe geschrieben hat, weiß, wer er ist. Nach dem Appell komme derjenige persönlich zum Büro der Einheit zum Geständnis. Ihr kennt alle die Politik der Partei über die ‚Nachsicht bei Freimütigkeit und Härte bei Widerstand'. Das soll reichen. Ihr seid jetzt entlassen."

Das übliche Durcheinander bei der Entlassung ausnutzend, kam der Alte Guo zu mir hinüber und flüsterte in mein Ohr: „So schnell? Was machen wir denn jetzt?" Ich erwiderte: „Uns dem Schicksal überlassen!"

Und das war geschehen: Der vorhergehende Tag war der einzige Ruhetag in nahezu fast zwei Monaten gewesen. Grundsätzlich erhielten die alten Rechtsabweichler auf der Tuanhe-Farm alle zwei Wochen einen Ruhetag, doch die Hauptleute bestellten uns trotzdem wie sonst zur Arbeit. Mao Tse-tung sagte: „Eine Veränderung in der Weltanschauung ist eine grundlegende Veränderung", und dieser Wandel musste durch Zwangsarbeit verwirklicht werden, sodass diese Zwangsarbeit der Weg war, durch den wir zu neuen Sozialisten umgewandelt wurden. Die Sicherheitsbeamten sagten uns, dass Arbeit zwar eine Strafe, aber eben auch eine Ehre sei; sie sei eine Gelegenheit, die uns von der Partei gegeben wurde, damit wir uns selbst zu neuen Menschen umgestalten konnten, weshalb wir sehr dankbar zu sein hatten. Nun gab es an Ruhetagen nur zwei Mahlzeiten. Aber gleich nach dem Frühstück schickte Hauptmann Gao den Kalfaktor Kleiner Zhu, um mich ins Büro zu bringen. Hauptmann Gao sagte. „Nimm zwei Männer mit zum Deich an den Fluss Feng, um dort zwei Körbe voll reifer Pfirsiche zu pflücken und bring sie ins Büro." Solche privaten Aufträge gab es häufig. Die Sicherheitsbeamten waren die Herren der Farm. Solange es bestimmte Dinge auf der Farm gab, konnten sie davon bekommen, was immer sie wollten. Die meisten der Gefangenen waren froh, wenn sie diese Art persönlicher Aufträge erledigen konnten, weil es eine Möglichkeit war, sich bei jemandem einzuschleimen, deshalb strengten sie sich dabei auch mehr an als bei ihrer offiziellen Arbeit. Ich wandte mich ab und seufzte. Ich fühlte mich unglücklich, weil ich nun keine Gelegenheit mehr hatte, den ganzen Tag herumzuliegen und Schach zu spielen. Der Hauptmann fügte hinzu: „Und nimm Fan Guangdou mit." Fan Guangdou war der Unterrichtsleiter meiner Gruppe. Die Hauptleute ernannten nämlich zwei Gruppenleiter für jede Gruppe. Einer war für die Arbeitsproduktion zuständig; jeder, der stark war und arbeiten konnte, kam dafür in Frage, unabhängig davon, ob seine ideologische Einstellung in Ordnung war. Der Andere war für den politischen Unterricht und die ideologische Reform – die Änderung der ideologischen Einstellung – verantwortlich. Anders ausgedrückt: Es musste jemand sein, der bereit war, sich bei den Sicherheitsbeamten einzuschmeicheln. Da dies nun eine Arbeit war, die an einem Ruhetag zugewiesen wurde, war der Hauptmann zu faul, selbst mitzukommen. Indem er Fan Guangdou mitschickte, konnte er sich selbst beruhigt zurücklehnen. Wir waren alle alte Rechtsabweichler, die bereits fünf Jahre oder mehr hinter sich hatten; selbst wenn wir entkommen sollten, würden wir es nicht schaffen, irgendetwas zum Essen zu finden, und unsere eigenen Väter und Mütter würden es nicht wagen, uns bei sich aufzunehmen.

Frauen, die sich nicht von ihren Rechtsabweichler-Männern hatten scheiden lassen, waren so selten wie Federn vom Phönix oder das Horn eines Einhorns. Man hatte also keine Sorge, wir könnten fliehen; wohin hätten wir schon flüchten sollen?

Wir vier gingen zum – am Rand der Farm gelegenen – Deich am Fluss Feng und teilten uns in zwei Gruppen auf, um Pfirsiche zu pflücken. Ich beauftragte Fan Guangdou, mit mir am nördlichen Abschnitt des Deiches zu arbeiten, und schickte den Alten Guo und den anderen Häftling in den südlichen Bereich. Wie vorher ausgemacht, suchte der Alte Guo nach einer Gelegenheit, schnell über den fünfzehn Meter breiten Grenzfluss zu schwimmen und zum Postamt in das nahegelegene Dorf zu laufen, um dort drei Briefe aufzugeben – einen an Mao Tse-tung, einen an das Zentralkomitee der Partei und einen an das Pekinger Stadtkomitee.

Und nun befanden sich die in dem öffentlichen Postkasten am Tage zuvor deponierten Briefe in den Händen von Sekretär Ning. Der hohe Grad an Effizienz war wirklich beachtlich.

Die Nächte in den Laogai-Lagern verliefen immer sehr ruhig. Nach einem anstrengenden Arbeitstag war der einzige Trost, den man in diesem Leben hier hatte, dass man abends die Augen für eine Reise ins Land der Träume schließen oder an seine Verwandten denken konnte. Doch in dieser Nacht lag ich mit offenen Augen unter dem Moskitonetz und konnte nicht schlafen. Ich wartete auf den Kalfaktor, der mich zum Büro bringen sollte, und versuchte mir zu überlegen, was ich wohl antworten sollte. Eine ganze Weile verging und zu meiner Überraschung geschah immer noch nichts. Ich ging davon aus, dass Fan Guangdou vor dem Abendappell zum Büro gegangen war; offensichtlich hatte er von der Geschichte am Deich berichtet. Und jetzt wartete das Büro darauf, dass wir anderen drei unsere freimütigen Geständnisse machten. Natürlich würde keiner von uns auf eigene Faust dahin gehen. Aber in jedem Fall waren wir schon das Fleisch auf dem Schneidebrett, das nur noch darauf wartete, kleingehackt zu werden!

Mit leiser Stimme rief jetzt der Kleine Zhu eindringlich: „Guo, Chen, geht zum Büro der Einheit!" Mich rief er nicht auf, aber warum nicht? Er rief nur nach Guo und nach Chen, weshalb?

Guo und Chen gingen also los und kehrten nicht mehr zurück. Sie wurden in Einzelhaft gesteckt.

Vor Tagesanbruch am nächsten Tag rief der Kleine Zhu: „Steht auf! Steht auf! Macht euch zur Aufstellung bereit! Macht euch bereit, zur Arbeit zu gehen!"

Der Mais war bis auf Mannshöhe gewachsen und sah nun wie ein grüner Vorhang aus. Der Alte Zhao kam leise zu dem Abschnitt, in dem ich arbeitete und sagte zu mir: „Ganz gleich, was passiert, wir müssen die Sache verschweigen. Sie darf nicht weitergegeben werden, um nicht die anderen mit hineinzuziehen. Der Alte Guo kommt alleine damit zurecht, doch der Kleine Chen schafft das vielleicht nicht. Wenn die ganze Sache herauskommt, werden die Folgen schrecklich sein.

Besorgt sagte ich: „Was sollten wir also tun?"

„Ich schlage vor, du übernimmst die Verantwortung. Wenn sie nur dich wegsperren, wird es besser sein, als wenn sie die beiden einbuchten, und damit wird das Risiko verringert, dass die Angelegenheit ans Licht kommt." Es war offenkundig, dass der Alte Zhao gründlich darüber nachgedacht hatte, bevor er zu mir kam, um mit mir darüber zu sprechen.

Ich gab ihm aber keine Antwort. Auch wenn ich schon seit fünf Jahren im Laogai-System war, hatte ich doch den Schmerz und das Leid der Einzelhaft ertragen. Ich hatte wirklich keine furchtlose oder selbstlose Seele. Als ich an die „kleine Zelle" dachte, fingen meine Beine unkontrolliert zu zittern an.

Der Alte Zhao, der Alte Guo und ich, wir hatten ein ganz besonderes Verhältnis zueinander. Nach außen hin hielten wir einigen Abstand voneinander und zuweilen täuschten wir sogar gegenseitige Feindschaft vor. Die Laogai-Strategien der Kommunistischen Partei in Bezug auf einen Einsatz der Häftlinge, um andere Häftlinge zu kontrollieren, waren ausgesprochen erfolgreich. Eine der Standardmethoden zur ideologischen Reform eines Häftlings bestand für diesen darin, „sich dem Standpunkt der Regierung anzuschließen, und gefährliche Leute und Aktivitäten zu melden und aufzudecken". Wenn sich ein Häftling in dieser Hinsicht gut entwickelte, bekam er Unterstützung und eine bevorzugte Behandlung. Kämpfen, Stehlen, die Früchte des Feldes zu essen und sogar Homosexualität zu praktizieren – all das war völlig unbedeutend. Doch wenn man sich weigerte, seine Schuld anzuerkennen und wenn man die Sicherheitsbeamten verfluchte, dann war das äußerst schwerwiegend. Auch wenn man es nicht schaffte, hart zu arbeiten und wenn man „reaktionäre Sichtweisen" verbreitete, so zog das ebenfalls Bestrafung nach sich. Doch die größten Tabus waren Flucht und *konterrevolutionäre Cliquenbildung*. Die jeweiligen Anklagen gegen *eine* Person, die *reaktionäre Worte* äußerte im Gegensatz zu zwei oder drei Leuten, die reaktionäre Worte gemeinsam diskutierten, oder Anklagen gegen *eine* flüchtende Person im Gegensatz zu zwei oder drei Leuten, die *gemeinsam* eine Flucht planen, fielen sehr unterschiedlich aus. Die Bestrafung der Kommunistischen Partei für den jeweils letztgenannten Fall war weitaus schwerer. Die Öffentliche Sicherheit brauchte in den Laogai-Lagern gar keine besonderen „Augen und Ohren" einzusetzen: Jeder Einzelne der Häftlinge verpflichtete sich bewusst und diente der Partei auf seine Weise und in unterschiedlichem Maße. So war es auch bei Fan Guangdou aus meiner Gruppe: Das Motiv, weshalb man ihn zum Unterrichtsgruppenleiter aussuchte, bestand natürlich darin, dass der Grad, in dem er „sich dem Standpunkt der Regierung anschloss", relativ hoch war. Er glaubte nicht notwendigerweise an die Kommunistische Partei – vielleicht hasste er sie ja sogar – doch für sein eigenes Überleben und seine eigenen Interessen entschied er sich für diese Rolle. Dann gab es auch noch jene in den Laogai-Lagern, die sich niemals „dem Standpunkt der Regierung anschlossen", doch sie führten kein unbeschwertes Leben, denn wenn man „Kenntnisse nicht meldete", wurde man ebenfalls angeklagt.

Als wir von der Arbeit zurückkamen fragte mich der Alte Zhao heimlich, während alle darum kämpften an die Wasserhähne zu gelangen, um Wasser zu holen: „Hast du darüber nachgedacht?" Ohne die Antwort abzuwarten, sagte er gleich: „Das scheint die einzige Möglichkeit zu sein. Dann werden wir anderen ‚draußen' versuchen, uns noch etwas anderes zu überlegen." Mit „draußen" meinte er, dass ich „drinnen" wäre, wenn man mich in Einzelhaft sperrte, und er eben „draußen".

Während des politischen Unterrichts sagte der Kleine Zhu an diesem Abend: „Du sollst in das Büro der Einheit kommen!" Die Leute aus meiner Gruppe dachten alle, es hätte etwas mit der Arbeitsproduktion zu tun, weil ich ja der Arbeitsgruppenleiter war, aber ich wusste, ich käme nach diesem Besuch möglicherweise nicht mehr zurück.

In dem rauchgeschwängerten Büro saßen die beiden Hauptleute Wu und Gao, sowie der Sekretär Ning. Hauptmann Gao sagte: „Erzähl uns mal, was an deinem freien Tag geschehen ist, als du zum Pfirsichpflücken gegangen bist!"

Ich antwortete: „Hauptmann Wu, sagen Sie nicht immer, es sei befreiend und angenehm, sich die Dinge von der Seele zu reden? Dann werde ich es jetzt einfach sagen! Ich bin es gewesen, der die drei Briefe aufgegeben hat. Guo und Chen haben nichts damit zu tun"

Die drei sahen sich gegenseitig an und Hauptmann Gao bemerkte: „Wir sind mit dieser Sachlage vertraut. Es schien nicht sehr wahrscheinlich, dass du es warst, sodass wir Chen und Guo in Einzelhaft sperrten und sie anwiesen, freimütige Geständnisse abzulegen. Weshalb gestehst du jetzt also?" Da Fan Guangdou mit mir zusammen gewesen war, während wir die Pfirsiche pflückten, waren die Hauptleute zuerst zu ihm gegangen, um die Situation nachzuvollziehen. Sie wussten also, ich hatte die ganze Zeit mit ihm gearbeitet, sodass sie zu dem Schluss gekommen waren, dass Chen und Guo die Schuldigen gewesen sein mussten.

„Als wir zum Pfirsichpflücken gingen, schickte ich Guo und Chen in den südlichen Bereich, um sie loszuwerden. Ich machte mich dann mit Fan Guangdou in den nördlichen Teil auf und meinte zu ihm: ‚Es ist ja nun selten, dass wir einen freien Tag haben, und jetzt wurden wir trotzdem zur Arbeit geschickt. Lass uns schnell die Pfirsiche pflücken, damit wir danach noch Zeit zum Ausruhen haben. Ernte du an diesen Bäumen. Nimm nur die ganz Reifen. Ich mach weiter mit den Großen da hinten. Um daran zu kommen, muss ich auf die Bäume klettern.' Obwohl es also so aussah, dass ich mit ihm zusammen war, konnte er mich tatsächlich gar nicht sehen, weil ich ja auf die Bäume geklettert war. Und dann bin ich über den Fluss geschwommen. Das Ganze dauerte nicht länger als fünfzehn Minuten."

Sekretär Ning rollte mit den Augen und schrie: „Zhu Jiashu! Sag Fan Guangdou, er soll herkommen!"

Und schon kurze Zeit später betrat Fan Guangdou das Büro. Sekretär Ning fragte ihn: „Als du am Sonntag beim Pfirsichpflükken warst, bist du da die ganze Zeit mit Wu Hongda zusammen gewesen?"

„Ja", antwortete Fan Guangdou ehrfurchtsvoll.

„Kletterte Wu Hongda auf die Bäume, um Pfirsiche zu pflükken?"

„Ja, diese Bäume waren besonders hoch. Es waren hohe Bäume. Ich bin nicht so gelenkig; ich habe Angst auf Bäume zu klettern, daher hat er das gemacht."

„Hast du ihn auf den Bäumen gesehen?"

„Ich habe ihn hochklettern gesehen", erwiderte Fan Guangdou.

„Ich fragte, ob Wu Hongda Pfirsiche auf den Bäumen gepflückt hat!" Spürbar aufgebracht, erhob Sekretär Ning seine Stimme.

Mit echtem Bedenken entgegnete Fan Guangdou: „Als er oben auf den Bäumen war, konnte ich ihn nicht sehen, weil die Blätter so dicht waren. Aber ich sah, wie er wieder runterkam."

„Hattest du mit Wu Hongda gesprochen, während er da oben war?"

„Nein, wir waren zu weit voneinander entfernt", antwortete Fan Guangdou. „Ich habe wie verrückt geerntet, damit ich schneller zurück konnte. Zum Unterhalten hatte ich keine Zeit."

Hauptmann Gao sagte: „Du kannst gehen!" und entließ Fan Guangdou.

Dann sagte Hauptmann Wu: „Zhu Jiashu! Nimm Wu Hongda mit in die Einzelhaft und lass Guo und Chen zurück in ihre Gruppe gehen. Sag der Küche Bescheid, sie soll ihnen das Abendessen geben, das sie verpasst haben. Morgen werden sie wie gewöhnlich zur Arbeit gehen." So waren Guo und Chen also umsonst in Isolationshaft gesperrt gewesen und hatten einen Tag lang hungern müssen.

Wenn ich auf meine 19jährige Haftzeit in den Laogai-Lagern zurückblicke, dann waren die schlimmsten Einzelhaftzellen, die ich jemals gesehen habe, die auf der Pekinger Tuanhe-Farm. Wann diese Isolationszellen gebaut wurden, weiß ich nicht genau. Insgesamt gab es zehn davon, errichtet aus grauweißen Zementblöcken. Jede Zelle war ein Meter hoch, ein Meter breit und zwei Meter lang. Fünf der sechs Seiten waren Zementmauern, die verbleibende Fläche war eine Tür aus Eisenstangen. Hinter diesem Eisengitter befand sich eine hohe Mauer. Zwischen Tür und Mauer verlief ein drei Meter breiter, mit Schotter belegter Durchgang, der mit Unkraut überwuchert war.

Die Beleuchtung war nachts matt, Dunkelheit umgab mich. Ich weiß nicht mehr, in welche Zelle man mich steckte, aber es muss irgendwo zwischen Zelle Nummer sieben und neun gewesen sein, weil wir eine recht große Entfernung abliefen, bevor wir anhielten. Man könnte sagen, dass ich eine Sonderbehandlung erhielt, weil man mir keine Handschellen anlegte. Die Regeln schrieben eigentlich Handschellen während der Internierung vor, und wer ein „schlechtes Verhalten" an den Tag legte, sollte mit den Händen hinter dem Rücken und zusätzlich mit Fußschellen gefesselt werden. Ein Kalfaktor, der eigens für die Betreuung der Isolationszellen zuständig war, zog die Eisentür mit einem Klirren auf und drückte gewaltsam auf meine Schulter, um mir zu bedeuten einzutreten. Bei einer Türhöhe von einem Meter bestand die einzige Möglichkeit da hineinzukommen darin, dass ich mich hinkniete und auf Händen und Knien krabbelte. Innen war es vollkommen dunkel: Ich konnte überhaupt nichts sehen. Zuerst dachte ich, dass nur die Tür so niedrig war, dass die Decke innen vielleicht doch höher wäre, sodass ich mich nach dem Hineinkrabbeln aufrichten wollte. Wer konnte schon damit rechnen, dass ich mir meinen Kopf an der Zementdecke stoße? Der Schmerz war niederschmetternd und so warf es mich auf der Stelle auf den Boden. In meiner Benommenheit merkte ich aber noch, wie der Kalfaktor meine Beine hinter die Tür schob und dann abschloss. Undeutlich hörte ich, wie er sagte: „Guten Aufenthalt!" Dann ging er fort. Als ich wieder zu mir kam, krabbelte ich wie ein Hund vorwärts und tastete mit meinen Händen die Wände und die Decke nach jedem einzelnen Schritt ab. Ich hatte erst drei oder vier Schritte getan, da fühlte ich die Wand vor mir. Ich drehte mich um und saß nun mit meinem Rücken an der Hinterwand. Die matte Lampe auf der hohen Mauer gegenüber meiner Zelle gab den Umriss der Eisengittertür vor mir zu erkennen; es erinnerte sehr an das Bühnenbild eines Theaters. Alles war ruhig. In diesem großen „Zementsarg" herrschte ein leicht muffiger Geruch, als ob hier etwas Stroh verschimmelt und vermodert wäre. Mithilfe meiner Hände tastete ich jeden Zentimeter dieses Raumes ab; er war vollkommen leer. Es schien, als ob vielleicht ein paar Mücken umherschwirrten. Ich weiß nicht, ob sich in den anderen Zellen auch noch Leute befanden. Würde mich irgendjemand hören, wenn ich aufschreien würde? Würde man mir Bettzeug bringen, wenn ich die erste Nacht ausgestanden hatte? Ich wusste, Einzelhaft bedeutete, hungern zu müssen, doch wie sehr würde ich hungern müssen? Was sollte ich tun, wenn ich urinieren oder meinen Darm entleeren müsste?

Ich wollte mir eine Aussage einfallen lassen, um meine Schuld anzuerkennen und meine Reue zum Ausdruck zu bringen, damit man mich eher aus der Einzelhaft entließe. Ich dachte, dass alles, was ich vermeintlich getan hatte, war: Briefe geschrieben an den Vorsitzenden Mao, an das Zentralkomitee der Partei und das Pekinger Stadtkomitee in der Hoffnung, aus der Umerziehung freigelassen zu werden und an meine Arbeitsstelle zurückzukehren, um hart für den Aufbau des Sozialismus zu arbeiten. Das war ja nun kein reaktionärer Inhalt, und es waren keine konterrevolutionären Briefe. Zweitens hatte ich sie nicht unterschrieben, aus Furcht, gefasst zu werden. Ich musste zugeben, dass dies ein Versuch war, meine Leiter zu täuschen, und daher war ich schuldig. Was die heimliche Überschreitung der Grenze der Farm betraf: Das war absolut falsch, aber ich hatte nicht im Geringsten die Absicht zu flüchten. Schließlich musste ich noch meinen Vorsatz zur Reform und meine Bereitschaft zum Ausdruck bringen, eine Bestrafung zu akzeptieren. Immer und immer wieder dachte ich über diese vier Punkte nach und wählte meine Worte; dann sagte ich sie leise mehrere Male vor mich hin. Ich dachte, wenn ich meinen Text am nächsten Tag in einem aufrichtigen und flehenden Ton vorbringen würde, dann käme ich vielleicht früher aus der Isolationshaft heraus.

Unsere Gruppe inhaftierter Rechtsabweichler hätte am 24. Mai 1964 freigelassen werden sollen, als unsere Dreijahresfrist ablief. Doch als es dann soweit war, gab das Pekinger Stadtkomitee der Kommunistischen Partei Chinas ohne irgendeine Erläuterung über den Grund eine unbestimmte Verlängerung dieser Frist bekannt. Es hieß, es sei „durch inländische und ausländische Umstände erforderlich" geworden. Damals hatten die unteren Sicherheitsbeamten keine Antwort darauf, weshalb unsere Umerziehung ohne Begründung und ohne eine bestimmte Frist verlängert worden war. Es gab weder Formalitäten noch Dokumente. Mit dem Versenden unserer Briefe bezweckten wir, um Nachsicht beim Zentralkomitee der Partei, beim Vorsitzenden Mao und beim Pekinger Stadtkomitee zu „plädieren", unter dem Vorwand einer Bitte um Entlassung aus der Arbeitsumerziehung. Wir versuchten damit, eine klare Begründung genannt zu bekommen, weshalb man unsere Umerziehungsfrist verlängert hatte. Mehrere „Seelenverwandte", darunter Zhao, Guo und ich, hatten darüber debattiert, wie man diese Briefe schreibt und wie man eine Gelegenheit findet, um sie abzusenden. In den Laogai-Lagern wurden Briefe wie diese, die eine Petition an die oberen Ebenen der Kommunistischen Partei Chinas richteten oder Beschwerde einlegten, von den Sicherheitsbeamten konfisziert. Damals hatten wir wohl noch die Einstellung, tatsächlich um „unendliche königliche Gnade" zu bitten, als wir diese Briefe verschickten. Jedenfalls hatten wir nicht die Absicht, „Schwierigkeiten zu machen" oder „Schaden anzurichten". Trotzdem verlangte es von uns, dass wir die Sicherungslinie heimlich überquerten. In Bezug darauf hatten wir dann nur noch auf unser Glück vertrauen können.

Ein Gutes hatte es ja, dass ich mehrere Jahre in den Laogai-Lagern zubringen musste: Ich hatte mir angewöhnt, unter allen möglichen Umständen schlafen zu können – inmitten von strubbeligen Grasbüscheln, unter glühendheißen Sonnenstrahlen, bei stürmischem Nordwind, in einer Ecke während einer Kampfsitzung, auf der Straße auf dem Weg zur Arbeit und sogar in einem Haufen Läuse oder unter dem Geschwirr zahlloser Stechmücken. Das war eine Möglichkeit, um sich körperliche Kraft zu bewahren, wenn die Nahrungsaufnahme eingeschränkt und die physische Energie erschöpft war. Als ich in der Isolationshaft interniert war, war meine Nahrungsaufnahme praktisch auf null reduziert. Meinen Energieaufwand einzuschränken war somit der einzige Weg, um meine Vitalität zu erhalten. Ich rollte mich also zusammen, meinen Rücken an eine Ecke gelehnt und schlief.

Im noch fahlen Mondschein wachte ich auf und krabbelte hinüber, um mich neben die Eisentür zu setzen. Den Himmel konnte ich nicht sehen. Alles, was ich erkennen konnte, war die Mauer aus roten Ziegelsteinen und Mörtel, die drei Meter von mir entfernt war. Die rostigen Gitterstäbe der Tür waren abscheulich. Ich fand, dass sich meine momentane Situation gar nicht von der der Tiere unterschied, die ich als Kind in den Käfigen im Zoo gesehen hatte. Ich versuchte zu schreien, in der Hoffnung, dass irgendjemand mich hörte, und – bestenfalls – meinen Gruß erwiderte. Aber – nichts, keine Antwort. Vielleicht war ja meine Stimme zu erschöpft und zu schwach. Ich versuchte es etwas lauter, aber immer noch antwortete niemand. Ich gab auf. Konnte es sein, dass ich der einzige war, den man eingebunkert hatte? Unmöglich? Doch warum antwortete niemand? Hatten sie Angst, die Vorschriften der Einzelhaft zu brechen? Oder vielleicht waren sie ja auch so hungrig, dass sie nicht mehr die Kraft zum Antworten hatten! Das Schweigen, das mich umgab, war tödlich.

Vor dem Eisengitter stand ein alter Blecheimer. Vermutlich diente er als Toilette. Ich wollte urinieren. Ich bog meinen Rükken und drückte ihn gegen die Zellendecke, Hände und Füße waren noch auf dem Boden, doch es war schwierig in dieser Position, Wasser zu lassen. Ich war noch ein Mensch; ich hatte mich noch nicht an diese Hündchenstellung gewöhnt. Ich hatte keine andere Wahl, als meine Hose auszuziehen und mich auf den Boden zum Urinieren zu setzen. Der Urinstrahl verfügte noch über eine gewisse Reichweite; etwas davon besprenkelte die Eisenstangen und spülte ein wenig von dem Rost weg. Ich kann mir vorstellen, dass mein Urin schwach alkalisch war; wenn ich also nur genug davon produzierte, könnte ich damit die Eisenstangen wegätzen. Doch leider: Schon am zweiten Tag begann ich die Kraft zum Urinieren zu verlieren; die Quelle war einfach versiegt. Das Pinkeln war während meines ersten Tages in der Einzelhaft eine wichtige Tätigkeit für mich gewesen.

Am zweiten Tag kam im Laufe des gesamten Tages niemand vorbei. Mein Bauch tat weh, mein Mund war trocken und ich verspürte einen bitteren Geschmack. Ich wünschte mir so sehr etwas Wasser zum Trinken, aber kein Mensch kam vorbei. Mittlerweile stieg die Anzahl der Mücken. Ich verzog mich in den hinteren Teil des Zementsargs, dort war es angenehmer. Mücken mögen keine Orte, an denen es zu dunkel ist oder die schlecht belüftet sind.

Als die Nacht anbrach, zog ich mich in die Ecke zum Schlafen zurück, aber ich konnte nicht einschlafen; wilde Träume fielen über mich her und ließen mir keine Ruhe, Träume, die weder Anfang noch Ende hatten, geschweige denn irgendeinen Sinn ergaben. Mehrere Male versuchte ich mich auf meine Gedanken zu konzentrieren, damit ich einen Traum „beenden" konnte, doch so oft ich mich auch bemühte, es wollte mir nicht gelingen. Jetzt tat mir nicht nur der Bauch weh, sondern ich zitterte am ganzen Körper. Eine unbeschreibliche Unruhe hatte mich erfasst. Irgendetwas Unterschwelliges in meinem Leib hinderte mich am Einschlafen. Ich freute mich schon auf den Hauptmann, damit ich endlich mein freimütiges Geständnis machen und mich selbst kritisieren konnte. Doch mein Kopf war irgendwie leer. Die Aussage, die ich mir zurecht gelegt hatte, schien verschwunden zu sein. Ich wusste schon fast gar nicht mehr, was ich eigentlich sagen wollte. Es war so, als ob das bleiche Mondlicht vor meinen Augen mich geblendet hätte.

Am dritten Tag kam etwa gegen Mitternacht der Kalfaktor. Es war ein Mann in den Fünfzigern, mit einem untersetzten Körperbau und dem Gesicht eines Bauern – ein völlig ausdrucksloses Gesicht. Meine Augen waren ganz natürlicherweise von diesem einen Quadratmeter Licht angezogen; wenn eine Fliege zwischen den Gitterstäben hin und her flog, starrte ich sie fortwährend an. Sobald die Beine des Kalfaktors vor meiner Tür anhielten, bemerkte ich sie.

Er rief: „Wu Hongda!"

Meine Antwort fiel nur schwach aus: „Hier!"

„Komm her!" Ich erwiderte nichts. Er hockte sich hin, zog sich an die Gitterstäbe heran, um hereinzuschauen und sagte dann:

„Wie geht es dir? Alles noch in Ordnung?"

Wie ein Hund krabbelte ich zum Eingang und fragte: „Wann bekomme ich denn etwas zum Essen?"

Er sagte: „Nach dem dritten Tag. So ist die Vorschrift."

Mit etwas gesenkter Stimme fragte ich jetzt: „Kannst du mir ein wenig Wasser geben?" Ohne zu antworten, stand er auf und ging weg. Es stellte sich heraus, dass er nur deshalb gekommen war, um sich zu vergewissern, dass mir nichts Unerwünschtes zugestoßen war.

Am Morgen des vierten Tages kam er dann, öffnete die Eisentür und sagte mir, ich solle rauskommen. Ich kroch also heraus und saß nun im Schmutz am Eingang zur Zelle. Er reichte mir eine Schale Wasser. Zuerst trank ich hastig zwei große Schlucke davon, bevor ich den Rest langsam ausschlürfte. Das Wasser war so köstlich; es war das erste Mal in meinem Leben, dass ich das auf eine solche Weise empfand. Da der Kalfaktor direkt neben mir stand, nahm er mir das Gefäß wieder aus den Händen und fragte mich, ob ich auf die Toilette müsste. Obwohl ich in den vergangenen drei Tagen nichts gegessen hatte, wollte ich seltsamerweise trotzdem meinen Darm entleeren. Nur mit Schwierigkeiten und mithilfe der Wand, an die ich mich anlehnte, gelang es mir aufzustehen und mich auf diesen Blecheimer zu setzen, doch es kamen nur einige Tröpfchen Urin heraus. Der Kalfaktor lockerte mit seinem Fuß einen eigroßen Erdklumpen aus dem Boden und gab ihn mir; ich sollte mir damit meinen Hintern abwischen. Ich teilte ihm jetzt mit: „Ich möchte den Hauptmann sehen, um mein freimütiges Geständnis abzulegen." Darauf entgegnete er: „Ich werde es melden." Hierauf schloss er mich wieder in der Zelle ein.

Etwa eine halbe Stunde später kam er wieder zurück und brachte mir eine Schüssel Maisschleimsuppe sowie ein Stück gesalzene Steckrübe von der Größe meines Daumens. Mit zitternden Händen führte ich die Schüssel an meine Lippen, trank die Suppe und verwendete die gesalzene Rübe, um auch noch den letzten Tropfen aus dem Gefäß zusammenzuschaben und aufzuessen.

Etwas später kam dann auch Hauptmann Gao. In seinem sanften Tonfall und als ob nichts passiert wäre, fragte er mich: „Warum wolltest du mich sprechen?" Meine Erfahrungen hier hatten mich gelehrt, dass ich nicht zu erwarten hatte, lediglich durch ein freimütiges Geständnis freigelassen zu werden. Auch wenn wir das restlos, aufrichtig und absolut gründlich durchdiskutierten, wäre das einfach unmöglich. Es war bereits beschlossene Sache, wie lange ich hier eingesperrt sein sollte und welche speziellen Bekenntnisinhalte sie von mir erwarteten. Auch wenn ich also gleich beim ersten Mal klar gestehen würde, verkürzte das nicht die Anzahl meiner Tage in der Einzelhaft. Wenn ich wie vorgesehen freigelassen würde, könnte ich mich glücklich schätzen. Wenn die Frist der Isolationshaft allerdings verstrich und der Inhalt meiner Geständnisse sie immer noch nicht zufriedenstellte, würde man mich noch immer nicht freilassen, und meine Haftdauer hier würde dann auf unbestimmte Zeit verlängert werden. Ich wusste von jemandem, der mehr als drei Monate lang in einer Einzelzelle inhaftiert war und dessen Strafe immer noch verlängert wurde, weil man der Meinung war, dass er sich immer noch weigerte, sich für schuldig zu bekennen.

Ich präsentierte die Aussage, die ich vorbereitet hatte. Darauf erwiderte Hauptmann Gao kaltschnäuzig: „Was ist das denn für ein freimütiges Geständnis? Nach deiner Meinung ist das Briefeschreiben an das Zentralkomitee der Partei und an den Vorsitzenden Mao also kein Vergehen, und du solltest demnach auch nicht in der Isolationszelle sein? Na, da kennst du dich ja gut aus mit der Politik der Partei! Welcher Kurs nun verfolgt werden soll: Die Wahl liegt bei dir!" Als er fertig war, ging er.

Am fünften Tag fing mein ganzer Körper an zu zittern und sich unter Krämpfen zu winden. Ich glaube nicht, dass es an der Dunkelheit, oder an Angst und Isolation gelegen hat. Ich hatte die Arbeitsumerziehung seit über fünf Jahren durchgemacht,

Einsamkeit und Angst machten mir also nichts mehr weiter aus. Doch was wirklich *entsetzlich* war, das war die eisige Kälte dieses Zementbodens. Als meine Einzelhaft begann, rollte ich mich so weit wie möglich zusammen und verkroch mich in eine Ecke, damit ich den Kontakt mit dem Zementboden so gering wie nur irgend möglich halten konnte. Doch jetzt hatte ich die Kontrolle über mich selbst verloren. Ich lag vollständig gelähmt auf dem Boden, sodass der Zement das Bisschen an Körperwärme, das ich noch besaß, mir gnadenlos entzog. Der Kalfaktor zerrte mich an die Türöffnung und stellte die Maisschleimsuppe auf den Erdboden. Auf der Erde hockend hob ich die Schüssel hoch und trank sie Schluck für Schluck aus. Ich ging nicht mehr nach draußen, weil ich mich nicht mehr bewegen konnte. Ich hatte auch nicht mehr das Gefühl, meinen Darm entleeren zu müssen. Mein Magen absorbierte jedes kleinste Etwas an Nahrung, das verdaut und aufgenommen werden konnte. Mit dem Kontrollverlust über meinen Urin hatte ich mich schon abgefunden; ich war nicht der Ansicht, dass es besonders schmutzig oder übelriechend war, und ich meinte auch nicht mehr, ein lebender „Mensch" zu sein. Diese eine Schale Maisschleimsuppe, am Morgen und am Abend, hielt mich am Leben.

Warum gehört zum Leben das Leiden dazu? Was war überhaupt der Sinn des Lebens?

Am sechsten Tag sagte ich dem Kalfaktor: „Ich möchte den Hauptmann sehen, um mein freimütiges Geständnis zu machen." Doch der Hauptmann tauchte nicht auf. Was ich damals ganz klar mitbekommen hatte, war: In den Laogai-Lagern waren sieben Tage die übliche Zeit für Einzelhaft. Wenn ich also daraus freikommen wollte, musste ich, bevor der siebente Tag angebrochen war, dem Hauptmann „etwas anbieten". Doch weder Hauptmann Gao, den ich immer für relativ nett gehalten hatte, noch Hauptmann Wu mit seiner ehrenwerten bäuerlichen Herkunft, waren erschienen. Am sechsten Tag stellten sich bei mir Sinnestäuschungen ein, die sich mit Erinnerungen mischten: aus der Zeit, als ich mich mit einem Nachbarskind prügelte, als ich ein Teenager war; aus der Zeit, als ich im Kunming-See am Sommerpalast in Peking einen großen Karpfen fing; aus der Zeit, als mich mein Vater ernstlich vor der Sünde der Masturabtion warnte, als ich in der dritten Klasse der Mittelschule war; aus der Zeit, als ich nach meinem ersten Jahr an der Universität zum Sommerurlaub mit meiner Freundin nach Shanghai zurückkehrte; Mamas reinweiße Hände ... Wie die Steine, die wir als Kinder immer auf die Wasseroberfläche schleuderten, so hüpften Fetzen aus meinem Gedächtnis durch mein Bewusstsein. Allem Anschein nach waren es nicht nur Sinnestäuschungen; die Bilder standen mir direkt vor Augen.

Am siebenten Tag kam endlich Hauptmann Gao. Der Kalfaktor brachte ihm einen Schemel und er setzte sich genau in die Türöffnung zu meiner Einzelhaftzelle. Der Kalfaktor krabbelte in den Zementsarg hinein und zog mich heraus, sodass die vordere Hälfte meines Körpers über den Eingang hinausreichte.

Der Hauptmann fragte mich: „Worüber hast du in den vergangenen Tagen nachgedacht?"

„Ich bin schuldig ... Ich habe ein Rechtsabweichler-Vergehen gegen die Partei und gegen das Volk begangen ... Weil ich versagt habe, die Reformbestrebungen der Regierung bereitwillig anzunehmen, habe ich einen neuen Fehler begangen ... Ich bitte die Regierung darum, Nachsicht walten zu lassen und mir eine neue Chance zu geben ...", flehte ich stammelnd.

„Wenn du weißt, dass du im Irrtum warst, dann lege gegenüber der Regierung ein freimütiges Geständnis ab, um nachsichtig behandelt zu werden. Du und deinesgleichen – ihr heult doch erst, wenn ihr den Sarg vor Augen habt." Hauptmann Gao stützte sich auf seinem Fuß ab und fuhr fort: „Erzähl mir jetzt alles über diesen Vorfall mit den Briefen, und zwar von Anfang bis Ende." Währenddessen stand der Kalfaktor an einer Seite.

Ich sagte: „Als ich am Sonntag hörte, dass ich zum Deich an den Fluss Feng gehen sollte, um dort Pfirsiche zu pflücken, nahm ich die Briefe, die schon lange vorher geschrieben worden waren, und trug sie bei mir ..." Ich wurde ohnmächtig. Kurze Zeit später setzte ich meinen Bericht fort: „Nachdem ich Fan Guangdou und die anderen los war, überquerte ich die Sicherungslinie und ging in das Dorf, um die Briefe abzusenden ... mit den Briefen bezweckte ich, beim Vorsitzenden Mao und beim Zentralkomitee der Partei um Nachsicht zu bitten, mir eine weitere Chance zu geben, damit ich zum Arbeiten in die Gesellschaft zurückkehren konnte ..." Wieder verlor ich das Bewusstsein.

„Ich frage dich nicht nach dem Zweck oder den Inhalt der Briefe", sagte Hauptmann Gao. „Der Grund, weshalb du heute hier in der Einzelhaft bist, ist, weil du heimlich die Sicherungslinie überquert und damit gegen die Gefängnisvorschriften verstoßen hast. Wenn du aus der Einzelhaft herauskommen willst, musst du dir heute höchst bewusst über dieses Vergehen werden, dass du dich der Reform widersetzt hast. Außerdem glauben wir, dass du Mitglied einer *konterrevolutionären Clique* bist, die das zusammen ausgeheckt hat. Du musst freimütig gestehen, wie ihr konspiriert und was ihr da geplant habt. Sonst kommst du hier nicht mehr raus." Er wies den Kalfaktor an, in die Küche zu gehen und eine Schüssel Schleimsuppe zu holen, die er neben meinem Kopf platzierte.

Hauptmann Gao sagte: „Trink erst mal, und dann mach weiter mit deinem Geständnis. Wenn nicht, dann kann ich dich nur warnen: Die Geduld der Regierung hört irgendwann einmal auf."

Ich hockte mich auf den Boden und trank, direkt vor den Absätzen des Hauptmanns, diese Extraportion Suppe. Dieses Mal gab es kein Stück gesalzene Rübe dazu. Meine Dankbarkeit damals gegenüber diesem Akt der Güte ist nur schwer zu beschreiben.

Mir war schon klar, was Hauptmann Gao wollte, das ich gestehen sollte, aber das war natürlich unmöglich. Ich konnte zwar damit leben, mich selbst zu erniedrigen, aber andere preiszugeben: Das war undenkbar. Die Extraportion Schleimsuppe machten tatsächlich viel aus. Ich flehte: „Ich bin den Erwartungen der guten Absichten der Partei nicht gerecht geworden, mich zu retten … Ich garantiere, dass ich in Zukunft die Disziplin nicht mehr verletzen werde … Ich habe diese Einzelhaft für mein Vergehen verdient … Bitte Herr Hauptmann, geben Sie mir noch einmal eine Chance, mich umzugestalten … Einmal mehr habe ich die Weisheit und die Größe des Vorsitzenden Mao erkannt; auch wenn ich unverbesserlich stur bin, muss ich doch an langfristigen Reformmaßnahmen teilnehmen, um ein Mensch zu werden, der dem Volk nützlich ist …"

Hauptmann Gao stieß mich mit seinem Fuß weg und unterbrach damit mein Flehen um Gnade. Unbeherrscht sagte er: „Genug der leeren Worte! Da gab es definitiv eine konterrevolutionäre Clique, die dich bei deinem Tun unterstützt hat. Wir haben deine Aktivitäten schon seit geraumer Zeit beobachtet. Leute, die die Reformmaßnahmen akzeptieren und sich dem Standpunkt der Regierung anschließen, haben uns das gemeldet. Ich warne dich ernsthaft, Wu Hongda, wenn du nicht vollständig und gründlich deine Aktionen und die deiner Kollegen gestehst, dann brauchst du gar nicht daran zu denken, hier jemals wieder aus dieser Zelle herauszukommen." Als er das gesagt hatte, erhob er sich und ging.

Kurz darauf kam der Kalfaktor und schob mich wieder in meinen Zementsarg zurück und schloss die Tür ab. An den Eisenstangen zerrend, bettelte ich den Kalfaktor an: „Tu mir doch einen Gefallen und melde dem Hauptmann Wu, dass ich bereit bin, ein zusätzliches freimütiges Geständnis abzulegen und die Regierung zu bitten, mir noch eine Chance zu geben. Bitte hilf mir, ihm die Botschaft zu überbringen. Hilf mir! Ich sterbe sonst, wenn ich hier noch länger bleiben muss …"

„Dabei kann ich dir nicht behilflich sein. Ich darf gar nicht ins Büro gehen, außer bei einem Notfall. Ich kann deine Nachricht nicht überbringen. Du hast deine Gelegenheit nicht genutzt." Völlig ausdruckslos fuhr er fort: „Nach den Vorschriften bekommst du ab morgen eine zusätzliche Schüssel Maisschleimsuppe, also anderthalb Schüsseln zweimal täglich, morgens und abends."

„Wann wird der Hauptmann denn dann wiederkommen?", fragte ich.

„Das weiß ich auch nicht. Normalerweise zwei oder drei Tage später, aber es kann auch eine Woche lang dauern, bis er wiederkommt."

Ich hatte meine Gelegenheit nicht genutzt? Aber ich hatte doch alles getan, was ich nur tun konnte. Ich hatte mich nicht im Geringsten widersetzt, und ich hatte mein Vergehen eingestanden. Hauptmann Gao wollte, dass ich mich zu der *konterrevolutionären Clique* bekenne; das kam natürlich nicht in Betracht. Nicht nur, dass mein Gewissen es nicht ertragen hätte, die anderen zu verraten; selbst wenn ich die *konterrevolutionäre Clique* enthüllen und Namen nennen würde, konnten die Mitglieder dieser Clique nicht mit Schonung rechnen. Sie würden vielmehr alle in einem Netz gefangen und ein elendes Ende finden. Es war also klar, dass ich ihm nicht das liefern konnte, was er wollte. Ich konnte nicht und ich durfte nicht. Was sollte ich also tun? Inzwischen war ich so schwach und dünn; ich war isoliert und hilflos. Niemand wusste, dass ich litt, und niemand wusste, dass ich sterben könnte. Diese Welt war einfach zu groß und zu kalt. Es war wie beim Menschen, der auf dem Bürgersteig läuft und auf eine Ameise tritt. Weiß er es? Tut es ihm leid? Ziehen ihn die Leute dafür zur Rechenschaft? Es kann ja sein, dass er überhaupt kein Gefühl dafür hat. War ich, wie diese Ameise, überhaupt für irgendjemanden von Belang?

Manche sagen, dass Selbstmord Ausdruck der Schwachen ist. Doch wie sollen sich dann die Starken verhalten? Ich glaube, dass Menschen, die so etwas sagen, keine persönlichen Erfahrungen in dieser Hinsicht haben. Nur jemand, der eine endlose dunkle Nacht und endloses Leiden erfahren hat, kann die Bedeutung von „Verzweiflung" verstehen.

Am achten Tag brachte der Kalfaktor meine Maisschleimsuppe. Als er die Tür öffnete, lag ich lahm in der hinteren Hälfte des Zementsargs. Er brüllte mich an, aber ich antwortete ihm nicht. Er krabbelte hinein und zog mich an den Eingang der Zelle. Er schrie: „Wu Hongda, trink deine Schleimsuppe!"

Ich hielt meine Augen dicht geschlossen und antwortete immer noch nicht. Ich hatte beschlossen, diese lebenserhaltende Schüssel Suppe abzulehnen.

Zu diesem Zeitpunkt war es wohl besser zu sterben als weiterzuleben.

Er stellte die Schale ab und ging weg. Ich machte eine wegwerfende Handbewegung und das Gefäß kippte um, wobei sich die flüssige Speise über den ganzen Boden ergoss. Die Suppe war auch zwischen meine Finger verschüttet worden. Natürlich und unbewusst steckte ich sie mir in meinen Mund und lutschte sie ab. Nun drehte ich mich um, in der Absicht, die Suppe vom Fußboden aufzulecken; falls ich das täte, würde ich überleben.

Aber nein. Nein! Nicht doch! Der Tod ist besser als das Leben.

Etwas später kam der Kalfaktor zurück. Als er sah, dass ich die Suppe umgestoßen hatte, schrie er: „Willst du sterben?"

Nachmittags brachte er eine neue Schüssel Maisschleimsuppe.

Ich bewegte mich nicht. Ich hatte all meine Kraft, mich von der Stelle zu rühren, verloren.

Am neunten Tag kam Hauptmann Gao. Er brachte eine zusätzliche Schüssel Suppe mit. So fein und kultiviert wie immer, sagte er: „Du kannst dir aussuchen, ob du essen willst oder nicht. Die Partei und die Regierung haben keine Angst vor deiner Selbstmorddrohung. Wenn du mit deiner total verknöcherten Denkweise gerne zu Gott gehen möchtest, dann sei dir das unbenommen! Wenn du stirbst, dann wirst du eben diesen Ort hier mit deinem Gestank erfüllen, das ist alles!" Daraufhin ging er wieder.

Ich hatte meine Augen nicht geöffnet, ich hatte nicht das leiseste Geräusch gehört. Ich wartete darauf, dass mich der Todesengel abholte.

Tag Zehn. Hauptmann Gao erschien nicht; stattdessen kam Hauptmann Wu. Er brachte Kalfaktoren, einen Gefängnisarzt und vier Häftlinge mit. Hauptmann Wu brüllte laut: „Wu Hongda! Es ist deine Absicht, dich der Partei und der Regierung hartnäckig bis zum Ende zu widersetzen! Du willst dich selbst vom Volk isolieren! Nun gut dann also. Zieht ihn raus!" Ein Kalfaktor zerrte mich aus der Zelle.

Hauptmann Wu sagte dann: „Es ist die Politik der Partei und der Regierung, euch zu neuen sozialistischen Menschen umzugestalten. Wir retten euch unter Einsatz des revolutionären Humanismus. Wir werden es nicht zulassen, dass du dich in die Sackgasse einer Isolierung vom Volk begibst. Die Regierung ist für dich verantwortlich!" Daraufhin stürzten sich die vier Häftlinge auf mich und hielten Arme und Beine und meinen ganzen Körper fest. Der Arzt griff nach einem Gummischlauch und zwang ein Ende in mein linkes Nasenloch, wobei er es hin- und herdrehte, und er schob es, Zentimeter für Zentimeter, immer weiter vorwärts. Plötzlich verspürte ich einen salzigen Geschmack in meinem Mund. Das Blut, das aus meiner Nasenhöhle kam, floss aus meinem Mund heraus. Die Hände der Kalfaktoren waren sehr kräftig; ich konnte meinen Kopf überhaupt nicht bewegen. Endlich sagte der Gefängnisarzt: „In Ordnung! In Ordnung! Es reicht!" Nun goss er über einen Trichter, der in das andere Ende des Gummischlauches hineingesteckt war, eine Schale mit Maisschleimsuppe, vermischt mit Wasser, in meinen Magen.

Der *revolutionäre Humanismus* bewahrte mich vor dem Sterben. Die Politik der *Umgestaltung in einen neuen sozialistischen Menschen* rettete mein Leben.

Meine Sehnsucht nach dem Tod wurde nicht erfüllt.

Statt der früheren täglichen zwei Schüsseln Maisschleimsuppe wurde dieses Gummischlauchverfahren nur einmal am Tag durchgeführt. Nachmittags kam also niemand. Ich lag alleine auf dem Zementboden und schluckte portionenweise das Blut aus meiner Nasenhöhle herunter.

Tag elf. Hauptmann Wu kam mit seinem „Arbeitsteam“ wieder, diesmal mit vier anderen Häftlingen, vermutlich um mehr Männern aus der Einheit eine Gelegenheit zu einer authentischen Live-Schulung zu geben.

„Wu Hongda, bist du jetzt zu Sinnen gekommen? Willst du dich auch weiterhin vom Volk isolieren oder wählst du den leuchtenden Weg der Nachsicht als Entschädigung für dein freimütiges Geständnis?“

Ich öffnete weder meine Augen noch gab ich eine Antwort.

Sie drückten meinen Kopf nach unten, und gerade als sie mir den Schlauch einführen wollten, erinnerte der Kalfaktor den Arzt: „Gestern war es das linke Nasenloch; nehmen wir heute das rechte!“ So wechselten sie zur anderen Seite, bei der es nicht so sehr zu schmerzen schien wie gestern. Hatte er seine Technik verbessert oder war ich einfach nur gefühllos geworden?

Die vier Männer, die meine Hände und Füße niederhielten, ließen mich los. Meine rechte Hand wurde von einem zusätzlichen Handkontakt berührt, und dann fühlte ich ein kleines Stück zusammengeknülltes Papier in meiner Handfläche. Ich umklammerte es fest.

Der Alte Zhao und die anderen hatten mir geschrieben, und sie rieten mir, keine unnötigen Opfer zu bringen – also meinen Hungerstreik zu beenden – sondern stattdessen das zu gestehen, was auf dem Papier stand. Die Häftlinge draußen seien bereits auf mein Geständnis abgestimmt. Als ich zu Ende gelesen hatte, zerkaute ich den Zettel und schluckte ihn hinunter.

Tag zwölf. Hauptmann Wu brachte wieder sein „Arbeitsteam“ mit.

Ich sagte: „Ich bin bereit, mein freimütiges Geständnis anzubieten. Ich höre mit dem Hungerstreik auf.“

„Wenn du den Hungerstreik abbrichst, begrüßen wir das, und wir zeigen dir einen Ausweg.“ Dann fragte Hauptmann Wu: „Zuerst sag mir aber, was du gestehen willst!“

„Ich! Ich …" Weil meine Nasenhöhle und mein Hals so sehr weh taten, konnte ich nicht sprechen. Hauptmann Wu wies den Kalfaktor an, mir beim Hinsetzen behilflich zu sein. Als er mich aufrichtete, strömte das Blut aus meiner Nase und aus meinem Mund. Zum Kalfaktor gewandt, sagte der Hauptmann: „Entlass Wu Hongda zunächst einmal aus der Einzelhaft und bring ihn zurück zu seiner Einheit. Wir geben ihm drei Tage und einen Stift, damit er sein Geständnis aufschreiben kann. Wenn er zu seiner Gruppe zurückkehrt, verständige die Küche, damit er die Essensrationen für nichtarbeitende, geringfügig kranke Häftlinge bekommt. Wenn er nicht restlos gesteht, schicken wir ihn wieder in die Zelle."

Sie trugen mich zurück zum Zellenblock in meine Einheit.

Ich hatte überlebt.

Alles war dämmerig vor mir. Damals hatte ich keine Vorstellung davon, wie weit ich noch zu gehen hatte, welcher Weg das überhaupt sein, und wie ich ihn schaffen sollte. Ich wusste nur, dass ich noch einmal von der Schwelle des Todes zurückgekommen war. König Yama muss den Richter gebeten haben, seine Listen noch einmal zu überprüfen, und dabei festgestellt haben, dass meine Zeit noch nicht gekommen war.

Wu Yue war Schriftsteller und als Verfechter der Schriftreform in China wohlbekannt. Er war mit mir zusammen in Sanyuzhuang und wir haben uns gut verstanden. Da seine Haftfrist nur zwei Jahre betrug, wurde er zunächst aus der Arbeitsumerziehung entlassen; danach wurde er im Laogai-Lager zur Zwangsarbeit eingesetzt. Nach einer 1954 herausgegebenen politischen Linie wurde jeder, der das Laogai-System durchlaufen hatte, unabhängig von seiner früheren Tätigkeit – Lehrer, Arzt, Schriftsteller oder Journalist – dazu gezwungen, auch weiterhin im Laogai-Lager als Zwangsarbeiter zu arbeiten. Natürlich unterschied sich ihre Behandlung von der, die jene erfuhren, die noch immer Arbeitsumerziehungsmaßnahmen zu durchlaufen hatten, dennoch verblieben sie unter der Diktatur der Sicherheitseinheiten. Trotzdem besaßen die Zwangsarbeiter gewisse Freiheiten im Vergleich zu ihrem vorherigen Status: Wenn beispielsweise jemand sie heiraten wollte, so durften Zwangsarbeiter auch heiraten. Wu Yue vermählte sich mit einer Bäuerin im Bezirk Tongzhou. Zwangsarbeiter und Umerziehungshäftlinge lebten in getrennten Unterkünften, doch zuweilen bearbeiteten sie dasselbe Stück Land und alle führten ihre Beziehungen untereinander bis zu einem gewissen Grad heimlich fort. Zwangsarbeiter wurden als „sekundäre Laogais" bezeichnet.

Einmal traf ich auf Wu Yue und erzählte ihm: „Wu Yue, ich halte das nicht mehr aus! Bitte hilf mir! Überleg dir doch mal was, wie ich an etwas Essbares gelangen kann!" Nachdem die drei Jahre der Hungersnot vorüber waren, hatte sich die Situation in den Laogai-Lagern ein wenig entspannt. Als Familienmitglieder auf Besuch kamen, konnten sie uns einige Lebensmittel mitbringen, und wir konnten ein bisschen von unserer Nahrung aufheben. So kam beispielsweise die Mutter eines jungen Schriftstellers aus Peking, für dessen Ausbildung und Förderung die Kommunistische Partei einst viel Aufwand betrieb, normalerweise jeden Monat zu Besuch. Da sie sich zuhause Mühe gab, sich zu beschränken und Lebensmittel aufzuheben, konnte sie ziemlich viele Speisen sammeln, die sie ihrem Sohn dann mitbrachte. Lagerinsassen, die die Hilfe ihrer Familien in Anspruch nehmen konnten, erfreuten sich im Allgemeinen einer besseren Gesundheit als andere. Ich war nach Peking aus Shanghai gekommen, weil ich hier zur Universität gegangen war; so wie ich stammten viele andere aus anderen Orten, für deren Familien es schwer gewesen wäre, sie zu unterstützen. Da das Senden von Lebensmitteln per Post untersagt war, schickten die Sicherheitsbeamten manchmal Pakete mit Esswaren wieder zurück. Meine jüngere Schwester und ein Freund aus Shanghai namens Chen sandten mir gelegentlich ein Päckchen, das solche Dinge wie kondensierte Sojasoße enthielt oder auch ein paar Cracker, was eine unzureichende Geste war, die mein Problem nicht löste. Als ich Wu Yue davon erzählte, sagte er: „Ist schon in Ordnung, ich denke an dich!"

Einige Zeit war vergangen, als ich ihm nun wiederbegegnete, während wir auf den Feldern arbeiteten. Leise sagte er zu mir: „In ein paar Tagen wird dich deine Schwester besuchen, und sie wird dir 5 Kilo gesalzenes und 5 Kilo getrocknetes Schweinefleisch mitbringen." Er wusste eine ganze Menge über meine familiäre Situation, dazu auch alle Einzelheiten über meine Familienangehörigen.

Als ich einige Tage später auf dem Baumwollfeld arbeitete, ließ mich der Hauptmann zu einem persönlichen Gespräch zu sich kommen. Ich wusste nicht, worum es jetzt ging. Der Hauptmann plauderte zunächst weitschweifig, fragte mich, welche Probleme ich bei meinen ideologischen Reformmaßnahmen hätte, bis er dann schließlich wissen wollte, aus welchen Mitgliedern meine Familie bestand. Nacheinander zählte ich meine Brüder und Schwestern auf. Plötzlich sagte er: „Na gut, dann komm mal mit! Deine jüngere Schwester ist hier zu Besuch." Er rief mich in einen kleinen Dienstraum. Wenn Besucher von weither kamen, konnten sie im Allgemeinen jederzeit empfangen werden; in diesem Fall galt nicht die Vorschrift eines einmaligen Besuchs pro Monat. Es war Winteranfang. Der Raum war nur drei Meter breit und sechs Meter lang. In der Mitte befand sich ein Tisch, daneben standen drei Stühle. Ich ging hinein und sah eine Frau, die eine typisch nordchinesische dicke wattierte Baumwolljacke anhatte. Sie trug einen Mundschutz, sodass nur ihre Augen zu sehen waren. Auf dem Tisch lagen zwei Kleidersäcke. Wu Yue hatte mir schon Bescheid gegeben, dass seine Frau so tun würde, als sei sie meine jüngere Schwester, die mich besuchte. Er hatte seiner Frau alles vorab erzählt, was sie sagen sollte, und er hatte mir ein Bild von ihr gezeigt. Als ich den Raum betrat und die Frau anschaute, konnte ich schon erkennen, dass es nicht die Frau auf dem Foto war, auch wenn man nur ihre Augen sehen konnte.

Doch in diesem Augenblick konnte ich ja nun nicht sagen, dass ich sie nicht erkannt hätte. Wenn ich das getan hätte, dann hätte es wohl große Probleme gegeben, sodass ich nur hervorbringen konnte: „Fünftjüngste Schwester, du bist es!“

„Hallo, setz dich hin!“ Sie sprach mit einer sanften Stimme. Ich merkte, dass ihre Beine unter dem Tisch zitterten und dass sie anscheinend gar nicht sprechen konnte.

Ich konnte nur so tun, als ob ich mich mit ihr unterhielte, um sie durch das Gespräch zu schleusen. Ich sagte: „Wie geht es Papa? Wie läuft es in der Schule?“ Und wir machten auf diese Art weiter – ein verwirrender Informationsaustausch nach dem anderen. Wenn wir unsere Konversation auf diese Weise noch viel länger fortsetzten, dann würde es wohl bald Schwierigkeiten geben, denn der Hauptmann saß direkt neben uns. Daher sagte ich irgendwann: „Na gut, dann! Fahr wieder zurück und erzähl Papa, ich sei bei guter Gesundheit und meine Reform komme gut voran. Partei und Regierung kümmern sich zuverlässig um mich, und ich hoffe, dass ich bald meine Arbeitsumerziehung überstanden habe und ein neuer Mensch werde. Sag der Familie, sie brauchten sich keine Sorgen um mich machen! Du kannst jetzt gehen!“

Ich wusste, dass sie es nicht erwarten konnte aufzustehen und sich davonzumachen. Sie entgegnete: „Papa wollte, dass ich dir diese beiden Päckchen gebe.“ Darauf sagte ich: „Lass den Hauptmann das kontrollieren.“ Ich öffnete die Päckchen und sah, dass eines der Pakete 5 Kilo getrocknetes Schweinefleisch, und das andere 5 Kilo gesalzenes Schweinefleisch enthielt. Nun muss man wissen, dass diese zehn Kilo Fleisch kostbarer als Diamanten waren. Wenn ich sie hätte behalten können, dann wäre meine Gesundheit durchaus für ein ganzes Jahr gesichert und ich imstande gewesen, meine tägliche Arbeit zu erledigen. Natürlich wusste ich, dass das praktisch unmöglich war, weil die Sicherheitsbeamten das nicht erlauben würden. Der Hauptmann warf einen Blick darauf und sagte: „Wie kann das zugelassen sein?“ Sofort tadelte er die Besucherin: „Deine Familie kooperiert nicht im Geringsten mit der Regierung! Die Umerziehungsmaßnahmen müssen nun einmal hart sein! Weil deine Verwandten voll bourgeoiser Gedanken sind, bist du überhaupt erst auf kriminelle Abwege geraten. Damit du dich reformieren kannst, ist harte Arbeit nötig. Und Sie wollen jetzt, dass er wieder dieses bourgeoise Leben genießt? Wie soll er sich dann erfolgreich reformieren?"

Als ich merkte, dass die Situation ganz umzukippen drohte, versuchte ich den Hauptmann zu beruhigen: „Sie ist noch jung und versteht das nicht. Es war mein Vater, der ihr das mitgegeben hat. Meiner Schwester blieb keine andere Wahl. Außerdem erzählte sie mir gerade, sie sei auf einer Dienstreise von Shanghai in die Mandschurei, und sie habe das nur mitgebracht, weil es auf ihrem Weg lag."

Der Hauptmann befahl mir mit ernstem Gesichtsausdruck und strenger Stimme, die Päckchen nicht anzunehmen.

„Schauen Sie, Hauptmann, es ist doch nun auch keine gute Idee, wenn wir sie jetzt zehn Kilo Fleisch in die Mandschurei und dann wieder zurück nach Shanghai tragen lassen", sagte ich. „Ich mache Ihnen einen Vorschlag. Wenn ich das Fleisch nicht haben kann, warum geben wir es dann nicht der Gefangenenküche?"

Daraufhin tat die Frau plötzlich so, als ob sie anfing zu weinen. „Ich wusste doch überhaupt nichts von dieser Vorschrift. Papa sagte mir, ich solle dieses Fleisch mitbringen. Ich hatte keine andere Wahl, und ich habe doch gar keine Ahnung von solchen Sachen. Ich kann diese schweren Pakete nicht wieder zurück nach Shanghai tragen! Bitte, Hauptmann, bitte haben Sie Mitleid mit mir, bitte geben Sie es ihm!"

Ich sagte: „Das kann man mir nicht geben; es hätte einen schlechten Einfluss auf mich!" Als ich so darüber nachdachte, wurde mir klar, dass ich eine noch erbärmlichere Figur abgeben musste.

Als der Hauptmann die Frau weinen und schniefen sah, beruhigte er sich: „Wie wäre es denn damit? Wu Hongda, du nimmst dir einen kleinen Teil ab, und der Rest geht an die Küche?"

Als ich mir etwas aus den Päckchen nahm, tat sie ihr Bestes, um mir mehr zu geben. Der Hauptmann bemerkte das aber, und schrie: „Was macht ihr beiden denn da?!"

Sofort sagte ich: „Okay! Okay! Es reicht jetzt! Genug!" Wahrscheinlich nahm ich mir zweieinhalb oder drei Kilo ab; der Rest ging an die Küche. Für mich waren diese zweieinhalb oder drei Kilo getrocknetes und gesalzenes Schweinefleisch ein wahrhaft großes Ereignis.

Der Besuch neigte sich nun seinem Ende zu, und der Hauptmann öffnete das eiserne Hauptportal, um die Besucherin hinauszulassen. Gerade als er damit beschäftigt war, kam ein Wächter, um mit ihm zu sprechen, sodass er uns kurz alleine ließ. So hatten wir beide ein paar Sekunden, in denen wir unbeobachtet waren. Leise fragte ich die Frau: „Wer bist du?"

Sie nahm ihren Mundschutz ab und antwortete: „Es reicht, wenn du mich genau anschaust und dir mein Gesicht merkst."

Noch einmal stellte ich meine Frage: „Wer *bist* du?"

Sie aber sagte: „Das will ich nicht verraten! Still, er kommt zurück!"

Der Hauptmann kam wieder zurück und verabschiedete sie. Die Tore schlossen sich.

Dies spielte sich 1965 ab. Ich habe nie herausbekommen, wer die Frau war. Kurze Zeit danach wurde Wu Yue versetzt, und ich setzte meine Umerziehung fort. Später verlegte man mich in ein Laogai-Lager in Shanxi. Erst 1979 durften Wu Yue und ich das Laogai-System als Teil der *Rechtsabweichler-Rektifizierung* verlassen. 1980 fuhr ich extra nach Peking, um ihn zu besuchen. Ich fragte ihn: „Wu Yue, erinnerst du dich noch an diese Sache?" Er erwiderte: „Aber natürlich!"

Und dann stellte sich heraus, wie es sich wirklich zugetragen hatte: Wu Yue hatte ein bisschen Geld zusammenbekommen und bat meine jüngere Schwester auch noch um etwas Geld. Er kaufte zehn Kilo Fleisch und bereitete schon seine Frau darauf vor, mich besuchen zu kommen und sich als meine jüngere

Schwester auszugeben. Doch als der vereinbarte Zeitpunkt gekommen war, wurde seine Frau krank. Eine der jüngeren Schwestern seiner Frau bot tapfer ihre Hilfe an und sagte: „Ich mach das schon!"

Und so geschah es, dass ein Bauernmädchen zu mir gekommen war.

Wu Yue erzählte weiter: „Zwei Jahre später haben wir uns scheiden lassen. Bis heute kann ich sie nicht finden."

Ich fragte ihn: „Weißt du denn wenigstens noch ihre Adresse?" Er gab mir die alte Anschrift seiner Frau in Tongzhou und ich fuhr dorthin. Die Leute in dem Dorf sagten, sie habe wieder geheiratet und lebe jetzt in der Stadt. So kehrte ich wieder in die Stadt zurück, um sie dort zu finden. Sie erinnerte sich an mich und sagte: „Hallo! Es war ja wirklich nicht einfach für dich. Aber jetzt hast du ja ein neues Leben begonnen und alles ist wieder in Ordnung! ..."

Nun fragte ich sie eindringlich: „Was ist denn mit deiner jüngeren Schwester?"

Darauf erwiderte sie: „Meine Schwester lebt noch immer in Tongzhou."

Ich sagte: „Kannst du mir ihre Adresse geben?"

Sie war vor meinem geistigen Auge ein Engel, so wie sie es auch in meinem Leben war.

Seit mehr als zehn Jahren fragte ich mich nun schon, wer sie war. Ich wollte immer herausfinden, wer sie war. Warum wollte sie unbedingt ins Lager kommen? Warum dieses Risiko auf sich nehmen? All das für einen Menschen, der keine Freiheit, kein Geld, keine Familie, überhaupt nichts besaß – warum nur wollte sie dieses Risiko auf sich nehmen?

Noch einmal kehrte ich also nach Tongzhou zurück und fand anhand der Adresse, die mir ihre ältere Schwester gegeben hatte, das Haus, in dem sie wohnte. Ich sah zwei Kinder an der Tür, einen Jungen und ein Mädchen; als ich ihnen den Namen der Frau sagte, rannten sie schüchtern weg. Da stand ich nun und wartete zehn Minuten oder auch noch länger, und dann sah ich die beiden Kinder, die mir eine Frau entgegenführten. Ich erkannte sie überhaupt nicht mehr wieder. Vor meinen Augen stand eine ganz gewöhnliche Bauersfrau. Sie erzählte mir, sie sei geschieden und ziehe ihre Kinder alleine groß. Sie bat mich ins Haus und bot mir an, mich hinzusetzen. Der Raum war schmutzig und unaufgeräumt. Es war durchaus verständlich: Es war nicht leicht für eine Frau, auf den Feldern zu arbeiten und gleichzeitig zwei Kinder aufzuziehen. Im ganzen Haus gab es keinen einzigen sauberen Hocker. Sie wischte den Staub von einem Schemel und bedeutete mir, mich darauf zu setzen. Ich begann über das zu reden, was Jahre zuvor passiert war.

Sie sagte: „Ich kannte die Situation meines Schwagers. Ich wusste, dass ihr beide gute Menschen wart, die zu leiden hatten. Ich musste euch helfen. Was weiß eine Bauersfrau wie ich schon? Ich bin einfach meinem Gewissen gefolgt."

Ich war enttäuscht; ich hatte das Gefühl, als hätte ich irgendetwas verloren. Müsste sie nicht eigentlich schön sein? Müsste sie nicht wie die Feen in den Märchen aussehen, ganz in Weiß gekleidet und Flügel haben? Wie konnte sie nur eine derart unscheinbare Bäuerin sein?

Ich stellte mir die Frage: „Ist sie vielleicht ein Engel?"

Sie sah überhaupt nicht so aus wie ein Engel.

Aber sie war einer! Sie war ein Engel. Sie war tatsächlich ein Engel!

Ich erwähnte meine Dankbarkeit nicht. Es war keine Frage von Dankbarkeit. Sie war ihrem „Gewissen gefolgt", daher war sie nicht auf die ewige Dankbarkeit anderer angewiesen!

Kapitel 9

DER KAMPF GEGEN GEISTER UND DER GEBROCHENE ARM

Bis Anfang 1966 konnten die „Rechtsabweichler" in Sanyuzhuang bereits den politischen Sturm spüren, der sich da in der Gesellschaft auf dem chinesischen Festland zusammenbraute. Es dauerte nicht mehr lange, bis Mao Tse-tung den Beginn der *Großen Kulturrevolution* ankündigte. Im Anschluss daran hörten wir, dass Pekings *Kuhmonster und Schlangendämonen* (5) geschlagen und traktiert und in einer Parade durch die Stadt getragen wurden. Pekings geheiligte Stätten wurden ausgeplündert und verwüstet. Wir hörten auch von Vorfällen, an denen die Roten Garden beteiligt waren, die Pekings Lehrer und sogenannte „Grundherren, reiche Bauern, Rechtsabweichler und Konterrevolutionäre" durch die Straßen trieben und zu Tode prügelten.

Dies erinnerte mich an meine Vorlesungen über die Geschichte Deutschlands während des Nationalsozialismus. Es gab da ein historisches Ereignis, die sogenannte „Reichskristallnacht". Mitten in der Nacht vom 9. auf den 10. November 1938 führte Hitlers SA eine großangelegte Machtdemonstration durch, die sich gegen Juden in ganz Deutschland und Österreich richtete. Nach der nationalsozialistischen Rassentheorie waren Arier die überlegene, und Juden die minderwertigste Volksrasse, sodass man in ganz Deutschland Maßnahmen ergriff, um die Juden zu beseitigen. In dieser Nacht nun wurden die Fensterscheiben von zumeist von Juden bewohnten Häusern und insbesondere die Schaufenster von mehr als 7000 Kaufleuten eingeschlagen. 91 Menschen verloren ihr Leben, mehr als 20.000 wurden verletzt, und etwa 25.000 wurden festgenommen und nach dieser Gräueltat in Konzentrationslager abtransportiert.

Natürlich war der Hintergrund der chinesischen Kulturrevolution ein ganz anderer. Sie fand nicht in Deutschland, sondern in China, in Asien, statt. Die *Roten Garden* – die kommunistische Jugend Mao Tse-tungs – erhoben sich bei ihrer Rebellion, um die sogenannten *Vier Alten* (9) auszumerzen, in der Absicht einer totalen Ausschaltung der *Klassenfeinde*. Deshalb tyrannisierte und verprügelte man Grundbesitzer, reiche Bauern, Kapitalisten und Rechtsabweichler zusammen mit ihren Familien, viele wurden dabei totgeschlagen. Bis heute gibt es darüber keine zuverlässige flächendeckende Statistik. Die Grausamkeiten, die im ganzen Land stattfanden, waren zu zahlreich, als dass man sie hätte erfassen können. So schlugen beispielsweise Rotgardisten, gestützt auf Instruktionen der Behörde für Öffentliche Sicherheit in Daxing (einem Stadtteil von Peking), alle 168 Grundbesitzer und Angehörige der Klasse der Großbauern in ihrem Ortsteil tot, darunter auch einen 38 Tage alten Säugling sowie einen 68jährigen Mann. Dann verkündeten sie, Daxing sei nun frei von Klassenfeinden und eine durch und durch rote und proletarische Provinz. Die Greueltaten der Roten Garden unterschieden sich im Wesentlichen nicht von denen der Sturmtruppen der Braunhemden im Deutschland der Nationalsozialisten. Beide wandten Gewalt an, um – gestützt auf eine bestimmte politische Theorie und den Willen eines bestimmten Führers – einen Teil der Bevölkerung auszumerzen.

Wie würden uns alte Rechtsabweichler in Sanyuzhuang, die wir ja bereits Klassenfeinde und Zielscheiben der Diktatur waren, nun aber die Roten Garden behandeln, wenn es ihnen in den Sinn käme, hierher zu kommen? Die Tuanhe-Farm befindet sich schließlich in der Provinz Daxing. Da sie schon Klassenfeinde in den Städten und Dörfern eliminiert hatten, war es nur natürlich, dass sie auch an die vielen Tausend Klassenfeinde – die von der besonders halsstarrigen und hohlköpfigen Sorte – auf der Tuanhe-Farm denken würden. Es dauerte auch nicht lange, bis die Rotgardisten auf das Laogai-Lager stießen. Doch nach ihrer

Ankunft stellten sie fest, dass die Realität, mit der sie da konfrontiert wurden, doch nicht ganz dem entsprach, was sie gewohnt waren. Denn die *Klassenfeinde*, mit denen diese jungen Leute es auf den Straßen zu tun hatten, stellten nur einen Ausschnitt der Gesellschaft dar; die anderen Menschen, die dabeistanden, konnten ihre Aktionen beobachten, sie konnten sich zurückziehen oder aber sogar daran teilnehmen und sie unterstützen. Die Rotgardisten, die hier ins Laogai-Lager kamen, fanden jedoch eine ganz andere Situation vor. Hier waren *alle* böse, selbst der letzte von uns war ein Klassenfeind. Jeder konnte geschlagen, jeder mit einem Gürtel ausgepeitscht werden und jeder hatte es verdient, aufgehängt zu werden. Die Klassenfeinde stellten die Mehrheit, und die Roten Garden waren in der Minderzahl. Die *kleinen Generäle* wussten leider nicht, was sie tun sollten. Schließlich forderte man nur, dass die Sicherheitsbeamten lediglich die allerstursten Konterrevolutionäre heranschleppen sollten. So zerrte man also zwei Männer heraus, und diese beiden bedauernswerten, unschuldigen Kerle mussten eine fürchterliche Tracht Prügel vor den Augen der Sicherheitsbeamten und all der anderen Gefangenen einstecken. Und die Rotgardisten hatten damit siegreich eine *revolutionäre Tat* vollbracht.

Die Menschen in den Laogai-Lagern gehörten in die Kategorie jener, die keine Rückzugsmöglichkeit mehr hatten. Daher ist es durchaus verständlich, dass sich angesichts einer solchen Verzweiflung, wie sie von jenen von uns empfunden wurde, die wir uns schon seit sechs Jahren im Laogai-System befanden und deren Aussichten düster waren, dass sich also bei solchen Menschen eine gewisse Rücksichtslosigkeit entwickelte. Irgendjemand hatte es einmal gut formuliert: Wenn man mich schlägt, dann setze ich mich, mit allem was ich habe, zur Wehr. Wenn ich ihn dabei töte, sind wir quitt. Wenn ich zwei töte, bin ich einen Schritt voraus. Manche machten sich für eine Flucht bereit; andere gerieten in Panik. Damals war ich 29, voller Kraft und Vitalität, und ich war bereit zum Kämpfen.

Ich glaube, die Angriffe der Rotgardisten auf die Laogai-Lager müssen ein landesweites Phänomen gewesen sein. Mao Tsetung und das Zentralkomitee der Kommunistischen Partei Chinas erfuhren von diesen Vorfällen, ein Befehl wurde herausgegeben, der derartige „Anschläge" auf die Laogai-Lager und Gefängnisse untersagte und so kamen die Roten Garden nach diesem einen Besuch auch nicht mehr wieder. Zur gleichen Zeit bemerkten wir, dass die Sicherheitsbeamten anfingen, die Armbinden der Roten Garden zu tragen. Wir überlegten hin und her, warum sie das wohl taten? Waren sie jetzt auch zu Rotgardisten geworden? Natürlich waren sie das nicht. Damals kämpften sich die Roten Garden überall durch, niemand konnte sie auf ihrem Weg stoppen. Sie konnten überall hingehen und einfach alles machen; keine der politischen Parteiorganisationen besaß irgendeine bindende Autorität über sie. Daher mussten die Sicherheitsbeamten eine „Rote-Garden-Identität" annehmen, um die Rotgardisten daran zu hindern, in die Laogai-Lager einzudringen und dort die *fünf kategorischen Elemente* (10) zu bekämpfen; sie hatten ja schließlich die Aufgabe, die Ordnung in den Lagern aufrecht zu erhalten.

Hätten die Rotgardisten ihre gewaltsamen Aktivitäten in den Laogai-Lagern fortgesetzt, wäre das Laogai-System insgesamt in ein gewaltiges Chaos gestürzt worden. Für die Große Kulturrevolution des Proletariats wäre das sicher nicht von Vorteil gewesen.

Somit wurden die Laogai-Lager während der Zeit der Kulturrevolution zu einer Schutzzone. Uns war die Lage „klar". Wir flohen nicht und wir machten auch keine Schwierigkeiten. Wir saßen friedlich herum und beobachteten, wie sich die Situation weiter entwickelte. Wenn ich 1960 nicht verhaftet worden wäre, sondern stattdessen in meiner Arbeitseinheit geblieben wäre oder weiterhin mit einem geologischen Untersuchungsteam zusammengearbeitet hätte, dann hätte man mich als Rechtsabweichler, wenn auch vielleicht nicht totgeschlagen, aber doch zumindest höchstwahrscheinlich um ein Haar. In ganz China blieb während der Kulturrevolution praktisch kein einziger Angehöriger dieser *fünf kategorischen Elemente* – die sogenannten Grundbesitzer, Rechtsabweichler, Konterrevolutionäre, reiche Bauern und *schlechte Elemente* – von den Angriffen verschont. Damals sagten uns die Sicherheitsbeamten: „Sprecht nicht mehr darüber, warum ihr nicht freigelassen wurdet, wieso die 24.-Mai-Frist abgelaufen ist usw. Offen gesagt, niemand interessiert sich für euch. Das Pekinger Stadtkomitee und das Büro für Öffentliche Sicherheit können noch nicht einmal ihr eigenes Überleben garantieren. Selbst wenn wir euch heute freiließen, solltet ihr euch das gut überlegen: Was hättet ihr davon?"

Um die Ordnung im Laogai-Lager zu wahren und ihre Gewaltherrschaft über die konterrevolutionären Rechtsabweichler auch künftig ausüben zu können, machten diese Wärter auch weiterhin einen Unterschied zwischen *Reform-Aktivisten* und *Anti-Reformisten*, in Übereinstimmung mit den Richtlinien zur Umerziehung. Bei ihrer Tätigkeit führten sie die Instruktionen Mao Tse-tungs zum Klassenkampf aus, und so setzten sie im Laogai-Lager alle Arten von Kampfsitzungen weiter fort.

Ein typisches Beispiel dafür war die sogenannte *„Ghost-Fighting"-Versammlung*. Auslöser für diese Versammlung war ein Rechtsabweichler namens Song. Eines Abends fing Song während des politischen Unterrichts an, gelangweilt von der Schulstunde auf eine Packung Zigaretten herumzukritzeln. Hier und da schrieb er wahllos viele Buchstaben auf die Schachtel. Darunter befanden sich auch die Worte „Vorsitzender Mao" und „nieder mit", sowie die Worte „Opposition", „Kommunistische Partei" usw. Das waren natürlich ganz geläufige alltägliche politische Begriffe. Der Mann, der neben ihm saß, hieß Dong Li und hatte einen Silberblick. Als dieser einen Blick auf die Freizeitbeschäftigung seines Nachbarn warf, sah er fünf chinesische

Schriftzeichen, die sich allem Anschein nach aneinander fügten: die Schriftzeichen für „nieder mit" und „Mao Tse-tung". Als Song gerade nicht auf seine Sachen achtete, griff Dong sich das Zigarettenpäckchen und ging schnurstracks ins Büro der Einheit, um dort zu melden, dies seien ja konterrevolutionäre Parolen. Bevor er jedoch eintreten konnte, wurde er von einem anderen Rechtsabweichler aus unserer Gruppe namens Wang Yugi aufgehalten. Dieser Wang Yugi hatte schon immer einen besonderen Sinn für Gerechtigkeit, und er wurde von der ganzen Einheit bewundert.

Er forderte Dong Li auf: „Gib mir die Zigarettenschachtel. Mach hier keinen Unsinn; er könnte deswegen sein Leben verlieren!"

Dong Li sagte: „Das ist ein ernstzunehmender konterrevolutionärer Vorfall! Ich sollte das melden. Wir sollten dem Vorsitzenden Mao gegenüber loyal sein."

Selbst als Klassenfeinde mussten wir uns loyal gegenüber dem Vorsitzenden Mao verhalten. Jeden Morgen sangen wir: „Der Himmel ist groß, die Erde ist groß, doch ihre Größe lässt sich nicht mit der Güte der Partei vergleichen; Vater und Mutter sind enge Verwandte, aber sie stehen uns nicht so nah wie der Vorsitzende Mao." Manche Leute hier gaben ihr eigenes Geld dafür aus, sich Mao-Buttons zu kaufen, damit sie sich die an die Brust stecken konnten, und jeden Morgen schwenkten sie das Buch mit den Zitaten des alten Mannes und wünschten ihm ein langes Leben.

Wang Yugi wurde noch deutlicher: „Wenn du das tust, kriegst du was von mir auf die Nase!"

Trotz dieser Drohung kämpfte sich Dong Li durch und gelangte ins Büro, woraufhin die *Reformaktivisten* aus jeder einzelnen Gruppe versammelt wurden. Unter diesen Leuten waren solche, die Stifte schwangen, andere, die ihren Mund benutzten, und wieder andere, für die die Fäuste die nützlichsten Werkzeuge waren. Nachdem diese 20 bis 30 Reformaktivisten ins Büro gerufen worden waren, sagte der Sicherheitsoffizier: „Das ist eine schlimme konterrevolutionäre Tat, du musst dich behaupten und entschlossen kämpfen. Das ist jetzt eine Gelegenheit, eine gute Tat zu verrichten, um für deine Vergehen zu büßen." Anschließend trommelte das Büro die gesamte Einheit zusammen. Man fand einen großen leeren Raum auf dem Gelände, um eine *„Ghost-Fighting"-Sitzung* abzuhalten, bei der Wang und Song kritisiert und ihre konterrevolutionären Worte und Taten verurteilt wurden.

Das war das erste Mal in einem der Laogai-Lager, in dem ich gewesen war, dass man das Rotgardisten-Modell übernommen hatte, um den revolutionären Kampf zu führen, bei dem sich Rechtsabweichler, die zu *Reformaktivisten* ernannt wurden, kollektiv und wütend auf andere Rechtsabweichler stürzten, die nunmehr in die Kategorie der *Antireformisten* fielen. Sie zogen Wang und Song alle Kleider aus und hängten die beiden an den Handgelenken an einem Dachbalken auf, um sie zu schlagen. Viele der zuschauenden Häftlinge hatten noch nie eine derart barbarische Szene gesehen und zitterten daher vor Angst. Doch keiner durfte weggehen, wir mussten alle dableiben und zuschauen. Nachdem man sie also eine ganze Weile durchgeprügelt hatte, las einer der Aktivisten einen Spruch vom Vorsitzenden Mao vor: „Eine Revolution ist keine Dinnerparty, ... auch kein Bildermalen oder Sticken; sie kann nicht so kultiviert, so gemächlich und sanft, gemäßigt, freundlich, höflich, zurückhaltend und großzügig ablaufen. Eine Revolution ist ein Aufstand, ein Gewaltakt, in dem eine Klasse die andere zum Umsturz bringt." „Wenn ihr sie nicht bekämpft, werden die reaktionären Typen nicht fallen." Alle mussten bei den Rufen laut mitmachen. Nach dem Geschrei stand dann wieder eine neue Prügelrunde bevor. Die 20 bis 30 Reformaktivisten hatten sich anscheinend selbst zu revolutionären Rotgardisten ernannt; jedenfalls fielen sie zügellos mit Knüppeln über Wang und Song her und peitschen sie mit Gürteln solange aus, bis die beiden das Bewusstsein verloren und schließlich sogar ihr Leben. Dabei brüllte einer der Aktivisten: „Shi hat ebenfalls konterrevolutionäre Worte von sich gegeben!"

Sofort wurde dieser Shi hinausgeschleift und, ohne Sinn und Verstand, gründlich versohlt.

Dann rief wieder jemand anders: „Und dieser und jener, der auch ...!" Und ein anderer wurde hinausgeschleppt. So manch einer nutzte die Gelegenheit, die Macht des Volkes jetzt mal so richtig zu missbrauchen, um sich an seinen persönlichen Feinden zu rächen. Die Situation gewann an Fahrt, und der Grad an Angst steigerte sich. Und dann verließen die Sicherheitsbeamten ganz bewusst den Schauplatz des grausigen Geschehens. Sie kehrten in das Büro in die letzte Reihe der Häuser zurück. Weshalb sie das taten, hatte folgenden Grund: Wir haben nichts gesehen, wir wissen von nichts. Wenn man sich unbedingt an einem solchen Verhalten beteiligen will, dann sind wir dafür in keiner Weise zuständig. Wenn man jemanden totschlägt, wird es nutzlos sein. Dies war ein genauer Mikrokosmos der damaligen chinesischen Gesellschaft. In ganz China schlugen alle – angefangen von ganz unten – andere Menschen tot. Und von niemandem wurde verlangt, für diese Greueltaten die Verantwortung auf sich zu nehmen.

Diese mehr als 20 Reformaktivisten steigerten sich immer mehr in ihren Wahn und ihr barbarisches Tun hinein. Keiner wagte sie zu stoppen. Ein Lehrer von der Pekinger Universität namens Zhang erkannte, dass sein Name vielleicht der nächste sein konnte, den man aufrufen würde, und so versteckte er sich vor lauter Angst. Er verkroch sich in den Toiletten, die zu der letzten Häuserzeile gehörten, und an deren Rückseite sich das Büro befand.

Die Benutzung dieser Toiletten war den Sicherheitsbeamten vorbehalten. Doch dann rief jemand „Wo ist Zhang? Holt ihn raus! Er hat immer noch eine konterrevolutionäre Einstellung!"

Aber man konnte ihn nicht finden. Man wusste nicht, wo er hingelaufen war. Drei oder vier Aktivisten suchten ihn überall. Und dann hatte ich das Gefühl, dass meine Chance gekommen war. Heimlich lief ich zum Büro hinüber, klopfte an die Tür und sagte:

„Meldung!“ Mehrere Hauptleute, darunter Hauptmann Gao und Hauptmann Wu sowie der neu eingetroffene Hauptmann Wang, fragten: „Was ist los?“

Ich sagte: „Da ist jemand entkommen!“

Eine Flucht war das einzige, wovor die Wärter im Laogai-Lager Angst hatten. Für sie bedeutete eine Flucht eine ernsthafte Vernachlässigung der Ausübung ihrer Pflichten. Als sie das hörten, rannten sie aus dem Raum und fragten: „Wer?“

Ich antwortete ihnen: „Zhang fehlt!“

Sie liefen sofort nach vorne und vermeldeten: „Versammelt euch! Appell für alle Gruppen!“

Als sich beim Zählappell jede Gruppe in Reihen hintereinander aufstellte, fand man Zhang und holte ihn aus dem Toilettenraum heraus, aber jetzt war ja keine Zeit mehr, um ihn zu verprügeln. Das Aufstellen zum Appell hatte die wahnsinnige Atmosphäre wieder abgekühlt. Nach dem Durchzählen sagte der Hauptmann: „Nehmt eure Gruppen jetzt in die Unterkünfte zum Schlafen, damit ihr morgen gut ausgeruht zur Arbeit gehen könnt.“ Damit kam die Ghost-Fighting-Versammlung mit ihren barbarischen Prügelaktionen zu einem Ende.

Gerade in solchen Momenten wie diesen kommt die wahre Natur eines jeden Menschen klar zum Vorschein. Die Grausamkeit der menschlichen Natur kann einem in solchen Situationen die Haare zu Berge stehen lassen. Einige dieser über zwanzig sogenannten Reformaktivisten waren Universitätsdozenten; andere waren Schriftsteller, die bereits einen gewissen Ruhm erlangt hatten, oder Übersetzer für Russisch; manche von ihnen hatten Frau und Kinder. Doch in diesem Augenblick konnten sie einem noch mehr Angst einjagen als wilde Tiere. Es war ja noch nicht einmal so, dass sie für ihr Verhalten eine hohe finanzielle Belohnung kassiert hätten.

Bald nach dieser Ghost-Fighting-Versammlung erlitt das Pekinger Büro für Öffentliche Sicherheit einen schweren Schlag. Da der Bürgermeister der Pekinger Stadtverwaltung, Peng Zhen, jemand war, den Mao gerne am ausgestreckten Arm verhungern lassen wollte, verlegte die Kulturrevolutions-Kleingruppe des Zentralkomitees alle Insassen von der Tuanhe-Farm auf die Qinghe-Farm – darunter eine Einheit von Umerziehungshäftlingen, drei Einheiten von Jugendstraftätern, zwei Einheiten von angestellten Mitarbeitern und die Rechtsabweichler von Sanyuzhuang – um Platz für die „7. Mai-Kaderschule" zur Inhaftierung von *Kuhmonstern und Schlangengeistern* aus der Region Peking zu schaffen. Somit kehrte ich also wieder zusammen mit über hundert anderen Rechtsabweichlern in die ABTEILUNG 583 auf die QINGHE-FARM zurück. Das war das dritte Mal, dass ich in diese Abteilung kam, doch der erneute Besuch des alten Ortes bewegte mich nicht im Geringsten. Die Lage änderte sich täglich im ganzen Land: In der einen Minute „die Klassenränge einebnen", in der nächsten „hoch auf die Berge, runter aufs Land"; dann wieder heißt es in der einen Minute „Militärverwaltung" und in der nächsten „die Arbeiterklasse ist in allem führend". Es gab alle möglichen Gerüchte, obwohl nichts davon mit uns auf der untersten Ebene der Gesellschaft viel zu tun haben schien. Der Sturm steuerte nicht mehr auf uns zu.

Der Winter des Jahres 1967 war extrem kalt. Die Unterkünfte des Zellenblocks auf der Qinghe-Farm befanden sich in einem sehr viel schlechteren Zustand als die der Tuanhe-Farm. Türen und Fenster hatten keine Glasscheiben, stattdessen hingen nur aus Reisstroh gewebte Sichtblenden darüber, durch die der Nordwind in die Räume hineinwehen konnte. Die Wärter erlaubten abends jeder Gruppe vor ihrer Rückkehr von der Arbeit, ein Bündel Maisstängel mitzunehmen, damit wir sie unter unseren Kangs verheizen konnten.

Gewöhnliche Häftlinge wurden bei der Zuweisung der Essensrationen in verschiedene Klassen unterteilt. Unser Essen bestand aus bitterschmeckenden Brötchen, die aus verschimmeltem Maismehl hergestellt wurden. Ganz selten konnten wir etwas von dem Reis essen, den wir auf der Qinghe-Farm selbst angepflanzt hatten. Zum Frühlingsfest hatten wir die üblichen dreiwöchigen Ferien. Das Laogai-Lager hielt an dem nordchinesischen Brauch fest, zum Frühlingsfest gefüllte Teigtaschen mit Schweinefleisch herzustellen. Für das Frühlingsfest 1968 füllten wir die Teigtaschen am ersten Tag des chinesischen Mondneujahrs. Am zweiten Tag erhielt jeder zwei frittierte Pfannkuchen und ein paar Stückchen Schweinefleisch. Am dritten Tag gab es dann Reis und ein paar rote Datteln, ein paar Fruchtbonbons, und jeder Häftling, der rauchte, bekam eine Schachtel Zigaretten.

Teigtaschen zu befüllen und zu essen war eine ungeheuer wichtige Sache im Laogai-Lager, weil es eigentlich eher eine Gruppenaktivität für die einzelnen Gruppen war, als eine Einzelhandlung für jeden individuellen Häftling. Schon frühzeitig hatte der Hauptmann bekanntgegeben, dass jeder mit Urlaubsbeginn ein Pfund weißes Mehl und zwei Pfund Füllung zugeteilt bekäme. Die Füllung bestand aus Karotten und Schweinefleisch und wurde im Voraus von der Küche zubereitet. Die zehn Männer in jeder Gruppe füllten und wickelten nun ihre Teigtaschen und sandten sie dann anschließend wieder in die Küche zurück zum Kochen. Wenn sie dann gar waren, wurden sie zurück in den Zellenblock zum Aufteilen gebracht. Die Komplexität dieses Verfahrens ähnelte dem „Bau der Atombombe". Es erforderte äußerste Präzision, und jemand musste ihn sorgsam unter seiner Kontrolle haben. Schließlich mussten alle diese ganze Aktion gegen Raub und Diebstahl schützen. Während des Füllprozesses im Zellenblock der Gruppe hätte ja jemand die Füllung oder die Teighüllen heimlich verspeisen können. Als sie zum Kochen zurückgeschickt wurden, hätten Häftlinge aus anderen Gruppen sie sich schnappen können, usw. usf.

Ich war damals Gruppenleiter und hatte noch ein wenig „Prestige". Ich musste mein Wort halten und in jeder Hinsicht Verantwortung tragen. Bei der Teigtaschenherstellung musste ich darauf aufpassen, dass jede einzelne Teigtasche die gleiche Größe hatte. Wenn das nämlich nicht der Fall gewesen wäre, und es hätte sich nachher beim Austeilen gezeigt, dass bei zwei Männern, die jeweils zehn Taschen bekamen, einige bei dem Einen größer als die des Anderen waren, dann wäre es sicherlich zu einem Streit gekommen. Bevor wir anfingen, musste die Gruppe Regeln besprechen und festlegen, wessen Geschirr wir für den Transport in die Küche nehmen und wer von uns es abwaschen sollte. Dann nahm ich mir Männer als Bodyguards und noch drei weitere, von denen einer die Schüssel tragen sollte, um die fünf Kilo Mehl abzuholen, und die anderen beiden sollten die beiden Schüsseln mit der Teigfüllung tragen. Als wir wieder in den Zellenblock zurückgekehrt waren, saßen alle im Schneidersitz auf dem Kang und warteten schon geduldig. Ich war wie ein Oberbefehlshaber: Jeder musste meinen Weisungen gehorchen. Ich beauftragte einen Mann damit, den Teig zu mischen. Alle starrten ihn an, als er damit beschäftigt war. Als der Teig fertig war, wies ich einen anderen an, den Teig in kleine Kugeln zu teilen, sie mussten alle gleich groß sein. Dann rollten zwei Leute die Teighüllen aus. Anschließend suchte ich zwei Häftlinge aus, die Teigtaschen zu füllen und zu falten. Der erste legte die Füllung in äußerst ordentlichen Reihen aus und zählte sie Reihe für Reihe. Das gesamte Mehl war verbraucht, die ganze Füllung war in den Teigtaschen eingewickelt, und die Teigtaschen lagen abgezählt vor uns allen bereit. Im Allgemeinen reichte 1 Pfund Mehl aus, um 40 Teigtaschen von relativ normaler Größe herzustellen; wenn man daraus 50 Taschen machte, fanden die Männer sie zu klein. Die Gesamtzahl der Teigtaschen sollte zwischen 400 und 500 betragen. Als nächstes wurde nun jemand zur Küche geschickt, um sich dort anzumelden und in einer Schlange darauf zu warten, dass die gefüllten Taschen gekocht wurden. Er versuchte, nicht als erster dranzukommen, weil die Brühe, die dann mit zurückgeschickt wurde, relativ klar gewesen wäre, und das hätte sich dann nicht gelohnt. Die Küche hatte einen großen Topf Wasser vorbereitet, und man kochte nun die Teigtaschen für jede Gruppe nach dem Prinzip: Wer zuerst kommt, mahlt zuerst. Die Küche durfte die Teigtaschen nicht so lange kochen, bis die Hüllen zerfielen, denn wenn das geschah, dann musste man alles mit einer Schaumkelle abschöpfen; nichts durfte mehr davon in der Brühe zurückbleiben. Als es nun soweit war, dass die Taschen in den Topf hineingegeben werden sollten, mobilisierte jede Gruppe noch mehr Leute, weil jetzt das Risiko noch größer wurde, wenn die Teigtaschen bereits fertig gekocht waren. Im Grunde genommen brauchte man vier Leute, um die vier Schüsseln zu tragen, und die gesamte Gruppe wurde aufgeboten, um vorne und hinten sowie an beiden Seiten Schutz vor Diebstahl zu gewährleisten.

Nachdem wir unseren Festschmaus nun zurück zum Zellenblock getragen hatten, sagte ich allen Männern, sie sollten sich an die – vom Gang abgewandte – Seite des Kangs hinsetzen. Sie durften nicht am Rand des Kangs sitzen. Die vier Schüsseln mit den Teigtaschen und der Brühe, die wir zurückgetragen hatten, wurden an den Rand des Kangs platziert, und jeder Mann stellte seine Essschale daneben. Ich selbst stand und verteilte die Teigtaschen gleichmäßig auf die einzelnen Schälchen, während mich alle dabei beobachteten. Falls vier oder fünf Taschen am Ende übriggeblieben wären, so wären diese – so lautete unsere Abmachung – zerkleinert und mit ein wenig Suppe vermischt und dann gleichmäßig in jedermanns Schälchen geschöpft worden.

Da ich mal etwas Neues einbringen wollte, schlug ich etwas vor, was sich im Nachhinein als eine hundsmiserable Idee herausstellen sollte. Ich sagte: „Lasst uns doch mal für die übrig gebliebenen vier Teigtaschen abwechslungshalber Lose ziehen! Wer gewinnt, kann sie essen!“ Obwohl zwei oder drei zu diesem Vorschlag schwiegen, waren die anderen alle einverstanden: „In Ordnung! Ziehen wir Lose! Das wird lustig!“

Dabei gewannen ich, Ao Naisong und zwei andere Häftlinge. Ao Naisongs Vater war schon seit längerer Zeit Fotojournalist bei der kommunistischen Parteizeitschrift „China im Bild“, und Ao selbst war Student im Fachbereich „Fertigung von Präzisionsinstrumenten“ an der Polytechnischen Universität Peking. Er war ausgesprochen ehrlich und rechtschaffen. Normalerweise machte er nicht viele Worte, daher geriet er auch nie in Konflikt mit anderen. Sein größtes Problem waren seine schlimmen Hämorrhoiden. Jedes Mal, wenn er zur Latrine zum Stuhlentleeren ging, erlitt er einen schweren Darmvorfall, und die Hämorrhoide ragte dann wie ein Teil des Darms aus dem Anus hervor, ganze 10 bis 13 cm lang. Wenn er fertig war, drückte er sie langsam mit seinen Fingern wieder zurück. Jeden Tag, wenn er zur Arbeit ging, musste er seinen Schließmuskel fest zusammenpressen und sehr langsam laufen. Es war sehr schmerzhaft für ihn.

Als ich den Gewinnern die vier Teigtaschen gab, meldete sich plötzlich jemand und sagte: „Lass uns das wiederholen! Das war unfair! Warum solltest du eine Teigtasche bekommen?“ Er war auf Streit aus.

„Ich bin dagegen! Ich fordere, dass die vier Teigtaschen zerkleinert und mit der Brühe vermischt werden, damit alle etwas davon haben!“

Damals gehörte ich zu den jüngeren und kräftigeren im Lager der Rechtsabweichler, sodass ich dazu neigte, ein wenig herrschsüchtig zu sein. Ich erhob mich vom Kang.

„Was willst du denn dagegen unternehmen?“, fragte ich ihn.

Solche Vorfälle endeten dann immer in Streit oder Prügelei.

„Was willst du? Alle waren damit einverstanden! Niemand hat geschummelt. Wir alle haben doch nur dieses eine Frühlingsfest; jeder möchte es in Frieden genießen. Aber du willst Schwierigkeiten machen. Du machst es absichtlich jedem schwer. Du willst also Schwierigkeiten? Na, gut! Dann sollst du auch welche bekommen! Ich leiste dir Gesellschaft!“

Ich hatte ihm ein bisschen Angst eingejagt, weil er körperlich nicht besonders kräftig war; aber er wollte immer Schwierigkeiten machen. Er sagte: „Ich akzeptiere das nicht. Ich will meinen

Anteil!" Mit seinem Anteil meinte er ein Zehntel der verbliebenen vier Teigtaschen.

Genau in dem Moment, als ich mich nach ihm ausstrecken und ihn vom Kang ziehen wollte, um ihn nach draußen zu zerren und ihm dort eine Abreibung zu verpassen, stand Ao Naisong vom Kang auf und warf ihm mit seinem Löffel eine Teigtasche hinüber. „Geh jetzt raus damit! Los, mach schon! Und vergiss es! Ich geb dir meine!"

In jenen Zeiten war das schon etwas Bemerkenswertes. Dazu war wirklich nur Ao Naisong imstande. Alle waren wie erstarrt. Die Teigtasche hatte es nicht bis in das Schälchen des Streithahns geschafft, sondern war vielmehr auf die Matte gefallen, die auf dem Kang lag. Ohne den leisesten Anschein eines gewissen vornehmen Benehmens hob der Mann sie auf und steckte sie sich in den Mund.

Ich stieg auf den Kang, packte ihn im Genick und sagte: „Du hast wohl kein bisschen Anstand?"

Dann gab ich meine zusätzliche Teigtasche an Ao Naisong, der jedoch meinte: „Ach, lass sein! Vergiss es!" Und so fand die Angelegenheit ein Ende.

Am dritten Tag des Frühlingsfestes gingen wir nicht arbeiten. Der Hauptmann beauftragte mehrere Kalfaktoren damit, ein paar Maisstengel mehr für jede Gruppe zum Verbrennen im Kang herauszuziehen. Da wir ein bisschen mehr als sonst gegessen hatten, und vor allem weil es Teigtaschen waren, die aus Weißmehl zubereitet wurden, waren wir satt. Obwohl draußen der Schnee stürmte, war es innen relativ warm. Der Kang war wärmer als normalerweise. Wir zehn lagen auf dem Kang, einer neben dem anderen, unter der matten 25-Watt Glühbirne. Wir konnten nichts weiter anstellen. Wir konnten nicht nach draußen. Keiner las. Jeder hatte irgendeinen Traum in seinem Herzen.

So lagen wir auf dem Kang, tief in Gedanken versunken. Mit der Zeit hatten unsere Erinnerungen nachgelassen, und wir hatten nach und nach unser Menschsein verloren. Im Laufe der

Zeit fing ich an, meine Familie nicht mehr zu vermissen. Meine Träume schwanden, und meine Tränen waren getrocknet. Ich dachte nicht mehr an meine Würde oder meine Freiheit, und niemals dachte ich noch über den Sinn von Gerechtigkeit, Güte oder Liebe nach. Ich lebte wie ein Tier. Ich war lediglich irgendwie am Leben.

Plötzlich sagte jemand: „Machen wir doch irgendetwas!" Er sagte: „Jeder soll sich eine Antwort ausdenken auf die Frage: ‚Wenn du genau jetzt freigelassen würdest, was wäre das erste, was du machen würdest?' Ich bin gespannt, was alle darauf antworten, okay?" Und alle schienen wirklich sehr interessiert zu sein.

Als ich seinen Vorschlag hörte, sagte ich: „Aber dass das klar ist: Wir können über alles reden, nur nicht über Politik."

„Selbstverständlich, über Politik sprechen wir nicht." Alle waren einverstanden.

Dann forderte er mich auf: „Alter Wu, du beginnst! Du bist der Gruppenleiter, du solltest den Anfang machen!"

Für einen Moment war ich wie erstarrt, entgegnete dann aber: „Ich ... ich ...ach, lass mich nicht als ersten ... lass lieber einen anderen zuerst!"

Ich fühlte mich wie ein Tier. Ich hatte überhaupt keine Ideen mehr. Mein Gehirn war leer.

Im Laogai-Lager wurde alles in der Reihenfolge der Bettenposition gemacht. Ich schlief an der ersten Stelle, sodass der Mann mit Namen Wang, der in der zweiten Position lag, nun als erster dran war. Er sagte: „Ich? Wenn ich entlassen würde, ginge ich unverzüglich nachhause, umarmte meine Frau und ginge dann schlafen."

Im Laogai-Lager gab es nur noch sehr wenige, die noch nicht geschieden waren. Dieser Wang kam aus Tianjin. Er war über vierzig und war überraschenderweise nicht geschieden. Er und seine Frau waren ein „altes Ehepaar". Als er das sagte, lachten alle. Doch dann stand jemand auf, verlor seine Nerven und sagte:

„Ach, so ein verfluchter Mist! Hör doch auf damit! Du bist der einzige hier, der eine Frau hat! Warum redest du davon?“

Das, was die Menschen im Laogai-Lager tatsächlich am meisten bewegte, war das Sprechen über die Familie. Ganz gleich was passierte, alle hatten sie Verwandte, alle hatten ein Heim, doch sie konnten sie nicht mehr sehen oder nicht mehr an sie denken. Als Wang von seiner Frau sprach, erzürnte er damit den anderen Häftling. Es war also nicht richtig während des Frühlingsfestes, in einer Atmosphäre, in der jeder seine Familie mehr als sonst vermisste, von seinen Angehörigen zu reden.

Daher bremste ich ihn sofort und sagte: „In Ordnung! Von nun an dürfen wir nicht mehr über Familienangelegenheiten sprechen. Dieses Thema ist jetzt tabu.“ Dann erst ließ die Unruhe unter den Männern nach.

Als dritter äußerte sich ein Schriftsteller: „Also, wenn man mich freiließe, dann würde ich als erstes in den Buchladen in Xinhua gehen, um nachzusehen, ob meine Bücher noch in den Regalen stehen.“

Dann sagte jemand aus Spaß: „Ach, hört doch mit dem Träumen auf!“

Und ein anderer meinte: „Man kann nie wissen!“

Der vierte sagte: „Wenn ich heute freigelassen würde, dann wäre das erste, was ich täte: Ich ginge in ein Restaurant und verzehrte dort zwei Pfund Schweinskopf.“ Schweinskopf war das preiswerteste Stück vom Schwein. Für ein bisschen Geld bekam man eine ganze Menge davon. Damals waren wir tatsächlich schon froh, wenn wir überhaupt irgendeine Art Fleisch bekamen, ob das nun durchwachsen oder ein Filetstück war, spielte keine Rolle. Schweinskopf wäre schon sehr gut gewesen. Als er sagte, er wolle gerne in ein Restaurant gehen, brachen alle in Gelächter aus. Denn darüber sprachen alle am liebsten. Schweinskopf! Da lief den Männern ja noch in ihren Träumen das Wasser im Mund zusammen!

Dann stand jemand aufgeregt vom Kang auf und sagte: „Wo ist euer ganzer Schneid geblieben? Ihr könntet doch frei sein! Würden euch zwei Pfund reichen? Sagt bloß nicht, dass ihr mehr wollt!?"

Ein anderer sagte: „Ihr wagt doch noch nicht einmal zu sagen, dass ihr drei oder vier Pfund haben wollt. Ihr habt einfach keinen Mumm." Und so hellte sich die allgemeine Stimmung auf, während man auf ihn schimpfte und ihn auslachte.

Der fünfte meinte dann: „Wenn ich hier raus könnte, würde ich nicht nachhause gehen; erst einmal würde ich ins Büro gehen, um dem Abteilungssekretär einen Besuch abzustatten und ihm zu sagen: ‚Wie geht's denn so? Ich bin wieder da!'" Er hegte einen persönlichen Groll gegenüber diesem Abteilungssekretär: Er war es nämlich gewesen, der ihn verleumdet hatte.

Als es an die letzte Bettenposition kam, war Ao Naisong an der Reihe: „Das erste, was ich täte, wenn ich hier rauskäme, wäre, ein paar Saiten für meine Erhu (11) zu kaufen." Ao Naisong war ein begnadeter Musiker; er rührte die Menschen zu Tränen, besonders wenn er „The Moon Over a Fountain" spielte. Bedauerlicherweise waren vor kurzem die Saiten auf seiner Erhu gerissen. Als Ao mit seinem Beitrag zu Ende war, gab keiner einen Ton von sich. Seine Worte hatten die gerissenen Saiten in jedem unserer Herzen zum Schwingen gebracht.

Schließlich war ich an der Reihe. Ich sagte: „Wenn ich hier rauskäme, dann würde ich mir als erstes einen Drachen kaufen. Bald ist ja Frühling! Ich würde ihn steigen lassen, ganz hoch segeln lassen, dann die Schnur durchschneiden und ihn davonfliegen lassen."

Am klaren blauen Himmel würde eine warme Frühlingsbrise den Drachen höher und höher tragen. Wenn die Schnur dann plötzlich reißen würde, flatterte der Drachen frei und ungebunden im Wind und würde sich schließlich dem Blick entziehen.

Sollte dieser Tag jemals kommen?

Wie man sich lebensnotwendige Nahrung erschleicht – etwa, wie man Mäuselöcher ausfindig macht usw. –, darin war ich nun schon recht versiert. Diese Fertigkeiten hatte ich von Xing Junping gelernt und ich hatte sie auch an andere weitergegeben. Als ich wieder auf der Qinghe-Farm war, fand ich nicht mehr, dass meine Gesundheit ganz so schlecht war. Die vom Laogai-Lager zur Verfügung gestellten Essensrationen waren nicht mehr so schauderhaft wie während der großen Hungersnot, und meine Überlebensstrategien waren deutlich besser geworden. So war ich beispielsweise besonders gut im Fröschefangen. Wenn ich einen Frosch in einem Graben oder einem Reisfeld entdeckte, stürzte ich mich auf ihn, und in 80 bis 90 Prozent der Fälle erwischte ich meine Beute auch: sie konnte mir nicht mehr entkommen. Eine andere Technik war, dabei ein Stück Bindfaden zu benutzen. Ich band mir einen Ball aus Baumwolle zusammen, die ich aus dem Futter meiner gepolsterten Baumwolljacke herausgerissen hatte. Die Baumwolle durfte noch nicht zu alt sein: Sie musste weich und locker sein, wie neue Baumwolle. Dann lief ich außen am Feld entlang oder am Rand des Grabens und hüpfte mit dem Faden beim Spazierengehen herum und ließ den Ball in der Luft herumflitzen. Der Frosch, der die Baumwolle für eine Art fliegendes Insekt hielt, schnellte seine Zunge heraus, um den vermeintlichen Leckerbissen zu fressen. Doch seine Zunge verhedderte sich dann in der Baumwolle, und ich konnte daraus meinen Vorteil ziehen, indem ich den Faden schnell an mich zog und den Frosch packte. Wenn ich ihn dann an seinen beiden Hinterbeinen hielt, warf ich ihn mit Wucht auf den Boden: durch den Aufprall wurde er getötet. Dann zog ich ihm die Haut beim Kopf angefangen ab und steckte ihn in meine Tasche. Als ich zum Gelände zurückkam, nahm ich einen Wasserkessel, machte Feuer und kochte meinen Fang. Frösche schmecken köstlich.

Eines Morgens im Jahre 1968 hatten sich alle versammelt, um sich bereitzumachen, damit sie zur Arbeit gehen konnten. Der Hauptmann verkündete: „Im Einklang mit den Instruktionen des Älteren Kang (Kang Sheng, Stellvertretender Direktor der

Kulturrevolutions-Kleingruppe des Zentralkomitees der Partei und ständiges Mitglied des Politbüros) und des Pekinger Stadtkomitees müssen wir weitere Schritte unternehmen, um die „vier Alten" aufzustöbern. Wir werden daher alle eure persönlichen Habseligkeiten gründlichst durchsuchen. Jeder muss seine Schlüssel und seine Koffer und Kisten abgeben. Der Unterrichtsgruppenleiter jeder Gruppe wird sie erst einmal einbehalten." Diese Aktion hatte uns quasi überrumpelt. Da uns nichts anderes übrig blieb, überreichten viele ihre Schlüssel den Unterrichtsgruppenleitern, die ja nun alle Reformaktivisten – kurzum: die Klauen und Zähne der Sicherheitsbeamten – waren.

Als ich zum ersten Mal in die Laogai-Lager gekommen war, hatte ich sämtliches Gepäck und alle meine Bücher aus der Pekinger Hochschule für Geologie mitgebracht. Immer, wenn es also irgendwelche Neuzuordnungen innerhalb des Lagers gab, oder auch nur, wenn ich von einer Einheit in die andere, oder von einer Farmabteilung in eine andere verlegt wurde, war es ausgesprochen strapaziös, die ganzen Gepäckstücke mitzutransportieren. Ich hatte sechs oder sieben große Koffer. Später wurden mir einige meiner Kleidungsstücke und Werkzeuge gestohlen und ich tauschte andere gegen Brötchen ein. Bis jetzt waren mir nur noch wenige Dinge verblieben. Früher hatte ich viele Bücher besessen. Wozu brauchte ich sie jetzt noch? Die ersten Sachen, die ich wegwarf, waren Unterrichtsnotizen und Lehrbücher.

Zu Beginn der Kulturrevolution war im Zuge der Kampagne der *Ausmerzung der vier Alten* von uns verlangt worden, dass wir alle unsere Bücher abgeben sollten. Diese *Ausmerzung der vier Alten* spielte sich in den Laogai-Lagern genauso ab wie in der Gesellschaft insgesamt. Ich musste also alle meine Bücher abliefern. Ich hatte zehn ganz besonders gute Bücher, die ich einfach nicht weggeben konnte. Dazu gehörten „Les Misérables", „Der Glöckner von Notre-Dame" und „1793" von

Victor Hugo, „Eine Geschichte aus zwei Städten" von Charles Dickens, „Ausgewählte Schriften" von Mark Twain, „Krieg und Frieden "und „Anna Karenin"a von Leo Tolstoi, „Der Stille Don" von Michail Solochov, „Jean-Christophe" von Romain Rolland, „Ausgewählte Werke" von Shakespeare usw. So händigte ich also meine sämtlichen anderen Bücher aus, hatte diese meine Lieblingsbücher jedoch in Plastiktüten verpackt und auf der Farm vergraben. Als wir später von Sanyuzhuang wieder hierherzogen, verpackte ich sie gut und legte sie in eine Holzkoffer, weil ich dachte, dass ich nunmehr dem Bücherverbrennungswahn der Kulturrevolution entkommen war.

Diese jähe Aktion traf mich indes vollkommen unvorbereitet. Den Schlüssel zu dieser Kiste gab ich nicht aus der Hand. Später erfuhr ich, dass es noch viele andere Häftlinge gab, die ihre Schlüssel auch nicht abgeliefert hatten.

Als ich von der Arbeit wieder zurückkam, sah ich, dass man die Sachen von allen Häftlingen durchwühlt hatte. Mit Hilfe dieser Reformaktivisten wurde jeder Winkel durchsucht, selbst das Bettzeug und die Kissen wurden durchstöbert. Dabei entdeckte man die geheimen Tagebücher und die Unterlagen von zahllosen Leuten, die später Zielscheibe der Kritik wurden. Ich hatte mir geschworen, in den Laogai-Lagern nichts aufzuschreiben, nichts zu lesen, und mein Bestes dafür zu tun, immer mehr die Identität eines kleinen Diebes oder kleinen Strolches anzunehmen. Doch alle Koffer und Kisten ohne Schlüssel wurden schließlich doch am Eingang des Büros aufgestapelt. Der Hauptmann sagte: „Für diesen Haufen hier gibt es keine Schlüssel. Kommt her und sagt, wem sie gehören. Wenn ihr den Schlüssel habt, dann öffnet den Koffer. Wenn nicht, dann werden wir ihn öffnen, damit die Wärter ihn inspizieren können."

Meine Kiste war auch dabei. Man beauftragte den Kleinen Zhu, den Kalfaktor, auf diesen Stapel aufzupassen.

Um meine Bücher zu behalten, beschloss ich, im Büro zunächst einen Vorwand zu benutzen. Ich dachte, ich könnte mich vielleicht ohne weiteren Zwischenfall irgendwie durchmogeln. Also ging ich zum Hauptmann und sagte: „Hauptmann, dieser Koffer hier gehört mir."

Er sagte: „Na, dann mach ihn auf und lass mich reinschauen."

Darauf erwiderte ich: „Ich habe den Schlüssel verloren."

Das glaubte er mir aber nicht: „Ach, komm schon! Mach ihn auf!"

Ich sagte: „Da sind nur zwei Paar gebrauchte Schuhe drin, nichts Besonderes. Ich habe den Schlüssel nicht bei mir. Lassen Sie ihn mich wieder mitnehmen."

Er aber sagte: „Das kann ich nicht machen. Wenn du nicht den Schlüssel hast, dann geh und such ihn. Wenn du ihn nicht findest, dann brechen wir den Koffer auf. So lautet nun mal die Anweisung. Keine Unklarheit, kein Widerstand."

Er ließ nicht zu, dass ich ihn wieder mitnahm. Das würde also noch mehr Probleme bereiten, denn wenn man ihn jetzt aufbrechen und einen Stapel Bücher anstelle der beiden Paar abgetragener Schuhe finden würde, dann bedeutete das, dass ich zusätzlich zu diesem Fehler noch ein weiteres Vergehen begangen hätte, weil ich ja nun den Hauptmann getäuscht hatte. Diese Sachlage zwang mich dazu, einen Weg zu finden, die Bücher zu beseitigen, egal wie. Meine einzige Möglichkeit bestand darin, jemanden zu finden, der mir helfen konnte. Ich sagte also zu einem anderen Häftling: „Geh zu dem Hauptmann und fang einen Streit mit ihm an, aber treib es nicht zu arg, sonst sperrt man dich noch in Einzelhaft." Er ging also hinüber zu ihm und machte auch gleich ein Riesentheater, was den Hauptmann derart ablenkte, dass ich die Gelegenheit am Schopfe greifen konnte und meinen Koffer wieder mit in den Zellenblock nahm, wo ich heimlich die Bücher entfernte und stattdessen zwei alte Paar Schuhe hineinlegte. Anschließend brachte ich den Koffer wieder zurück.

Doch während ich gerade beim Umpacken war, beobachtete mich ein anderer Aktivist aus meiner Gruppe und meldete das dem Hauptmann. Aber zu der Zeit hatte ich das gar nicht bemerkt. Am nächsten Tag passierte noch nichts, ich ging wie gewohnt zur Arbeit und dachte, alles sei in Ordnung. Als ich jedoch wieder zurückkam, merkte ich, dass alle anderen Koffer entweder geöffnet oder fortgeschafft worden waren; nur meiner stand noch im Büro. Da ich das Gefühl hatte, dass es da wohl ein Problem gab, ging ich zu meinem Bett und sah, dass man es durchwühlt hatte und dass die am Tag zuvor versteckten Bücher alle verschwunden waren.

Der Hauptmann bestellte mich ins Büro und sagte zu mir: „Wu Hongda, öffne deinen Koffer."

Ich sagte: „Das ist nicht nötig."

Er ließ nicht locker: „Nun komm schon, öffne ihn. Sind da nicht zwei Paar abgetragener Schuhe drin? Mach ihn auf und lass mich nachsehen."

So öffnete ich also den Koffer und der Hauptmann sagte: „Aha, das sind also die beiden Paar alte Schuhe?"

Ich gab keinen Laut von mir. Ein Disziplinarbeamter, der daneben stand, meinte nur: „Du bist ja ganz schön clever! Du hast ja beim Umpacken ganze Arbeit geleistet!"

Das war jetzt allerdings eine sehr ernste Angelegenheit. Solche Bücher zu verbergen, die die Gifte des „Feudalismus, des Kapitalismus und des Revisionismus" enthielten, war ein konterrevolutionärer Akt gegen den proletarischen Befehl des Vorsitzenden Mao.

Am nächsten Tag wurde die Arbeit in der Abteilung unterbrochen, und man hielt eine abteilungsinterne Kritik- und Kampfsitzung ab. Die Häftlinge aller Einheiten erschienen auf dieser Versammlung, bei der alle meine Bücher vorne nebeneinander aufgereiht waren. Einige Aktivisten zwangen mich in die *Düsenjägerposition*, eine Art Bestrafung, die während der Kulturrevolution höchst beliebt war: Meine Arme wurden hinter meinem Rücken so verdreht, dass sie in die Luft aufragten, und mein Kopf wurde um 90 Grad gesenkt schließlich versuchte man mich auch noch auf die Knie zu zwingen. Dem widersetzte ich mich aber, sodass sie mich traten und mit Gewalt auf die Knie drückten. Während ich mich wehrte, eilte jemand herbei und holte eine abgesägte Schaufel unter seiner Baumwolljacke hervor, hob sie empor und pfefferte sie mir an den Kopf.

Dieser Jemand war der schon erwähnte Fan Guangdou. Nachdem man mich damals aus der Einzelhaft entlassen hatte, hatten wir ihm „zu Ehren" eine „Kopfbedeckungs-Party" veranstaltet. Das war in den Laogai-Lagern so eine Art Bestrafung für solch kleine Petzen wie ihn. Als wir eines Abends nach dem Zählappell unserer Einheit wieder zum Zellenblock zurückkehrten, rannte jemand ganz schnell als erster ins Gebäude zurück, griff sich zunächst seine Steppdecke und wartete dann hinter der Tür. Als Fan eintrat, wurde seine eigene Decke dazu benutzt, um seinen Kopf zu verdecken. Einige andere standen draußen Wache, um andere Häftlinge davon abzuhalten, hereinzukommen. Und dann durften nur drei oder vier Leute ihm eine tüchtige Abreibung verpassen. Als es vorüber war, machten wir uns aus dem Staub. Später meldete Fan Guangdou diesen Zwischenfall beim Hauptmann, und dieser fragte ihn: „Wer war das denn, der dich geschlagen hat?"

Eigentlich kümmerten sich die Hauptleute nicht besonders um solche Dinge. Für sie verlief das nach dem Prinzip: Der Mensch ist des Menschen Wolf. Obwohl Fan nicht eindeutig sagen konnte, wer ihn denn nun wirklich geschlagen hatte, so hatte er doch wenigstens eine gute Vorstellung davon, dass ich derjenige gewesen sein musste, der diese „Kopfbedeckungs-Party" arrangiert hatte, und so hatte er nur darauf gewartet, sich an mir zu rächen.

Als Zielscheibe von Kritik und Kampf gab es nichts, was man in einem solchen Umfeld hätte tun können. Unbewusst hatte ich das Gefühl, dass mich jemand gleich an meinem Kopf treffen wird, und daher hob ich natürlich meinen linken Arm, um den Angriff abzuwehren. Sein Schlag brach mir den Arm, der

Knochen ragte aus der Haut heraus und mein Blut spritzte auf sein Gesicht.

In den Laogai-Lagern gibt es eine Regel: Wenn man bei einer körperlichen Auseinandersetzung den ersten Schlag landet, dann setzt man sein Leben aufs Spiel. Sofort drängten sich eine Reihe meiner Leute um ihn und fingen an, ihn zu attakkieren. Jegliche Ordnung war dahin. Als der Hauptmann sah, dass mein Arm gebrochen war, veranlasste er ein paar Leute, noch kurz ihre Meinungen zu äußern und dann die Kritik- und Kampfsitzung für beendet zu erklären. Bis heute erstreckt sich über meinem linken Arm eine lange Narbe.

Fan Guangdous Spitzname im Lager der Rechtsabweichler war „Alter Xi", weil er aus dem Kreis Taigu in der Provinz Shanxi stammte. In diesem Spitznamen schwang die Vorstellung mit, dass er Nachdruck auf sein persönliches Verdienst legte und dass er auf den kleinsten Details herumritt. Früher war er Mitarbeiter bei der Pekinger Politischen Beratungskonferenz des Chinesischen Volkes gewesen. Es ist schwer zu sagen, welche politische Ansichten oder Einstellungen er tatsächlich vertrat; seine Gespräche waren oberflächlich und vulgär. Die Männer im Rechtsabweichler-Lager machten sich oft lustig über ihn, wenn sie zum Beispiel sagten: „Na, was gibt's? Mal wieder mit dem Kindermädchen im Bett gewesen?" Denn er öffnete häufig seinen Mund mit den gelben Zähnen und geiferte förmlich, wenn er immer wieder aufgeregt davon erzählte, dass er – als er noch bei der Politischen Beratungskonferenz arbeitete – ein Kindermädchen vom Lande bei sich zuhause beherbergte, und dass er sie ins Bett bekommen hatte. In einer solchen Umgebung machte man sich keine Gedanken mehr über moralische Verderbtheit, und man hatte jegliche Skrupel in Bezug auf unanständiges Benehmen verloren. Er versuchte, sich bei der Regierung regelrecht einzuschmeicheln, so wenn er beispielsweise Leute bloßstellte und über sie Bericht erstattete. Bei der Ghost-

Fighting-Versammlung regte er an, dass die Gurte, mit denen man Wang und Song auspeitschte, „mit Wasser durchtränkt sein sollten, der leichteren Handhabung wegen". Eine Zeitlang war er meiner Gruppe zugeteilt. Mit seinen vierzig Jahren war er damals älter als wir alle, und seine Arbeitsleistung war dürftig. Um ihn zu schikanieren, setzte ich Essensrationierung und Arbeitssoll ein. Vielfach schaffte er es nämlich nicht, sein Pensum zu erfüllen, sodass ich berechtigterweise forderte, dass seine Essensration gekürzt werde. Daraufhin bemühte er sich, durch seine politischen Leistungen die Unterstützung der Hauptleute zu erlangen, damit seine Essenszuteilung nicht reduziert werde. Wenn es dann an die Arbeit ging, gab ich ihm keine leichten Aufträge, außerdem fand ich bei ihm immer Mängel, als ich Qualitätsprüfungen durchführte. Er wusste schon, weshalb ich ihn so verfolgte, doch normalerweise hinterließ ich keinen Verdachtsmoment, wenn es um meine politische Zuverlässigkeit ging, sodass er nichts hatte, an das er sich klammern konnte. Eigentlich wurde er von den Hauptleuten nicht besonders geschätzt, weil sein Verhalten allzu offensichtlich war.

Mein Lieblingswerk unter diesen Büchern war nun Hugos „Les Misérables". Die chinesische Übersetzung dieses Wälzers hätte aus fünf Bänden bestehen sollen. Ein Mann namens Li Dan hatte drei Bände davon übersetzt, doch die letzten zwei waren nie veröffentlicht worden, sodass ich diese beiden nie gelesen hatte. Erst als ich in die Vereinigten Staaten gekommen war, kaufte ich mir die englische Fassung und konnte den Roman endlich zu Ende lesen. Ich erinnere mich dabei an eine sehr wichtige Passage, die Hugo darin formuliert hatte. Als der Vertreter der Pariser Kommune und ein katholischer Priester miteinander diskutierten, sprach der eine von Gerechtigkeit, Revolution und den Übeln der Gesellschaft; der Andere redete von der Liebe und Güte Gottes und der allumfassenden Brüderlichkeit. Auch wenn beide dieser doch diametral entgegengesetzten Sichtweisen jede für sich genommen einen Sinn ergeben, hatte der Vertreter der Pariser Kommune anscheinend das stärkere Argument auf seiner Seite, weil er sagte, dass die Gnade Gottes und die allumfassende Brüderlichkeit die Übel der Gesellschaft und die Ungerechtigkeit in ihr nicht haben vermindern können, sodass der Sturm der Revolution nötig gewesen sei, um all den Schmutz und Unflat hinwegzuschwemmen. Allem Anschein nach zog Hugo die Auffassung des Repräsentanten der Pariser Kommune vor, spürte indes noch immer, dass Edelmut, Barmherzigkeit und wechselseitige Liebe auf der Welt sehr wichtig waren. Hugo zog die Schlussfolgerung, dass es in der Gesellschaft sehr viel Schmutz, sehr viel Abstoßendes und sehr viel Grausamkeit gebe, und dass wir all diese Dinge in einem großen Sturm fortspülen müssten, doch dass sich oberhalb dieses Sturms der friedliche, unvergängliche klare Himmel der Menschlichkeit, der Menschenrechte und der menschlichen Natur spannte. All die Jahre hatte ich dieses Buch immer und immer wieder gelesen, und es hatte in mir einen tiefen Eindruck hinterlassen. Es hatte in meinem Denken und meinem Leben eine bedeutende Rolle gespielt, sodass es den Preis wert war, den ich mit meinem Blut bezahlte.

Nachdem unsere Frist am 24. Mai 1964 abgelaufen gewesen war, hatten die mehr als hundert Rechtsabweichler unter uns keinerlei offizielle Dokumente oder Benachrichtigungen erhalten, in denen uns mitgeteilt worden wäre, dass die Entscheidung, unsere Freilassung aus der Umerziehung hinauszuschieben, mangelhaften Leistungen oder anderen Problemen zu verdanken sei. Dies bewies: Wir wurden ein weiteres Mal zu einer lebenslänglichen Haftstrafe verurteilt. Die Sicherheitsbeamten informierten uns darüber, dass das ganze Land, vor allem die Abteilung für Öffentliche Sicherheit, sich aktiv für Rebellion und Machtkampf einsetzte. Wir waren der „Abschaum der Gesellschaft“, niemand kümmerte sich um uns.

Der Hauptmann sagte uns: „Fragt mich nicht. Wenn mir meine Vorgesetzten heute melden, ihr müsst mit eurer Arbeitsumerziehung weitermachen, dann müsst ihr damit weitermachen. Warum? Bis wann? Ich hab keine Ahnung. Wenn sie mir morgen sagen, ihr könnt in euer Alltagsleben als Professoren, Journalisten oder Kader zurückkehren, dann lass ich euch gehen. Das macht mir überhaupt nichts aus. Doch heute seid ihr hier, und da benehmt ihr euch, gehorcht meinen Anordnungen und setzt eure Arbeitsumerziehung fort."

Im Dezember 1969 fingen die Vorgesetzten plötzlich an, mit uns zu handeln. Damals war gar nicht klar, was da eigentlich vor sich ging. Wir Hundert wurden noch einmal neu in Kategorien eingeteilt. Der „Hut" des Rechtsabweichlers wurde von etwa siebzig Prozent der Häftlinge entfernt; die restlichen dreißig Prozent mussten ihn weiterhin tragen. Doch wir alle wurden aus der Umerziehung entlassen. Alle, deren Familien in Peking oder Shanghai lebten, wurden zur Zwangsarbeit direkt in Laogai-Lager in die Provinz Shanxi geschickt. Die, deren Familien in anderen Provinzen lebten, sandte man zur Zwangsarbeit in Laogai-Lager an die entsprechenden Wohnorte ihrer Verwandten.

Die alten Rechtsabweichler, die nun schon von 1962 bis 1969 – also fast sieben Jahre lang – zusammen waren, trennten sich schließlich und gingen ihre eigenen Wege.

Das Werksbüro gab allen drei Tage zum Ausruhen und zur Vorbereitung ihres Gepäcks. Ich sollte in die Provinz Shanxi geschickt werden. Andere gingen nach Hebei, Jiangsu, Hunan, Sichuan und in andere Provinzen. Niemand wusste, was wohl der nächste Schritt sein würde. Keiner fragte danach und keiner stellte Vermutungen darüber an. Wir waren ja alle daran gewöhnt, wir hatten einzig das Gefühl, dass unser Leben soeben im Begriff ist, eine entscheidende Wendung zu erfahren, doch unser Geschick lag in den Händen eines Anderen.

Regungslos verabschiedeten wir uns voneinander. Fortan sollten wir in alle vier Winde verstreut werden. Wir konnten nur darauf hoffen, unsere zukünftigen Reisen führten uns irgendwann wieder zusammen.

1969 wurde Lin Biao als Nachfolger Maos und als stellvertretender Parteivorsitzender bestätigt. Lin Biao gab eine „Oberste Direktive des Zentralkomitees der Kommunistischen Partei Chinas" zur Mobilmachung und Evakuierung heraus. Man sagte damals, die Sowjets seien noch bösartigere Revisionisten als die Imperialisten, und sie hätten bereits Hunderttausende an Truppen stationiert und ihre nuklearen Sprengköpfe und ferngelenkten Raketen auf uns gerichtet, sodass wir uns auf den Krieg vorbereiten müssten. Später lieferte sich China mit ihnen blutige Gefechte um die Insel Zhenbao im chinesisch-russischen Grenzfluss Ussuri. Innenpolitische Spannungen verschoben sich, und die Führungsebenen nutzten die Gelegenheit, um die Machtstrukturen zu festigen.

Dann wurde behauptet, dass die Nähe der Qinghe-Farm zur Küste und zur Jing Shen-Bahnstrecke – einer Hauptverkehrsader zwischen der Mandschurei und der Hauptstadt – bedeutete, dass dies kein Ort sein konnte, an dem viele Klassenfeinde lebten. Daher wurde beschlossen, das gesamte angestellte Personal, die Umerziehungsmitarbeiter, die jugendlichen Straftäter und die Umerziehungshäftlinge wie auch alle Sicherheitsbeamten mit ihren Familien von der Qinghe-Farm abzuziehen. In Wirklichkeit war das ein Mittel, um Peng Zhens Pekinger System der Öffentlichen Sicherheit zu säubern. Damals wurde Liu Shaoqi unter dem Deckmantel eines *Kampfbereitschafts-Evakuierungs-Beschlusses* nach Kaifeng umgesiedelt. Dort starb er später. Und dann wurde Deng Xiaoping nach Jiangxi geschickt. Tausend andere und ich wurden in Güterwagen verfrachtet und in die Provinz Shanxi, nach Huo, das südlich von Taiyuan liegt, transportiert. Dort befindet sich das KOHLENBERGWERK WANGZHUANG – das auch als Umerziehungs-Arbeitsabteilung Nummer 4 der Provinz Shanxi bezeichnet wurde.

Kapitel 10

DAS ZWEITE LAOGAI

Die Bewohner der Laogai-Lager lassen sich in drei Kategorien einteilen: Die erste Gruppe sind Häftlinge, die dazu verurteilt wurden, sich durch Arbeit zu reformieren; zur zweiten gehören die Mitarbeiter für die Arbeitsumerziehung; und die dritte Gruppe umfasst all die Arbeiter, die dazu gezwungen werden, sich in den Lagern niederzulassen und vor Ort im Einklang mit der Politik „eingesetzt" zu werden, mit anderen Worten, es sind jene, die Zwangsarbeit leisten. Zwar bestehen gewisse Unterschiede in der prinzipiellen Behandlung, die man diesen drei Kategorien von Lagerbewohnern gewährt, doch in politischer Hinsicht gibt es keinen großen Unterschied: Alle sind sie *Zielobjekte der Diktatur.* Die Bezeichnung des Systems für Öffentliche Sicherheit dafür lautet: *Drei Personaleinstufungen – Reform durch Arbeit, Umerziehung durch Arbeit* und *Zwangsarbeit.* Die Richtlinie der Zwangsarbeit wurde 1954 vom Staatsrat eingeleitet, und damit zum selben Zeitpunkt, als er die *Reform durch Arbeit-Richtlinie* bekanntgab.

1954 hatte die Kommunistische Partei Chinas also gerade damit begonnen, die *Reform durch Arbeit-Richtlinie* umzusetzen und zu dieser Zeit hatte noch keiner seine Strafe verbüßt und es war noch niemand entlassen worden. Dennoch konnten die chinesischen Kommunisten bereits die Unumgänglichkeit entsprechender Regelungen absehen, wie sie mit jenen Häftlingen umzugehen hätten, deren Haftstrafen schließlich bald auslaufen würden. Von der Antike bis in die Gegenwart, ob in China oder im Ausland, erlangt ein Häftling, der seine Strafe verbüßt hat, seine Freiheit wieder und darf nachhause zurückkehren, um wieder mit seiner Familie zusammenzuleben. Nachdem Jean Valjean aus dem Roman „Les Misérables" eine neunzehnjährige Haftstrafe verbüßt hatte, trat er doch als ein freier Mann aus dem Gefängnis, um auf Wanderschaft zu gehen, obwohl er einen gelben Pass erhielt, der ihn zum Objekt von Abscheu und Ekel machte – dieser Pass machte die Leute darauf aufmerksam, dass sein Inhaber ein Krimineller und sehr gefährlich war. Schließlich findet er Ruhe und Erholung auf dem weißen Bettzeug eines Bischofs und genießt sein Nachtmahl, wozu er das kostbare Silber des Kirchenmannes benutzt. Aber die chinesischen Kommunisten wussten sehr genau, wie sie die Leute behandelt hatten; sie wussten, dass sie Groll, Hass und Leid in den Herzen dieser Menschen aufgehäuft hatten; sie wussten, dass diese Menschen stets ihre potentiellen Feinde bleiben, dass sie nie mehr Ruhe vor ihnen haben würden. Daher konnte man diesen Menschen auch niemals wirkliche Freiheit gewähren. Sie mussten weiterhin in den Laogai-Lagern leben, im Sinne der *Zwangsarbeits-Richtlinie.*

Ein weiterer Grund dafür, dass die Arbeiter in den Laogai-Lagern im Einsatz waren, war der Produktionsbedarf. Die Politik der chinesischen Kommunisten definiert die Laogai-Lager als *Spezialunternehmen;* sie sind Industrie-, Landwirtschafts- oder Bergbauproduktionseinheiten und damit ein Bestandteil des nationalen Wirtschaftssystems. Kein Produktionsprozess kann vollständig auf gefangene Zwangsarbeiter angewiesen sein. Bestimmte Zusammenhänge müssen von einer gewissen Anzahl freier und quasi-freier Mitarbeiter kontrolliert werden – beispielsweise das Fahren von Transportsystemen und die Bedienung bestimmter Maschinenanlagen. Die Sicherheitsbeamten, die diktatorisch die Prozesse leiteten, brauchten im Bereich der Disziplin wie auch im Bereich der Produktion einige Assistenten. Das Zwangsarbeiterpersonal wurde nicht nur den *Reform durch Arbeit-* oder den *Umerziehung durch Arbeit-Einheiten* zugeteilt; es gab auch ganze gesonderte Einheiten und Bataillone, die sich allein aus ihnen zusammensetzten. Die Regierung in Peking sagte, dass die *Zwangsarbeit* eine „Erweiterung" der

Reform durch Arbeit-Politik sei ein Bestandteil der demokratischen Diktatur des Volkes.

Die Leute, die ihre Strafe schon verbüßt hatten oder die jedes Jahr aus der Umerziehung durch Arbeit entlassen wurden, bildeten das Reservoir für diese Zwangsarbeiter. Die Anzahl der Werktätigen im Rang eines Zwangsarbeiters wuchs beständig Jahr für Jahr lawinenartig an. Mit dem Jahr 1958 waren alle Insassen des Kohlenbergwerks Wangzhuang von Shanxi verurteilte Häftlinge gewesen. Bis 1970 war es dann ausschließlich von Zwangsarbeitern besiedelt, aber es war noch immer ein Laogai-Lager. Innerhalb des Systems für Öffentliche Sicherheit hieß es „Umerziehungs-Arbeitsabteilung Nummer 4 der Provinz Shanxi". Die Einheimischen nannten unser Lager das „Zweite Laogai".

In diesem Wangzhuang-Bergwerk war ich nun ganze neun Jahre lang beschäftigt, ab Ende 1969 bis Februar 1979. Alle der über zweitausend Menschen in der Mine gehörten dem Zwangsarbeiterpersonal an, es gab niemanden mehr, der an den *Reform durch Arbeit-* oder den *Umerziehung durch Arbeit-Maßnahmen* teilnahm. Doch hinsichtlich der angewandten Disziplinarmaßnahmen gab es keine gravierenden Unterschiede. So gab es beispielsweise auch in diesem Lager Isolationszellen (wir nannten sie die „kleinen Nummern"). Hier waren sie gegen eine Felswand gebaut. Sie hatten keine Beleuchtung und keine Fenster und besaßen dicke Holztüren mit Eisenstangen. Auf den feuchten Fußböden stand kein Bettpodest. Zwei Seiten jeder Zelle waren Backsteinmauern, während die anderen beiden Seiten mit Moos bewachsene Felswände waren. Jede Zelle war zwei Meter lang und anderthalb Meter breit. Außer einem klapprigen Holzeimer, der als Toilette diente, befand sich nichts weiter in den Zellen. Die vier „kleinen Nummern" und die beiden Wachhäuschen waren von dem Hauptgebäude durch eine hohe Mauer getrennt, die sie umgab. Ich weiß nicht warum, aber sie hatten für das gesamte Bergwerk nur vier Zellen gebaut. In Relation zu den über zweitausend Insassen damals erschien diese Anzahl doch ziemlich klein. Wenn jemand darin eingesperrt werden sollte, musste daher oftmals erst jemand anders freigelassen werden, um Platz zu schaffen.

Ich kam einmal, sieben Tage lang, in Einzelhaft. Der Anlass dafür war, dass ich mich mit einem anderen Arbeiter gestritten hatte. Das geschah 1973. Sieben Tage lang in der kleinen Zelle war zwar nicht das Problem, aber dafür verlor ich dabei fast mein Leben. Als ich nämlich in dem kleinen Raum eingesperrt war, konnte ich nicht auf dem feuchten Erdboden sitzen. In einer Ecke fand ich ein paar alte Ausgaben der „Volkszeitung", die ich dann auf dem Boden ausbreitete und auf die ich mich setzte.

Das sorgte für einen ungeheuren Aufruhr. Der Kalfaktor kam herein, sah mich auf den Zeitungen sitzen und gab sofort dem Hauptmann Bescheid: „Er saß mit seinem Hintern auf der Parteizeitung; er setzte seinen Hintern auf Bilder von unserem großen Führer, dem Vorsitzenden Mao!" Zu der Zeit war das ein Kapitalverbrechen. Der Hauptmann legte mir sofort Fesseln an und untersuchte dann die Zeitungen. Zum Glück waren auf diesen Seiten gar keine Fotos von Mao, nur ein Mao-Abzeichen stand neben seinen Mao-Sprüchen. Der Hauptmann schrie mich an und schlug mich ein bisschen, löste dann aber meine Fesseln. Vor lauter Angst brach mir der kalte Schweiß aus.

In Shanxi ist es anders als in Peking. Wenn man in Peking festgenommen wird, werden Handschellen oder Fußeisen benutzt. Shanxi hat da seine ganz eigene Methode, die als *das Seil-Festziehen* bezeichnet wird. Die Sicherheitsbeamten tragen dünne Hanfseile in ihren Taschen, die ungefähr zwei Meter lang sind, die sogenannten Polizeiseile. Sie sind sehr leicht und handlich, sehr viel einfacher bei sich zu tragen als Handschellen. Bei Festnahmen, auf Kritik- und Kampfsitzungen und in vielen anderen Situationen werden sie auf den Befehl „Bindet ihn zusammen!" herausgenommen und eingesetzt. *Das Seil-Festziehen* bedeutete dabei, dass man das Seil vom Genick aus zu den beiden Armen herunterzog; das Seil wurde dreimal um jeden Arm gewikkelt und dann noch einmal ganz eng um die Handgelenke. Dann wurden die Arme hinter den Rücken des Gefesselten gezogen, und die Enden des Seils an jedem Handgelenk wurden mit dem Seil am Nacken verknüpft. Wenn man das Seil am Genick dann straff zog, wurden die Arme in die Höhe gerissen. An dieser Stelle wird eine Testperson – die auf diese Weise zuvor gefesselt wurde – ihren Rücken stark krümmen und als Abwehrreaktion den Kopf senken, um alles zu tun, damit ihre Hände nicht nach oben gerissen werden. Hierbei wird man den Gefesselten, um das Seil noch weiter zu straffen, an der Kehle packen und das Kinn nach oben drücken, wodurch er gezwungen wird, seinen Rücken zu wölben. Die Sicherheitsbeamten rammen dem Häftling vielleicht sogar noch ein Knie in den Unterbauch. Wenn die beiden gefesselten Hände so in die Höhe hochgerissen wurden, lief das Gesicht des so Misshandelten augenblicklich erst rot, dann blau an; anschließend wurde es ganz bleich. Nach drei bis fünf Minuten verlor er das Bewusstsein. Im Allgemeinen löste man an dieser Stelle die Fesseln; falls das nicht geschah, konnte es sein, dass die Arme des Häftlings gelähmt waren, und falls er länger als eine bestimmte Zeit in dieser Stellung verharren musste, konnte das zum Tod führen.

Dieser *Seil-Festziehen*-Vorfall in der Einzelhaft dafür, dass ich mich auf die „Volkszeitung" gesetzt hatte, wird mir ewig im Gedächtnis bleiben. Von da an ließen mich allein die Worte *Das-Seil-Festziehen* aus tiefstem Herzen erzittern – wie es übrigens auch bei anderen „Parolen" der Fall war.

Das Kohlenbergwerk Wangzhuang ist das Produkt des *Großen Sprungs nach vorn* von 1958. Als das Land „vorwärts sprang", wuchs die Anzahl der Menschen in den Laogai-Lagern rasch an. Auch die Laogai-Unternehmen entwickelten sich rasch, sodass sehr viele Häftlinge an diesen Standort hier abkommandiert wurden, um das Kohlenbergwerk zu eröffnen. Auf ihrem Höhepunkt überstieg die Jahresproduktion 300.000 Tonnen. Ende 1969 betrug die jährliche Produktion 200.000 Tonnen. Früher lebten hier ungefähr zweitausend Häftlinge; zu der Zeit, als wir hier ankamen, hatte man sie alle umgesiedelt, sodass jetzt hier keine Häftlinge mehr, sondern nur noch Arbeiter lebten. Sie berichteten uns, dass die Arbeitsbedingungen extrem schlecht waren, als die Gefangenen hier noch Kohle abbauten. In der Mine benutzten sie Spitzhacken, um die Kohle herauszubrechen, schaufelten sie dann in Kohleneimer, die von den Ziehern ins Freie transportiert wurden. Vollkommen nackt hatten diese Kohlenzieher Seile um ihren Nacken gebunden, die unter ihrem Schritt verliefen, um die mit Holzrädern versehenen Kohlenkästen, die mit Weidenkörben beladen waren, aus dem Bergwerk hinter sich hinauszuschleppen. An Knien und Händen hatten sie dicke Gummi- oder Stoffpolster, und im Mund trugen sie eine Acetylenlampe. Die Stollen waren sehr niedrig, was ein aufrechtes Stehen unmöglich machte, sodass sie auf Händen und Knien die Kohlenkästen herausschleppten. Für jeden Korb, den sie herauszogen, bekamen sie ein Kontrollplättchen; die Anzahl der Kästen, die sie aus dem Stollen herauszubefördern hatten, wurde täglich neu festgelegt, je nach der Entfernung, die sie dabei zurücklegen mussten. Bevor sie nicht die zuvor angesetzte Anzahl an Kontrollplättchen abgegeben hatten, konnten sie auch nicht ihre Arbeitsstelle verlassen. Ständig kam es zu Arbeitsunfällen und Grubeneinstürzen. In Shanxi hieß es daher: „Die Kohlengrube ist ein Stück Fleisch, das zwischen zwei Felsen eingezwängt ist – das ist keine Arbeit für Menschen."

Als wir tausend Neuankömmlinge, die wir von der Qinghe-Farm hierherkamen, das äußere Erscheinungsbild der tausend Minen-Arbeiter sahen, waren wir schockiert. Ihre Gesichter waren alle totenbleich. Als die Leute dann von ihrer Arbeit aus der Kohlengrube zurückkehrten, waren sie von Kopf bis Fuß schwarz. Ihre Kleidung war dreckig und sah unglaublich zerlumpt aus. Sie hatten verschlissene Gummischuhe an, trugen Spitzhacken und warfen ihre stark geflickte Baumwollkluft auf einen Drahtbügel, der über dem Eingang hing, um sie für ihren erneuten Ausflug in die Mine am nächsten Tag auszulüften. Das Bild, das sich uns da bot, war wirklich äußerst angsteinfößend.

Auf der Qinghe-Farm hatten wir unabhängig vom Wetter jeden Tag auf den Feldern gearbeitet, sodass wir uns eine einigermaßen menschliche Gesichtsfarbe bewahren konnten. Die blassen Mienen dieser Leute direkt vor uns, und der Ort, an dem sie arbeiteten, dazu das Speien von Spucke, vermischt mit schwarzem Kohlenstaub, führten uns die Hölle vor Augen.

Damals fing ich an, beinahe ein Jahrzehnt meines Lebens als „ein Stück Fleisch, das zwischen zwei Felsen eingezwängt ist“ zu leben.

Etwa dreißig der tausend Neuzugänge von der Qinghe-Farm waren Frauen. Seit der Zeit meiner Verhaftung im April 1960 bis Dezember 1969 hatte ich praktisch keine Frauen mehr zu Gesicht bekommen; die wenigen, die ich von weitem wahrgenommen hatte, waren entweder weibliche Familienangehörige oder Sicherheitsbeamte. Daher waren die rund dreißig Frauen für mich etwas ganz Neues, entsprachen jedoch überhaupt nicht meiner ursprünglichen Vorstellung darüber, wie eine Frau eigentlich sein sollte.

Diese über dreißig Frauen aus Peking hatten alle an der Reform durch Arbeit oder den Arbeitsumerziehungsmaßnahmen teilgenommen. Die meisten von ihnen waren bereits mit männlichen Zwangsarbeitern verheiratet. Sieben oder acht von ihnen hatten Kinder, sodass sie zusammen mit ihren Familien umgezogen waren. Lediglich zwei oder drei waren noch unverheiratet und bereits im fortgeschrittenen Alter. Die Arbeiterinnen von der Qinghe-Farm, die ledig geblieben waren, wurden in die Chemische Fabrik für Gebrauchsgegenstände von Shanxi in Yuci umgesiedelt, in der sich das Frauengefängnis der Provinz Shanxi befand.

Die Ankunft dieser Frauen im Bergwerk Wangzhuang verursachte einen derartigen Aufruhr im Laogai im Tal, als ob eine Bombe explodiert wäre. Ein Drittel dieser Frauen war wegen Diebstählen oder Homosexualität inhaftiert worden; die meisten waren weibliche Kleinkriminelle und sie führten einen liederlichen Lebenswandel. Nur einige wenige von ihnen waren aus politischen Gründen verhaftet worden. In Shanxi ist der Kontakt zwischen Männern und Frauen wesentlich offener als in anderen Provinzen. Es kommt hier relativ häufig vor, dass Frauen außereheliche Affären haben. Die Einheimischen nannten das dann „einen, der den Beikarren zieht". Mit anderen Worten: Es gibt ein Maultier, das in erster Linie den großen Karren zieht, während ein anderes Tier noch einen zweiten, kleineren Karren nebenher zieht. Es dauerte nicht lange, und die meisten dieser Arbeiterinnen aus Peking hatten dann auch solche „die den Beikarren" zogen. Manche hatten gleich zwei oder drei, dazu gehörten mitunter auch die Sicherheitsbeamten aus der Mine. Die etwas jüngeren Arbeiterinnen aus Peking übten eine mörderische Anziehungskraft auf diese „Hinterwäldler aus Shanxi" aus.

In meiner Gruppe gab es einen Mann namens Wang, der früher als Laufbursche für die Kuomintang gearbeitet hatte. Weil er zugab, ein Konterrevolutionär zu sein, wurde er 1950 von der Kommunistischen Partei verhaftet. Somit war er seit zwanzig Jahren Veteran des Laogai-Systems. Er war mit einer Frau verheiratet, die er zum ersten Mal ebenfalls in einem Laogai-Lager getroffen hatte, und die – so wie er – politische Probleme hatte. Die beiden vertrauten sich gegenseitig restlos.

Eines Tages sagte der Alte Wang zu mir: „Was würdest du denn davon halten, wenn du eine Frau findest und heiratest?"

Die Belegschaft im Laogai erhielt ein bestimmtes Gehalt, das natürlich sehr gering war. Man verfügte ebenfalls über ein begrenztes Maß an Freiheiten: So hatten die Arbeiter beispielsweise alle zwei Wochen einen freien Tag, und an diesem Tag konnten sie mit der Zustimmung des Hauptmanns in einen nahe gelegenen Ort fahren, um sich dort etwas zum Essen zu kaufen, oder man machte sich einfach nur zum Vergnügen auf. Doch sie mussten natürlich immer in Gruppen zu zweit oder zu dritt fahren und auch wieder zurückkommen, ein Ausflug auf eigene Faust war nicht erlaubt. Wenn jemand aus der einen oder anderen Stadt bereit war, einen der Zwangsarbeiter zu heiraten, dann war das durchaus gestattet. Die ländlichen Dorfgemeinschaften von Shanxi waren wirklich sehr arm. Man konnte dort ein Jahr lang arbeiten, und immer noch sah man kein Geld, und nie war genug zum Essen da. Die Frauen aus diesen Dörfern wollten alle gerne heiraten – da war es dann vollkommen egal, dass man ein Laogai-Arbeiter war, dass man keine politische Zukunft hatte oder dass man zum Klassenfeind deklariert worden war – die Arbeiter verfügten wenigstens jeden Monat über Geld und Lebensmittelkarten, sodass es ihnen zumindest ein bisschen besser ging als den Landwirten. So machten wir also schon unsere Witze darüber, dass die „Bäuerinnen in ihrer *revolutionären Armut* Angehörige der *konterrevolutionären fünf schwarzen Klassen* heirateten! Im wirklichen Leben spielt die Politik manchmal dann doch keine so große Rolle mehr.

Das Kohlenbergwerk Wangzhuang war ein Arbeitsbataillon. Es gab nur Sicherheitsbeamte, keine bewaffneten Wärter, und obwohl es Zellenblocks in dem Gebäude gab, wurden sie nicht als solche bezeichnet: Man nannte sie vielmehr *Arbeiterschlafsäle*. In jedem der Räume schliefen – bunt zusammengewürfelt – zwölf bis zwanzig Leute. Wenn man verheiratet war, konnte man sich eine Höhle in die Bergflanke auf dem Bergwerksgelände graben, um darin zu wohnen, sodass die etwa zwanzig Ehepaare, die aus Peking gekommen waren, alle in solchen Wohnhöhlen lebten. Die Ehe hatte also zumindest diesen einen Vorteil: Außer, dass man zur Arbeit in die Kohlengrube hinabsteigen und an den täglichen zweistündigen politischen Unterrichtsveranstaltungen teilnehmen musste, brauchte man nicht in den Schlafsälen innerhalb des Gebäudes wohnen, sondern konnte in seine eigene Wohnhöhle zum Schlafen zurückkehren, wodurch man den Läusen und Bettwanzen aus dem Weg ging, die einen auf den Kangs der Laogai-Lager nun schon das halbe Leben lang begleitet hatten. In der Mine gab es außerdem reichlich Kohle; man konnte also ein Feuer machen und zuhause kochen, sodass es zumindest den Anschein hatte, man führte ein Familienleben.

Der Alte Wang erzählte mir, er würde in der Frauenabteilung eine Frau namens Sun kennen. Sie unterrichtete früher am Pekinger Railway College, sie konnte Englisch sprechen. Ihr Ex-Mann war ein Professor – ein Experte für Lasertechnologie –, der in den Vereinigten Staaten studiert hatte. Nachdem sie und ihr Mann sich hatten scheiden lassen, hatte sie eine Beziehung mit einem amerikanischen Kriegsgefangenen gehabt, der es während der Widerstandsbewegung gegen Amerika und Unterstützungskampagne für Korea ablehnte, in seine Heimat zurückzukehren, und sie hatten vor zu heiraten. Doch zu Beginn der Kulturrevolution wurde sie von der Regierung verhaftet, die behauptete, sie sei eine „verräterische Spionin, die sich dem Feind ergeben habe“. So wurde sie zu zwei Jahren Arbeitsumerziehung verurteilt. Nach ihrer Freilassung in die Zwangsarbeit war sie zusammen mit der Gruppe von der Qinghe-Farm zum Kohlenbergwerk Wangzhuang in Shanxi umgesiedelt worden. Der Alte Wang sagte zu mir: „Jeder braucht doch ein Nest! Du wirst diesem Laogai-Kreislauf doch sowieso nie entkommen. Setz deine Ansprüche nicht zu hoch an. Es ist schon besser, praktisch vorzugehen. Willst du, dass ich dich ihr vorstelle?“

Ein Sprichwort in den Laogai-Lagern lautet: „Die *Reform durch Arbeit* und die *Umerziehung durch Arbeit*, das sind Maßnahmen mit bestimmten Laufzeiten. Die *Zwangsarbeit* hört dagegen nie mehr auf." Viele Leute begingen Selbstmord, nachdem ihre Arbeitsumerziehungsfristen abgelaufen waren und sie Zwangsarbeiter wurden. Denn bei einer Strafe von fünf oder zehn Jahren war ein Ende abzusehen. Da gab es etwas, worauf man sich freuen konnte, als ob da vorne ein Licht wäre, das einen durch den Tunnel des Lebens leitete. Bei der Zwangsarbeit gab es diese Laufzeiten nicht mehr. Dein Beruf, deine Zukunft, alles war hierbei zusammengepackt und verschnürt. Ao Naisong hat sich umgebracht, nachdem er Zwangsarbeiter wurde. Er war damals auf der Qinghe-Farm tätig. Bevor er Selbstmord beging, brachte er seine persönlichen Dinge in Ordnung und brauchte sein letztes Bisschen Geld auf, um mehrere Flaschen Wein und eine Menge Schweinskopf und noch andere Dinge zum Essen einzukaufen. Er lud einige gute Freunde zu einem festlichen Mahl ein. Dann schenkte er seinen Füllfederhalter einem Freund und sein klappriges Fahrrad einem anderen und sagte nur: „Hier, nimm das." Keiner wusste, was da vor sich ging. Später war er dann irgendwann verschwunden, doch niemand begab sich auf die Suche nach ihm. Es war, als ob eine Fliege zerquetscht worden wäre: Was machte das schon aus? Einen Tag oder auch eine Woche später entdeckte jemand eine kleine Schultasche in den Zweigen eines Baumes neben einem Fischaufzuchtbecken. In der Tasche befand sich ein Stück Papier, auf dem die folgenden Worte standen: „Ich bin hier. Macht euch um mich keine Gedanken." Unter dem Baum lag ein Seil. Als man daran zog, tauchte Ao Naisongs Leichnam aus dem Aufzuchtbecken auf. Er hatte zwei Steine an seinen Körper gebunden und hatte sich in das Becken gestürzt.

Als der Alte Wang und seine Frau mir diese Frau namens Sun vorstellten, sagten sie, dass sie 37 Jahre alt sei. Erst später erfuhr ich, dass sie schon 39 war, sechs Jahre älter als ich damals. Sie war ja schon einmal verheiratet gewesen und hatte vier Kinder. Das Gericht hatte das Sorgerecht für alle Kinder ihrem Ehemann übertragen, dem Professor. Dieser hatte die Kinder mit nach Shanghai genommen und dort wieder geheiratet. Sun war es wichtig, mir mitzuteilen, dass sie bereits eine Sterilisation hinter sich habe.

Im Jahre 1970 war ich 33 Jahre alt und befand mich seit zehn Jahren im Laogai-System.

Meine geistige Verfassung war zu dieser Zeit ausgesprochen naiv. Über ihre äußere Erscheinung oder ihr Alter machte ich mir überhaupt keine Gedanken; alles woran ich dachte war, dass ich durch eine Heirat mit ihr nicht mehr in dem Gruppenschlafsaal wohnen musste. Zehn Jahre Läuse und Bettwanzen hatten gereicht; jetzt konnte ich mehrere Stunden für mich selbst in einer Wohnhöhle sein. So dachte ich damals jedenfalls. Auch sie war glücklich, denn alleine zu leben war in den Laogai-Lagern für eine Frau unmöglich.

Nachdem ich Sun geheiratet hatte, sagte ich zu ihr: „Ich will ganz offen zu dir sein. Ich hätte dich auch geheiratet, wenn du eine Plastikpuppe gewesen wärst, weil ich durch eine Heirat das Recht bekomme, eine Höhle in die Bergflanke zu graben. So muss ich nicht mehr in dem schmutzigen, muffigen Gruppenschlafsaal wohnen. Ich werde meinen eigenen kleinen Lebensraum haben. Wir können ein paar Hühner aufziehen und ein bisschen Gemüse anpflanzen. Mehr erwarte ich gar nicht."

Die Arbeit in der Kohlengrube dauerte jeden Tag zwölf Stunden und wurde in zwei Schichten verrichtet, jeweils von Mittag bis Mitternacht bzw. von Mitternacht bis zum Mittag des darauffolgenden Tages. Als der Hauptmann seine Zustimmung zu unserer Hochzeit gegeben hatte, fand ich bei der Mine ein paar Männer, die mir nach der Arbeit dabei halfen, eine Höhle auszugraben. Sie war ungefähr drei Meter tief und drei Meter breit. Dann trugen wir ein paar alte abgelegte Holzbalken aus der Mine herbei, um den Eingang der Höhle zu versperren, und fügten das Ganze mit Lehm zusammen. Das war nun also mein kleines Nest. Fortan sollte ich hier wohnen. Jeden Tag brauchte ich nach der Arbeit zwanzig Minuten, um auf einer Stange über meinen Schultern Wasser den Berg hinaufzutragen, und anschließend musste ich noch ein großes Stück Kohle zum Verheizen auf meinem Rücken hinaufbefördern. Um für uns beide Essen zuzubereiten, kaufte ich einen Topf. Wir führten keine ideologischen Diskussionen, sprachen auch nicht über die Vergangenheit, weil es nicht nötig war und sie uns nicht interessierte. In der Atmosphäre, die zwischen uns herrschte, brauchten wir uns nicht voreinander verstecken oder uns vor dem anderen wachsam hüten oder fürchten. Schrittweise fingen wir an, uns gegenseitig restlos zu vertrauen. Zwei kleine Menschenleben auf einem Floß in einem Ozean: So verbrachten wir neun Jahre zusammen in einer Wohnhöhle in der Lößebene von Shanxi.

Es war meine erste Ehe, und sie hielt zwölf Jahre. 1979, als mein Rechtsabweichler-Problem gemäß der kommunistischen Linie Chinas nun *rektifiziert,* also „in Ordnung gebracht", war und ich die Laogai-Einheit verließ, wurde auch Sun aus dem Laogai-Lager entlassen. Doch erst als ich an die Chinesische Universität für Geowissenschaften in Wuhan ging, endete diese Ehe.

In der Mine gab es zwei Gruppen von Arbeitern. Die eine war die Gruppe aus Peking, zu der anderen gehörten die aus Shanxi stammenden Bewohner sowie ein paar jugendliche Straftäter aus Shanghai. 1960 hatte das Büro für Öffentliche Sicherheit in Shanghai dreitausend *Kleine Teufel* verhaften lassen. Die jüngsten unter ihnen waren erst acht, die ältesten achtzehn Jahre alt. Die Regierung teilte ihren Familien mit, dass diese Jugendlichen als Lehrlinge nach Shanxi gehen würden. Die meisten von ihnen stammten aus schlechten Familienverhältnissen oder waren renitente Kinder, die schwer zu disziplinieren waren. Sie wurden auf unterschiedliche Laogai-Farmen und Bergwerke überall in der Provinz Shanxi verteilt. Als ich sie 1970 zum ersten Mal sah, hielten sich diese jungen Leute bereits seit zehn Jahren in den Laogai-Lagern auf, sodass sie zu dieser Zeit in ihren Zwanzigern waren. Sie waren zwar ganz energiegeladen, aber auch schlecht ausgebildet, und jeder Einzelne von ihnen hatte einen tragischen Werdegang hinter sich. Unter den aus Shanxi stammenden Arbeitern befanden sich mehrere ältere Leute, und die meisten von ihnen waren kriminelle Strafgefangene. Von diesen waren die meisten wiederum Diebe und Gangster. Eine solche Mischung verschiedener Gruppen mit unterschiedlichsten sozialen Hintergründen machte nun das groteske Leben im Kohlenbergwerk Wangzhuang aus.

1970 gab es hier einen Arbeiter aus Shanxi, Yang Baoyin. Die Leute aus Shanxi würden sagen, er „benahm sich gerne wie ein Ganove". Yang Baoyin aß nicht besonders viel und gab auch kein Geld aus. Wenn er ein paar Lebensmittelkarten und auch etwas Geld angespart hatte, zog es ihn ins Dorf, um sich dort nach Frauen umzuschauen. Wenn er ihnen etwas von seinen Schätzen abgab, konnte er „einen abfeuern". Eines Tages verabschiedete er sich, um nachhause nach Jinbei zu gehen. Auch in seinem Heimatdorf „benahm er sich wie ein Ganove" und wurde dabei aber von einem Familienangehörigen ertappt. Man schlug ihn und schickte ihn zurück ins Lager. Da er die Dauer seines Ausfluges auf eigene Faust überschritten hatte und nicht den Vorschriften des Bergwerks gemäß zum verabredeten Termin ins Lager zurückkehrte, sperrte man ihn in Einzelhaft. Während seines Aufenthalts in der Isolationszelle schrieb er – ich habe keine Ahnung weshalb – die Worte „Nieder mit dem Vorsitzenden Mao" auf eine Streichholzschachtel und warf sie aus der Zelle heraus. Der Kalfaktor übergab sie den Beamten, was Yang sein Leben kostete. Damals war gerade die landesweite *„Ein Schlag und Drei Anti"-Bewegung* im Gange, die als Angriff gegen noch vorhandene Konterrevolutionäre und all jene durchgeführt wurde, die das Revolutionskommando attackierten. Seit 1968 ließ sich überall ein ernst zu nehmendes Phänomen feststellen. Viele Menschen meinten wohl, sie könnten ihrer Unzufriedenheit mit Mao Tse-tung, Lin Biao und Jiang Qing freien Lauf lassen. So zerstörten sie beispielsweise Bilder von Mao Tse-tung, brüllten reaktionäre Parolen, schrieben konterrevolutionäre Plakate und töteten sogar Katzen (12). Natürlich spielte das Bergwerk Yang Baoyins Tat zu einem bedeutenden Fall hoch. So behielt man ihn dort in Einzelhaft und meldete diesen Vorfall der Provinzregierung.

Eines Tages gab das Bergwerk einen Befehl heraus, die gesamte Arbeit in der Mine ruhen zu lassen. Alle Arbeiter sollten sich nach Gruppe und Einheit in einer Reihe aufstellen, und so wurden sie von der Mine den Berg hinunter begleitet. Unten angekommen, versammelten sich alle auf dem Platz neben der Kohlenverladestation am Fuße des Berges. Die Provinzregierung hatte eine große Anzahl von Soldaten der Volksbefreiungsarmee und von Sicherheitsbeamten entsendet, die uns Arbeiter nun umringten. Man kündigte den Beginn der Veranstaltung an und schleifte Yang Baoyin nach vorne. Ich konnte erkennen, dass man ihn bereits so sehr gefoltert hatte, dass er nichts Menschliches mehr an sich hatte. Mit einem Strick zusammengeschnürt, sah er wie ein zusammengebundenes Hühnchen aus. Kaum fähig zum Laufen, wurde er von mehreren Soldaten auf die Plattform geworfen. Daraufhin wurde bekanntgegeben, man habe ihn zum Tode verurteilt und die Hinrichtung werde unverzüglich vollzogen.

In einer Atmosphäre blanken Entsetzens saßen wir da nun auf der Erde und durften uns nicht von der Stelle rühren. Die Sicherheitsbeamten und die Soldaten der Volksbefreiungsarmee patrouillierten auf dem gesamten Platz hin und her. Wenn sie merkten, dass sich jemand bewegte, traten sie nach ihm. Nun schleppte man Yang Baoyin fort und erschoss ihn schließlich.

Zunächst wussten wir nicht, wo genau man ihn exekutiert hatte. Als die Veranstaltung zu Ende war, wurde jede Einheit von den Sicherheitsbeamten den Berg wieder hoch zu den Zellenblocks geführt. Auf halbem Weg zur Zeche gab es auf dem Berg eine Lichtung neben der Schlucht: Hier sollte jede Einheit einige Minuten stehenbleiben, um hinunterzuschauen: Dort hatte man Yang Baoyin erschossen. Alles was wir sahen, war sein Leichnam, der in sich zusammengesackt war. Seinen Kopf konnten wir nicht erkennen. Etliche Arbeiterinnen wurden von diesem Anblick ohnmächtig, als sie vorüberliefen. Sie hatten einen Schock bekommen, genauso wie es auch beabsichtigt war. Denn das war eine chinesische Tradition: Ein Exempel zu statuieren, indem man das Hühnchen tötet, um den Affen zu erschrecken.

Erst später erfuhren wir, dass der Soldat, der Yang Baoyin getötet hatte, die Gewehrkugel mehrere Male an einem Felsen aufgeraut hatte, um sie damit in ein sogenanntes „explodierendes Geschoss" zu verwandeln. Dadurch sollte erreicht werden, dass die Schädeldecke des Hinrichtungsopfers regelrecht weggeblasen wurde, sodass man ihm das Gehirn herausnehmen konnte, das man dann einem achtzigjährigen Mann im Lager als Medizin verabreichte. Dieser alte Mann war der Vater des Abteilungschefs Li von der Disziplinarabteilung. Li war Absolvent der Pekinger Universität für Politikwissenschaft und Recht. Nach einer Theorie der Chinesen „wird durch den Verzehr von Gehirn das eigene Gehirn gestärkt". Dieser Achtzigjährige zeigte Anzeichen von Senilität, daher glaubte seine Familie, wenn er ein menschliches Gehirn äße, dann würde es ihm ein wenig besser gehen.

Im Laufe dieser *„Ein Schlag und Drei Anti"-Bewegung* wurden vier Rechtsabweichler, die ich noch aus unserer gemeinsamen Zeit in Sanyuzhuang kannte, erschossen – der Englisch-Übersetzer Yao Zuyi von der Xinhua-Nachrichtenagentur, die Studenten Lu Lushan und Sun Benqiao vom Pekinger College of Engineering und der Russisch-Übersetzer Wang Tongzhu. Alle vier waren aus der Umerziehung etwa um das Jahr 1962 freigelassen worden. Damals waren die Leute der Meinung, sie hätten sich „dem Standpunkt der Regierung angeschlossen" und stellten somit keine Gefahr mehr für die Gesellschaft dar. Ihr Verhältnis zu den Sicherheitsbeamten war gut, sodass man sie planmäßig aus der Arbeitsumerziehung freigelassen hatte. Doch als dann ihre Zwangsarbeit begann, fingen sie an, Fluchtpläne zu schmieden. Einmal machten sie einen Versuch an der Grenze der Provinz Yunnan, wobei sie das Chaos der Kulturrevolution nutzten, um dem Laogai-Lager zu entkommen. Doch am Ende wurde sie 1970 doch gefasst, anschließend auf einem Lastwagen auf den Straßen von Nanjing zur Schau gestellt und dann öffentlich exekutiert. Vielleicht wären sie ja wie ich 1979 von der großen Kommunistischen Partei rektifiziert worden. Ob Yao, Lu, Sun und Wang im Jenseits wohl erfahren, dass man sie rektifiziert hat? Wären sie der Partei dankbar dafür? Eine der schönen Traditionen der Kommunistischen Partei war es doch, dass „Fehler korrigiert werden müssen, sobald man sie entdeckt". Doch wie viele Menschen werden ihr zu Unrecht verlorenes Leben nie mehr wiedererlangen?

Kapitel 11

SIEBZEHN JAHRE

Wenn man mit der politischen oder mit der Arbeitsleistung eines Zwangsarbeiters zufrieden war, konnte der Betreffende eine Beurlaubung beantragen, um seine Familie zu besuchen, und Familienangehörige konnten zu Aufenthalten in die Laogai-Lager kommen. Im Frühling 1974 sagte ich – „ein Zwangsarbeiter, der aus der Arbeitsumerziehung entlassen war" –, dass ich eine Heimfahrt benötigte, weil meine Familie mir geschrieben hatte, dass Mutters Asche sich noch immer auf dem öffentlichen Friedhof befand und dieser Friedhof nun verlegt werden sollte. Die jeweiligen Familien waren benachrichtigt worden, die Asche ihrer Lieben abzuholen. Somit genehmigte die Bergwerksleitung mir einen zweiwöchigen Heimaturlaub.

Die Zeche stellte mir ein Dokument (das heißt, einen Reisepass) aus, auf dessen oberer Hälfte der Vermerk „Umerziehungs-Arbeitsabteilung Nummer 4 der Provinz Shanxi" stand und auf dessen unterer Hälfte man die folgenden Worte lesen konnte: „Dieser Arbeiter unserer Abteilung, Wu Hongda, 37 Jahre alt, hat die Genehmigung erteilt bekommen, nach Shanghai zurückzukehren, um seine Familie für insgesamt 14 Tage von (Tag, Monat, Jahr) bis (Tag, Monat, Jahr) zu besuchen. Die betreffenden Sicherheits- und Reiseabteilungen an den verschiedenen Standorten sollen ihm Komfort hinsichtlich Unterkunft und Reisen mit Zug oder Schiff bieten." Gleich nach Erhalt dieser Bescheinigung machte ich mich auf den Weg; ich nahm mir noch nicht einmal die Zeit, meiner Familie zu schreiben.

Als ich das Laogai-Lager zum ersten Mal in vierzehn Jahren als freier Mann verließ, war ich verwirrt und unsicher, doch nach außen hin blieb ich ganz ruhig und gelassen. Ich gebot mir selbst, wie ein ganz normaler Mensch zu handeln und niemanden anzuschauen. Ich sagte mir, dass sowieso keiner von mir Notiz nehme. Seit siebzehn Jahren war ich nun schon nicht mehr mit dem Zug gefahren. Ich wagte gar nicht, an meine früheren Bahnfahrten zurückzudenken. Ich wollte mich nicht daran erinnern. Ich vergrub alles aus meiner Vergangenheit tief in meinem Inneren und konzentrierte meine ganze Aufmerksamkeit darauf, den anderen um mich herum keine Gelegenheit zu verschaffen zu bemerken, dass ich anders war als sie.

So kaufte ich ein Eisenbahnticket von Huo nach Taiyuan. Als ich dort ankam, musste ich noch bis zum nächsten Tag warten, bis ich mit dem Zug nach Shanghai weiterfahren konnte. Da ich nicht in einem Hotel bleiben konnte, verbrachte ich die Nacht auf dem Bahnhof. In dieser Nacht hielten sich dort nicht so viele Menschen auf, die noch auf ihre Züge warteten. Die meisten dieser Leute waren arm. Auf allen Bänken und Stühlen lagen sie; vielleicht hatten sie ja kein Zuhause. Ich rollte mich unter einer Bank zusammen und harrte der Morgendämmerung. Auf der Bank hatte sich eine Frau mit einem Baby niedergelassen. Mitten in der Nacht tropfte etwas auf meinen Kopf. Ich war mir nicht sicher, ob es der Urin des Babys war. Ich drehte mich auf die andere Seite, umfasste meine Knie und wartete auf das Morgengrauen.

Bevor die Sonne aufging, patrouillierten *Abwehrsoldaten* der Zivilarmee auf der Station und überprüften die Ausweise eines jeden. Solche Abwehrsoldaten jagten einem noch mehr Schreck als gewöhnliche Polizisten ein; ihr Gebaren, sich für alles verantwortlich zu fühlen und die akribische Aufmerksamkeit, die sie jedem Detail widmen, waren die besonderen Eigenschaften dieser chinesischen Bürger, die von der Kommunistischen Partei militärisch geschult wurden. Sie traten nach mir, um mich aufzuwecken, und als sie meinen Reisepass sahen, wandelte sich ihr Gesichtsausdruck. Sofort sagte einer von ihnen zu mir in einem scharfen Ton: „Mitkommen!"

Man bestellte mich ins Sicherheitsbüro der Bahnhofsstation. Als ich eintrat, wurde ich aufgefordert, mich in die Mitte des

Raums zu stellen. Sechs oder sieben Leute standen um mich herum und starrten mich an.

„Wo kommst du her? Was machst du hier?"

Vor Angst zitternd, erklärte ich mehrmals, ich hätte eine Bescheinigung vom Laogai-Lager, und so wurde ich nicht geschlagen. Stattdessen belehrte man mich: „Du hättest dich besser benehmen sollen! Du musst dich der Parteilinie unterordnen! Bleib passiv und mach keine unpassenden Bemerkungen! Wenn du eine falsche Bewegung machst, solltest du dich in acht nehmen!"

Ich stand meiner Heimreise sehr zwiespältig gegenüber. Auf der einen Seite waren jetzt siebzehn Jahre vergangen, seitdem ich meine Familie zum letzten Mal gesehen hatte. Auf der anderen Seite war ich meinem Käfig nur vorübergehend entkommen, denn noch war ich ja Insasse des Laogai-Lagers und blieb Zielscheibe der Diktatur. Als ich in Shanghai ankam, lief ich zögernd vor der Einfahrt in die Gasse, in der meine Familie wohnte, auf und ab; ich traute mich einfach nicht, hineinzugehen. Ich hatte Angst davor, dass *mich* irgendjemand sehen könnte, und ich hatte Angst davor, dass *ich* jemanden sehen könnte, den ich kannte. Die Heimat schien so fremd und doch so vertraut. Als ich mein Elternhaus erblickte, war ich zutiefst erschüttert. Endlich daheim! Dort, wo mein Leben begann! Als endlich niemand in der Nähe war, stieß ich das Tor auf und ging ins Haus hinein. Nur meine älteste jüngere Schwester und meine drittjüngste Schwester waren zuhause. Als sie mich sahen, verzerrten sich ihre Gesichter, und als sie sprachen, stotterten sie: Sie waren ganz nervös.

Die älteste jüngere Schwester fragte: „Wie bist du denn hierhergekommen?"

Ich antwortete: „Ich habe einen Urlaubsantrag gestellt!"

„Du bist aber doch nicht geflohen, oder?"

Schleunigst erwiderte ich: „Nein! Natürlich nicht! Mein Besuch ist genehmigt!"

„Hast du dafür einen Beweis? Zeig mir den Beweis!"

Ich sagte ihr: „Ich bin den ganzen Tag und die ganze Nacht gereist. Ich bin müde. Gib mir erst mal was zu trinken. Ich melde mich dann ein wenig später bei der Polizeistation. Nur ein wenig später!"

„Zeig mir die Bescheinigung!", rief die älteste jüngere Schwester.

Ich sagte: „Ich geh gleich selber! Ganz bestimmt!"

„Nein! Beeil dich und zeig sie mir! Zeig sie mir sofort!"

Ich versuchte, mich zu verteidigen: „Ich habe wirklich eine Bescheinigung! Und ich werde mich vorschriftsmäßig bei der Polizei melden!"

Doch meine Schwester bestand darauf: „Nein! Du musst mir das jetzt sofort zeigen!"

Ich sagte: „Ich bin nicht entflohen, ich habe ein Dokument, das mich ausweist!"

Mit wilder Entschlossenheit hielt sie mir entgegen: „Nein, du musst mir das jetzt zeigen!"

Ich spürte zutiefst die Furcht in ihren Herzen. Diese Furcht war bereits in ihr Blut durchgesickert. Ich war wie eine Ratte, die die Pest übertrug. Sie hatten schon ihre Gründe, mich zu fürchten.

Eigentlich hatte ich vor, die Anmeldung auf der Polizeistation selbst zu regeln. Ich hatte gehofft, meine Familie würde mich wie eine Familie behandeln. Doch jetzt blieb mir keine Wahl, als meinen Schwestern meinen Reisepass zu zeigen. Nachdem meine älteste jüngere Schwester ihn sich genau durchgelesen hatte, gab sie ihn meiner drittjüngsten Schwester. Sie wandte sich auf der Stelle um und lief kurzerhand zur Polizeistation.

Durch einen Tisch getrennt, standen meine älteste jüngere Schwester und ich nun alleine da. Gerade als ich mich hinsetzen wollte, schrie sie: „Setz dich nicht hin! Warte noch kurz!"

In ruhigem Ton sagte ich: „Ich würde gerne etwas Wasser trinken!"

Sie schrie mich wieder laut an: „Warte, beweg dich nicht!"

Sie ließ mich nicht sitzen, und auch sie selbst nahm nicht Platz. Etwas zu trinken gab sie mir auch nicht. Sie wollte auf den Polizeibeamten warten.

Doch dann traf auch schon meine andere Schwester in Begleitung des Polizisten ein. Paradoxerweise trat der Gesetzeshüter höflicher als sie auf, und ich fühlte mich überhaupt nicht unbehaglich oder nervös in seiner Gegenwart. Sah ich denn nicht jeden Tag Polizeibeamte? Mit meinem Reisepass in der Hand, sagte er zu mir: „Setz dich. An welchem Tag hat man dich freigelassen? Zeig mir deine Fahrkarte!"

Ich zeigte sie ihm.

„Hat dir das Lager bei deiner Abfahrt irgendwelche Aufträge erteilt?"

Ich antwortete: „Ja, allerdings!" Ich fühlte mich richtig wohl.

„Erzähl mir was davon!"

Ich sagte: „Ich wurde angewiesen, bei meiner Ankunft zuhause mich unverzüglich bei der örtlichen Polizeistation zu melden, damit ich mich ihrer und der Aufsicht durch die Massen unterstellen kann. Ich darf mir nicht das Geringste zuschulden kommen lassen! Ich muss die Vorschriften befolgen, der Polizeistation regelmäßig Bericht erstatten und dann pünktlich ins Lager zurückkehren."

Er war zufrieden: „Na dann ist ja alles in Ordnung! Du solltest dich besser benehmen! Bleib passiv und mach keine unpassenden Bemerkungen! Melde dich einmal nächste Woche auf der Polizeistation! Wenn du abreist, kündige das extra an!" Erst als der Polizeibeamte gegangen war, bot mir meine Schwester einen Stuhl an und gab mir eine Tasse Wasser.

Am nächsten Tag machte ich mich auf den Weg zum öffentlichen Friedhof, um Mamas Asche abzuholen. Den ganzen Tag und die ganze Nacht saß ich da und umarmte, sprach- und fassungslos, Mamas Aschekasten. Meine älteste jüngere Schwester stieß mich an, um mich aufzuwecken, und kochte eine

Nudelsuppe mit zwei Eiern und etwas Spinat. Wie viele Jahre mochten wohl vergangen sein, seit ich Hausmannskost gegessen hatte! Wie schmackhaft das war! Im Dunkeln sitzend, berichteten sie mir von den Unruhen der vergangenen siebzehn Jahre. Tränen flossen dabei keine; noch nicht einmal ein Seufzer war zu vernehmen. Vater sagte überhaupt nichts.

Ich sah meine Familie einfach nur an und hörte ihr zu, während sie so von dem Erlebten erzählte. Über mich selbst, meine Vergangenheit, meine Gegenwart sprach ich nur wenig: Es gab ja auch nichts zu sagen. In etwa zwölf Tagen musste ich sowieso zu meinem „vergangenen" und „gegenwärtigen" Leben zurück.

Nur einen einzigen Freund, Chen, unterrichtete ich über meinen Besuch. In der Mittelstufe war er mein bester Freund gewesen. Während der Kulturrevolution hatte seine Familie unsagbares Leid zu ertragen. Er schaute jetzt ab und zu bei mir vorbei, und zuweilen zogen wir dann unsere Regenmäntel an, nahmen einen Regenschirm mit und liefen schweigend durch die wolkenverhangenen Straßen. Sie hatten sich nicht sehr verändert. Alles war so, wie es früher gewesen war.

Ehe ich mich versah, neigte sich mein zweiwöchiger Urlaub seinem Ende zu. Am Tag vor meiner Abreise spazierte ich mit meinem Freund vor meinem Haus. Plötzlich kam ein junges Mädchen vorbei, das mal links, mal rechts neben uns lief, und mir dabei immer wieder ins Gesicht sah. Dann stellte sie sich direkt vor mich hin und fragte: „Du bist doch Wu Hongda, oder? Ist dein Spitzname A-san?"

Überrascht entgegnete ich: „Ja! Und wer bist du?"

Sie sagte: „Komm schnell mit!" und griff auch schon nach meiner Hand. „Komm schnell mit!"

Als wir zusammen die Straßen entlangliefen, erzählte sie mir, sie sei Yao Manpings Tochter, und ihr Spitzname sei Xiang. Sie trieb mich an: „Komm schnell! Meine dritte Tante ist nachhause gekommen. Willst du sie nicht sehen?"

Ich war mir zwar nicht sicher, was geschehen würde, aber ich folgte ihr. Wir brauchten etwa fünf Minuten, ehe wir das Haus ihrer Mutter erreichten. In meiner Schulzeit gehörte Yao Manping zu einer Gruppe von Mädchen, daher kannten wir uns gut.

Die Yao-Familie hatte fünf Töchter hintereinander bekommen, und als letztes Kind dann doch noch einen Sohn. Von den fünf Schwestern gingen Nummer zwei und Nummer drei – Manping und Manhua – auf dieselbe Schule und waren in derselben Klasse wie meine älteste jüngere Schwester. Ich weiß nicht warum, jedenfalls zeigte sich jeder in ihrer Familie, angefangen von der Großmutter bis ganz hinunter zum Bruder und den Schwestern, besorgt über meine Beziehung zu Manhua. Es war so, als hätte jeder dieses Buch hier gelesen. Dieses junge Mädchen, das mir den Weg hierher wies, war damals erst achtzehn Jahre alt. Sie hatte mich noch nie zuvor gesehen, sie hatte nur gehört, wie ihre Familie die Liebesgeschichte von ihrer dritten Tante und einem jungen Kerl mit Spitznamen A-san erzählte. Aber sie hatte ein Foto von mir gesehen. Erstaunlicherweise war dies die Inspiration, die sie dazu führte, mich auf der Straße wiederzuerkennen.

A-ping öffnete die Tür, um ihre Tochter hereinzulassen und hob ihren Kopf: Als sie mich da stehen sah, erschrak sie zunächst, fasste sich aber schnell und fragte erstaunt: „Qianqian, wie hast du ihn gefunden?"

Qiunqian: „Er ging einfach auf der Straße entlang. Als ich ihn sah, wusste ich, dass er es war, und so hielt ich ihn an!"

A-ping sagte: „A-san, du bist nachhause gekommen?" Sie nannte mich bei meinem Kosenamen.

Ich sagte: „Ja! Ich bin nachhause gekommen!"

Sie erwiderte: „Das ist gut! Warte einen Moment!"

Sie ging hinein ins Haus und kam eine Minute später wieder zurück und sagte: „Komm mit."

Sie führte mich in einen Raum, öffnete die Tür und ließ mich hinein. „Geh ruhig rein!" Dann schloss sie die Tür hinter mir. Ich betrat das Zimmer, und ich sah Yao Manhua mit ihrem Rücken in einem Stuhl zu mir gewandt sitzen. Es war so, als ob sie gar nicht ihren Kopf wenden musste, um zu erkennen, wer hinter ihr stand, und ich musste auch nicht überlegen, wer da vor mir saß.

Ich lief zu einem Stuhl, der ihrem gegenüber stand und setzte mich. Wir waren einander so nah; ich konnte es nicht glauben. Wir saßen uns genau gegenüber.

Es waren siebzehn Jahre vergangen, seit wir uns zum letzten Mal gesehen hatten.

Da gab es viel zu sagen, aber ich wusste nicht, wo ich anfangen sollte. Ich wusste einfach nicht, was ich sagen sollte. Wir saßen nur stumm da, keiner von uns sagte ein Wort.

Wir saßen uns direkt gegenüber, sahen uns an, aber sprachen nicht. Schließlich sagte ich: „Wie geht es dir? Geht es dir gut?" Ich tat so, als ob das ein normales Gespräch wäre, weil ich befürchtete, sie könnte das schnelle Schlagen meines Herzens bemerken.

Sie antwortete: „Mir geht es gut. Und dir?" Ihre Stimme schien ein wenig zu zittern, machte aber trotzdem einen ruhigen Eindruck.

Ich sagte: „Ich weiß gar nicht, wo ich anfangen soll!" Ich versuchte, ganz normal zu reden.

Doch auf einmal hob sie die Stimme und sagte: „Was soll denn das heißen, du weißt gar nicht, wo du anfangen sollst? Ich denke schon, dass es dir sehr gut gehen muss!"

„Was meinst du denn damit?" Jetzt war ich aber doch ein wenig überrascht.

Ganz unvermittelt fragte sie: „Wie geht es deiner Frau?"

Erstaunt fragte ich noch einmal nach: „Was sagtest du?"

„Ich frage, wie es deiner Familie geht!"

„Was fragst du mich denn da?"

„Ich will einfach nur etwas über deine Familie wissen. Wie viele Kinder hast du? Du brauchst das doch nicht vor mir verheimlichen!"

Ganz langsam sagte ich, ein Wort nach dem anderen: „Wovon redest du eigentlich?"

Langsam beruhigte sie sich wieder und meinte: „A-san, hör auf mit dem Schwindeln. So viele Jahre sind jetzt vergangen. Ich bin dir nicht böse. Ich werde dir nichts tun. Warum erzählst du mir nicht einfach die Wahrheit?" Sie schien mich eindringlich darum zu bitten.

Ich hielt ihr entgegen: „Welche Wahrheit möchtest du denn hören?"

Sie gab zurück: „Ich frage *dich* ja. Ich frage, wie geht es deiner Familie. Wenn du Kinder hast, dann sag mir einfach, wie viele du hast. Warum weichst du mir denn so aus?"

„Manhua, warum sollte ich dir denn ausweichen? Wie kann es nur sein, dass du mich so gar nicht verstehst?"

„Du glaubst also, ich verstehe dich nicht?!" Jetzt wurde sie doch böse.

„Na, nun beruhige dich doch erst einmal." Ich merkte, wie sich tiefer Schmerz bei ihr zeigte.

„Wer ist hier nicht ruhig? Ich habe nur gefragt. Wenn du mir das nicht erzählen willst, dann vergiss es eben. So viele Jahre; und du willst mir noch nicht einmal *das* sagen. Dann lass es eben sein!" Sie machte immer weiter und geriet ins Stottern, als sie den Blick auf die Wunde freilegte, die aufs Neue in ihrem Herzen geöffnet wurde: Sie blutete.

Ich sagte: „Manhua, ich weiß nicht, was ich dazu sagen soll. Also gut: Ich bin noch immer im Laogai-Lager, ich durfte diese Reise nachhause nur deshalb machen, um Mamas Asche abzuholen. Morgen muss ich wieder zurück. Das Lager ist in Huo in Shanxi. Es nennt sich Umerziehungs-Arbeitsabteilung Nummer 4 der Provinz Shanxi."

Sie sah mich an und bat: „Bitte, hör auf mich anzulügen!"

Ich wandte ein: „Wann habe ich dich denn jemals angelogen? Ich bin zurzeit wirklich noch im Laogai-Lager. Hätte ich mir so etwas etwa ausgedacht?

Sie wurde still.

Dann fragte sie: „Was ist denn passiert?" Sie schaute mich direkt an, und ihr Gesicht begann zu zucken.

„Nachdem ich mich 1957 von dir getrennt hatte, wurde ich zum Rechtsabweichler abgestempelt. Später hat man mich verhaftet und ins Laogai-System geschickt, wo ich bis jetzt geblieben bin."

„Ich dachte, dass du schon vor langer Zeit geheiratet und eine Familie gegründet hattest, dass du Frau und Kinder hast. Darum habe ich dich ja auch gefragt!" Ihre Augen wurden immer größer, als sie das sagte. „Wie kann das denn nur alles sein?" Sie schüttelte ungläubig ihren Kopf.

Und dann sagte sie: „Ich weiß nicht, was das alles soll!" Sie stieß einen tiefen Seufzer aus und bat: „Bitte, erzähl mir davon ..."

So berichtete ich also noch einmal, wie ich als Rechtsabweichler gebrandmarkt wurde, und wie ich später flüchten wollte; wie man mich verhaftet hatte, wie ich nach Shanxi gelangt war, und was ich dort momentan machte. Zu jener Zeit waren die Leute, die sich im Laogai-System befanden, ein Tabu und wurden wie eine Seuche gemieden. Niemand hatte Manhua gegenüber, die sonst weit entfernt in der Mandschurei lebte, etwas von meiner Situation erwähnt. Ich betrachtete sie, als ihr Tränen langsam über die Wangen rollten und sie schließlich in schluchzendes Weinen ausbrach.

Nachdem sie eine Weile geweint hatte, stand ich auf, ging zu ihr hinüber, streichelte ihren Kopf und sagte: „Doch das ist alles Vergangenheit. Jetzt ist ja alles wieder in Ordnung."

Sie schob meine Hand weg und sagte: „Setz dich wieder hin."

Ich kehrte auf meinen Platz zurück.

Und mit lauter Stimme erklärte sie: „Nichts ist in Ordnung! Es ist alles furchtbar!"

„Wieso denn furchtbar? Erzähl mir, was dir passiert ist."

Sie trocknete sich ihre Tränen ab und erzählte mir leise, was vorgefallen war, nachdem ich mich von ihr getrennt hatte.

Während der dreitägigen Frühlingsferien 1957 hatte sie mich besucht und im Mädchen-Schlafsaal übernachtet. Bei ihrer Abreise hatte ihr eine Kommilitonin von mir, Wang, einen Brief in ihre Handtasche gelegt, in dem stand, dass Manhua Wu Hongda nicht verdient habe, weil sie keine Universitätsstudentin sei. In diesem Brief forderte Wang Manhua zudem dazu auf, nicht mit ihr zu konkurrieren. Sie sagte, sie sei in Wu Hongda verliebt und sich außerdem sicher, er würde eines Tages zu ihr gehören. Manhua hatte ihre Tasche auf ihrer Rückreise von Peking nach Jinan geöffnet und dann erst den Brief entdeckt. Das alles war einfach nur Eifersucht, wie sie unter Frauen eben vorkommt, doch Manhua war deshalb natürlich ganz durcheinander.

Sie sagte: „Du kannst dir gar nicht vorstellen, wie enttäuscht ich war, als ich diesen Brief gelesen hatte, was das für ein Schlag für mich war. Das ist auch der Grund dafür, warum ich dir nach meiner Rückkehr nach Jinan nicht mehr geschrieben habe.

Ich glaubte immer, dass du mir treu gewesen bist. Daher meinte ich auch, wenn du mich wirklich lieben würdest, dann kämst du um mich zu suchen, ganz gleich, was auch immer geschähe, egal, wie weit entfernt voneinander wir auch immer wären. Vielleicht habe ich dich ja auch nur auf die Probe gestellt! Aber du hast nicht auf meine Briefe geantwortet und nicht nach mir gesucht. Du hast mir sogar meine Briefe und Fotos wieder zurückgeschickt. Anfangs hätte ich sogar eine Möglichkeit gehabt, in Peking zu arbeiten. Doch in meiner Wut gab ich diese Chance auf und ließ jemand anderen nach Peking gehen. Ich bat um eine Stelle in einem Bergwerk in der Mandschurei, wo ich dann auch, alleine, fünf Jahre lang blieb. Du weißt, es ist sehr schwer für ein Mädchen aus Shanghai in einer Kohlengrube in einer abgelegenen Einöde zu leben. Irgendwann ergab es sich, dass ein Techniker aus Peking mir sehr zugetan war. Ich habe ihn zwar nicht geliebt, hatte aber das Gefühl, dass er ein guter Mensch war und so haben wir geheiratet. Wie konnte ich denn wissen, was mit dir los war? Ich hatte schon fünf Jahre lang auf dich gewartet. Nach dem zu urteilen, was ich damals wusste, hättest du bereits längst mit diesem Mädchen Wang verheiratet sein müssen, Kinder mit ihr haben und mich schon lange vergessen haben können. Ich selbst habe jetzt drei Töchter und meine Gesundheit ist schlecht. Ich bin nach Shanghai gekommen, um zum Arzt zu gehen. Ich hatte in A-pings Haus übernachtet, und nun läufst du mir zufälligerweise über den Weg." Manhua beendete ihre Ausführungen in einer sanften Stimme.

Obwohl schon so viele Jahre vergangen waren, konnten sie doch nicht das Leiden dämpfen, das durch diese Rückschläge hervorgerufen wurde. Die durch dieses Leid verursachte Verzagtheit schlang sich nur noch enger um ihr Herz. Ich senkte meinen Kopf beim Zuhören und spürte den ganzen Kummer in ihrem Herzen. Von meinen eigenen Sehnsüchten, meiner eigenen Verzweiflung sagte ich ihr nichts. Dazu bestand keine Veranlassung.

„Manhua, ich meine trotzdem, dass es doch gar nicht mal so schlimm ist, so wie sich die Dinge entwickelt haben." Ich sprach das ganz leise aus.

Sie sagte: „Weißt du was? Ich habe diesen Brief die ganze Zeit behalten, weil ich dachte, dass ich ihn dir eines Tages zeige, und dass ich darauf warte, dass du zu mir zurückkommst und mir alles erklärst. Aber du bist nie gekommen." Es schien, als habe sie die Bedeutung meiner Worte nicht verstanden; sie war auch jetzt noch verzagt.

Ich fragte sie: „Wo ist denn der Brief jetzt?"

Sie antwortete: „Während der Kulturrevolution war mein Vater ein Kapitalist und so wurde unser Haus durchsucht, und dabei verschwand auch der Brief."

Sie verstummte für einen Augenblick, kam dann aber zu meiner letzten Aussage zurück: „Warum fragst du?"

Ich erwiderte: „Weil das, was Wang getan hat, eigentlich

ganz gut war. Denk doch mal darüber nach: Wenn sie nicht eifersüchtig gewesen wäre und uns auseinandergetrieben hätte, wenn wir uns weiterhin so geliebt hätten wie früher ... Manhua, was hättest du denn dann gemacht? Ich wurde zum Rechtsabweichler degradiert. Ich verlor meine Freiheit. Erinnerst du dich noch daran, als du die Briefe und Fotos bekamst, die ich dir schickte, dass ich dir da schrieb, dass Wu Hongda nicht mehr existierte? Du dachtest, dass ich unsere Beziehung abgebrochen hätte, weil ich diese Kommilitonin geheiratet hätte? Denk doch mal, wie schmerzhaft es gewesen wäre, wenn wir unsere Liebesbeziehung unter solchen Umständen weitergeführt hätten. Ich habe dich geliebt, und ich hätte bereit sein müssen, alles zu opfern, um dich glücklich zu machen, aber ich hatte doch meine Freiheit verloren. Du hättest niemals noch nicht einmal die Chance gehabt, mich zu besuchen, geschweige denn mich zu besitzen. Das Gleiche hätte auch für mich gegolten. Wenn du damals immer noch darauf beharrt hättest mir zu sagen, dass du mich liebtest, dann hätte ich dir wohl auch erzählt, dass ich Selbstmord begehen wollte, weil das die einzige Möglichkeit gewesen wäre, um dich von mir zu stoßen, damit du aufhören würdest, mich zu vermissen, damit du mir entrinnen konntest, um deinen eigenen Weg zu gehen. Darum frage ich ja auch, ist das nicht besser so, wie die Dinge gelaufen sind? Du hast einen Mann, der dich gut behandelt. Du hast drei wundervolle Töchter und liebst sie. Du hast eine Familie. Nichts auf dieser Welt ist eben vollkommen!"

Wieder brach sie in Tränen aus und rief laut: „Aber was ist mit dir?"

Ich sagte: „*Das* bin ich! Ich bin schon lange so." Dann murmelte ich vor mich hin: „Alles ist schon lange so."

In diesen Moment kam Manping herein und sagte: „A-san, du solltest nun gehen. Manhua ist eine verheiratete Frau mit Kindern. Dein Besuch ist jetzt zu Ende. Bitte geh."

Ich stand auf und ging. Wir schüttelten uns nicht die Hände, wir umarmten uns nicht, wir wünschten uns nicht alles Gute und wir verabschiedeten uns nicht voneinander.

Wenigstens hatte ich jetzt eine Antwort auf die Frage bekommen, die ich mir siebzehn Jahre lang gestellt hatte. So waren die Dinge nun einmal. Wenn das Leben wie ein Traum ist, dann war der Traum jetzt zu Ende.

Am nächsten Tag meldete ich auf der Polizeistation, dass ich ins Laogai-Lager nach Shanxi zurückkehrte, und so ging mein Leben weiter.

Dies spielte sich im Jahre 1974 ab. Doch Manhuas Geschichte war noch nicht vorbei. Sie sollte merkwürdig enden; aber ich wusste nicht, was in der Zukunft noch geschehen sollte, und ich wusste auch nicht, wie diese Geschichte ausgehen würde.

Als die nächsten siebzehn Jahre vergangen waren, sah ich Manhua im sechsten Jahr, nachdem ich in die Vereinigten Staaten ausgewandert war, bei meiner ersten Reise nach Festlandchina wieder. Nach einer Rundreise durch Nord- und Südchina machte ich kurz vor meiner Heimkehr in die USA einen Abstecher zu der ehemaligen Wohnung von Yao Manhua in Shanghai, um kurz bei ihr vorbeizuschauen. Dort traf ich ihren jüngeren Bruder an und erfuhr von ihm, sie habe sich zurückgezogen und woanders in Shanghai niedergelassen. Noch einmal trafen wir uns an dem Tag, bevor ich abreisen musste. Doch diesmal war die Situation eine ganz andere als das letzte Mal. Manhua war schon Großmutter und erfreute sich an dem Glück, das ihre Enkel ihr geschenkt hatten, und ich war jetzt ein wirklich freier Mann und lebte in den Vereinigten Staaten.

Dass ich nach dorthin ausgewandert war und es mir dort richtig gut ging, wusste sie bereits. Sie freute sich für mich. Wir lächelten uns gegenseitig offen an und wünschten uns gegenseitig alles Gute. Als wir auseinandergingen, schien es, als fragten wir beide: „Kann ich einen Kuss haben?“ Und wir küssten uns – es war ein langer, von Herzen kommender Kuss. Zwischen diesem und unserem ersten Kuss lagen vierunddreißig Jahre.

Wir sagten uns „Zai Jian“ (13).

Sollte es bis zu unserem nächsten Wiedersehen noch einmal siebzehn Jahre dauern?!

Kapitel 12

ALLE FÜHLEN SICH UNSICHER

Infolge der Machtkämpfe innerhalb der Partei wurde Deng Xiaoping 1975 erneut niedergeschlagen, und er sowie viele aus seiner Fraktion befanden sich in Gefahr. Die Älteren aus der Kommunistischen Partei, darunter Liu Shaoqi, He Long und Peng Dehuai, waren alle von ihren eigenen Leuten getötet worden, und Tschou En-lai starb in permanenten Angstzuständen im Januar 1976. Jeder fühlte sich irgendwie unsicher: Selbst wenn der heutige Tag vorüber war, so wusste doch keiner, was der morgige bringen würde.

Auch wir Klassenfeinde befanden uns in einer gefährlichen Umgebung.

Eines Morgens im August 1975 wurden alle Einheiten darüber informiert, dass die Arbeit unterbrochen werde. Die Leute von der Frühschicht sollten sich nicht zur Arbeit melden, die Leute von der Spätschicht sollten bei ihrer Rückkehr noch nicht schlafen gehen, sondern noch aufbleiben, damit sich alle versammeln konnten. Etwa gegen acht Uhr wurden alle Kader aus der Zeche mobilisiert, sich in den Zellenblockbereich zu begeben. Dies war ein Anzeichen dafür, dass sich etwas Gravierendes ereignet hatte. Wenn so etwas in der Vergangenheit geschehen war, dann bedeutete das für gewöhnlich, dass irgendjemand verhaftet oder exekutiert würde. Alle Arbeiter waren extrem nervös. Die Abteilungskader riefen unsere Namen schubweise auf, damit wir uns in Reihen aufstellten, und führten uns dann auf einen großen Platz. Der Bergwerksleiter und die Mitglieder des Parteikomitees vom Bergwerk waren alle anwesend, und wir wurden von bewaffnetem Personal umringt. Die Arbeiter aus jeder Einheit stellten sich in präzisen Reihen und Kolonnen auf dem Platz auf. Niemand wusste, warum oder was überhaupt geschehen war. Der Bergwerksleiter gab bekannt: „Es gilt jetzt strikte Disziplin. Flüstern und Bewegungen sind nicht erlaubt! Verstöße werden unverzüglich und streng bestraft." Anschließend verkündete er: „Jeder, dessen Name ich aufrufe, tritt vor und stellt sich hier vorne hin."

Der Kader befahl uns, dass wir uns auf den Boden mit den Köpfen zwischen unseren Beinen hinsetzen sollten. Wir durften nicht umherschauen. Er rief unsere Namen auf, Einheit nach Einheit. Nur wer aufgerufen wurde, durfte sich hinstellen! Während also die Namen vorgelesen wurden, liefen die verschiedenen Abteilungskader zwischen den Arbeitern hin und her. Wenn jemand seinen Kopf hob oder sich auch nur ganz leicht bewegte, klärten die Kader die Lage mit einem Tritt oder einem Schlag. Das machte die Atmosphäre beängstigend. Sechs- bis siebenhundert Leute wurden auf diese Weise auf die andere Seite umgesetzt. Anschließend ließen die Kader die verbliebenen Arbeiter sich erneut in geordneten Kolonnen aufstellen. In diesem Moment erschienen mehrere Sicherheitsbeamte mit Heften und Bleistiften und brauchten eine ganze Weile, um an jeden Einzelnen ein Blatt Papier, einen Stift und ein Klemmbrett aus Pappe zu verteilen. Dann wurden die Regeln bekanntgegeben: „Ohne ausdrückliche Genehmigung dürft ihr nicht reden! Ihr dürft nicht umherschauen! Ihr dürft nicht irgendetwas aufschreiben! Und ihr dürft nicht dieses Blatt Papier beschädigen!"

Als nächstes kündigte der Bergwerksleiter an: „Jeder muss sich jetzt strikt an meine Anweisungen halten! Verstöße werden unverzüglich bestraft! Ich werde euch jetzt alle auffordern, Schriftzeichen zu schreiben. Egal, welches Schriftzeichen auch immer genannt wird, ihr müsst es aufschreiben, ohne Ausnahme! Und ihr dürft nichts anderes schreiben! Keine andere Schriftzeichen dürfen geschrieben werden!"

Er las einige Schriftzeichen vor, immer eines nach dem anderen, und jeder von uns schrieb sie auf. Erst da bemerkte ich, dass die sechs- bis siebenhundert Leute, die auf die andere Seite umgesetzt worden waren, alles Analphabeten waren. Ein Kader hatte sie irgendwo anders hingebracht. Die Zurückgebliebenen waren zwar nicht unbedingt hoch gebildet, konnten aber doch zumindest alle schreiben. Natürlich wussten das die Sicherheitsbeamten, da sie die Akte jedes Einzelnen sorgfältig studiert hatten.

Das erste Schriftzeichen, das der Bergwerksleiter uns niederschreiben ließ, war das Zeichen „da" – was so viel wie „jemanden schlagen" bedeutet. Das zweite war „xiao" und das heißt „klein". Das dritte Schriftzeichen war „tian" und das steht für „Himmel". Das vierte Zeichen war der Familienname „Deng". Das fünfte Schriftzeichen war „an" – das bedeutet „Fall", wie im „Kriminalfall". Das sechste Schriftzeichen war „mao" und das heißt „flaumig". Insgesamt schrieben wir über 20 Schriftzeichen. Anfangs wusste ich nicht, worauf das hinauslief, aber später begriff ich, was da eigentlich los war. Der Bergwerksleiter hatte absichtlich drei Sätze in einzelne Stücke zerlegt und dann die Wort-Reihenfolge durcheinander gebracht. Die Sätze, die wir tatsächlich schreiben sollten, lauteten folgendermaßen:

„Nieder mit dem Vorsitzenden Mao! Unterstützt Deng Xiaoping! Bekämpft die Bewegung gegen die Aufhebung der Rechtsabweichler-Fälle!"

Als nächstes sollte jeder seinen Namen und seine Einheit auf das Papier schreiben. Unterdessen passten die Sicherheitsbeamten alle besonders nervös auf und schienen doch mit einer gewissen Aufmerksamkeit bestimmte Personen zu beobachten, bei denen sie kontrollierten, wie sie diese Schriftzeichen schrieben. Dabei entging mir nicht, dass die Häufigkeit, mit der die Sicherheitsbeamten an mir vorbeikamen, relativ hoch war. Allem Anschein nach gehörte auch ich zu den Beobachteten. Ich tat mein Bestes, mein gewohntes Verhalten an den Tag zu legen und versuchte, jedes Schriftzeichen so normal wie ich es auch sonst tat auszuführen, weil ich hoffte, dadurch nicht einer absichtlichen Aneignung eines fremden Schreibstils verdächtigt zu werden. Ich war mir ganz sicher, dass ich so etwas noch nie geschrieben hatte. Doch einfach schon als „Verdachtsobjekt“ bezeichnet zu werden, wäre schon entsetzlich genug. Als wir mit dem Schreiben zu Ende waren, sammelte jede Einheit die Blätter ein. Alle wurden in die Zellenblocks zurückgeführt, wo wir uns hinsetzen sollten. Dort sagte man uns wieder, wir sollten nicht miteinander sprechen, ja noch nicht einmal flüstern. Dann las uns jemand aus der „Volkszeitung“ vor. Ohne Erlaubnis des Sicherheitsbeamten durften wir nicht auf die Toilette gehen. Ungefähr zwei Stunden später wurde eine weitere Versammlung angekündigt. Dieses Mal las der Bergwerksleiter eine neue Liste von Namen vor, und alle, deren Namen vorgelesen wurden, mussten wieder vortreten und sich auf der einen Seite sammeln. Nun waren es 250 Namen, die man aufrief, auch ich war darunter. Diese neugebildete Gruppe wurde auf einen etwas kleineren Platz geführt, die anderen wurden entlassen und durften zurück in ihre Zellenblocks.

Wir 250 mussten uns erneut in Reihen und Kolonnen aufstellen und uns dann auf den Boden setzen. Genau wie zuvor bekam jeder von uns ein Blatt Papier, einen Bleistift und ein Klemmbrett aus Pappe ausgehändigt. Nach den Anweisungen des Bergwerksleiters schrieben wir etwa 30 Schriftzeichen, darunter befanden sich einige der Zeichen, die wir schon zuvor geschrieben hatten. Es waren 40 bis 50 Sicherheitsbeamte anwesend, wozu auch einige Kader gehörten, die offensichtlich nicht mit zur Zeche gehörten. Vielleicht wurden sie ja von der Kreis- oder der Provinzregierung geschickt. Während wir den Befehlen gehorchten, die verlangten Schriftzeichen aufzuschreiben, liefen die Sicherheitsbeamten auf und ab und beobachteten uns, um zu sehen, ob wir auch ja alles ordentlich und ehrlich schrieben. Manche Leute wurden herausgeholt und geschlagen. Man behauptete, dass sie die Schriftzeichen bewusst unordentlich schrieben. Als wir fertig waren, blieben wir alle weiterhin auf dem Platz sitzen und durften uns nicht bewegen. Auch hier wurden die Papiere wieder eingesammelt und die älteren Sicherheitsbeamten brachten sie weg. Die anderen Sicherheitsbeamten umstellten uns.

Als es Zeit zum Mittagessen wurde, schickte die Küche eine Schale Gemüsesuppe und zwei Brötchen für jeden, und so aßen wir auf dem Erdboden sitzend. Ich war einer dieser 250 Leute; ich hatte keine kriminelle Straftat begangen, sodass ich natürlich unter einem größeren Grad an Verdacht stand, und meine Befürchtungen waren dementsprechend naturgemäß ebenso besonders hoch. Etwa gegen 14 Uhr kehrten die Sicherheitsbeamten von außerhalb der Zeche sowie der Bergwerksleiter wieder zurück und verkündeten „Jeder, dessen Name jetzt aufgerufen wird, stellt sich auf die eine Seite!"

Es wurden wiederum über 200 Leute aufgerufen, so auch ich. Wir wurden sogleich in unsere jeweiligen Einheiten zurückgesandt. Ich war also noch mal davongekommen. Doch was sollte mit den übrigen 20 geschehen? Wohin würde man sie wohl bringen? Ich wusste es nicht. Ich wusste nur, dass sie genau an diesem Tag von der Bildfläche verschwanden.

Ansonsten kehrte alles andere wieder zum normalen Rhythmus zurück: Es war so, als ob nichts geschehen wäre. Niemand stellte irgendwelche Fragen – keiner traute sich das. Die Produktion wurde im Bergwerk Wangzhuang wiederaufgenommen. Fortan erfüllte eine große Angst, die sich einem aufzwang und einem buchstäblich die Luft abschnürte, die Atmosphäre in der Mine.

In den nun folgenden Monaten kamen einige der damals verschwundenen 20 Arbeiter nach und nach wieder ins Lager zurück. Diese Rückkehrer verrieten nichts darüber, wo man sie hingebracht hatte, was ihnen widerfahren oder was sonst noch vorgefallen war. Es war so, als ob tatsächlich nichts passiert wäre! Später kamen noch etliche andere wieder, aber es gab auch einige, die verschwunden blieben. Niemand wusste, was ihnen zugestoßen war.

Im September 1976 verkündeten die Sicherheitsbeamten nach Maos Tod die Nachricht, es sei eine „reaktionäre Parole" aufgetaucht, in der es hieß: „Nieder mit dem Vorsitzenden Mao! Unterstützt Deng Xiaoping! Bekämpft die Bewegung gegen die Aufhebung der Rechtsabweichler-Fälle!" Sie sagten, irgendwo sei das betreffende Schriftstück mit dieser Parole vom Bergwerk aus abgeschickt worden. Das war eine ernstzunehmende konterrevolutionäre Straftat, und da man eine solche als eine zentrale Angelegenheit betrachtete, hatte die Provinzregierung ein Ermittlungsverfahren dagegen eingeleitet. Es ist nie herausgekommen, ob der Schuldige identifiziert wurde oder wie der Fall letztlich ausgegangen war. Erst 1978, als Deng Xiaoping noch einmal an die Macht gekommen war und uns die Nachricht von draußen erreichte, dass man die „Viererbande" festgenommen hatte, fanden sich die letzten beiden Rückkehrer wieder im Lager ein. Einer von ihnen sagte, er habe dieses Vergehen gestanden, dass er es also gewesen sei! Aber da ja nun Deng Xiaoping bereits an die Macht gelangt war, blieb der Fall dann doch weiterhin ungeklärt.

In der Kohlengrube kam es oft zu Arbeitsunfällen und regelmäßig starben Menschen bei Einstürzen. Im September 1975 entging ich knapp dem Tod. Ich war zu dieser Zeit zuständig für die Gaskontrolle. Als ich gerade im Stollen arbeitete und eine Kontrolle durchführen wollte, löste sich plötzlich oben auf dem Abhang eine Lore, sauste den Schacht herunter und riss dabei elf Stützträger um, die die Decke des Schachts hielten. Die Decke stürzte ein, Steine polterten durcheinander und türmten sich nun zu einer Höhe von fast zwanzig Metern auf und begruben mich unter sich. Die Produktion stoppte und die Bergwerksleitung wurde informiert, dass ein Unfall geschehen und Wu Hongda verschüttet sei. Im Bergwerk Wangzhuang kamen Todesfälle infolge solcher Einstürze nicht allzu selten vor. Das Produktionsbüro verfügte, dass die Angelegenheit so schnell wie möglich zu erledigen sei, der blockierte Durchgang geräumt und die Produktion wiederaufgenommen werden müsse. Als man ungefähr vierzig Minuten lang gegraben hatte, entdeckte man durch die Lücken zwischen den Steinen einen hellen Schein. Das war meine Grubenlampe, die immer noch brannte. Da wussten sie, ich war ganz in der Nähe. Die rund ein Dutzend Arbeiter in diesem Stollen – in ihrem früheren Leben Diebe, kleine Ganoven, Betrüger und Vergewaltiger wie auch Konterrevolutionäre – waren dem Anschein nach alles Spitzbuben und schlimme Schurken. Doch in diesem Augenblick machten sie alle einen Wandel durch. Zwanzig Meter weiter oben fiel immer noch Gestein vom Gewölbe herab, doch diese Leute gruben, obwohl sie sich selbst in höchster Gefahr befanden, mit aller Macht, um mich aus den Trümmern zu bergen. Ich selbst war ja bewusstlos, aber ich blutete. Ich hatte ungeheuer viel Glück gehabt. Ein Holzbalken direkt über meinem Kopf hatte mich geschützt und mich in eine Ecke gezwungen, sodass ich von den Gesteinsbrocken nicht unmittelbar getroffen wurde. Schließlich schafften sie es aber doch noch – unter Einsatz ihres eigenen Lebens – mich herauszuziehen. Wenn ein Arbeitsunfall im Schacht geschehen war, wurde am Eingang zum Schacht ein Sarg bereitgestellt. Wenn dann jemand im Tunnel starb, wurde er von einem Beamten untersucht und gleich in den Sarg gelegt, der dann auch sofort zugenagelt wurde. Die Familie des Toten durfte im Allgemeinen den Leichnam nicht anschauen, da die meisten der in den Schächten tödlich Verletzten buchstäblich in Stücke gerissen wurden und ihr Anblick einfach entsetzlich war. Meinen Lebensrettern, diesen „alten Arbeitern", war ich sehr dankbar: Wenn sie mich vor dieser einstürzenden Decke nicht rechtzeitig gerettet hätten, dann wäre mein Leben zu Ende gewesen. Meine Leidensgefährten hatten wirklich alles gegeben; da sie keine Krankentrage hatten, zogen sie alle ihre Jacken aus und verwendeten die Ärmel als Griffe, um mich nach oben und hinaus zu tragen. Da der Grubenschacht selbst nur etwas mehr als einen Meter hoch war, war es unmöglich aufrecht darin zu stehen. Die zwölf Leute wechselten sich ab, als sie mich bis zum Schachteingang hinausschleppten. Der Beamte wartete dort schon vorschriftsgemäß mit dem Sarg. Als sie mich auf den Boden legten und das Tuch entfernten, das meinen Kopf bedeckte, ließ der jähe Einbruch des Sonnenlichts meine Augen wieder erwachen.

Als der Sicherheitsbeamte meine geöffneten Augen sah, fragte er: „Wu Hongda, weißt du, wer ich bin?" Es war der Bereichsleiter für die Produktion, Liu. Er wurde später zum Bergwerksleiter befördert. Als ich 1991 zur Kohlengrube Wangzhuang zurückkehrte, stattete ich ihm einen Besuch ab.

Matt antwortete ich ihm: „Sie sind der Bereichsleiter Liu."

Daraufhin sagte er: „Gut! Gut!"

Er bestellte rasch einen Arzt, der mir herzstimulierende Mittel injizieren sollte, und wies das Krankenhaus an, eine Trage zu schicken. Ich hatte extreme Schmerzen von Kopf bis Fuß, wusste aber nicht, ob mein Hirn verletzt war und ob ich überhaupt noch mein Urteilsvermögen besaß. Ich schaute den „alten Arbeiter", der mich begleitete, an und sagte zu ihm: „Bist du nicht Qin Niannian?" Er nickte gleich ganz heftig. Er war ebenfalls Gaskontrolleur. Er sagte: „Ja, der bin ich! Du ruhst dich jetzt erst einmal am besten aus! Sprich nicht!" Dann hörte ich noch, wie Bereichsleiter Liu sagte: „Bringt das hier weg!" Er deutete auf den Sarg, der nun nicht mehr benötigt wurde.

Im Krankenhaus wurde ich gründlich untersucht. Ich hatte Knochenfrakturen an sieben Stellen: Mein linker Unterschenkel, mein linker Unterarm, mein Hals, mein linkes Schlüsselbein, mein Steißbein und zwei Rippen waren gebrochen. Etwa zwei Stunden später wollte der Arzt eine Harnröhrenkatheterisierung durchführen, weil er befürchtete, meine Blase könnte verletzt sein. Ich sagte: „Ich habe den ganzen Tag kein Wasser getrunken, das ist nicht nötig!" Ich hatte sehr viel Glück gehabt. Die Untersuchung ergab, dass keines meiner inneren Organe verletzt worden war.

Insgesamt musste ich vier Monate im Bett verbringen. Der Tag, an dem ich wieder aufstehen konnte, war der 8.Januar 1976, derselbe Tag, an dem Tschou En-lai starb. Ich spürte es bereits, dass ein bedeutender politischer Umbruch im Anmarsch war. Als ich die Fotos von dem Treffen zwischen Mao Tse-tung und Nixon 1972 in der Volkszeitung gesehen hatte, wusste ich, dass Mao nicht mehr viel Zeit verblieb. Und so war es dann ja auch: Nicht lange nachdem Tschou En-lai gestorben war, folgte ihm Mao im September desselben Jahres nach. Damals hatte ich das Gefühl, in meinem Leben und auch hinsichtlich meiner Zukunft würde sich eine große Ungewissheit breitmachen. Neue Ängste waren aufgetaucht; die politischen Kämpfe gingen unermüdlich weiter. Liu Shaoqi, He Long und Peng Dehuai – alle diese ehemaligen Revolutionsgenossen lagen alle schon im Grab. Der Machtkampf zwischen Deng Xiaoping, Ye Jianying und Jiang Qing schritt rasend voran. Es schien, dass wir „Zielscheiben der Diktatur" gesäubert und kein Teil der Gesellschaft mehr waren, den man hätte ausbeuten können. Trotzdem wurden bei den politischen Kämpfen unschuldige Menschen häufig zu Opferlämmern gemacht, wie es zu Beginn der Kulturrevolution geschehen war, als die „Grundbesitzer, Rechtsabweichler, Konterrevolutionäre, reichen Bauern und *schlechten Elemente,* die sogenannten *fünf schwarzen Elemente,* auf Lastwagen durch die Straßen gefahren und ihre Wohnungen durchsucht wurden, als man sie verprügelte, um die Emotionen im Volk anzustacheln und eine bestimmte Atmosphäre hervorzurufen, um dann das Messer auf andere Feinde zu richten. Sollte ein solcher Zustand erneut eintreten? Wenn ja, dann könnten diejenigen von uns, die den Rechtsabweichler-„Hut" getragen hatten, wir Zwangsarbeiter, die wir die Zielscheiben der Diktatur waren – wir also konnten sehr wahrscheinlich zu den „Hühnchen" werden, die man „tötet, um die Affen zu erschrecken". Von 1976 bis Ende 1979 bestand die Furcht in unseren Herzen ohne Unterbrechung fort, so lange, wie auch der politische Machtkampf sich fortsetzte.

Im Oktober 1976 wurde die sogenannte *Viererbande* verhaftet, und Hua Guofeng und Deng Xiaoping gelangten an die Macht. Zwei Jahre später teilte der Disziplinarbereichsleiter Li Tonglin im Oktober 1978 einigen Rechtsabweichlern im Bergwerk mit: „Das Zentralkomitee der Partei hat neue Richtlinien bestimmt, wie wir mit euren Problemen umgehen sollen."

Im Oktober 1978 erhielt ich einen Brief von dem Kommilitonen aus Wuhan, dem 1959 während unserer Praktika bei der hydrogeologischen Behörde in Peking etwas zugestossen war. Zu der Zeit befand er sich schon in Xinjiang. Er hatte drei Jahre lang die Umerziehung durch Arbeit durchgemacht, und als man ihn daraus entließ, wurde er Zwangsarbeiter auf der Qinghe-Farm. 1964 dann wurden viele Leute aus dem Pekinger Zwangsarbeiterpersonal ausgewählt, um sich an der Wirtschaftsorganisation der Regierung Xinjiang Production and Construction Corps zu beteiligen. In diesem Unternehmen wurde er Zweiter Ingenieur. Ich weiß nicht, wie er herausgefunden hatte, dass ich mich im Bergwerk Wangzhuang in Shanxi aufhielt, jedenfalls schrieb er mir dorthin und fügte auch eine Erklärung bei, in der er den Sachverhalt mit den 50 Yuan aus dem Jahre 1959 noch einmal darstellte, und in der er zugab, dass er das getan habe, dass er dafür verantwortlich sei, und dass es überhaupt nichts mit mir zu tun habe. Außerdem erläuterte er, warum er sich damals nicht getraut hatte, die Verantwortung dafür zu übernehmen. Er meinte aber, nun, da zwanzig Jahre vergangen waren, seien die 50 Yuan kein großes Thema mehr, und es sei wohl unmöglich, dass der Fall von neuem aufgerollt würde. Zu der Zeit waren wir uns aber noch immer nicht im Klaren darüber, wie die Richtlinien des Zentralkomitees der Partei vom Oktober 1978 hinsichtlich des Umgangs mit Rechtsabweichlern aussehen würden, sodass er dachte, er kläre wohl besser erst einmal diese Angelegenheit völlig auf, ganz gleich, wie mit Rechtsabweichlern demnächst verfahren werden sollte. Ich übergab den Brief an den Disziplinarbereichsleiter Li Tonglin, der äußerst clever war. Er konnte die sich wechselnden politischen Winde förmlich riechen, und er wusste anscheinend auch schon, dass wir Rechtsabweichler in die Gesellschaft zurückkehren, unsere vormaligen Jobs und Titel wiederaufnehmen konnten und eine bessere Behandlung erfahren würden, sodass er recht freundlich zu mir war.

Er sah in meiner Personalakte nach und klärte mich auf: „Hier finde ich einen Bericht vom Parteikomitee der Hochschule für Geologie in Peking, ein „Beschlussdokument“, in dem festgestellt wird, dich in keiner Weise irgendwie wegen dieser Angelegenheit mit den 50 Yuan zu belangen. Diese Sache ist erledigt, sodass es nicht erforderlich ist, sie unter irgendwelchen Umständen noch einmal zu erwähnen.“

Dann sagte er noch: „Gewiss, jetzt wo dein Freund einen schriftlichen Beweis geliefert und die Verantwortung dafür übernommen und außerdem auch die Gründe erklärt hat, weshalb er nicht gewagt hatte, damals dazu zu stehen, glaube ich nicht, dass irgendjemand diese Sache aus der Vergangenheit noch einmal ans Licht holen wird. Ich kann seinen Brief und seine Aussage in deine Akte legen. Du schreibst mir auch noch eine Erklärung dazu, eine klare Schilderung der damaligen Situation, um seine Aussage zu bestätigen, und wir können dann beantragen, dass man das bei einer erneuten Prüfung deines Rechtsabweichler-Falls berücksichtigen soll.“

Eine Woche später, als ich meine Aussage zu Papier gebracht hatte und sie ihm vorlegte, bemerkte er: „Mach dir jetzt mal keine Gedanken darüber. Morgen fahre ich in die Provinzhauptstadt zu einer Versammlung zur Frage der Rechtsabweichler, um dort die genaue Entscheidung des Zentralkomitees zu erfahren. Kümmer dich jetzt einfach nicht darum.“

Als er aus Taiyuan zurückgekehrt war, informierte er mich über das, was er dort gehört hatte: „Grundsätzlich hat sich das Zentralkomitee der Partei auf die Haltung festgelegt, das Problem mit den Rechtsabweichlern *in alle Winde zu zerstreuen* – es also endlich insgesamt zu beseitigen – sodass du das mit den 50 Yuan gar nicht mehr erwähnen solltest. Außerdem stellt der Diebstahl von 50 Yuan nach chinesischem Strafrecht noch kein Verbrechen dar. Die Erörterung eines solchen Themas wäre also ohne Bedeutung. Dein Problem ist, dass du ein Rechtsabweichler bist. Setz dich also hin und schreib eine Erklärung, in der du Revision gegen deine *Rechtsabweichler-Vergehen* einlegst. So löst du dein Hauptproblem."

Dieses sogenannte *In-alle-Winde-Zerstreuen* bedeutete, dass über eine Million Menschen, die 1957 zu konterrevolutionären Rechtsabweichlern abgestempelt worden waren, „rektifiziert" werden sollten, ihre Reputation und beruflichen Funktionen wiedererlangen und in ihre Arbeitseinheiten wiederzurückkehren sollten, in denen dann Stellen für sie geschaffen würden. Die Bezeichnung *Rechtsabweichler* wurde nur noch für rund ein Dutzend Leute beibehalten, um zu beweisen, dass die von Deng Xiaoping beaufsichtigte Kampagne richtig gewesen sei, weil Deng Xiaoping, der im Anti-Rechtsabweichler-Büro des Zentralkomitees der Partei federführend gewesen war, ja nun die oberste Leitung innehatte.

Im Februar 1979 verließ ich schließlich die Umerziehungs-Arbeitsabteilung Nummer 4 der Provinz Shanxi und ging an das Shanxi College of Finance and Economics in die Stadt Pingyao. Dies war auf die Umsetzung der für die Rechtsabweichler geltenden Richtlinien zurückzuführen, die vom Zentralkomitee der Kommunistischen Partei Chinas verabschiedet wurden. Man *rektifizierte* uns konterrevolutionäre Rechtsabweichler, aber man *rehabilitierte* uns nicht. Das Zentralkomitee der Partei sagte, der Kampf gegen die Rechtsabweichler und die Tatsache, dass viele Menschen irrtümlicherweise als „Rechtsabweichler" gebrandmarkt wurden, sei überzogen gewesen, doch jetzt „rektifizierte" man einfach nur die Situation, brachte sie also lediglich „in Ordnung". Die politischen Akten der Rechtsabweichler wurden den Betroffenen nicht ausgehändigt oder vernichtet, sie wurden in der Sicherheitsabteilung gespeichert. Es gab keinerlei finanzielle oder materielle Entschädigung. Allerdings erhielt man seinen früheren Dienstgrad und sein früheres Gehalt wieder zurück, und ehemalige Parteimitglieder konnten wieder in die Partei eingegliedert werden. Man schätzt, dass während dieser zweiundzwanzigjährigen fortgesetzten Verfolgung mindestens zwanzig Prozent der zu Rechtsabweichlern erklärten Personen umgekommen sind. Durch seine humane Art schaffte es Hu Yaobang mit seinem politischen Geschick, die Verletzungen der meisten Opfer zu lindern, was dazu führte, dass diese Menschen abermals glaubten, die Kommunistische Partei sei glorreich, einfach großartig und über jeden Zweifel erhaben. Die Motivation der Partei sei gut gewesen: Sie musste dem Volk dienen. Daher sollten die Rechtsabweichler bestraft werden, gerade so, wie eine Mutter ihre Kinder verhaut. Selbst wenn das Verhauen irrtümlich geschah oder überzogen war, blieb sie doch noch immer ihre Mutter. Die einzig angemessene Reaktion darauf war Dankbarkeit. Zusammen mit einigen anderen Richtlinien war dies das erste Mal in der Geschichte, dass das kommunistische Regime der Öffentlichkeit nachgegeben hatte und damit ermöglichte, dass sich die innere Einstellung des Volkes gegenüber diesem Regime von einer Vertrauenskrise hin zu einer vorübergehenden Stabilität verlagerte.

Ich hatte nun zweiundzwanzig Jahre gebraucht, bis sich der Kreis schloss. Jetzt war ich dort angelangt, wo ich begonnen hatte. Zum Glück hatte ich es geschafft. Doch wie viele Menschen hatten es nicht geschafft?

1979 war ich schon zweiundvierzig Jahre alt. Obwohl ich einem kleinen Käfig entkommen war, verblieb ich zunächst noch in einem nur etwas größeren Käfig.

Ich wusste nicht, was die Zukunft mir bringen würde, aber ich würde jedenfalls nicht in die Rufe des „deine königliche Gnade ist unendlich" mit einstimmen.

Alles, was ich hatte, war meine Hoffnung, meine Hoffnung, dieser Fisch, der schon so lange in dem ausgedorrten Tümpel geschmachtet hatte, könnte eines Tages endlich wieder in das weite Meer zurückschwimmen!

POSTSKRIPTUM

Schon 1992 schrieb ich einen langen Aufsatz mit dem Titel „586", der mit dem Zwölften Literaturpreis der Taiwaner Zeitung „United Daily News" ausgezeichnet wurde. Später wurde er in „Tide of Novels" veröffentlicht – einer Anthologie aller 12. Literaturpreisträger, die zu der Reihe „United-Economic Daily News Literature", hrsg. von Ya Xian, gehört. Seither habe ich keinerlei autobiographischen Aufsätze auf Chinesisch mehr geschrieben.

1993 verfasste ich in Zusammenarbeit mit Carolyn Wakeman von der University of California in Berkeley eine englische Biographie mit dem Titel „Bitter Winds – A Memoir of My Years in China's Gulag", veröffentlicht von John Wiley & Sons. Sie hielt sich mehrere Wochen lang an der Spitze der Bestseller-Liste der New York Times, wurde später übersetzt ins Niederländische, Französische, Deutsche, Italienische, Spanische und Japanische und verkauft sich auch heute noch gut. Zehn Jahre sind nun vergangen, bevor ich diesen Band, „Thunderstorm in the Night", abgeschlossen habe, der im Wesentlichen die chinesische Fassung von „Bitter Winds" darstellt, jedoch noch inhaltsreicher und detaillierter ist.

Thunderstorm in the Night nimmt den Leser mit auf eine Reise durch das Laogai-System bis hin zu meiner Freilassung im Jahre 1979. Ich war damals zweiundvierzig Jahre alt und blieb sechs weitere Jahre in Festlandchina, bevor ich 1985 in die Vereinigten Staaten kam. Nun waren vierundzwanzig Jahre seit meiner Entlassung vergangen. Jetzt, wo sich die Aufregung gelegt hat, berichte ich über meine Lebenserfahrungen in schriftlicher Form. Für das Gesamtwerk schwebt mir der Titel„ One Man, Two Stories" vor. Es wird in zwei Bände aufgeteilt sein, wobei das Jahr 1979 die Trennlinie bilden wird. „Thunderstorm in the Night" ist der erste Band. Die Veröffentlichung des zweiten Bandes habe ich für das Jahr 2004 ins Auge gefasst.

Wu Hongda, Washington D.C., 23. September 2003

ANMERKUNGEN:

(1) *Französische Konzession:* Bezeichnung für den (zwischen 1849 bis 1946 unter französischer Kontrolle stehenden) im Norden der chinesischen Stadt Shanghai gelegenen Bezirk. In diesem Stadtteil lag das Zentrum des katholischen Glaubenslebens.
(2) *High School* und weitere englische Bezeichnungen für chinesische Einrichtungen etc. wurden hier weitgehend direkt vom Autor übernommen, da in nicht-chinesischen Texten auch sonst üblicherweise die englischen Termini beibehalten werden und es im Deutschen dafür keine regulären Bezeichnungen gibt.
(3) Der *Kang* ist eine Art gemauertes Backsteinbett, das von einem darunterliegenden Ofen beheizt wird und vor allem in Nordchina in Gebrauch ist.
(4) *Kättis:* ein in China verbreitetes Gewichtsmaß, 1 Kätti entspricht etwa 500 g.
(5) Ein geläufiger Reim in Mandarin: *bu gan, bu jing, chi le mei bing.*
(6) Ein für seine Leistungen in Gesundheit, Lernen und Arbeit gewürdigter Student.
(7) ein *Liang* entspricht einem Zehntel eines Kättis oder ungefähr fünfzig Gramm.
(8) *Monster und Dämonen* war auch ein häufiger Beiname, um während der Kulturrevolution Personen anzugreifen, die angeblich gegen Mao eingestellt waren.
(9) Die *Vier Alten* waren: alte *Denkweisen,* alte *Kulturen,* alte *Gewohnheiten* und alte *Sitten* in China.
(10) Die *fünf kategorischen Elemente,* die auch als die „fünf schwarzen Elemente" oder als die *fünf schwarzen Klassen* bezeichnet werden, waren Grundbesitzer, Rechtsabweichler, Konterrevolutionäre, reiche Bauern und *schlechte Elemente.*
(11) Eine *Erhu* ist ein chinesisches Saiteninstrument mit zwei Saiten.
(12) Die Aussprache des Wortes für „Katze" im Mandarin lautet „Mao", und obwohl die beiden Worte unterschiedliche Tonwerte besitzen, so sind sie doch homophon.
(13) *Zai Jian* ist der Ausdruck aus dem Mandarin, der beim Abschied verwendet wird; er wird normalerweise mit „Auf Wiedersehen" übersetzt.